幼儿教育学基础

主 编／李季湄

（第 2 版）

北京师范大学出版集团
BEIJING NORMAL UNIVERSITY PUBLISHING GROUP
北京师范大学出版社

图书在版编目(CIP)数据

幼儿教育学基础 / 李季湄主编. —2 版. —北京：北京师范大学出版社，2017.1(2024.6 重印)
ISBN 978-7-303-20545-5

Ⅰ.①幼… Ⅱ.①李… Ⅲ.①幼儿教育学 Ⅳ.①G610

中国版本图书馆 CIP 数据核字(2016)第 104402 号

教材意见反馈 **gaozhifk@bnupg.com 010-58805079**
营销中心电话 010-58802181 58805532
编辑部电话 010-58807468

出版发行：北京师范大学出版社 www.bnupg.com
北京市西城区新街口外大街 12-3 号
邮政编码：100088
印 刷：北京溢漾印刷有限公司
经 销：全国新华书店
开 本：787 mm×1092 mm 1/16
印 张：22.25
字 数：480 千字
版 次：2017 年 1 月第 2 版
印 次：2024 年 6 月第 47 次印刷
定 价：45.00 元

策划编辑：苏丽娅 张丽娟 责任编辑：苏丽娅
美术编辑：焦 丽 装帧设计：焦 丽
责任校对：陈 民 责任印制：陈 涛 赵 龙

前　言

本教材是1999年编写的《幼儿教育学基础》一书的修订版。

随着我国学前教育事业的蓬勃发展和学前教育改革的不断深入，迫切需要建设一支师德高尚、业务精良的幼儿园教师队伍。不断提高学前教育专业的教育质量，与时俱进地提高学前教育专业有关教材的质量，是事关幼儿园教师队伍建设的大事。原版《幼儿教育学基础》在此次修订前已经使用多年，其部分内容已显陈旧，难以帮助学生充分了解我国幼教改革的重大进展和幼儿园教育实践的巨大变化。这不仅会降低学生的理论学习质量，造成其与幼儿园实际的脱节，还可能影响学生今后在幼儿园的职后适应。基于此，原编者对《幼儿教育学基础》进行了全面的修订。

修订后的教材在整体结构上与原教材基本保持一致。即仍由“幼儿园教育的基础知识”“幼儿园教育的基本要素”“幼儿园教育的实施”三部分组成。不同的只是教材从九章变为了八章，即基于开放的广义的幼儿园环境观，把原第五章“幼儿园环境”与第六章“幼儿园与家庭、社区的合作”合并为“幼儿园环境”一章了。

修订后的教材在内容上保持并强化了原教材所反映的现代教育观、儿童观，更加强调立德树人根本任务的落实，注重将“师德为先”“幼儿为本”等理念贯穿于教材内容始末，体现出教材的时代性、前瞻性；教材补充扩展了中外幼儿教育的新趋势、新思想、新信息，更多地结合了我国幼儿教育改革的新成果、新动向、新经验，特别是对我国幼教具有重大指导意义的新教育法规与文件，如《幼儿园教育指导纲要(试行)》《3—6岁儿童学习与发展指南》《幼儿园教师专业标准(试行)》等，更突显了教材的引领性、专业性和明确的实践取向。在内容上，对教材的各章、各节均进行了不同程度的修改、调整、补充。比较大的内容补充是在第二部分(第四章新增“幼儿”一节，第五章新增“幼儿园室内外空间环境创设的注意事项”一节)；比较大的内容修改是在第三部分，第六章“幼儿园课程”是完全重新编写的。

修订后的教材在表述上保持了原教材注意把理论的阐述与幼儿教育实践中的具体问题或现象相结合、深入浅出的特点，也保持了在各章配上照片、小资料、参考书目的特点，以降低学生理论学习的难度，使初学教育学的学生易于阅读，增进其学习教育理论的兴趣，并有利于学生开阔视野，扩大知识面，加深对教材的理解，提高教育理论方面的修养和自学能力，进而在学习中坚定中国特色社会主义道路自信、理论自信、制度自信、文化自信，形成正确的世界观、人生观、价值观。

尽管在修订中，我们力图使教材在内容上更切合我国幼教发展的实际与需要，在表述上更清晰、更严谨，但仍难免存在一些问题、疏漏甚至错误，诚恳地希望听到广大学生、教师和幼儿教育界同行们的意见、建议和批评。

修订后的《幼儿教育学基础》适合作为以培养幼儿园教师为主的学前教育专业的教材，也适合作为幼儿园教师、幼教工作者的学习参考资料。

参与原教材编写的主要人员除本人外，还有陈幸军、华爱华、鄢超云等。这次修订工作由本人独立完成。

本教材的修订得到北京师范大学出版社的大力支持，在此谨表谢忱。

李季湄

目　录

第二部分　幼儿园教育的基本要素

宋庆龄和孩子们在一起

有些职业是这样的高尚，

以致一个人

如果是为了金钱而从事

这些职业的话，

就不能不说他不配这些职业。

教师所从事的，

就是这样的职业。

——［法］卢梭

绪　论

亲爱的同学，当你终于选定了幼儿园教师这个崇高而值得骄傲的职业时，你可能对教育幼儿这门学问感到新鲜和好奇：幼儿有什么特点？我怎样才能了解他们？该怎样和他们打交道？幼儿是怎样学习的？我该怎样去促进他们健康成长呢？……“幼儿教育学”正是帮助你解决这些问题的科学。

一、幼儿教育学——与我们的生活密切相关的科学

幼儿教育学是从人们教育幼儿的实践经验中总结提炼出来的教育理论。一说到理论，你也许会立刻联想到那些艰深的、抽象的、枯燥无味的条文而顿生畏惧之情。其实，幼儿教育学作为一门应用科学并不深奥神秘，它的理论常常寓于日常生活中，甚至从你身边，从你十分熟悉的现象中，以生动、具体的方式呈现出来，只是因为你还不熟悉它，而没有意识到、觉察到罢了。

也许你看到过、听说过、经历过……

情景一：父母带孩子逛商场，孩子看中了一件玩具，而父母认为不适合，就不给他买。于是孩子往地上一躺，大哭大闹起来，父母怎么劝告都无效，场面难以收拾……孩子为什么会变得这样任性？是孩子天生一个犟脾气、不听话吗？对这样任性的孩子该怎么办？如果父母迁就顺从，要啥买啥，或者打骂威胁，强令其服从就能解决问题吗？——幼儿的任性乃冰冻三尺非一日之寒，这是家庭教育方式一贯不当而逐步累积成的恶果。父母如果不从根本上改变“溺爱”或“专横”等不正确的教养态度和教育方式，孩子的任性是难以纠正过来的，孩子良好性格的形成也是不可能的——幼儿教育学关于幼儿性格形成理论如是说。

情景二：孩子们正在沙堆边玩游戏，他们用沙筑小山、挖地道，玩得很开心。可是妈妈们走过来一看，责骂道：“沙子有什么好玩的？只知道玩怎么行？回家去学习！”说完便各自拉着自己的孩子往家里走……幼儿是怎样学习的？游戏对幼儿来说是不是学习？玩沙这类游戏对幼儿的学习与发展有没有意义？——幼儿的学习是以直接经验为基础，在游戏和生活中进行的，而不是像中小学生那样主要通过书本、上课来学习。游戏是幼儿最好的学习方式，是最适合幼儿年龄特点的学习活动。玩沙这一类游戏极有利于发展幼儿

的想象力、创造力、认知能力、操作能力等，是很有意义的活动——幼儿教育学的游戏理论如是说。

情景三："你看，小军画得多好，你怎么画得这么差？你别去玩了，就在这儿画吧。"老师对小红这样说。小红沮丧地留下来继续画，眼睁睁地看着别的小朋友玩。第二天小红怎么也不肯去幼儿园，后来虽然在妈妈的强迫下去了，但是整天闷闷不乐，做什么事都畏畏缩缩的，觉得自己这也不行那也不行。每个孩子都必须画得一样好吗？一把尺子衡量所有的孩子对吗？幼儿园的艺术活动只是为了训练画画技能吗？——幼儿的能力是有差异的，这种差异既可能表现在某一能力的强弱不同，也可能表现在个人能力的强项弱项各不相同。教育必须尊重这一差异，用一把尺子去衡量所有的幼儿将伤害许多幼儿的自尊心、自信心。每一个幼儿，无论其能力强弱与否，都应当受到尊重，其学习、游戏的权利都必须得到保障。幼儿园应当创设有利于幼儿展现与发展其多元能力的教育环境，努力发现每一个幼儿的闪光点，促进他们自信地富有个性地发展。幼儿园的一切活动，包括艺术活动，都不能仅以技能高低论成败。那种只关注结果而忽视过程，只重技能不重情感、态度，把表扬和认可全部奉送给"成果"而不是"努力"的教育，将严重地挫伤那些被误认为是失败者的幼儿，使他们不仅从小就失去自尊、自信，失去学习新事物的兴趣和勇气，形成消极的情感和退缩性行为表现，还给他们未来的人格发展埋下重大隐患。——幼儿教育学的社会性发展理论如是说。

如上所述不难看到，幼儿教育学是与我们的生活密切相关的一门科学，而不是远离现实的、抽象的、不可捉摸的学问。"教育学就存在于我们每天与孩子说话的情境中，教育学就存在于我们与孩子在一起的方式之中。"(马克思·范梅南)我们可以从周围的许多具体现象入手去认识和理解幼儿教育理论的内涵和意义，去发现和捕捉幼儿教育理论最生动的注解和说明。

二、为什么要学习幼儿教育学

教育幼儿的工作是一项十分复杂的社会实践，它具有自身独特的规律性。正因为此，幼儿园教育是一个专业，幼儿园教师职业是一种具有特殊专业素质要求的职业，幼儿园教师是从事幼儿教育的专业人员。

教育大计，教师为本。自 1966 年联合国教科文组织提出了教师职业专业化问题以来，提高教师专业素质便成为了世界各国教育(包括幼儿教育在内)共同关注的课题。顺此潮流，我国幼儿教育也将幼儿园教师的专业化置于重要地位，着力建立一支师德高尚、业务精良的幼儿园教师队伍，以从根本上提高幼儿教育质量。

同学们是未来的幼儿园教师。要成为专业化的教师，担负起对幼儿进行科学保教，促进每一个幼儿全面发展的重任，仅仅靠愿望与热情是远远不够的，它需要专业的理论指导。比如，你必须明确我国的教育方针；必须明确我国幼儿园(包括各类幼儿教育机构)的教育目标和幼儿教育工作的指导思想；你必须树立正确的儿童观、教育观、发展观、课程观等，确立幼儿发展为本的理念；你必须了解幼儿学习与发展的特点和幼儿教育的规律、原则、科学的教育方法以及研究幼儿的方法，等等。不难看到，具有一定的教育理论水平是成为专业化教师的一个必要条件。那么，你从哪里去获得这些必要的专业理论知识呢？尽管途径是多样的，但是在现阶段，认真学习幼儿教育学，无疑是最现实、最重要的一条途径。幼儿教育学是从事幼儿教育工作的有力武器，是引导你顺利地进入角色的良师益友。从现在开始努力学习幼儿教育学，将为你们未来的专业化发展打下良好的基础。

《幼儿教育学基础》是幼儿教育学的入门教科书，它将为你学习幼儿教育学理论奠定第一块基石。你可以从本书中初步了解幼儿教育学的概貌、基本框架，初步了解幼儿教育和幼儿教育机构工作的特点和规律，以及你未来的工作岗位——幼儿园的任务、教育目标、教育原则、教育内容、教育活动组织的原理和方法、教育环境的创设以及与小学的衔接等。它不仅给你简单地勾勒了幼儿教育产生、发展的历史，还使你对教育的本质、幼儿教育的价值、教育者和受教育者在教育过程中的地位及其相互作用原理等有一个初步的认识。在学习它的过程中，随着对幼儿教育理论的认识逐步深化，你还会更深地体会到幼儿教育的意义，认识到幼儿园教师对社会的责任，从而更坚定你的教育信念与专业理想，更忠诚于幼儿教育事业……凡是热爱幼儿，立志要在幼儿教育岗位上做出一番事业的人，是不会轻视这门学问的。每一个努力学习它的人都将从中获得教育的智慧和力量！

也许你心里还隐约有这样的疑问：不学理论就一定不能从事幼儿保教工作吗？有的老教师过去没学过幼儿教育理论，还不是教了几十年吗？

的确，有的老教师因为种种原因没有机会系统地、正规地学习幼儿教育理论，但这并不等于说他们完全没有学习过理论，更不等于说幼儿教育工作可以不需要理论。成功的老教师总是在实践中不断总结和提升自己的经验，并通过各种方式，特别是自学方式，努力学习教育理论，并有意识地把理论和实践结合起来。如果固守经验、盲目摸索、轻视或拒绝学习理论的话，那不论工作多长时间，也只能是在低水平上重复而已。不少老教师感叹自己干了许多年，但总也上不去。究其根源，缺乏理论功底不能不说是一个重要原因。

随着时代的发展、社会的进步，人们对幼儿教育的要求越来越高。如果说过去凭借经验还可以凑合抵挡的话，那么现在没有理论指导就难以胜任教育工作了。比如，要促进幼儿社会性的健康发展，如果不了解当今社会在理念、认识上的变化与发展趋势，不了解21世纪社会发展对人的社会性发展所提出的要求，不了解教育科学中幼儿社会性发展方面的研究成果，不了解现代幼儿社会性发展的规律、特点、特征、问题以及据此培养幼儿社会性的正确方法等，仅仅凭有限的、零碎的经验和陈旧观念办事，怎么可能深刻地理解幼儿社会性发展的目标和内涵，怎么可能正确地把握幼儿的社会性发展水平，自觉地而非盲目地、有成效地而非碌碌无为地开展教育工作呢？随着我国幼儿教育改革的不断深入，很多教师都深深感到，要把教育水平提到更高的层次，非常需要在教育理论方面学习、学习、再学习，不断更新自己的知识结构。正因为此，不少教师边工作边进修，积极地通过各种方式建构自己的教育理论知识，丰富自己的专业素养，提高专业理论水平。认为幼儿教育工作不需要理论的说法是不符合实际的，是站不住脚的。

也许你还听到过这样的说法，幼儿园教师只要能唱会跳、能弹会画就够了，学不学幼儿教育学没关系。真是这样吗？

应该说，作为一名幼儿园教师，最根本的任务是促进每一个幼儿在德、智、体、美、劳诸方面生动、活泼、主动地发展。为了具备胜任这一任务的能力，未来的幼儿园教师需要学习多种课程，学习音乐、舞蹈、美术等课程当然也是为此目的。即是说，教师自己能唱会跳，能弹会画不是最终目的，具备这些本领是为了具有更加丰富多样的教育幼儿的知识与手段，在教育过程中增强与幼儿互动的能力。即是说，教师能唱会跳、能弹会画，一方面是为了更好地理解、掌握幼儿在音乐、舞蹈、美术等方面的发展特点、学习特点，发现他们的发展潜力，使他们能够得到及时的、适宜的早期教育；另一方面是为了更生动活泼地与幼儿互动，更好地按照他们的特点去组织活动，培养和激发他们的兴趣，引导他们积极主动地学习和发展。当然，要做到这一切，除了掌握基本的音乐、舞蹈、美术知识和技能之外，更重要的是，还必须树立正确的教育观、儿童观，懂得幼儿发展和幼儿教育的理论，否则教师自己画得再好，绘画技能再高，却不知道幼儿是怎样感知色彩、形体以及如何看待外部世界的，不知道幼儿绘画、造型等技能发展的阶段、特点，不懂得幼儿的绘画心理，不了解幼儿绘画时的心理状态，不知道怎样通过绘画去发展幼儿的想象力、创造力，去培养幼儿表现美、创造美的情趣和信心，不知道怎样把绘画活动与其他教育活动有机地结合起来发挥综合效应，不知道在一日生活中怎样随机地发展幼儿的美感和技能，不懂得个别差异，不能发现每个幼儿的特殊性而给予有针对性的指导，不知道何时、何种情况下介入指导是适宜的……他怎么可能通过绘画有效地促进幼儿的全面发展呢？因此，掌握幼儿教育基本理论是进行一切教育活动的前提。也正是在这个意义上，幼儿园教师职业体现出难以替代的专业性。合格的幼儿园教师可以无愧地被称为幼儿发展的专家、幼儿教育的专家，而专业画家、音乐家、舞蹈家尽管技艺精湛，却未必能够享此殊荣。

三、怎样学习幼儿教育学

学习幼儿教育学需要纵向深入和横向联合。

(一)纵向深入——认真读书，勤于思考，钻研幼儿教育学

在校期间，学习幼儿教育学的第一步是认真学习教材，初步了解学科的基本结构，深入理解和领会幼儿教育学的基本概念、基本知识、基本原理、基本观点，这是学习的重点。学习中要反复推敲、弄懂并吃透教材每一章节的主要内容和渗透在其中的重要观点、教育思想，弄清楚每一章节之间的内在联系，整体地而不是孤立地理解每一章节的内容，把握好教材内容之间的逻辑联系。同时，在认真阅读教材的基础上，还需要广泛阅览相关参考书籍和专业资料，加深对教材内容的理解和认识，不断扩展专业视野。“学而不思则罔。”要深入学好幼儿教育学，除了认真读书之外，还必须勤于思考，特别是独立思考，这是非常重要的。伟大的科学家爱因斯坦说过：“如果一个人掌握了本学科的基础理论，又学会独立思考和工作，那么他必定能找到自己的道路。”对教材、对前人的结论、对流行的观点和看法、对已有的研究成果等，需要多思考、多考察、多问几个为什么，不为传统的观念和结论所束缚，不人云亦云。勇于探索新问题，提出新见解，是提高自己理论水平的重要途径。不过，独立思考不是闭门造车，“独学而无友，则孤陋而寡闻。”和老师同学相互交流看法，讨论切磋，让不同观点相互碰撞，相互启发，能激起思想火花，帮助你更清楚、更全面、更准确地掌握幼儿教育学理论。

(二)横向联合——联系幼儿教育实际，联系相邻学科和相关知识、信息，联系有关的社会现象和问题

1. 联系幼儿教育实际

幼儿教育理论是为幼儿教育实践服务的，理论联系实际是学好幼儿教育学的必由之路。在校期间联系实际的方式多种多样，例如，到幼儿教育机构实习、见习，访问优秀幼儿园教师，开展社区、家庭的调查，尝试进行一些

有意义的教育小实验、研究活动以及各种有关的专业活动等，都能有效地提高自己的教育理论修养和从事教育工作的能力。也许有同学认为："在校时学理论，毕业后再实践也来得及。"这种看法是不对的，不能把学习理论和参加实践这样机械地割裂开来。脱离实际的理论是空洞的理论，没有理论指导的实践是盲目的实践。一方面，脱离实际地学习理论是不可能真正掌握理论的，教育基本理论学得好不好，主要不是看能否记住和背诵一些知识或概念，而是要看这些理论在多大程度上在实践中运用、转化。不参加教育实践活动，理论的运用、转化是不可能完成的。另一方面，毕业后如果要让教育工作卓有成效，理论学习不但不能中止，还应在原有基础上进行更深入的、更高层次的理论学习，与在校时不同的仅仅是理论学习的方式改变或内容更新而已。

2. **联系相邻学科和有关知识、信息**

在科技飞速发展的今天，各门学科都越来越具有综合性和渗透性。幼儿教育学也在不断吸收和综合其他相关学科成果的过程中，变得越来越成熟与完善。与幼儿教育学相关的学科很多，如幼儿心理学、幼儿卫生学、各领域教学法、中外幼儿教育史、教育科学的其他诸学科以及哲学、社会学、语言学、美学等。相关学科的学习使各学科的知识、观点、研究方法、思维方式等相互补充、相互拓展、相互迁移、相互利用，这非常有利于我们开阔思路，从多种角度更深入、更全面地理解和领会幼儿教育学理论。比如，幼儿心理学、幼儿卫生学所阐述的幼儿心理发展规律、生长发育规律为我们理解幼儿教育与幼儿身心发展的关系，理解幼儿教育学所阐释的教育原则、教育方法的合理性、正确性，提供了实证的科学的依据；再如，幼儿园各领域教学法是与幼儿教育学密切相关的、对各领域教育进行研究的学科，它们大大地丰富和充实了幼儿教育学的内容；幼儿教育史总结了中外幼儿教育思想发展与实践发展的历程，其丰富的内容不仅有助于我们从历史发展的角度更深刻地理解幼儿教育发展的规律，还有助于我们把教育的历史、现实和未来结合起来，古为今用、洋为中用，从中外丰富的教育遗产中汲取营养，把幼儿教育学的理论变得更生动、更厚重。

除了与相关学科的结合之外，学习幼儿教育学还应注意形成广泛的知识基础和多渠道的信息来源，而不能只依靠课堂学习。在校期间，积极参加课外活动，特别是相关的各种专业活动，如幼儿教育知识竞赛、教育问题讨论会、教育观点辩论会、社会调查、访问等，都非常有利于拓宽知识面，提高实践能力，加深对书本知识、对教育理论的认识和理解。另外，在今天这样一个高科技、信息化的时代，学会利用各种信息传媒来获得知识也是十分重要的。如利用图书馆、大众传媒以及网络与各种视听设备、报纸杂志等了解幼儿教育研究的新动向、新成果，了解现代科技在幼儿教育上的影响和运用，了解国内外教育的新发展、新变革，了解现代科技、信息对幼儿成长、发展的影响等，将有助于开阔视野，活跃思维，对学习幼儿教育学是十分有益的。

3. **联系有关社会现象和问题**

幼儿教育与社会息息相关，社会上的思潮、风气、各种现象会对幼儿教育造成或大或小的影响。经常尝试运用学过的理论知识对来自社会的问题进行理智地分析、思考，对各种思潮、观点进行冷静的判断、辨析，有利于对不断变化的环境，对现实中出现的新情况、新问题始终保持敏感，有利于形成自己的教育理论观点和看法。不仅如此，带着实际问题学理论还能大大提高学习效率，发展自己处理实际问题的能力，形成实事求是的学风。

学习幼儿教育学不是一件容易的事，这些学习方法本身也需要通过实践去逐步体验、感悟、理解。如果在学习幼儿教育学的过程中，你能够做到主动积极地学习与思考，认真细致地钻研与积累，热情理智地投入实际，那么你将“学会学习”，你的学习会出现一个飞跃，你将从这一过程中体验到无可比拟的满足和快乐！

第一部分
幼儿园教育的基础知识

本部分简介了有关幼儿教育学的基本概念，简单勾勒了幼儿教育发展的历史进程，并在此基础上，对我国幼儿教育机构的主要形式——幼儿园的教育目标、任务、原则以及幼儿园全面发展教育的特点和规律等进行了阐述。初入幼儿教育学之门的人将从中获得幼儿教育理论常识，并为学习以后各章打下基础。

第一章
幼儿教育的产生和发展

人
唯有凭借教育
才能成为人。

——[德]康德

学习导航

- 什么是教育？教育学是一门怎样的科学？
- 什么是幼儿教育？幼儿教育学是一门怎样的科学？
- 幼儿教育有什么意义？
- 中外幼儿教育家的思想对幼儿教育有什么现实意义？
- 改革开放以来，我国幼儿教育发生了哪些变化？
- 当今世界幼教发展有什么主要特点？

学完本章后，如果你理解了有关教育的基本知识，理解了教育学、幼儿教育学的基本概念，初步了解了幼儿教育发展的轨迹和幼儿教育思想发展的脉络，你就能回答上面的问题了。

本章内容

- 幼儿教育的基本概念和意义
  - 什么是教育？什么是幼儿教育？
    - 什么是教育
    - 什么是幼儿教育
  - 什么是教育学？什么是幼儿教育学？
  - 幼儿教育的意义
- 幼儿教育事业的产生和发展
  - 幼儿教育与人类社会一起产生和发展
    - 原始社会的幼儿教育
    - 奴隶社会、封建社会的幼儿教育
    - 早期资本主义社会的幼儿教育
    - 现代社会的幼儿教育
  - 幼儿教育机构的产生和发展
    - 世界幼儿教育机构的产生与发展
    - 我国幼儿教育机构的产生与发展
  - 幼儿教育思想的发展
    - 福禄贝尔(1782—1852)
    - 蒙台梭利(1870—1952)
    - 杜威(1859—1952)
    - 维果茨基(1896—1934)
    - 陶行知(1891—1946)
    - 陈鹤琴(1892—1982)

第一节 幼儿教育的基本概念和意义

一、什么是教育？什么是幼儿教育？

(一) 什么是教育

“教育”，可以说是我们生活中使用频率最高的词之一。每个人都能从自身的经历中体味到教育的意义。的确，人的成长离不开教育，从一个不谙世事、尚未开蒙的乳婴，到渐懂人事、初步适应社会生活，以致掌握丰富的知识、技能，成为对社会有用的人，是教育的结果。教育使我们能够长大成人。离开了教育，我们只能长大，而不能成人。“人是需要教育的唯一的生命。”①“假如要形成一个人，就必须由教育去形成。”②

那么，究竟什么是教育呢？这个问题看似简单，但真要回答却并不容易。而作为一个教育工作者，这是必须弄清楚的第一个问题。

对教育有广义的和狭义的两种理解。我们先来考察广义的教育。

广义的教育包括了家庭教育、社会教育和学校教育。

广义的教育可视为孩子的一种社会生活经历或一种社会活动。

教育“这个过程几乎是在出生时就在无意识中开始了。”(杜威)一个孩子从出生的第一天起，其弱小的生命就开始与周围环境互动，“从认识自己开始，然后打开与他人的关系，获得基本的知识和技能。从这种意义上说，教育首先是一个内心的旅程。”③与此同时，这一经历也是孩子接受来自外部各方面影响的过程。在家里，父母长辈精心地哺育关照、言传身教；在社会上，各种环境设施、大众媒介、人际关系对其耳濡目染、潜移默化；在学校里，教师遵循国家的教育方针，对其施加影响，以将其培养为社会所需要的人。不难看到，家庭的养育寄托着亲人的期望，周围文化的熏陶渗透着社会的要求，学校的培养既承负着国家的使命，也给生命的旅程以光亮。正是这种带着期望、要求、使命、启迪而进行的人类社会活动唤醒了孩子内在的精神，发展了孩子的潜力，促使孩子朝着符合社会期待的方向发展，把本是作

---

① [德]康德：《教育：让人成为人》，2页，杨自伍编译，北京，北京大学出版社，2010。

② [捷克]夸美纽斯：《中外幼儿教育名著解读》，39页，姚伟主编，南京，南京师范大学出版社，2007。

③ 联合国教科文组织编：《教育——财富蕴藏其中》，86页，北京，教育科学出版社，2014。

为自然人而降生的孩子培养成社会的一员，促进个体生命实现自身的价值与意义。从这一意义上可以看到，“教育行为与其他行为(如经济行为、法律行为等)的本质区别在于它以促进人的发展为行为的首要意义和直接目的。”[①]教育是一种有目的、有意识地“直面人的生命、通过人的生命、为了人的生命质量的提高而进行的社会活动。”[②]

与广义的教育相对的是狭义的教育，即仅指学校教育。与家庭教育和社会教育比较起来，学校教育由专业的教师承担，教育的目的性、计划性、组织性、系统性很强，是一种可控性很高的、规范的教育，一般来说，效率更高，效果也更好。而家庭教育和社会教育对人的影响相对较零散、不系统、不规范，因此其效果有很大的偶然性、不确定性。学校教育的独特结构和功能使其成为近代以来教育活动中的核心部分，在各种教育中起着示范和主导的作用。

这里有两点是需要注意的：

一是不论广义的还是狭义的教育，都是有目的的，不论其有意识还是无意识，都是为一定的政治服务的。无目的的、超政治的教育是不存在的。“一切社会里盛行的教育，是为了一切社会目的服务的。不管这个事实是令人叹息的，还是令人称赞的。”[③]我国的教育必须为社会主义建设服务，培养社会主义建设的接班人，这是决不能含糊的。

二是所有一切教育的发展都受到社会的政治、经济、文化等条件的制约，不可能超越一切，如天马行空，独往独来。而同时，教育作为社会的一个子系统，通过传播知识、技术、观念、文化，通过培养人、造就人，又极大地影响着社会的政治、经济、文化等各方面的发展。教育既可能推动也可能阻碍社会的发展。正因为此，任何国家要发展、民族要进步，都会狠抓教育。

(二)什么是幼儿教育

1. 关于幼儿教育的概念

理解了教育这一概念后，再来看看何谓幼儿教育。要回答这个问题需要了解两点，一是人的年龄阶段划分，二是教育对象的阶段划分。

人一生按年龄可分为若干阶段，如婴儿期(0～3岁)、幼儿期(3～6岁)、

---

① 张华：《经验课程论》，8页，上海，上海教育出版社，2000。

② 杨小微主编：《教育学基础》，8页，上海，华东师范大学出版社，2010。

③ [美]胡克：转引自陈桂生著《教育学视界辨析》，30页，上海，华东师范大学出版社，1997。

儿童期(6～11、12 岁)、少年期(11、12～14、15 岁)、青年期、成年期、老年期等。幼儿是对 3～6 岁年龄阶段儿童的总称。

不同年龄阶段的人有着不同的年龄特征、不同的需要。因此，要适合不同年龄阶段的人，教育必须分阶段进行(参见图 1-1)。

图 1-1　教育的分类

什么是幼儿教育呢？如图 1-1 所示，幼儿教育是对 3～6 岁年龄阶段儿童所实施的教育的总称。0～3 岁阶段的教育称为婴儿教育，与幼儿教育共称为学前教育或早期教育。幼儿教育是学前教育的后一阶段，前与 0～3 岁婴儿教育衔接，是婴儿教育的继续；后与初等教育衔接，为幼儿上小学以及终身学习打下基础。

幼儿教育也有广义和狭义两种理解。从广义上说，幼儿教育是能够发掘幼儿自身潜力和可能性，促进幼儿身体成长和认知、情感、性格等各方面发展，为其现实的发展和未来的可持续发展奠基的所有社会活动，包括在家庭中、社会中、各类幼教机构中进行的所有这一类的活动。比如，幼儿在与家人的共同生活中，接受父母长辈的影响，或在成人的带领下参加社区活动，去旅游、参观、看电影、参加节日庆典等，都属于幼儿教育范畴。而狭义的幼儿教育则仅指幼儿园教育(或其他名称的幼儿教育机构的教育)。

2. 关于幼儿园教育的概念

幼儿园教育是在幼儿园——幼儿公育的专门教育机构——实施的教育。幼儿园教育在我国归属于学校教育系统，是我国基础教育的一部分。和学校教育一样，幼儿园教育也具有家庭教育、社会教育所没有的优点，例如，它是由专业、专职的幼教人员实施的，具有其他形式的幼儿教育所不具备的专业性；幼儿园教育是有目的、有计划地进行的，可控性强、有效性高，等等。不过，幼儿园教育也有自身先天的不足之处。例如，教师与幼儿之间没有亲子之间的血缘关系，教师缺少像家长那样的与幼儿长期共同生活的积淀，幼儿园的教育生活与幼儿的实际生活之间的融合度低于家庭与社会，等等。因此，必须重视幼儿园教育与其他形式幼儿教育的联系与配合，而决不能把幼儿园教育狭隘地理解为仅仅是在幼儿园内进行的或仅仅是依靠幼儿园的力量来完成的教育。

幼儿园教育具有自身的不同于中小学教育的特殊性。由于3～6岁这一年龄阶段的幼儿与学校教育的对象——青少年是不同的群体，幼儿有特殊的需要，不仅在身体发育方面需要成人的精心照顾和保护，属于“社会上最脆弱的群体”①，还在学习与发展上有不同的特点。因此，幼儿园教育的形式、内容、方法等与小学完全不同，它具有保教结合、以游戏为基本活动、与家庭社区紧密配合、重视一日生活等特点，决不能把幼儿园教育小学化。

幼儿园教育属于正规幼儿教育形式，而其他幼儿教育形式属于非正规幼儿教育（如社会上的各种幼儿学习机构的教育活动，常见的“游戏班”“幼儿塾”等）和非正式幼儿教育（如家庭教育、社会科技文化设施、传播媒介的教育活动等）。在我国，幼儿园教育在整个幼儿教育系统中居于核心地位，最能体现国家意志和社会要求，在整个幼教系统中具有导向、辐射作用，对其他各种形式的幼儿教育具有示范、指导、聚合的功能，对提高我国幼教的整体质量起着举足轻重的作用。但必须注意，幼儿园教育的核心地位决不意味着能够以老大自居而贬低其他幼教形式。积极地推动各种幼教形式的联动发展、取长补短、协同作战，应是幼儿园教育义不容辞的责任。

二、什么是教育学？什么是幼儿教育学？

如前所述，教育是一种纷繁复杂的、以育人为目的的社会活动。但是，怎么保证教育能达到预期的目的呢？显然，必须对所育的对象——“人”有深入的研究，掌握这一复杂活动的规律。因此，可以说，教育学就是这样一门研究学生的学问，一门研究教育现象及其一般规律的科学。

由于教育的复杂性，教育学出现了许多分支，分别研究教育的不同方面。如根据研究对象的年龄段不同，分为学前教育学、普通教育学（研究初等、中

---

① 引自《儿童权利公约·序》。

等教育)、高等教育学等；根据研究的范围不同，分为学校教育学、社会教育学、特殊教育学等；根据研究的侧重点不同，分为教育原理学、教育管理学、教学法学、教育史学等。因此可以说，教育学是教育科学的总称。

不难看出，幼儿教育学是学前教育学的一部分，是教育学的一个分支。幼儿教育学就是专门研究 3～6 岁幼儿，研究其教育规律和幼儿教育机构的教育工作规律的科学。

需要特别注意的是，在理解上述概念时，无论是教育学还是幼儿教育学，其概念的核心都是研究教育的对象，具体地说，就是研究儿童。关于这一点，苏联著名教育家苏霍姆林斯基曾明确地指出："教育，这首先是人学!"加拿大著名教育家马克思·范梅南也说："教育学就是迷恋儿童成长的学问。"这样来理解教育学、幼儿教育学概念的话，有利于避免把教育规律理解为一套可驾驭一切教育实践的锦囊妙计、一套据此就可以教育好一切儿童的僵化不变的宝典；有利于明确教育学、幼儿教育学决不仅是研究"教"的规律，而更应当研究充满不确定性的、发展变化着的儿童。

三、幼儿教育的意义

幼儿教育对幼儿个体成长、对幼儿家庭的幸福、对国家和社会的进步都具有重大的意义。

人从呱呱坠地到长大成人，成为有健康的身体、发达的智能、丰富的知识和良好的思想品德等良好素质的社会成员，这个变化主要是靠各阶段的教育来实现的，其中幼儿教育的奠基作用至关重要。联合国儿童基金会在《2001 年世界儿童状况》中指出："固然任何时候增进孩子的健康和发育的行动都不是徒劳之举，但是如果孩子出生后没有一个好的开端，那么他们可能永远也不会充分挖掘或实现自身的潜能了。"从婴儿期到幼儿期，是人一生中身体、大脑发展最快速的时期(参见图 1-2)。

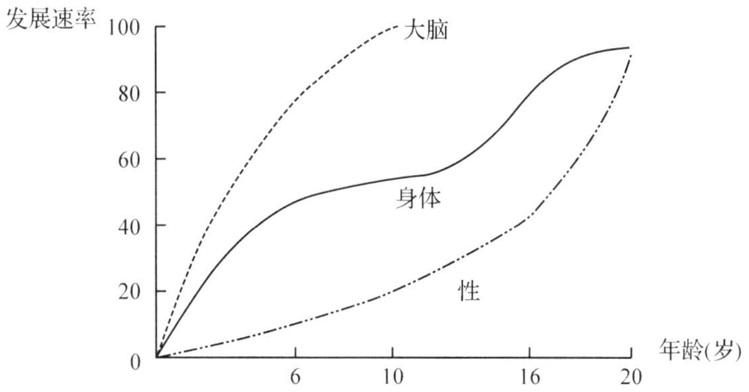

图 1-2　人体各部分的发展速率

因此，幼儿阶段成为人生重要的启蒙期，是人的语言、认知、情绪情感等发展的重要时期，也是为后继学习和终身发展奠定坚实基础的重要时期。“如果人的终生学习是一个旅程的话，早期学习对决定这一旅程的方向具有重要作用”①。陈鹤琴先生说：“幼稚期是人生最重要的一个时期，习惯、言语、技能、态度、情绪，都要在此时期打一个基础，若基础打得不稳固，那健全的人格就不容易建造了。”在这一阶段接受科学的幼儿教育，不仅能为幼儿开启良好的人生开端，还能够为其未来——近则为接受九年制义务教育，远则为其一生的学习和发展打下基础。正如苏联著名教育家马卡连柯所说的那样：“教育的主要基础是在5岁前奠定的。你们对5岁前儿童所做的一切，就是整个教育过程的90%。而以后是继续教育人、造就人的过程。”也正是在这个意义上，福禄贝尔说：“幼儿园是儿童圆满的个人生活、快乐的社会生活、自由的公共生活和和睦的人类生活的真正源泉。”

幼儿教育承载着无数家庭对未来美好生活的期盼。在我国，随着经济、社会的快速发展和生活水平的提高，人民群众对教育的需求进一步向早期教育延伸，每个家庭都希望自己的孩子能够接受优质的幼儿教育，获得健康的成长。于是，幼儿教育便与千家万户的幸福连接在一起，与无数家庭最关心、最直接、最现实的利益息息相关。同时，在培养幼儿的过程中，紧密的家园合作传播着科学育儿的先进理念与方法，提升着家庭的文明程度与教育水平，这一切都使幼儿教育成为十分重要的民生工程和社会公益事业。

幼儿教育关系着国家的兴旺与民族的未来，关系着社会的进步与和谐。

在世界各国，幼儿教育都被作为提高国家综合竞争力、提高国民素质、提高社会文明程度的重要途径。自20世纪60年代以来，无论美、英等发达国家，还是巴西、墨西哥、印度等发展中国家，都实施了大力普及幼儿教育的国家行动计划，以助推国家的现代化进程。在我国，在实现中华民族伟大复兴的历史进程中，教育是民族振兴、社会进步的基石，是提高国民素质和培养人才，提升国家综合实力的根本途径。幼儿教育作为我国基础教育的重要组成部分，作为国民教育的第一阶段，对振兴国家与民族的命运具有不可替代的奠基作用。在我国“从人口大国向人力资源强国转变”的战略目标中，幼儿教育居于重要位置是不言而喻的。正如教育家陶行知先生在20世纪20年代所指出的那样：“小学教育是建国之根本，幼稚教育尤为根本之根本。”

在社会中，教育被誉为是实现人类平等的伟大工具。幼儿教育事关幼儿的受教育权利，事关幼儿接受教育的公平机会，事关消除贫困的代际传播和

---

① 引自加拿大学习研究中心：《2007儿童学习和发展报告》。

推动个人发展的起点公平，承载着促进社会公平、维护社会稳定与和谐的重要使命。同时，一些研究还得出这样的结论：在儿童早期教育上每投资一美元，未来就可节省政府七美元的开支。因为接受过较好早期教育的儿童较之未受过教育的儿童在其成年后在社会生活中具有更好的表现，从而使得各级学生的辍学率、社会福利开支和犯罪率都下降，所以节省了政府的开支。即是说，幼儿教育有利于社会的进步与安康，能降低社会治理的成本，让社会的投入获得高效的回报。

第二节　幼儿教育事业的产生和发展

一、幼儿教育与人类社会一起产生和发展

当人类从猿进化成人的时候，原始社会产生了。为了使人类社会能够生存延续，人类必须实现自身的生产、再生产。因此，抚养后代、保证婴幼儿存活与生长的最初形态的教育就随之产生了，这就是原始社会的幼儿教育。可以说，幼儿教育是作为人类社会的一种自然特征出现的。

（一）原始社会的幼儿教育

由于原始社会的生产力非常低下，所有的青壮年都要为猎取食物成天奔波，以勉强维持全部落人的生存。社会没有多余的人力、财力专门花在教育儿童上，因此，只能由妇女和年老体弱的成人在驻地周围的劳动和生活过程中哺育儿童，其主要任务是保证幼儿的生存，并向他们传授维持生存所必需的、基本的知识经验、技能和品德。原始社会的社会条件使幼儿教育融合在生产和生活中，幼儿是通过共同生活与行动的过程来教育自己的。家庭生活或氏族的生活、工作、游戏或祭祀仪式等，都是幼儿每天的学习机会。成人通过手口相传，让幼儿在家庭、氏族、社会的环境中，直接地吸取知识经验，这些知识经验是他们生存的基础和条件。原始社会的生产力低下，生产资料公有，社会还没有划分为阶级，因此，其幼儿教育也是没有阶级性的，是平等的。

在原始社会初期，由于没有固定的家庭，孩子归属于氏族内部公有，对幼儿实行的是氏族内部的公共教育。到原始社会末期，幼儿归小家庭所有，幼儿公共教育逐渐变成了个人的事，家庭教育便产生了。这时候的幼儿教育实际上是一种家庭教育，这是人类最早出现的一种原始形态的教育，是一种自然的、非正规的、非制度化的教育。

（二）奴隶社会、封建社会的幼儿教育

随着生产力的不断提高，私有财产出现，人类社会进入了有阶级的社

会——奴隶社会、封建社会，教育也就出现了与原始社会不同的情况。

社会的统治阶级为了维护自己的统治，利用手中的权力让自己的子女接受专人教育，以便把自己的子女培养成未来的统治者或官吏。而平民的子女只能跟随父母学习各种生存所需的知识和劳动技能。幼儿教育的阶级性、等级性出现了。

为了适应社会生产力发展的需要，培育一批具有初步读、写、算能力的为统治阶级服务的人，开始出现了专门学校。幼儿教育与学校教育的分期出现了。入学前的幼儿教育仍然在家庭中分散地进行，这和封建社会一家一户的小农经济形态是相适应的。当时也有人提出了幼儿公共教育和保育的思想，如古希腊的哲学家柏拉图就主张3～6岁幼儿集中管教，但这些主张在当时是不可能实现的，因为社会既没有创办幼儿教育机构的足够物质基础，也没有相应的社会需求。

(三)早期资本主义社会的幼儿教育

17世纪中叶，社会生产力的发展终于冲决了封建社会的堤坝，英国爆发了资产阶级革命，资本主义制度首先在欧洲建立起来。到19世纪初，随着近代工业革命的到来，大工业机器生产在欧洲得到迅速发展，大量小农、小手工业者被迫进入大工厂做工，妇女也被迫走出家庭进工厂，而不能在家养育孩子。于是，创办幼儿教育机构以收容、教养工人的孩子的社会需求产生了。由于大工业生产创造了比小农经济高得多的劳动生产率，使社会具备了创办幼儿教育机构所必需的物质基础。因此，生产的社会化带来了幼儿教育的社会化，幼儿教育机构首先在欧洲诞生了。其中，最值得一提的是由英国空想社会主义者欧文(1771—1858)创办的“幼儿学校”(后改名为“性格形成学园”)。他把1～6岁的婴幼儿组织起来，进行集体保育，在当时社会上引起了巨大反响，受到过恩格斯的赞扬。不过，最初出现的幼儿教育机构多由一些慈善家、工业家举办，实质上不过是慈善性质的社会福利机构而已。

(四)现代社会的幼儿教育

自产业革命以来，社会的生产方式与人们的生活方式发生了深刻的变化。经济的发展、科学技术的进步、人口的增加、就业率的提高、劳动力市场的扩充等因素结合起来，使人们对幼儿教育的需求越来越强烈。正如联合国教科文组织的报告(1997)所指出的：“对于教育的要求是我们时代的特征，其范围之广和力量之大是空前的。这种演进正在世界所有地区发生着，无论其经济发展水平、人口增长率、人口密度、技术进步的程度和每个国家的文化政治制度如何。这是一个无可争辩的普遍历史现象。”社会发展的机遇与动力使制度化幼儿教育快速地发展起来，幼儿教育机构大量增加。与此同时，由于人类知识视野的扩展、科学与人文主义思想的活跃、社会文明的进步，让幼儿教育质量也出现了根本的变化(参见本节“二、幼儿教育机构的产生和发展”)，“教育开始在人类历史上第一次倾向于先于经济的发展”，“在历史上第一次为一个尚未存在的社会培养着新人，替一个未知的世界培养未知的儿童”。

从以上简单勾勒的幼儿教育产生和发展的轨迹中，可以得出以下一般性的结论：

1. 幼儿教育的产生是和社会的发展、特别是和社会生产力的发展水平紧密相联的，幼儿教育的发展受着经济发展与生产技术演进的强力推动。没有大工业生产就没有幼儿教育的社会化。换言之，幼儿教育机构是近代大工业生产的产物。

2. 幼儿教育既受制于社会的政治、经济发展水平，既与社会的发展形态、社会需求相适应，又对社会的发展与进步具有重要的反作用，影响着社会的稳定与发展。

二、幼儿教育机构的产生和发展

(一)世界幼儿教育机构的产生与发展

1. 世界上第一所幼儿园的诞生

德国幼儿教育家福禄贝尔被世界誉为“幼儿园之父”，是他创办了世界上第一所幼儿园。福禄贝尔认为，教育能发挥幼儿内在的生命力，怀着这样的教育理念，他在德国布兰肯堡创办了一个“保姆养成所”。为了保姆们有实习的场所和对象，他集合了村里40名6岁以下的幼儿，同时成立了一所“游戏与作业教育所”。1840年5月的一天，福禄贝尔在村里的山丘上散步，站在山顶上向下遥望，看到金色的夕阳和树木上油油的新绿，他突然大叫：“有了！就把它叫着儿童的花园(Kindergarten)吧！在这个花园里，幼儿不会受到压抑，他们可以得到自由的成长，而保姆就是施肥的园丁。”从此以后，福禄贝尔把他的幼教机构正式命名为“幼儿园”。在他的幼儿园里，游戏是幼儿的主要活动，幼儿通过他特制的玩具——“恩物”来学习，获得体力、语言、认识、想象力、创造力等多方面的发展。福禄贝尔创建的幼儿园是世界上第一所真正意义上的幼儿教育机构。之后，幼儿园的名称被全世界普遍采用，幼儿园这种模式也迅速传到欧洲其他国家和美国。至今为止，全世界主要的幼儿教育机构仍然是沿用的这一模式。

2. **世界幼儿教育机构的发展**

自世界上第一所幼儿园诞生一个多世纪以来，世界各国的幼儿教育机构在各自不同的背景下，沿着各自不同的路线，各有特色地发展着。尽管国情不同，文化背景、历史传统、经济水平各异，但是各国幼教发展呈现出共同的趋势。主要表现在以下几方面：

(1)保障幼儿权利的民主化趋势

为了保障每个幼儿的受教育权利，让每个幼儿有平等的学习机会，而不应因其性别、能力、年龄、种族及其背景等受到歧视，各国根据《儿童权利公约》和本国的教育法律法规，通过多种途径大力普及与发展幼儿教育。一方面，不少国家加大政府投入，实施不同程度的免费幼儿教育，力求保障每个幼儿接受早期教育的机会。如欧洲多国实施了1～3年不等的免费幼儿教育，基本普及了学前一年的免费教育；美国不仅颁布了大量保障幼儿权利、促进教育公平的法案，如《提前开端法案》(1981)、《早期学习机会法案》(2000)、《不让一个儿童落后法案》(2002)、《入学准备法案》(2005)等，还在全国开展了许多项目来帮助低收入家庭或处境不利的幼儿。如始于20世纪60年代中期的"提前开端项目"(Head Start Program)向3～5岁幼儿提供免费的、广泛的健康、教育、营养、社会以及其他特定方面的服务，以帮助他们为上小学做好准备，减少其今后学业失败的风险。另一方面，世界各国通过增加幼儿教育机构的数量和提高教育质量来满足幼儿的入园需要和入园后获得良好教育的需要。在发达国家与部分发展中国家，各种幼教机构的数量增加很快，尤其是入学前一年教育的普及率很高，如法国、日本、俄罗斯等国都达到90%以上；同时，幼教机构内部以开发潜力、发展个性、促进每个幼儿得到应有的发展为目标，积极地推行教育改革，力求保障每个幼儿获得同等的发展机会。如美国早期教育协会鲜明地提出"所有幼儿和家庭都应得到高质量的适宜发展服务"，教育必须尊重差异，有效地去培养"每一个"孩子，而不仅仅是那些处境优越的孩子。日本的幼教大纲中，强调个性化教育，要求一定要面向每个幼儿的实际需要，根据家庭以及地区的实情开展创造性的、选择性的、多样化的教育，并把"根据每个幼儿发展的特点进行指导"列为幼教的三大原则之一。

(2)幼教机构多样化

为适应现代社会和幼儿及其家长的各种需要，特别是为适应各种文化背景的、经济贫困的或单亲家庭以及无家庭幼儿的需要，各国灵活多样的幼教机构蓬勃发展，主要表现在：幼教机构的主体多样化，既有公立的、政府办的幼教机构，也有大量私人、社会团体、企业、教会等开办的各种幼托机构；幼教机构的形式多样化，除了全日制、半日制的正规幼教机构之外，还有许多非正规形式的幼教机构，季节性的、临时性的以及入托时间灵活的幼教设施也大量存在，如美国的假日儿童中心、蹦蹦跳跳室，英国、新西兰的游戏小组等；幼教机构的功能多样化，除了面向正常幼儿的教育机构之外，也有不少面向特殊幼儿的设施。实验性的、示范性的、面向病残幼儿诊断治疗的、以训练某种技能为主的、以满足某类家长特殊需要的幼教机构同时并存，各有千秋；另外，主张不同幼教理论的幼教机构也百花齐放，让家长自由选择。如既有依据福禄贝尔、蒙台梭利、皮亚杰理论而举办的幼儿园，也有基于对现代社会问题的反思而举办的幼儿园，如针对环境的破坏、幼儿远离自然等问题，在欧洲、北美出现了"森林幼儿园""田野幼儿园"等。

图 1-3 德国的森林幼儿园

(3)教育目标谋求幼儿全面、和谐的发展

从 20 世纪 80 年代初开始，世界幼教界对六七十年代以"智力开发"代替早期教育的倾向进行了深刻的反思，批判了将幼儿的发展等同于智力发展、等同于培养片面发展的所谓"神童""小天才"的错误倾向，呼吁教育目标从"智育中心"转向促进幼儿的全面发展，特别是重视幼儿社会性和情感的发展，为其成长为社会所需要的"人"打下基础。如全美幼教协会推出的 0～8 岁适宜性教育方案中明确指出："适宜的教育应当顾及儿童所有领域的发展"，"一个高质量的早期教育机构应该能够提供一种促进儿童身体、社会、情感以及认知发展的、安全的保育环境"。加拿大学习研究中心《2007 儿童学习和发展报告》指出："早期的学习和发展必须以儿童身体的、情感的、认知的、社会性的全面发展为基础"；英国学校课程和评定当局公布的 5 岁儿童应达到的目标，指向幼儿人格和智力的全面发展，放在首位的是品德和情感教育，如与同伴和成人建立良好关系，有是非观念、发展独立生活能力、养成良好的个人卫生习惯等。德国最新的幼教大纲也强调了全面发展，其规定的八个方面的教育(游戏、社会、语言、动作、音乐和律动、美术手工、环境教育、生活和家政教育)照顾了幼儿各方面发展的需要。新西兰教育部密切结合国情，提出了早期儿童教育的五大目标——健康、归属感、价值感、人际交往、探索，重视培养幼儿的情感和与家庭、社会的和谐关系。我国香港、台湾地区的幼儿教育目标也反映出同样的趋势。如香港的《学前教育课程指引》中规定：香港的学前教育机构应使儿童"在体能、智能、语言、社群及情绪等方面有均衡的发展，并培养他们对学习的兴趣，为日后的教育做好准备。"台湾有关幼儿教育的规定也以促进幼儿身心健全发展为宗旨，其目标侧重"培养良好习惯、合群习性，充实生活经验，增进伦理观念"等。

还需要看到，随着社会的发展，特别是知识经济社会的到来，各国幼儿教育目标都在与时俱进地进行调整，对培养幼儿的自主性、批判性思维、责任感以及学习品质，即学习态度、学习习惯、方法等与学习密切相关的基本素质——如积极主动的学习态度、探索兴趣、创造性与想象力、注意力、坚持性等——的高度重视，其关注程度可以说超过了以往任何时代。如美国于1991年就首次提出了"学习品质"的培养。在近年各州制定的婴幼儿学习基准中，都一致强调幼儿的兴趣、好奇心、主动性等，很多州还把"学习品质"单独列为一个领域。如华盛顿州在"学习品质"领域中，明确提出了培养"好奇心与兴趣、坚持性与注意力、创造与发明、反思与解释"等非常具有前瞻性的目标。在日本幼教大纲所提出的幼儿园教育三原则中，第一条就是"使幼儿能够情绪安定，充分发挥出积极性、主动性、创造性。"另外，不少发展中国家也都开始重视"学习品质"目标，如约旦、巴拉圭、越南、泰国等，都在本国幼儿的学习目标中对"学习品质"提出了明确要求，如"在游戏、活动或者任务中表现出热情、好奇心、兴趣、创造性。""积极参与活动或者任务并能够坚持完成。""能发起行动或活动，提出建议；投入新的未知的活动。""乐于参与活动与家务劳动，不总是要成人监督；能够坚持做完。"等。

(4)重视幼儿的生活、游戏与直接经验

尽管世界越来越现代化，科学技术越来越发达，但是世界各国的幼儿教育却并没有把知识技能的学习放在第一位，而是尊重幼儿学习与发展的特点，强调幼儿自身生活的教育价值，强调游戏的重要性，强调幼儿的亲身体验、直接经验的不可替代性。如世界著名的意大利瑞吉欧幼儿教育，其突出特点之一就是教育与幼儿生活的密切联系。他们的课程来自幼儿的生活，从幼儿的生活中、游戏中去发现并形成有价值的、幼儿喜欢探索的课题(project)，引导幼儿主动参与，通过亲身体验、观察、操作、实验、交流等来学习与探究，而不是把知识灌输给他们。新西兰幼教纲要明确指出，“教育的质量就体现在一日生活的质量，让每个幼儿充实地过好每一天。”日本幼教大纲也指出，“幼儿园教育必须重视的基本事项”的第一条就是“在与幼儿期相适应的生活中，在以幼儿的兴趣爱好为基础的、能获得直接体验的生活中展开教育”，并把“实施以幼儿自发游戏为中心的综合性指导”规定为幼教机构的一个重要教育原则。

图 1-4　日本幼儿自己分餐

图 1-5　新西兰幼儿用钻子在木板上钻洞

(5)重视提高幼教机构教师的专业素质

自 1966 年联合国教科文组织发布《关于教师地位的建议》开始，教师职业的专业化问题就引起了全世界的关注。幼教机构教师的专业化问题也成为世界幼儿教育发展中一个最热门的课题，因为教师专业化程度是教师质量的核心，也是幼教机构质量的重要标志。世界各主要国家如美国、英国、法国、日本等，都高度重视提高教师的专业素质，不仅把师资学历均提高到了大专以上水平，还对教师的职前培养、入职资格、在职要求等制定了规范而严格的标准，配套了相应的教师教育课程标准、教师资格制度以及教师专业发展和评价体系、教师专业标准等，以加快教师的专业化进程，有效地提高教师的专业素质。

(6)重视幼教机构与家庭、社区的合作

社会经济、文化、科技的发展，特别是大众传播媒介的发展和由此带来的人们生活环境、生活方式、家庭结构等的变化对幼儿教育产生了很大的影响，儿童的家庭和周边环境的质量对幼儿健康成长的重要意义和作用也随之越来越受到重视。联合国教科文组织多次指出，学校必须突破自身的局限，向社会开放，全社会共同为儿童创造一个能促进他们生理、心理、精神、道德和社会性发展的环境。因此，各国幼教为适应社会的变化而在开放中求发展，在与家庭、社区的结合中求教育的高质量。美国卡内基教学促进基金会

1991年在《做好学前准备：一项国家的义务》报告中提出了“为使所有幼儿做好入学准备而必须采取的7个战略步骤”，强调了“积极参与的家长”“关心幼儿的工作场所”“电视教育”“有利于学习的居住区”“老、中、青、少几代人之间的沟通”等方面的重要性；日本为了振兴幼教，在家庭教育、社区教育、幼儿园教育方面推出了一系列改革措施。如在学校中充实家政课，加强对未来父母的教育；利用大众传播媒介开展家长教育和咨询指导；改革福利措施让母亲育儿时间、父母与孩子接触时间更有保障；振兴社区无偿服务活动，吸引幼儿与家长能更多地参与；充分利用社区的资源促进幼儿与自然接触；确保社区的儿童活动设施(图书馆、儿童乐园、游泳池等)，以补充家庭和幼儿园之不足；控制电视对幼儿的不良影响；社区与幼儿园、学校联合举办学习班，提高社区、家庭的教育功能和成人的教育意识；开放幼儿园让其资源为家庭、社区共享，等等。法国、德国、新西兰的幼教大纲也都主张幼教机构的开放性，指出“成功的幼儿教育离不开与社区和家长的合作”。我国香港、台湾地区也都将家园结合，向社区开放作为十分重要的办园方针，主张幼教机构与家庭、社区“通过正式和非正式接触”，实现“频密、开放和双向的”，不同层次、不同方式的沟通与合作。

图1-6　瑞典的家长参与幼儿园的分组活动

(二)我国幼儿教育机构的产生与发展

1. 我国第一所幼儿园的诞生

我国自己创办的第一所幼儿教育机构是1903年在湖北武昌创办的湖北幼稚园(1904年清政府将其改名为武昌蒙养院)。当时民族危机深重，救亡图存的呼声响遍中国大地，一些先进人物纷纷向西方寻求救国的真理，西方的教育制度成了他们学习的重要内容。在戊戌维新运动的推动下，“效法西洋、倡办西学”成为潮流，对幼儿实行“公教公养”的主张也随之被提了出来。为了满足民众变革的要求以维护封建统治，清政府创办了“湖北幼稚园”。之后又在北京、上海相继成立了蒙养院。当时的这些幼儿教育机构完全抄袭日本，显示出半封建半殖民地教育的特点。

2. 旧中国的幼儿园教育

在半封建半殖民地的旧中国，由于内外战火不断，政治动乱，经济停滞，政府根本不重视幼儿教育，导致幼儿教育发展极缓慢。据统计，1947年全国仅有幼稚园1301所，绝大部分都附设在小学或师范学校内，分布在沿海大城市，入园幼儿也仅13万左右。而且幼儿园如著名教育家陶行知先生尖锐抨击的那样，害了三种大病：一是外国病，二是花钱病，三是富贵病，幼儿园完全成了外国文化侵略的工具和富贵人的专用品，劳动人民是不可能享用的。

可喜的是，在这一时期，在中国共产党领导下的农村革命根据地、抗日民主根据地和解放区里，出现了一批适应战争环境和解放区、根据地的政治经济特点的各种类型的托幼组织，如边区儿童保育院和托儿所等，这些幼儿园被形象的誉为“马背摇篮”。1941年，当时的陕甘宁边区政府还颁发了《关于保育儿童的决定》，培育了一支新型的保教人员队伍，为新中国幼儿教育事业的发展积累了宝贵的经验，奠定了良好的基础。

另外，有一批具有爱国思想和民主思想的幼儿教育家，批判封建主义的幼儿教育，反对幼儿教育的奴化和贵族化，积极提倡变革并躬行实践，创办了为平民子女服务的幼儿园。陶行知先生的“乡村儿童团”，张雪门先生的“北平香山慈幼院”等就是这样的机构。然而，在当时的历史条件下，他们的主张没能彻底实现。不过，他们的教育理论和实践是我国幼儿教育的宝贵财富。

3. **新中国幼儿园教育的发展(新中国成立初期至“文化大革命”结束)**

(1)历史的转折

1949年10月，中华人民共和国成立了。国家从帝国主义手里彻底收回了教育权。为了建立和发展新中国的社会主义幼教事业，幼儿教育以老解放区教育经验为基础，借鉴苏联经验，进行了整顿、改造和发展。1951年中央教育部制定了《幼儿园暂行规程(试行草案)》《幼儿园暂行教学纲要(试行草案)》，规定了新中国幼儿园的教养目标和双重任务，明确了各年龄班幼儿的身心特点和相应的教育内容以及教养员的责任等，使全国幼儿教育工作者在新旧交替的历史性转折时期方向明确，保教工作有章可循，有力地推动了新中国幼儿教育事业的发展。

新中国幼儿教育开始发生翻天覆地的变化，表现在：在办园方向上，旧型幼儿园逐渐转为向工农子女开门，为国家建设服务，让普通劳动人民的子女成为幼儿园的受教育者。幼儿园在教育幼儿的同时，极大地解放了妇女劳动力，成为支援国家建设、为工农服务的不可缺少的一支力量。从此，保育幼儿，方便家长参加社会主义建设成为我国幼儿园的双重任务；在教育思想上，新中国幼儿教育改革旧的教育思想、内容和方法，批判旧教育中存在的封建、买办、崇洋的思想，废除了宗教色彩的内容与活动，学习苏联先进的幼儿教育理论和经验，为建立新教育打下了基础；在教育目标上，新中国的幼儿园遵循党的教育方针，对幼儿进行初步的德、智、体、美全面发展教育，使幼儿的身心“在入小学前获得健全的发育(1951 年政务院《关于改革学制的决定》)”。在这一目标指导下，幼儿园具体的教养目标、各年龄班的教育任务等也都重新进行了规定。

(2)曲折起伏的前进

随着我国社会主义建设的深入，幼儿教育虽然有起有伏，但总体是向前发展的。“文化大革命”前的 17 年中，幼儿园数量大增，1965 年的幼儿园数量比 1950 年增加了 10 倍；幼儿园教师队伍也基本建立起来；幼儿园教育的各项规章制度大体确立，一个社会主义幼儿教育的新体系基本形成。不过在发展中因为经验不足，也走过不少弯路。如学习苏联的经验时，犯了生搬硬套的错误；批判旧教育思想时，把污水和婴儿一起倒了出去；1958 年的“大跃进”中急躁冒进，盲目发展，造成了幼儿教育的大起大落，等等。进入“文化大革命”时期后，幼儿教育遭到了严重破坏，1976 年后，我国幼儿教育在经过严峻考验后重获新生。

4. **新时期幼儿园教育的发展**

(1)拨乱反正，步入规范化、法制化轨道

“文化大革命”以后，幼儿教育战线百废待兴。为恢复和发展幼儿教育，教育部首先恢复建立了从中央到地方的各级幼儿教育领导机构，其次，在总结新中国成立以来幼儿教育经验的基础上，结合当时的实际情况，制定并颁发了一系列拨乱反正的文件，如《城市幼儿园工作条例》(1979)、《幼儿园教育纲要》(1980)、《关于进一步办好幼儿学前班的意见》(1986)、《幼儿园管理条例》(1989)等。

1980 年颁布的《幼儿园教育纲要》重新明确了幼儿教育的方向，对我国幼儿教育迅速恢复和发展发挥了极大的作用。该《纲要》主要包括三方面的内容：幼儿年龄特点及教育任务；教育内容与要求(小、中、大班幼儿生活卫生习惯、体育活动、思想品德、语言、常识、计算、音乐、美术八个方面)、教育手段(游戏、体育活动、上课、观察、劳动、娱乐和日常生活等)以及注意事项。

1989 年 6 月，国家教委为了加强幼儿园的科学管理，提高保育和教育质量，制定颁发了《幼儿园工作规程(试行草案)》(以下简称《规程草案》)。《规程草案》在总结我国幼儿园教育已有成果的基础上，进一步拉开了改革的帷幕，不仅明确地规定了幼儿园的保教目标、任务，而且立专章对幼儿园教育从原则到活动的组织、教育的形式、方法等作了规定。《规程草案》充分体现了正确的教育观、儿童观，十分重视幼儿的身心发展规律、特点以及幼儿园教育工作的规律，极大地推进了我国幼儿园教育的科学化、规范化。

1989年8月颁布的《幼儿园管理条例》(以下简称《条例》)是新中国成立以来，经国务院批准颁发的第一个幼儿教育法规。该《条例》对加强我国幼儿教育管理的规范化、法制化和促进幼儿教育事业的发展发挥了重大作用。

(2)在改革开放中腾飞

随着我国社会的改革开放和经济转型，我国幼教机构与时俱进，以改革促发展，无论在幼教发展的思路、政策以及发展数量、规模、布局等方面，还是在幼教机构的教育理念、保教质量、教师素质等方面，都取得了长足进步。特别是进入21世纪以后，教育改革的不断深化，推动着幼教机构在新的历史起点上，向着“以促进社会公平为重点，以提高教育质量为核心，全面实施素质教育”的方向发展。

①以促进社会公平为重点的发展格局

为保证适龄幼儿能够接受基本的、有质量的幼儿教育，我国积极探索符合中国国情的多元化发展道路。在社会整体改革的推动下，幼教机构的发展突破束缚，拓宽思路，从计划经济下的单一办园模式中解放出来，逐步形成了政府主导、社会参与、公办园与民办园、正规与非正规教育相结合的多元发展格局，大大促进了幼教机构的发展。在公办园不断壮大的同时，其他多种形式的社会力量办园，街道、农村集体办园，民办幼儿园等也都蓬勃发展起来，特别是面向大众、收费较低的普惠性民办幼儿园近年来更是大量涌现。这样多形式、多渠道的发展不仅大大缓解了“入园难”问题，较好地满足了适龄幼儿入园的需要，还特别有利于农村幼儿、留守幼儿、进城务工人员随迁子女等有平等的机会接受幼儿教育。在各种形式幼儿园的数量增加的同时，为了给农村、山区、牧区等人口分散或稀少的地区的幼儿和家长提供方便就近的、灵活多样的、多种层次的幼儿教育，各种非正规的幼儿教育形式日益活跃。如近年在河北、内蒙古、甘肃、贵州等省区或人口分散地区出现的幼儿活动站、游戏小组、巡回辅导班、草原流动幼儿园、“大篷车”流动服务组、季节班等。这些非正规幼儿教育形式因地制宜，从实际出发，对促进社会的和谐和教育公平，满足不同地区幼儿和家长的需要发挥了很大的作用。

2010年在我国幼教机构发展史上是具有重大意义的一年。这一年10月，为改变“总体上看，学前教育仍是各级各类教育中的薄弱环节的现象”，解决“教育资源短缺、投入不足，师资队伍不健全，体制机制不完善，城乡区域发展不平衡，一些地方‘入园难’问题突出”等问题，进一步推动幼教的科学发展，满足人民群众对幼儿教育日益迫切的需求，更好地保障所有适龄幼儿的受教育权利，国务院出台了具有里程碑意义的《国务院关于当前发展学前教育的若干意见》(以下简称《意见》)。

《意见》对幼教发展提出了十条极其重要的指示，所以也称此文件为“国十条”。根据《意见》的精神，以“多种形式扩大学前教育资源”“多种渠道加大学前教育投入”“坚持政府主导”等，全国实施了2011—2013年的第一期“学前教育三年行动计划”，前所未有地强化了各级政府对发展幼儿教育的责任，加大了财政经费的投入，特别是加大了对农村学前教育的投入，重点支持中西部地区，支持农村、少数民族地区和边疆地区幼儿园的建设，使全国幼教机构的发展呈现出前所未有的强劲态势。据教育部、国家统计局发布的报告表明，2013年全国共有幼儿园19.86万所，比2012年增加1.73万所，其中，公办幼儿园有6.5万所，城市公办幼儿园数量比2010年增长57.8%，增加5521所，农村公办幼儿园数量增加3291所。学前教育三年毛入园率为67.5%，比2012年提高3个百分点，比2010年提高10.9个百分点。在园幼儿(包括附设班)3894.69万人，比2012年增加208.93万人。

一个更加均衡的、坚持公益性和普惠性的、覆盖城乡布局合理的学前教育公共服务体系正在我国逐步形成，实现《国家中长期教育改革和发展规划纲要(2010—2020年)》(以下简称《教育规划纲要》)提出的“到2020年，普及学前一年教育，基本普及学前两年教育，有条件的地区普及学前三年教育”的发展目标是完全可能的。

②以提高保教质量为核心的内涵发展

持续、深入的教育改革，特别是落实《教育规划纲要》“把提高质量作为教育改革发展的核心任务”，“树立以提高质量为核心的教育发展观，注重教育内涵发展”以来，我国幼教机构的保教质量在新的意义上有了显著提升。无论是教育观念的转变还是教育实践的转型，都反映出我国幼教机构在内涵方面发生的本质性变化。

a. 教育观念的转变

自20世纪80年代以来，特别是跨入21世纪之后，我国幼教机构一方面积极地向世界先进的理念和实践学习、靠近，另一方面持续不断地进行着内部的改革，转变教育观念一直是改革的重点。纵观近30年的改革历程，若干关键的转折点仍清晰可见——20世纪80年代末，我国政府向世界承诺并实施联合国的《儿童权利公约》，由此，我国幼儿园教育第一次聚焦幼儿权利，对旧的观念与做法形成了强烈的冲击。

1996年6月正式施行《幼儿园工作规程》(以下简称《规程》)，《规程》要求“对幼儿实施体、智、德、美全面发展的教育，促进其身心和谐发展”，“促进每个幼儿在不同水平上的发展”，其反映出来的鲜明时代精神和高扬的人文关怀，关注每一个幼儿、尊重差异的先进教育理念，宛如一股新风吹进了幼儿园。

2001年6月教育部颁布了以“指导幼儿园深入实施素质教育”为宗旨的《幼儿园教育指导纲要(试行)》(以下简称《纲要》)。《纲要》在《规程》的基础上进一步给幼儿园教育注入了具有前瞻性的深刻内涵，在强调促进幼儿全面发展的同时，还强调“促进每一个幼儿富有个性的发展”，为“幼儿一生的发展打好基础”。在《纲要》指引下，幼儿园以更加广阔的视野去审视幼儿教育的本质，更加全面而深远地去认识幼儿教育的使命与价值。特别是适逢十六届三中全会提出了“以人为本”的执政理念，这对幼儿教育这一本来就面向“人”的事业产生了巨大而深远的影响，教育的意义被升华到新的高度，促使幼儿教育的价值观和质量观开始发生根本的变化，“以幼儿发展为本”第一次被确立为我国幼儿教育的一个基本价值取向。2010年《教育规划纲要》提出了“树立以提高质量为核心的教育发展观，注重教育内涵发展”的战略目标，更强化了我国幼教机构对发展要义、发展本质的认识，“促进每一个幼儿全面的、和谐的、可持续的发展”成为了幼教质量的核心，成为了幼儿园教育的出发点和归宿。

2012年教育部颁布了以提高幼儿教育质量为宗旨、以促进每一个幼儿学习与发展质量为目标的《3—6岁儿童学习与发展指南》(以下简称《指南》)，进一步用正确的教育观、儿童观，配以具体明确的、可操作的目标与教育建议，引导教师、家长和全社会在新的观念下，尊重儿童的天性和认知规律，珍惜童年生活的独特价值，开展科学保教。

2016年3月，重新修订的《幼儿园工作规程》开始施行。在新《规程》(以下《规程》均指新《规程》)和《纲要》的基础上，“以幼儿发展为本”的理念更加扎实、深入地植根于我国幼儿教育的土壤中。

b. 实践的转型——“以幼儿发展为本”的科学保教

理念的变化、观念的更新，带来了幼教机构在实践层面的巨大变化。尽管这一变化是一个十分艰苦的、漫长的过程，变化也是缓慢的、初步的，但向着“以幼儿发展为本”的科学保教的方向发展是新时期我国幼教实践的特征。主要体现在以下几方面：

第一，幼儿园教育目标的变化。

幼儿园教育是“终身教育的奠基阶段”的定位，使幼儿园教育目标不再局限于只是上小学的预备，只是为了读写算技能或才艺的早期训练。促进幼儿全面的、和谐的、可持续的发展，努力为幼儿一生的发展奠定良好的基础——生存的基础、做人的基础、做事的基础、终身学习与发展的基础——成为我国幼儿园广泛认可的目标。尽管应试化、商业化倾向对幼儿园教育目标造成了严重的干扰，但是，在《规程》《纲要》《指南》的指引下，越来越多的幼儿园在抵制那种狭隘、片面、功利、短视的目标，坚持《规程》所提出的价值追求——"贯彻国家的教育方针，按照保育与教育相结合的原则，遵循幼儿身心发展特点和规律，实施德、智、体、美等方面全面发展的教育，促进幼儿身心和谐发展。"

第二，幼儿园教育内容的变化。

在对幼儿园教育内容的认识上，过去主要存在两种误解，一是误认为幼儿园教育内容是大一统的，即要求每一个幼儿都必须接受一套完全相同的预定的知识技能，幼儿的实际与内容的预定是无关的；二是在小学化倾向的影响下，误认为幼儿园教育内容仅仅是与小学学业直接挂钩的知识技能，如识字、拼音、算术等，而且认为只有可直接训练和传授的、效果具体可见的知识技能才是重要的，那些需要长期培养的、对幼儿的现实与未来都具有重大意义的基本素质，如情感、态度、生活习惯、学习习惯、行为习惯以及学习品质、学习方法等，都被轻视或忽视。对教育内容的认识偏差严重地影响了幼儿园教育的方向与质量，给幼儿的全面发展和终身发展埋下了隐患。

在正确的教育目标的指引下，特别是通过贯彻《纲要》与《指南》，幼儿园对教育内容的认识发生了很大的转变。表现在，不再把教育内容当作统一固定的、与幼儿实际无关的东西，而将之与幼儿的兴趣、经验、认知水平、个别差异相适应；不再把教育内容狭隘地限定为入小学的知识技能，而是扩展到实现幼儿全面发展和为后续学习与发展奠基的方方面面。在《指南》的指引下，幼儿园教育内容涵盖了健康、语言、社会、科学、艺术等各领域对幼儿来说，最基本的、重要的、适宜的内容。

第三，幼儿园"教"与"学"方式的变化。

在旧的教育观、儿童观占统治地位的幼儿园教育中，"教"的方式一是主要通过控制、主宰、支配的方式来完成，不考虑或很少考虑幼儿的兴趣、经验、能力以及个体差异等，让所有的幼儿只能被动地接受统一的内容；二是幼儿园主要通过"上课"的方式分科地"教"，幼儿只能以小学化的方式来"学"，幼儿的生活、游戏都被边缘化。这样的"教"与"学"方式不符合幼儿学习的规律，与"以幼儿发展为本"的理念是完全背道而驰的。针对这样的现象，许多幼儿园进行了改革，取得了不同程度的进展。主要表现在，从以"教"为中心向尊重幼儿的学习特点与方式，支持幼儿的自主性学习转变；从分科上课、单向地统一灌输与训练，向创设丰富的教育环境，让幼儿在生活与游戏中，在其感兴趣的各种活动中，通过与教师、同伴、环境的多向互动，直接感知、实际操作、亲身体验，主动地、综合地“学”。

例　云南省某幼儿园的改革尝试——面对“认识动物的生活习性：小白兔喜欢吃什么?”的内容，过去“教”的方法一般是在“常识”课或“科学”课上统一讲授。教师统一地让幼儿看图、提问——部分幼儿回答——教师传授标准答案——幼儿被动地接受标准知识。在这样的由教师主宰的教学过程中，幼儿自身作为一个学习者是没有地位的，幼儿的经验、想法、兴趣是不被重视的，更谈不上幼儿的自由表达、发挥好奇心和探索热情了。这种“教”的方式看起来传递了所谓知识，而其对幼儿的主动性、学习热情、思维方式、探究方式等方面所造成的负面影响实在不可小视。而现在，教师们先创设一个墙饰环境，让每一个幼儿都能自由地、自发地表达自己的想法，你觉得小白兔喜欢吃什么就去贴什么。然后，让幼儿学习科学的态度与探索方法。教师引导幼儿实际地参与“小白兔饲养区”活动，幼儿亲自去喂、去观察、兴致勃勃地与小白兔互动，积极地验证自己的想法，并热烈地与老师、同伴一起交流、讨论(参见图 1-7、图 1-8)。通过这样的实际参与、亲身体验、共同建构，幼儿对自己原来的想法或证实或推翻，或补充或调整，他们不仅掌握了关于小白兔习性的许多知识，还经历了有趣的学习过程，学习了科学探究的方法，发展了自主性、主动性，积极的学习态度、学习兴趣等良好学习品质。

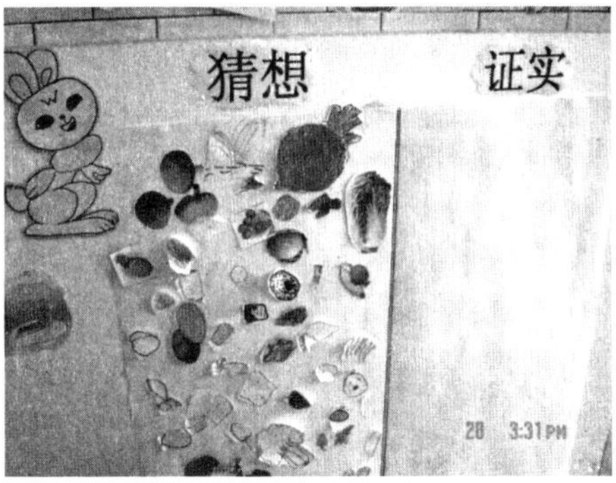

图 1-7　猜猜小白兔喜欢吃什么

图 1-8　幼儿园动物角里饲养的小白兔

第四，教师的专业化发展。

教育大计，教师为本。幼儿园教育质量最终取决于教师的质量，没有高质量的教师就没有高质量的幼儿园教育。

促进幼儿园教师专业化发展的国家行动——为了提高我国幼儿园教师的专业素质，建设一支师德高尚、热爱儿童、业务精良、结构合理的幼儿园教师队伍，近年来国家采取了若干重大举措。2010 年国务院颁布的“国十条”的第三条明确提出了“多种途径加强幼儿园教师队伍建设”，并从落实幼儿园教师地位、待遇，维护教师权益，加大幼儿园教师的培养、培训力度，完善幼儿园教师资格准入制度等各方面，提出了一系列具体要求，并提出了“三年内对 1 万名幼儿园园长和骨干教师进行国家级培训。各地五年内对幼儿园园长和教师进行一轮全员专业培训”的国家级培训计划。之后，大规模的“国培”对提高全国各地的幼儿园教师，特别是农村教师的专业能力发挥了很大作用。同时，教育部针对幼儿园教师职前培养、入职资格、职后发展等各环节，颁布了《教师教育课程标准(试行)》(2011)、《中小学和幼儿园教师资格考试标准》(2012)、《幼儿园教师专业标准(试行)》(2012)等一系列文件，这些“标准”一致地重视教师的师德与实践能力，要求所有师范院校、教师录用机构、幼儿园等，紧紧地围绕幼儿园教师专业能力的核心——热爱幼儿、了解幼儿，实施科学保教，有效地支持幼儿学习和发展——进行幼儿园教师的培养，把好幼儿园入门关和引导在职幼儿园教师的专业发展方向。

在幼儿园教育改革实践中提升专业素质——在幼儿园的教育改革中，特别是在践行“以幼儿发展为本”教育的过程中，教师的专业素质明显提升。“眼中有孩子”是教师最重要的变化之一。特别是在《指南》的实施中，教师遵循《指南》的目标，参照相应的幼儿“各年龄段典型表现”，学习观察幼儿，更好地了解了幼儿的学习与发展水平、行为特点、年龄特征等，在把握幼儿学习与发展内涵的基础上，通过“教育建议”的引导，针对幼儿实际去设计或展开相应教育活动、进行科学保教，大大提高了科学保教的能力。

从 2006 年开始，在幼儿园广泛开展了园本教研——以一线教师为主体，在教育教学过程中，研究教育教学的真实问题的教师学习范式——的尝试，对有效地提高教师的专业能力发挥了积极的作用。在园本教研中，不再只研究教材、教案、“教”的方法，而是聚焦幼儿，研究幼儿。园长、教师之间民主平等地互动学习与交流，有效地提高了教师的研究能力、反思能力，提升了教师的专业素质，园本教研成为了幼儿园教师专业成长的重要途径。

5. 我国幼儿园地位的演变

我国在 1903 年建立了第一所幼儿园，但是最初的幼儿园在学校系统与学制体系中是没有地位的。幼儿园在我国学校系统与学制中的地位是经过了较长时期的演变后才逐步确立的(参见表 1-1、图 1-9)。

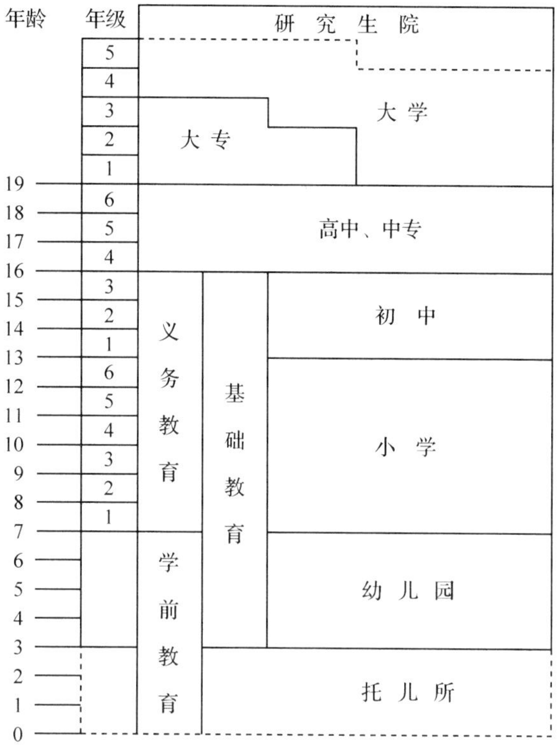

图 1-9　我国学校系统示意图

表 1-1　我国幼儿园地位演变简况

时间	有关法规文件	幼儿园的地位
1904 年	清政府颁发《奏定蒙养院章程及家庭教育法章程》	改幼稚园为蒙养院附设在育婴堂和敬节堂内
1912 年	中华民国教育部公布《学校系统令》	改蒙养院为蒙养园，附设于小学、女子师范学校内，列入学校系统，但未单独成为学制体系中的一级，不占学制年限
1922 年	中华民国教育部公布《学校系统改革案》	将蒙养园改名为幼稚园，规定小学下设幼稚园，确立了幼稚园在学制中的独立地位
1951 年	中华人民共和国政务院公布《关于学制改革的决定》	幼教机构定名为幼儿园。幼儿园被确定为实施幼儿教育的组织，纳入学校系统，成为小学教育的基础，单独成为学制体系中的一级，学制为 3 年
1995 年	《中华人民共和国教育法》	国家实行学前教育、初等教育、中等教育、高等教育的学校教育制度。学前教育纳入我国的学校教育制度
1996 年	《幼儿园工作规程》	幼儿园是对学前幼儿实施保育和教育的机构，是基础教育的有机组成部分，是学校教育制度的基础阶段
2001 年	《幼儿园教育指导纲要（试行）》	幼儿园教育是基础教育的重要组成部分，是我国学校教育和终身教育的奠基阶段

续表

时间	有关法规文件	幼儿园的地位
2010年	《国务院关于当前发展学前教育的若干意见》	学前教育是终身学习的开端，是国民教育体系的重要组成部分，是重要的社会公益事业
2016年	修订后的《幼儿园工作规程》	幼儿园是对3周岁以上学龄前幼儿实施保育和教育的机构。幼儿园教育是基础教育的重要组成部分，是学校教育制度的基础阶段

三、幼儿教育思想的发展

长江大海和高山深谷，刻画出大地的主要面貌；

具有重大意义的思想，刻画出历史的主要脉络。

——引自中国台湾桂冠图书公司《当代思潮系列丛书·序》

在幼儿教育发展的漫长历程中，人类关于幼儿教育的思考和认识不断地深化，形成了丰富的幼儿教育思想。许多幼儿教育家的思想宛如漫长历史长河中的一个个亮点，勾勒着人类幼儿教育思想发展的轨迹。下面就让我们初步了解几位中外著名幼儿教育家的教育思想。

福禄贝尔是德国教育家，幼儿园运动的创始人。19世纪中叶，他创办了世界上第一所幼儿园，而且创立了一整套幼儿教育理论体系和相应的教育方法、教材、玩具等。由于他的实践和理论建树，

(一)福禄贝尔(1782—1852)

幼儿教育理论形成了独立的体系，幼儿园教育也成为教育中一个独立的领域。

福禄贝尔的幼儿教育理论体系带有浓厚的宗教色彩，为此受到了许多批判。但他的思想和理论一百多年来传遍了世界各地，深刻地影响了欧美各国，以及日本等国的学前教育。在清末，福禄贝尔的教育思想开始传入我国，对我国学前教育实际和理论也产生了很大影响。福禄贝尔的幼儿教育理论在很多方面的确揭示了幼儿教育的规律，其价值是不可否认的。对现今幼儿教育实践仍具有指导意义的理论主要有：

来吧，让我们与儿童一起生活吧！

——福禄贝尔

图 1-10　福禄贝尔

1. 幼儿自我发展的原理

福禄贝尔认为，人从诞生之日起，就开始自

我教育和自我发展了。人生而具有各种能力，幼儿的行为是其内在生命形式的表现，是由内在的动机支配的，其自我活动是发展的基础和动力。这种自我活动是由幼儿的个人兴趣、愿望所引起的，而不是来自外界的刺激。教育的目的在于遵循自然法则去发展幼儿的天赋，保育者的任务是帮助幼儿除去阻碍生命发展的障碍，让其自我得到发展。教育者和父母要理解幼儿，不应束缚、压制儿童的天性，命令式的、强制的、干涉的教育方法对幼儿的发展是无效的，必须尊重幼儿的自主性，唤起幼儿的创造性活动本能，帮助他们成长为能够主动地生活的人。

2. **游戏理论**

福禄贝尔是第一个阐明游戏教育价值的人。他认为，对于幼儿来说，游戏是其生活的要素，而“并非是无关紧要的小事，它有高度的严肃性和深刻的意义。”“游戏是生命的镜子”，在游戏之镜中，揭示了自然和人的整个生命及万物的本质。幼儿通过游戏将内在的精神活动自发地表现出来，因此游戏是他们未来生活的胚芽。他强调游戏对幼儿人格发展、智慧发展有重要意义，是幼儿创造本能和活动本能得以发展的手段，也是他们理解自然与人类活动的桥梁。“游戏会产生喜悦、自由、满足以及内在的平安、和谐”，是幼儿“起于快乐而终于智慧的学习”，“能自动自发、用心认真地玩到累了为止的孩子，将来必是个健壮、坚韧、能够牺牲、奉献的人”。他还认为游戏中玩具是必需的，幼儿通过玩具“可直觉到不可观的世界”。他制作的玩具取名为“恩物”，意为“神恩赐之物”，现在仍有很多幼儿园在使用。为了纪念福禄贝尔的贡献，人们在他的墓地为他建了一个纪念碑，纪念碑的造型仿照了“恩物”中的球体、圆柱体等。

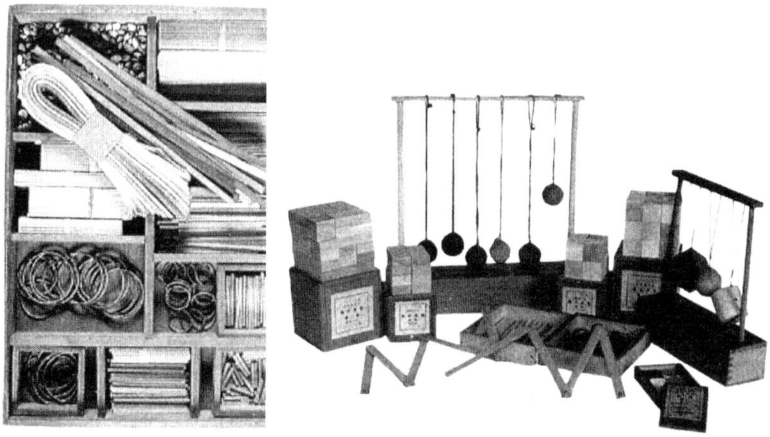

图 1-11　恩物

3. **协调原理**

福禄贝尔说，人不是单独一人存在的，他是家族中的一员、社会的一员，也是民族的一员，是宇宙中的一分子。因此，我们应该让孩子和周围的环境、社会、自然结合，协调一致。能够得到真正的协调是最美好的事。

4. **亲子教育**

福禄贝尔重视幼儿的家庭教育，尤其是母亲在早期教育中的作用。他认为，要让孩子在爱中成长，首先就必须教育母亲，这或许是他年幼时没得到母爱的一种体验吧。然而，母亲仅仅凭借自己的天性和本能来教育幼儿是不够的，因此他创立了世界上第一个为母亲们开办的“讲习会”。福禄贝尔同时也非常重视父亲在教育幼儿中的作用。他倡导父亲担负起育儿的责任，“我们当父亲的应当着眼于履行我们父辈的义务所涉及的一切事情。”福禄贝尔一直致力于唤起父母的合乎理性的爱，希望他们不仅把育儿工作做得更正确、更完美、更深刻，还能够从中体会到“再也不可能从任何其他方面得到更多的欢乐和更多的享受了。”在福禄贝尔看来，学前教育的主体是家庭教育，幼儿园只是作为家庭教育的继续和扩张，是家庭教育的“补充”而不是“代替”。因此，他创办的幼儿园采取半日制，正体现了他的这一思想。

(二)蒙台梭利(1870—1952)

被誉为20世纪初的“幼儿园改革家”的蒙台梭利原是一名精神病学的医生。她在研究和治疗智障儿童的实践中，取得了明显的效果。她想：“如果能使这些儿童(指智障儿童)达到正常儿童所能达到的学业水准，那么，在正常儿童的教育中一定有什么可怕的错误。”她相信把自己的方法和经验用于正常儿童的教育一定会更有效，于是转向了正常幼儿的教育，于1907年在罗马贫民区创办了一所“儿童之家”。在那里，蒙台梭利采用了特殊的教育方法，进行了举世闻名的教育实验，创造了教育的奇迹。

> 我们必须帮助儿童自己去行动、自己去思考和自己去决定。这就是为精神服务的艺术。
>
> ——蒙台梭利

图1-12　蒙台梭利

蒙台梭利儿童教育理论的主要观点如下：

1. **儿童的自由与自我学习法则**

蒙台梭利认为，“我们应该采用一种以自由为基础的教育方法，以帮助儿童战胜各种障碍。”因为每个儿童都是一个遵循自身内部法则的生物体，都有各自不同的需要和发展进程表，所以“教育者的首要责任是唤醒生命并任其自由发展。”

她在教育过程中发现幼儿“具有各种未被了解的能力”，“具有教自己的能力”，具有强烈探索环境和周围一切的本能，具有天生的“能吸收的心理”，这一特殊力量促使幼儿自发地、不知疲倦地从环境中“吸收”、学习并发展自我。因此，她视教育为唤醒和促进幼儿内在的神秘力量自然发展的过程，强调幼儿的自由活动和通过活动的自我学习，把“习惯性地为儿童服务”看成是一种窒息儿童的和压抑自发活动的危险行为。她反对成人中心的教育，反对传统的统一讲授。她说：“几千年来，儿童真正的建设性力量，即能动性，一直被人们所忽视”，而“我的教学法就是要培养和保护儿童自身的学习积极性。”

2. 有准备的环境是教育的关键

蒙台梭利非常重视环境的作用。她认为，幼儿的发展离开适宜的环境是不可能实现的。因此，教育就是给幼儿创造一个有准备的良好学习环境。

良好的环境具有以下特点：①一个自由发展的环境，有助于儿童创造自我和自我实现；②一个有秩序的环境，儿童能在那里安静而有规律地生活；③一个生气勃勃的环境，儿童在那里充满生气、欢乐和可爱，毫不疲倦地生活，精神饱满地自由活动；④一个愉快的环境，几乎所有的东西都是为儿童设置的，适合于儿童的年龄特点，对儿童有极大的吸引力。

3. 教师的角色与作用

在蒙台梭利教育中，教师不是传统的灌输知识的机器，而是激励生命并助其自由发展的人。教师所面临的最紧迫的任务是了解儿童、热爱儿童、服务儿童。为此，教师必须成为观察者、环境的创设者、儿童自我学习的促进者与指导者。

蒙台梭利把观察作为教师最重要的教育工作。她的临床医生经历使她确信，发现每个儿童行为上的细微区别是很重要的。她说：“在我的方法中，教师更多是作为观察者的角色，正因为此，教师必须懂得怎样去观察。”“如果教师不会观察，便不能教育儿童。”她希望每一个教师“亲自去实践，以获得这种能力”，把自己的眼睛训练得像鹰眼一样敏锐，能够捕捉到儿童最隐秘的需要。蒙台梭利还认为，“对于儿童教育来说，其所要求的第一件事情是给儿童提供一个能使大自然赋予他的力量得到发展的环境。”“教师的任务不是讲授”，而是提供环境，以适应儿童天生的从环境中吸收一切的能力，促进儿童自由地学习。

4. **幼儿的自由和作业组织(organization of work)相结合**

蒙台梭利认为，给予幼儿自由和教师对作业的组织是一个统一体的两个侧面。这里所说的作业涉及人类活动的各个领域。幼儿通过成功地掌握各项活动，便能从作业中获得各方面的发展。作业活动通过提供各种教具，配之以精心设计的让儿童主动学习的方法，给了儿童发泄能量的机会，满足了他们自我学习与发展的可能性与需求。蒙台梭利认为，没有作业组织的自由将是毫无效益的；没有作业手段、被放任自流的幼儿也将一事无成。但是，她同时指出，绝不能“把武断任务强加给儿童”，“纪律必须通过自由而实现”。儿童是在一个多样化的环境中，根据自己的兴趣“选择自己的工作并坚持完成它，按自身的需要改变它；儿童锲而不舍地探索，并十分愉快地克服力所能及的障碍。”通过作业活动，“儿童的有序状态的行动变得更加协调和熟练。他们学会反思自己的行为，经历了从起初混乱的活动向自发有序的活动的过渡。”在蒙台梭利看来，作业组织为幼儿的自发活动、自我学习和自由发展创造了条件。这也正是蒙台梭利所倡导的自由与纪律和谐统一的具体体现。

5. **感觉教育是幼儿期教育的重要内容**

在蒙台梭利教育中，感觉教育是受到高度重视的最重要的内容之一。她认为3～6岁是儿童身心迅速发展的时期，幼儿的各种感觉先后处于敏感期，因此必须对幼儿进行系统的、多方面的感官训练，使他们通过与外部世界的直接接触发展敏锐的感觉和观察力，为高级的智力活动和思维发展奠定基础。为此，她专门设计了一套颇有特色的教具，如用以辨别物体形状、大小、高低、长短的镶嵌板，用以辨别声音、音色的音筒，辨别味道、气味的瓶子，练习小肌肉活动的纽扣板等。教具的特点是有操作性，幼儿能个别学习自我纠错，每个幼儿都能够按自己的能力、速度进行选择，教师容易观察到幼儿的水平并掌握指导的时机。

蒙台梭利的教育理论也受到不少批评，主要是指责她的教育偏重智能，忽视幼儿的合作游戏、社会交往；其感觉教育教具脱离幼儿的实际生活，过于狭隘、呆板，操作法过于机械等。然而，尽管如此，蒙台梭利教育对世界幼儿教育的巨大贡献是不可否认的。她的儿童观、教育理论以及以她的名字命名的教育方法——蒙台梭利教学法，极大地推动了现代幼儿教育的改革和发展。她的教育理论的基本精神，特别是重视儿童内在的需要和精神力量，尊重儿童生理和心理发展的自然规律，重视幼儿的自主性和自我学习，重视环境的作用，完全站在儿童的立场上定位教育与教师的作用等，影响了世界每一个国家的幼儿教育。无论在蒙台梭利时代还是在今天，蒙台梭利的幼儿教育实践与理论都具有不衰的生命力，它们永远是世界幼儿教育的宝贵财富。

(三)杜威(1859—1952)

> 我们教育中将引起的改变是重心的转移。这是一种变革，一种革命，是哥白尼在天文学中从地球中心转移到太阳中心一类的革命。
>
> ——杜威

图 1-13　杜威

杜威是美国现代哲学家、心理学家、教育家，是现代西方教育史上最有影响的代表人物。从 19 世纪末到 20 世纪初，在长达半个多世纪的时间里，杜威不仅形成了自己的教育思想体系，还经历了创办“实验学校”的 8 年实践，开创了美国的进步主义教育运动。他猛烈地批判旧学校脱离社会、脱离儿童的种种弊端，身体力行地推动学校革新，提出了著名的生活教育理论，倡导以“儿童中心”取代“教师中心”和“教材中心”，重视儿童自身的活动、需要和经验，强调培养儿童的创造精神和独立思维能力，指出了学校改革的方向。由于杜威的教育思想体系广泛地影响了世界各国的教育，他被评价为“对教育具有创造性的贡献的人”。

杜威对幼儿教育具有重要意义的理论主要有：

1. **儿童中心论**

杜威认为，在旧教育中，“学校的重心是在儿童之外，在教师，在教科书以及在其他你所高兴的任何地方，唯独不在儿童自己即时的本能和活动之中。”因此，他推动的教育革新主张变“教师中心”“教材中心”为“儿童中心”，即在教育界来一场哥白尼式的革命，让儿童变成“太阳系”的中心，以儿童为起点、为中心、为目的，“教育的一切措施要围绕他们而组织起来。”教师则是儿童生活、生长和经验改造的启发者和诱导者。

2. **生活教育理论**

杜威为改革传统教育，把儿童从静坐听讲、书本记诵中解放出来，强调教育即生活，教育即生长。教育是生活的过程，而不是将来生活的预备；学校是社会生活的一种形式而不仅仅是学习功课的场所，它应当呈现对于儿童来说是真实的生活，成为儿童真正生活的地方；学习不是从生活中孤立出来，而是通过生活并联系这种生活进行的。他认为，当我们以儿童的生活为中心，并把儿童的生活组织起来的时候，儿童就不会是个“静听”的人。相反，在参加生活的过程中，他们发挥自己的作用，使经验的数量增加、扩充、重组，并增强用经验指导生活的能力，获得他们感到高兴的和有意义的生活经验，并以此为起点而逐步增加生活的广度和深度，为未来的发展奠基。

3. 正确对待儿童的兴趣

杜威把儿童的本能兴趣归纳为四方面，即探究发现的兴趣、交谈交往的兴趣、制作建造的兴趣、艺术表现的兴趣。他认为："这四方面的兴趣是天赋的资源，是未投入的资本，儿童的生动活泼的生长是依靠这些天赋资源的运用获得的。"成人只有通过不断地观察儿童的兴趣，才能够进入儿童的生活。"压抑兴趣等于以成年人代替儿童，这就减弱了心智的好奇性和灵敏性，压抑了创造性，并使兴趣僵化。"但是，杜威也反对纵容儿童的兴趣。他说："兴趣是生长中的能力的信号和象征。重要的事情是发现这种能力。""如果只是放任儿童的兴趣，让他无休止地继续下去，那就没有'生长'""它的必然结果是以任性和好奇代替了真正的兴趣。"

4. 重视经验，倡导做中学

与传统学校所采用的被动的"静坐""静听"、只重视符号式的知识方式相反，杜威坚决主张"做中学"。他确信一切真正的教育从经验中产生，一切学习都来自经验，因此，杜威的"做中学"也可以称为"从经验中学""从活动中学"。在杜威看来，"教室中，……在仅是教科书和教师才有发言权的时候，那发展智慧和性格的学习便不会发生。""做中学"是儿童天性的表现、是其真正兴趣所在，如果不要儿童动手，那不仅干扰了他们的快乐和健康，而且把他们寻求真正知识的主要途径也切断了。杜威批评旧学校很少有给儿童进行活动的余地。而"教育最根本的基础是在于儿童活动的能力。"如果什么都建立在"静听"基础上，那么，儿童"那光洁的头脑仅仅如镜子一样把我们所指示的事物反映出来而已。""为灌输知识而组织的实物教学，不管有多少，绝不能代替关于农场和田园的动植物的直接知识。"如果我们的教育能使儿童天生的主动倾向在活动中得到充分的调动，并在活动中充分发展他们的观察力、建构知识的能力、建设性的想象力、创造力，那才是现代社会所需要的促进发展的教育。

杜威的教育思想受到了很多批判，认为他倡导的进步主义教育忽视了学科知识及其系统性，缺乏目的性、计划性、连续性，放任了儿童而削弱了教师的作用，造成教育效率低、效果差，等等。然而，所有的批评都抹不掉杜威教育思想及其所推动的进步主义教育给全世界教育带来的深刻变化和积极影响。即使在社会飞速发展的今天，杜威的教育思想仍然具有极大的现实意义。特别是在解决当今学校教育所面临的一系列问题时，杜威教育思想所发挥的作用仍然是明显可见的。

(四)维果茨基(1896—1934)

> 童年早期儿童在学习过程中能做的只是与他的兴趣相符合的事情。
>
> ——维果茨基

图 1-14 维果茨基

维果茨基是苏联早期一位才华横溢的杰出心理学家。在其短暂的一生中，他创立了著名的维果茨基学派；创立了心理发展的文化历史理论，明确了人的心理发展的源泉与决定因素是历史过程中不断发展的文化；同时，他对儿童的概念发展、教学与儿童智力发展的相互关系等进行了深入细致的研究，特别是其“最近发展区”的理论，对教育实践发生了深刻而持久的影响。维果茨基对学前教育与教学也提出了许多非常精辟的观点与见解，对学前教育的课程、教学具有极大的指导意义。

这方面的观点主要有：

1. 儿童的发展本质上是社会文化的产物

维果茨基认为，人的发展本质上是人所特有的高级心理机能的发展。高级心理机能不同于感知觉、无意注意、原始情绪、直观动作思维等低级心理机能，前者是社会文化的产物，是借助于语言工具实现的，而后者是伴随着生物个体的生理发展而发展的，仅依靠个体的经验。儿童高级心理机能产生与发展的根源在社会，其发展过程是在社会环境中，在人际交往活动中，通过语言的中介，借助于社会文化历史经验，而逐步产生和发展起来的。维果茨基强调社会和文化背景对儿童心理发展产生着深刻的影响，他用“脚手架”这一隐喻来描述成人对儿童的十分关键的指导作用，反对脱离儿童的社会生活环境孤立地看待儿童的发展。维果茨基的有关研究成为学前教育中重视儿童的社会环境、人际交往和语言发展的重要依据。

2. 学前教学应当依据儿童自己的大纲

维果茨基指出，3 岁前儿童教学的特点是，儿童是按照他们自己的大纲进行学习的，如儿童学习语言，不是由母亲的教学大纲所决定的，而是基本由儿童从其周围的环境中吸取的东西所决定的。这种类型的教学称为自发型。而中小学的教学是完全不同的，称为反应型。3～6 岁儿童的教学处于过渡位置，是自发—反应型，但更趋向于自发型。对这阶段的儿童来说，他有能力根据某种大纲接受在此之前无力胜任的教学，但根据儿童的特性、兴趣、思维水平等，他们还不可能按学校教学大纲来学习。因此学前大纲应当有别于学校大纲，应该也是儿童自己的大纲。如果我们在学前期按学校的大纲授予儿童按学科逻辑编排的系统知识，那我们永远也不会完成这个任务。

维果茨基同时也强调，幼儿阶段的"教学"一定要为儿童的后继学习做好准备。维果茨基把学前的这种"教学"称为"胚胎教学"或"前教学"，他认为学前期的任何复杂的教学活动都必须有这样的胚胎发育准备期，通过这样的教学来帮助幼儿做好今后接受学科教学的准备，如掌握某些一般的数、量的概念，一般的自然概念和科学概念等。他以蒙台梭利为例，她不是从儿童能拿起铅笔或钢笔的时候才教他写字的，而要早得多，是通过各种幼儿适宜的活动逐步为他们写字做好准备的。

3. 教学与发展的关系——"最近发展区"理论

维果茨基认为，通常学校的测验是了解儿童独立地完成任务的水平，这只是儿童现实发展水平的表现，据此并不能充分确定儿童当时的发展状态。如两个儿童都能完成测验试题，他们的现实发展水平是一样的。但是，其中一个儿童可以依靠启发性示范完成超越其发展水平两年的问题，而另一个儿童却只能完成超越半年的问题。这就说明两个儿童的发展状态是有差异的。儿童在成人引导下演算试题的水平与他在独立活动时的水平，二者之间有差距。这个差距就是儿童的最近发展区。针对儿童发展的两种水平——现实水平与潜在发展水平，维果茨基极为精辟地指出，教学要与儿童的发展水平相一致，这是多年的经验所确定的。然而，如果仅仅针对儿童的现实发展水平，教学就只能跟在发展的尾巴后面爬。好的教学必须跑在发展的前面，即必须针对儿童的潜在水平来进行。即是说，教学仅仅着眼儿童现在能够独立地做什么是不够的，着眼于最近发展区的教学——儿童自己独立地摘不到果子，但在成人的帮助下跳一跳就摘到果子了——才能有效地促进儿童的发展。维果茨基坚信，如果儿童今天能够在别人的帮助下学习做某些事情，那么明天他就能自己独立完成这些事情。而这一发展过程取决于成人的指导、支持以及儿童与他人的合作。这一理论对教学实践发生了深刻的影响，关注儿童的最近发展区、重视教师指导、同伴合作、合作建构等，成为发展性教学的重要特征。

(五)陶行知(1891—1946)

陶行知先生是我国伟大的人民教育家。在教育救国的思想影响下，他毕生从事旧教育的改革，推行生活教育、大众教育，推动平民教育运动，为我国教育做出了重大贡献。在教育实践中，他创立了生活教育理论，提出了

"教、学、做合一"的教育主张。在幼儿教育方面，他主要的贡献和观点如下：

> 我们要建设省钱的、平民的、适合国情的乡村幼稚园。
>
> ——陶行知

图 1-15　陶行知

1. **农村幼儿教育事业的开拓者**

陶行知先生猛烈地批判旧中国幼儿教育的弊端，坚决主张改革外国化的、费钱的、富贵的幼儿园，建立适合中国国情的、省钱的、平民的幼儿园。他积极宣传中国幼儿教育的新的发展方向，认为工厂、农村是幼儿园的新大陆。特别难能可贵的是，身为留美归来的大学教授，他身体力行地积极推行平民的、乡村的教育，在南京郊区首创了中国第一所乡村幼儿园——南京燕子矶幼儿园，还创建了乡村幼儿师范教育、农村幼教研究会等。

2. **幼儿教育是根本之根本**

陶行知先生高度评价幼儿教育的价值，并向社会宣传幼儿教育的重要性。他说"幼儿教育实为人生之基础。""小学教育是建国之根本，幼稚教育尤为根本之根本。""小学教育应当普及，幼稚教育也应当普及。"并提出普及的具体三大步骤，即唤起国人明白幼年的教育是最重要的教育；改革幼儿园，面向乡村、工厂；改变教师的培训制度等。

3. **尊重儿童**

陶行知先生高度尊重儿童在教育过程中的地位。他认为，发现儿童的价值、了解儿童、解放儿童、信仰儿童是教育的先决条件，否则教育不可能进行。在其著名的《教师歌》中，他热情地号召儿童教育者"来！来！来！来到小孩子的队伍里。"希望教育者成为儿童中的一分子，去发现儿童、了解儿童、解放儿童、信仰儿童与儿童共同创造好的教育。

4. **倡导教育与儿童实际生活的密切联系**

陶行知先生认为，生活即教育，游戏即工作。提出以幼儿园周围的社会生活、自然现象、家乡生产、风土人情为内容编成教材，以幼儿足力所能及的地方为教室，以儿童所能接触到的事物为主要内容，参加种植、饲养等劳动，让儿童从中学习，自己解决问题，自己组织游戏，培养出具有"生龙活虎的体魄、活活泼泼的心灵的儿童来"。

5. **提倡"教、学、做合一"的教育方法**

陶行知先生坚决反对教、学、做分家，他"看见国内学校里先生只管教，学生只管学的情形，就认定有改革之必要”。他说：“教、学、做是一件事，不是三件事。我们要在做上教，在做上学。”“比如种田这件事是要在田里做的，便须在田里学，在田里教。……做是学的中心，也就是教的中心。”“不在做上用功夫，教固不成教，学也不成学。”

6. **解放儿童的创造力**

陶行知先生认为教育要启发、解放儿童的创造力，为他们提供手脑并用的条件和机会。具体包括五个方面：①解放儿童的头脑，把他们的头脑从迷信、成见、曲解和幻想中解放出来；②解放儿童的双手，给儿童动手的机会；③解放儿童的嘴，给儿童说话的自由，尤其是要允许他们发问；④解放儿童的空间，让他们接触大自然、大社会；⑤解放儿童的时间，给他们自己学习、活动的时间，给他们一些空闲时间消化所学知识，学一点他们自己渴望要学的学问，做一点他们自己高兴要做的事。

陶行知先生的幼儿教育思想在今天仍然具有极大的现实意义。

(四)陈鹤琴(1892—1982)

我爱儿童，儿童也爱我。

——陈鹤琴

图 1-16　陈鹤琴

陈鹤琴先生是我国著名的儿童教育家。他于1923年创办了我国最早的幼儿教育实验中心——南京鼓楼幼稚园，创立了“活教育”理论，一生致力于探索中国化、平民化、科学化的幼儿教育道路。他还开创了我国儿童心理的科研工作，是我国以观察实验法研究儿童心理发展的最早的学者之一。他先后在江西和上海创办省立、国立实验幼师和幼专，为我国幼儿教育师资培训事业做出了不可磨灭的贡献。他的幼儿教育理论和实践对我国幼儿教育产生了重大而深远的影响。

1. **反对半殖民地半封建的幼儿教育，提倡适合国情的中国化幼儿教育**

他批评当时的幼儿园不是抄袭日本就是模仿欧美，生搬外国的教材、教法，全然不顾中国国情。“抄来抄去，到底弄不出什么好的教育来”。他坚决主张“处处以适应本国国情为主体，那些具有世界性的教材教法也可以采用，总以不违反国情为唯一的条件”。同时，他积极地推进为中国平民服务的、培养民族的新生一代的幼儿教育，大声疾呼“幼稚园不是专为贵妇们设立的，还要普及工农幼稚园”，指出这是中国求进步，摆脱半封建半殖民地状况，发展进步合理的社会之需要。

2. **反对死教育，提倡活教育**

陈鹤琴先生反对埋没人性的、读死书的死教育。在抗战时代，他抱着实验新教育的使命，创建了活教育。其教育的三大目标是：①做人、做中国人、做现代中国人；②做中教、做中学、做中求进步；③大自然、大社会是我们的活教材。陈鹤琴先生的活教育体系的主要观点如下：

(1)教育观

遵照活教育的精神办幼儿园，必须"以自动代替被动"，必须是幼儿"自动的学习、自发的学习"，自己动手动脑获得知识。教师必须尊重幼儿的自主性，不能搞传统的注入式，消极地管束幼儿等。这样的要求体现了一种全新的教育观，对旧教育的冲击是十分巨大的。

(2)教育目的

幼儿园教育目标是育人，培养国家民族所需要的新生一代。陈鹤琴先生把教育目的划分为依次递进的三个层次。"做人"是"活教育"最为一般意义的目的。活教育提倡学习如何做人，如何求社会进步、人类发展。第二层次"做中国人"，"活教育"要培养每一个国民的爱国主义品质。最后一个层次是"做现代中国人"，"活教育"培养有健全的身体、有建设的能力、有创造能力、能够合作、有服务精神的人。

(3)教育方法

实现活教育目标的教育方法，如陈鹤琴先生所说："非从'做'做起来不可"，应当是"做中学，做中教，做中求进步"。他认为"做"是学生学习的基础，因此也是"活教育"方法论的出发点。在强调做的同时，他也强调思维的作用。他把活教育的教学过程分为实验与观察、阅读与参考、发表与创作、批评与研讨四个步骤，它们同样体现了以"做"为基础的儿童的主动学习。

(4)教育内容

以大自然、大社会为活教材，与实际紧密地结合。同时，活教育"做"的过程本身也就是幼儿园最好的教育内容。

(5)教育原则

陈鹤琴先生提出的活教育的 17 条原则，如"凡幼儿能做的，让他自己做；凡幼儿能想的，让他自己想"等，体现了尊重幼儿的主体性，重视幼儿动手动脑，重视直接经验的价值等思想，奠定了幼儿园教育原则的基础。

3. **提倡综合的、联系实际的幼儿园课程**

(1)课程的中心

陈鹤琴先生反对幼儿园课程脱离实际，主张根据儿童的环境——自然的环境，社会的环境作为幼稚园课程系统的中心，让儿童能充分地与实物和人接触，获得直接经验。

(2)课程的结构

陈鹤琴先生认为“应当把幼稚园的课程打成一片，成为有系统的组织”。虽然他把课程内容划分为：健康活动、社会活动、科学活动、艺术活动、文学活动五项，但这五种活动是一个有机的整体，如人的手指与手掌，手指只是手掌的一部分，其骨肉相连，血脉相通，而决不是彼此分裂，因此被称为“五指活动”。

(3)课程的实施

强调以幼儿经验、身心发展特点和社会发展需要作为选择教材的标准；反对实行分科教学，提倡综合的单元教学，以社会自然为中心的“整个教学法”；主张游戏式教学。陈鹤琴先生认为，“整个教学法，就是把儿童所应该学习的东西整个地、有系统地去教儿童学。”因为学前儿童的生活和发展都是整体的，外界环境的作用也是以整体的方式对儿童产生影响的，所以为儿童设计的课程也必须是整个的、互相联系的，而不能是相互割裂的。具体化后即为游戏法，同时要照顾儿童不同的发展水平，采用小团体式教学。

4. 重视幼儿园与家庭的合作

陈鹤琴先生十分重视家庭对幼儿的影响，他认为，儿童早期所接受的家庭教育关系着人一生的发展，具有积极的奠基作用。因此他强调必须创设良好的家庭教养环境，父母应随时注意自己的眼神、表情、语言交流、行为举止、性格表现、作风习惯和对儿童的态度等，给儿童以良好的潜移默化。同时，幼儿园与家庭必须合作起来教育幼儿，因为“儿童的教育是整个的、是继续的”，只有家园两方合作，才会有大的教育效果。

陈鹤琴先生极其丰富的幼儿教育思想和实践是我国幼儿教育的宝贵财富。在幼儿教育深入改革发展的今天，学习和研究他的教育思想和教育理论，继承和发扬他为幼儿教育事业奋斗的精神，对建设有中国特色的幼儿教育理论体系和实践模式具有重大的意义。

想想、议议、做做

一、请判断下列各题的正误。

1. 教育就是指“学校教育”。

2. 日常生活中所说的“教育”与教育学中“教育”的概念在含义上是不一致的。

3. 幼儿教育的意义在于能开发幼儿智力。

4. 世界上第一所幼儿社会教育机构是福禄贝尔创办的幼儿园。

5. 我国最早的幼教机构基本上是仿照日本的幼稚园。

6.《幼儿园教育指导纲要(试行)》就只规定了五大领域教育内容。

二、讨论。

联系实际谈谈幼儿教育对国家、对家庭、对个体发展有什么意义。

三、制作资料卡片或电子资料夹。

准备一些纸片，在阅读有关图书和资料时，把那些有助于深入理解教材的观点或论述记录下来，做成卡片，分类保存；或把收集到的资料整理为文件夹保留在计算机中。

资料链接

小资料 1

有机教育：别急着“催熟”孩子

文/上海社科院研究员　杨雄

什么是有机教育？现在大家都喜欢有机食品、有机蔬菜，因为它们是天然的、自然生长、无污染、不反季节、符合四季成长规律的。我们教育孩子的过程，也应该是有机的过程，而不是拔苗助长、反季节、催熟的过程。而当下流行的一些教育观念，比如“不要输在起跑线上”，实际上都是在“催熟”孩子，是有违教育规律的。

为什么我要提倡有机教育？主要基于三方面理由。

首先，因为孩子的成长是一个缓慢的过程。就像我们种蔬菜、种玉米，它都有一个自然生长周期。想必大家都不喜欢吃用化肥催熟的蔬菜吧？教育也是同样的道理。如果你过多地期待、过早地开发，过度保护和过度教育，就会给孩子带来巨大的心理压力，反而不利于他的成长。

其次，勿“催熟”孩子。不要让孩子过早地失去快乐、自由的童年。现在大城市里大多数孩子是怎样过日子的？曾有一位摄影记者抓拍了 100 张“中国式童年”照片，照片中的所有儿童，几乎都是房间里一堆玩具，但只能“自己和自己玩”，物质丰富，但不快乐。孩子的成长有自然的规律，当孩子的身心还没有发展到可以吸收某些知识或技能的阶段时，提早学习往往没有效果，甚至伤害孩子的心智。让他们过早地学这、学那，过早开发孩子智力，事实上是帮倒忙，甚至是摧残孩子，使得大多数孩子过早失去了童真、幸福与自由。

最后，孩子培养是一个陪伴与“发现”的过程。什么叫发现？就是父母陪伴孩子成长的过程中，会逐渐发现孩子在某一领域的天赋、特性和兴趣，因势利导加以开发。在这过程中，切忌盲目跟风，别人家长带孩子学英语，你也带孩子学英语，不管孩子喜欢不喜欢。教育培养孩子需要有一个耐心等待、陪伴发现的过程，这也是有机教育的核心理念。

人类成长是分阶段性的，某些大脑功用只是配备给某个具体阶段，一旦顺利度过了，大脑就会自动弃除这些功用，保存有用的链接。某个孩子三岁就识两千汉字，其实这是训练出来的短时记忆，并不能真正对大脑思考进步有多大益处。心理学研究发现，儿童的成长过程中有规律。这就是为何我不主张过早地开发孩子，让儿童太早去练什么“闪卡”、认识很多汉字。事实上，如果一个月不训练，大半都会忘记。其实这正是儿童发展过程中大脑在自我保护，这也是天生的一种自我保护。

并不是说大脑不要开发、不要用它。关键是怎么科学开发？如何使用？应根据孩子的天性、本性、特质来因势利导。现代教育研究证明，任何碎片化的知识必须被理性梳理并建构起系统化的秩序，才能显示出知识的力量。中国孩子被要求大量记忆碎片化“知识”，只会成为大脑沉重的负担，使人成为“书呆子”“记忆棒”。我提倡少学一些“知识”，提高动手实践能力，加强合作分享教育。相对知识技能而言，更重要的准备是在学龄前阶段养成良好的行为习惯。以吃饭为例，孩子在学校须自己取餐、自己吃、自己整理，在餐厅里不大声喧哗。如果一味灌输孩子知识，忽略了素质、生活习惯等的培养，那才会“输在起跑线”上。尤其在互联网大数据时代，由于信息爆炸，知识教育重要性已逐渐下降。因此，我们对孩子的教育、培养必须有所选择，而不是靠苦逼、硬塞、催熟或者“提前抢跑道”。为此，我主张“有机育儿、健康成长”，即恢复教育的本原，让孩子缓慢地成长，甚至让他们更加野蛮、自由自在成长。

（摘自 2015 年 5 月 1 日《解放日报》，有删节）

小资料 2

蒙台梭利论儿童

我们应注意到，儿童具有自己的个性，并谋求发展自己的个性。他们充满了创造力；他们选择自己的工作并坚持完成它，按自身的需要改变它；儿童锲而不舍、不懈地探索，并十分愉快地克服力所能及的障碍。儿童友善地希望与每一个人分享自己的成功、发现以及小小的喜悦。因此，教师没有必要介入，“全神贯注地观察”是教育者的座右铭。

让我们耐心地等待并随时准备分享儿童的欢乐以及他们遇到的困难吧！他们需要我们的同情，我们应尽力做出回应并为此感到高兴。让我们以无比的耐心面对他们缓慢的进步，并以热情和欢悦对待他们的成功吧！如果我们已能够说：“我们对儿童是尊重的，有礼貌的。我们待他们如同待我们自己一样。”那么，无疑地，我们已掌握了一大教育原则，并树立了一个良好的教育典范。

然而，一般说来，我们并不尊重儿童。我们总是力图强迫他们服从，而不顾及他们的特殊需要。我们对他们傲慢、粗鲁，并且要求他们毕恭毕敬。

为了解儿童的需要，我们必须进行科学的研究。因为他们的需要常常是无意识的。这种需要是生命发展过程中内在的需求，它会按照神秘的自然规律而不断变换，我们对此实在是所知甚少。

（摘自《蒙台梭利幼儿教育手册》，［意］蒙台梭利著，中国台湾桂冠图书股份有限公司）

小资料 3

陈鹤琴先生“活教育”的十七条原则

原则一　凡是儿童自己能够做的，应当让他自己做；

原则二　凡是儿童自己能够想的，应当让他自己想；

原则三　你要儿童怎样做，就应当教儿童怎样学；

原则四　鼓励儿童去发现他自己的世界；

原则五　积极的鼓励胜于消极的制裁；

原则六　大自然、大社会是我们的活教材；

原则七　比较教学法；

原则八　用比赛的方法来增进学习的效率；

原则九　积极的暗示胜于消极的命令；

原则十　替代教学法；

原则十一　注意环境，利用环境；

原则十二　分组学习，共同研究；

原则十三　教学游戏化；

原则十四　教学故事化；

原则十五　教师教教师；

原则十六　儿童教儿童；

原则十七　精密观察。

（摘自《陈鹤琴教育文集（下卷）》，北京市教育科学研究所编著，北京出版社，1985）

小资料4

学校与儿童的生活

杜 威

为了说清楚旧教育的几个主要特点，我或许要说得夸张些：消极地对待儿童，机械地使儿童集合在一起，课程和教法的划一。概括地说，学校的重心是在儿童之外，在教师、在教科书以及在其他你所高兴的任何地方，唯独不在儿童自己即时的本能和活动之中。在那样的条件下，就说不上关于儿童的生活。也许可以谈一大套关于儿童的学习，但认为学校不是儿童生活的地方。现在，我们教育中将引起的改变是重心的转移。这是一种变革，这是一种革命，这是和哥白尼把天文学的中心从地球转到太阳一样的那种革命。这里，儿童变成了太阳，而教育的一切措施则围绕着他们转动，儿童是中心，教育的措施便围绕着他们而组织起来。

（摘自《杜威教育论著选》，赵祥麟、王承绪译，华东师范大学出版社，1981）

拓展阅读

如果你还想进一步了解本章内容的话，可以阅读下列书籍或资料：

1.《教育学基础》，杨小微主编，华东师范大学出版社，2010

2.《中外幼儿教育名著解读》，姚伟主编，南京师范大学出版社，2007

3.《回到基本元素去》，李季湄主编，北京师范大学出版社，2006

4.《中外学前教育史》，陈文华编，科学出版社，2011

5.《国务院关于当前发展学前教育的若干意见》

6.《〈幼儿园教育指导纲要（试行）〉解读》，教育部基础教育司组织编写，江苏教育出版社，2002

本章主要参考资料

1.《教育概论》，叶澜著，人民教育出版社，2006

2.《教育——财富蕴藏其中》，联合国教科文组织总部中文科译，教育科学出版社，1997

3.《福禄贝尔幼儿教育著作精选》，单中惠等编译，华东师范大学出版

社，2009

4.《蒙台梭利幼儿教育著作精选》，单中惠等编译，华东师范大学出版社，2009

5.《杜威教育论著选》，赵祥麟、王承绪编译，华东师范大学出版社，1981

6.《维果茨基教育论著选》，余震球选译，人民教育出版社，1994

7.《陶行知全集》，陶行知著，湖南教育出版社，1985

8.《陈鹤琴全集》，陈鹤琴著，江苏教育出版社，1991

9.《外国幼儿教育史》，单中惠著，上海教育出版社，1997

10.《教育的价值》，[西]萨瓦特尔著，李丽译，北京大学出版社，2012

11.《教学机智——教育智慧的意蕴》，[加]范梅南著，李树英译，教育科学出版社，2003

第二章
我国幼儿园教育的目标、任务和原则

爱护子女，
这是母鸡都会做的事。
然而，
会教育子女，
这就是一件伟大的国家事业了。

——［俄］高尔基

学习导航

- 怎样正确地理解幼儿园教育目标的内涵？
- 幼儿园教育目标与具体教育活动目标之间是什么关系？
- 怎样保证教育目标能真正贯彻到每个教育活动中？
- 幼儿园该怎样为家长的需要服务？
- 要做好幼儿的教育和保育必须遵循哪些原则？

学完本章以后，如果你能理解我国社会主义阶段的教育目的、我国幼儿园的教育目标、任务和原则，能认识它们与幼教工作的关系，并能结合实际思考的话，你就能回答上面的问题了。

本章内容

- 幼儿园教育的目标
  - 我国的教育目的
  - 我国幼儿园教育的目标
    - 幼儿园教育目标的内涵
    - 制订幼儿园教育目标的依据
    - 幼儿园教育目标的结构
    - 制订幼儿园具体教育目标时应注意的问题
    - 幼儿园教师是实现教育目标的重要保证
- 幼儿园的任务
  - 幼儿园的双重任务
    - 幼儿园对幼儿实施科学的保育和教育
    - 幼儿园为家长服务
  - 新时期幼儿园实现自身任务所面临的挑战
    - 对幼儿园保教质量提出了更高的要求
    - 对幼儿园的服务提出了更高的要求
- 幼儿园教育的原则
  - 教育的一般原则
    - 热爱儿童，尊重儿童的人格尊严和合法权益的原则
    - 促进儿童全面发展的原则
    - 了解儿童，基于儿童的实际进行教育的原则
    - 面向全体，重视个体差异的原则
    - 充分利用各种教育资源的原则
  - 幼儿园教育的原则
    - 保教合一的原则
    - 以游戏为基本活动的原则
    - 教育的活动性和活动的多样性原则
    - 发挥一日生活整体教育功能的原则

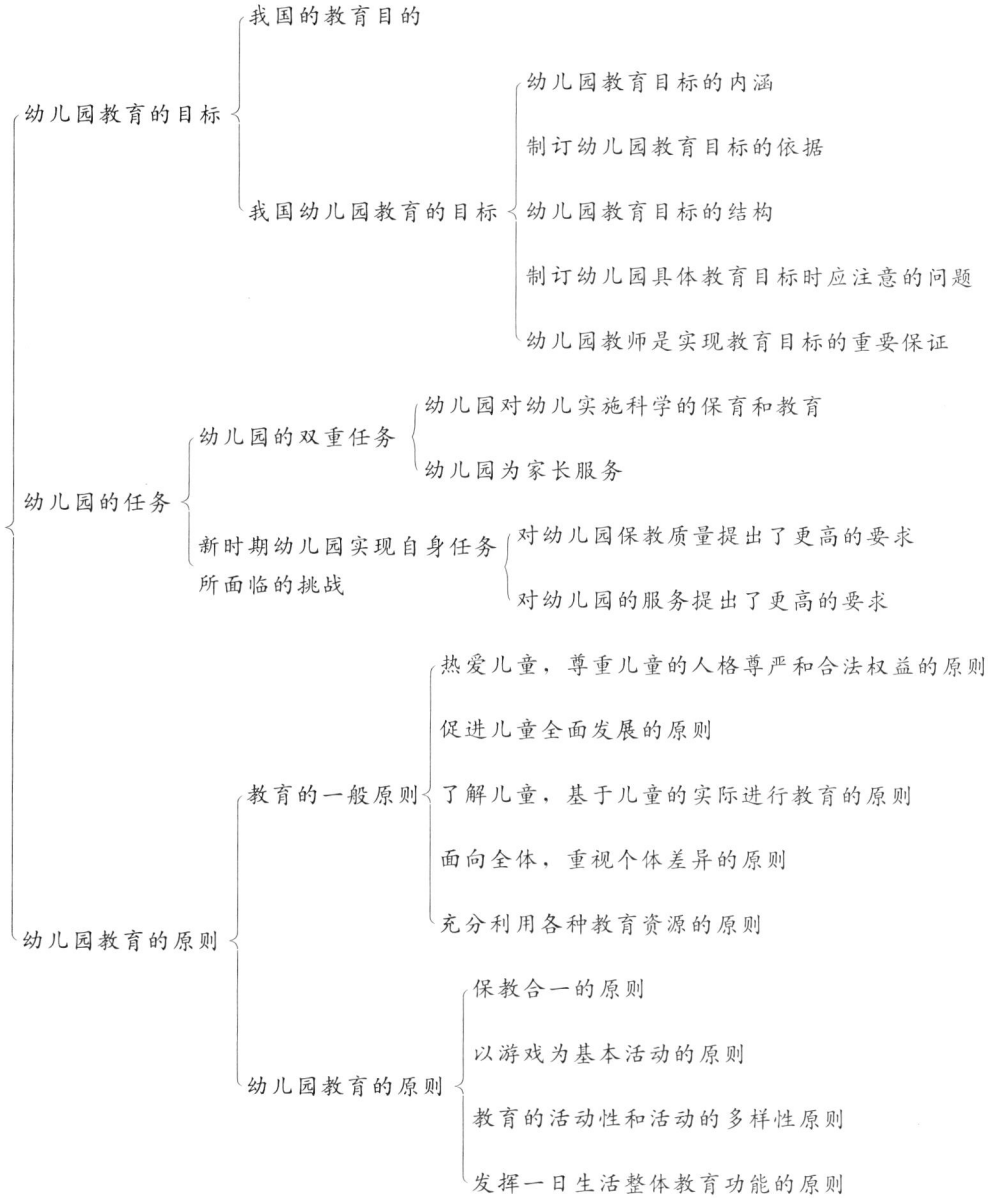

第一节 幼儿园教育的目标

教育目的是教育的根本问题。要把受教育者培养成什么样的人，在教育活动开始之前，就清晰地存在于教师的头脑中，教师从事的一切教育活动都是为了实现这个目的。

一、我国的教育目的

教育目的是指一个国家、民族通过教育，把受教育者培养成为什么样的人。它是国家对培养人才的质量和规格的总体要求，体现了国家意志，是构成教育实践活动的第一要素和前提。

根据《中华人民共和国教育法》(1995)的规定，我国的教育目的是：教育必须为社会主义现代化建设服务，必须与生产劳动相结合，培养德、智、体等方面全面发展的社会主义事业的建设者和接班人。这一教育目的确定了我国社会主义初级阶段教育对象的发展方向。它是一切教育活动的出发点和归宿。

二、我国幼儿园教育的目标

(一)幼儿园教育目标的内涵

教育目的是国家对各级各类教育事业培养人的统一的质量要求，但由于社会所需要的人是多层次、多规格的，教育对象的身心发展水平也各有特点，所以国家对各级各类教育提出了特殊的具体的要求，即各级各类教育的目标。

幼儿园教育目标是教育目的在幼儿园教育这一阶段的具体化，是国家对幼儿园提出的培养人的规格和要求，是我国所有幼儿园必须要遵循的。没有目标的教育是不存在的，没有任何幼儿园教育是没有目标的。

根据《规程》《纲要》《指南》的精神，我国幼儿园教育的目标是：实施德、智、体、美、劳等方面全面发展的教育，促进幼儿身心和谐发展，为幼儿后继学习和终身发展奠定良好基础。幼儿园教育目标是完成幼儿园教育任务、提高幼儿园教育质量的重要指导思想，国家通过这一目标对全国幼儿园教育进行领导和管理。

(二)制订幼儿园教育目标的依据

1. 教育目的

幼儿园教育目标是根据我国的教育目的并结合幼儿园教育的性质和任务提出来的。我国幼儿园教育的目标体现了我国教育目的的要求，体现了各相关教育法规的基本精神，符合国家与社会对幼儿园教育的要求，符合《规程》对我国幼儿园任务的规定与《纲要》总则对幼儿园教育的要求。

2. 幼儿身心发展的特点和可能性

教育从根本上说就是培养人，所以教育目标是否合理除了符合国家、社会的要求之外，还要看是否符合教育对象的身心发展规律。举一个简单的例子来说，成年人画一个菱形是件轻而易举的事，然而对于幼儿来说，却是很困难的。3岁的孩子即使照葫芦画瓢，要临摹一张菱形图样也几乎是不可能的。这就是说，幼儿的发展有一定的年龄特征和规律，是一个按照一定顺序、不断地从低级到高级的渐进发展的过程。教育目标如果不符合幼儿发展的规律，不符合幼儿个体的发展需要和可能性，教育目标就不可能变成现实。因此，教育目标的制订必须适应幼儿身心发展的规律与年龄特征。

(三)幼儿园教育目标的结构

幼儿园教育目标是宏观层次的目标。要实现这一宏观目标，必须将它层层分解，逐步转化为低一层次的、可操作的具体目标，才能成为教师制订活动计划的有效依据，并通过各种活动，最终落实到幼儿的发展上。目标的层层分解就形成了幼儿园教育目标的金字塔结构。这一结构从上到下由如下几个层次构成(参见图2-1)：

图2-1　幼儿园教育目标的大致结构

1. 教育目的。它是我国各级各类教育的总目标，是金字塔的顶端。

2. 幼儿园教育目标，即幼儿教育阶段目标。《幼儿园工作规程》所表述的幼儿园保育、教育目标就属于这一层次。

3. 各个幼儿园的具体教育目标。幼儿园的具体教育目标是每个幼儿园根据国家对幼儿教育的要求，结合本园的具体情况制订的。它体现了国家对幼儿园教育的一般要求，又适合本园的实际，具有本园的特色。

(四)制订幼儿园具体教育目标时应注意的问题

1. 教育目标分解的方法要恰当

制订幼儿园具体教育目标的过程，实际上是将国家的教育目的、幼儿园教育目标层层分解，逐步具体化，并落实在幼儿发展上的过程。第三层次的具体教育目标如何确定，各个幼儿园可以根据实际情况，采用不同的分解方法。

如果按时间的范围划分，那么，幼儿园具体教育目标可分为四个层次：

第一层次：学年教育目标；

第二层次：学期教育目标；

第三层次：一个月或一周的教育目标，也可以是单元活动目标；

第四层次：幼儿园一日活动、一个活动或一节作业课的教育目标。

如果从教育目标指导的范围来划分，则幼儿园具体教育目标可分为这样四个层次：

第一层次：指导本园的教育目标；

第二层次：指导一个班级的教育目标；

第三层次：指导不同活动小组的教育目标；

第四层次：指导每个个体的教育目标，即根据每个幼儿发展情况确定目标。

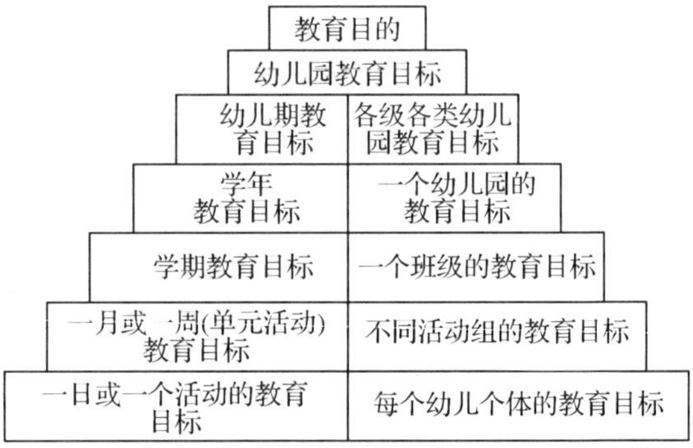

图 2-2　幼儿园教育目标的具体结构

这几个由抽象到具体、由统一到多样的层次组成了幼儿园教育目标的阶梯式结构(参见图 2-2)。

从图 2-2 可以看出，最上面两个层次基本上是固定的，下面四个层次，根据每个幼儿园对目标的分解方法不同而不同。由上往下看，最高层次的教育目标体现了社会的要求，之后每一层目标都是上一层目标的具体化，最后转化为促进每个幼儿发展的可操作的具体教育目标。由下往上看，每一层次的目标都是受上一层目标制约的，各层次的目标由低到高，共同构成一个达到总目标的阶梯。

2. **教育目标的涵盖面要全面**

将幼儿园的教育目标层层具体化的过程，实际上是将教育目标的内容逐步具体化的过程。需要注意的是，不论分解到哪一层次，都要保证教育目标的整体结构不受损害，其内容的涵盖面一定要全面，即包括幼儿全面发展的各个方面和每个方面的全部内容。在实践过程中，制订具体教育目标的指导思想常常出现偏差，如在德、智、体、美、劳五育中，或重德轻智，或重智轻德。在每一育中也有这种情况，如在智育中重知识的掌握而轻智力的培养；在体育中重动作的发展而轻生活卫生习惯的培养；在德育中，重社会常识的掌握而轻良好的行为习惯的培养；在美育中重艺术技能的掌握，轻想象力、创造性的培养等。教育目标内容的不全面会严重影响幼儿的全面发展。

3. **教育目标要有连续性和一致性**

教育目标的实现是一个长期的持续的过程，它由若干不同的阶段来完成。每个阶段性目标之间要互相衔接，体现幼儿心理发展的渐进性和连续性，体现实现教育效果的连续性和一致性；同时，下层目标与上层目标之间、局部目标与整体目标之间要协调一致，以保证每一个具体目标的实现都朝总目标前进一步，都成为实现上层目标的有效环节。

(五)幼儿园教师是实现教育目标的重要保证

幼儿园教师是按照国家的要求去促进幼儿发展的，是将教育目标落实为幼儿发展的设计师与践行者。这就要求教师首先必须正确、清楚、全面地理解和把握幼儿园教育目标的内涵，并将这种“外在”的教育目标转化为“内在”的正确的教育观念，并用以指导自己的教育行为；其次，必须掌握将教育目标转化为幼儿发展的技术；最后，在教育过程中，必须依据幼儿的实际水平，选择与确定适宜的教育目标、教育模式、教育内容、活动方式、组织形式、指导方法等去促进幼儿的发展。没有教师的这种努力，幼儿园教育目标的实现是不可能的。

不过，教师即使明确了教育目标，在实施过程中也未必一帆风顺，或多或少总要受到外来的干扰或影响。如来自家长的影响，有的家长望子成龙心切，要求幼儿园教授小学的读、写、算知识和技能；又如社会的影响，社会上流行的以上小学为名的应试训练，各种功利的、甚至是伪科学反科学的所谓早期教育宣传等，都可能干扰教师按教育目标组织教育活动，诱使幼儿园教育有意无意地偏离目标。因此，在实现教育目标的过程中，教师必须自觉地排除一切干扰，坚定地按照教育目标来规范自己的教育行为，以保证教育目标的真正实现。

第二节　幼儿园的任务

一、幼儿园的双重任务

根据新修订的《幼儿园工作规程》所述，我国幼儿园是学校教育制度的基础阶段，与其他各级各类学校一样，应该使受教育者在德、智、体、美、劳等方面得到全面发展，为社会主义现代化建设培养建设者和接班人。而幼儿园同时又是幼儿公育的专门社会机构，是社会公共服务体系的一部分，带有福利性。即是说，它担负着其他学校教育机构所没有的为社会、为家长服务的特殊任务。幼儿园的这一特性体现了幼儿园在社会主义现代化建设中的独特作用。

(一)幼儿园对幼儿实施科学的保育和教育

以幼儿园为代表的幼儿教育机构是我国对幼儿实施保育和教育的组织，幼儿园通过对幼儿实施德、智、体、美、劳诸方面全面发展的教育，促进其身心和谐发展，来体现自身的社会价值，为社会主义建设服务。

(二)幼儿园为家长服务

幼儿园负有为在园幼儿家长服务、为社会民生服务的责任。幼儿园作为教育机构，其服务主要体现在“面向幼儿家长提供科学育儿指导”(《规程》总则第三条)，并通过完成这一任务显示出其他教育机构所不可替代的社会功能，充分体现出幼儿园的特殊价值。

二、新时期幼儿园实现自身任务所面临的挑战

随着社会的发展，幼儿园在实现自身任务的过程中遇到了新的挑战。

(一)对幼儿园保教质量提出了更高的要求

现代社会飞跃发展，科技进步日新月异，人才竞争日趋激烈。提高国民素质、培养创新人才，对国家的发展具有前所未有的重要性和紧迫性。党中央提出了科教兴国战略和人才强国战略，加快了建设教育强国、人力资源强国的步伐。这一切使教育面临前所未有的机遇和挑战。一方面，幼儿园教育作为基础教育的基础，担负着为培养人才奠基的光荣而艰巨的任务，其保教质量的高低成为事关国家兴旺的大事；另一方面，家长对幼儿园的保教质量也提出了更高的要求。由于幼儿园数量的增加，“入园难”的问题基本上得到缓解，但是“入好园难”的问题仍然突出。随着大多数家长教育程度、文化水平的提高，他们不仅希望孩子能够进幼儿园，在幼儿园能够吃得好、长得壮，更希望孩子从小能接受优质的教育，有一个良好的人生开端。于是，幼儿园质量的高低成为家长最关心的问题，成为幼儿园生存和发展的关键。

在这样的形势下，幼儿园只有勇敢地迎接挑战，遵循《教育规划纲要》所指出的方向，“把提高质量作为教育改革发展的核心任务”，“建立以提高教育质量为导向的管理制度和工作机制，把幼儿园工作重点集中到提高教育质量上来”，努力促进每一个幼儿的全面发展，才能跟上时代前进的步伐，无

愧地成为国家发展的重要基石；才能让家长满意，获得良好的社会效益。

(二)对幼儿园的服务提出了更高的要求

随着我国社会的转型和社会主义市场经济的逐步建立，人们的生活方式、价值观念空前多样化，工作节奏加快，地区流动性增大，城市中远离家乡的年轻双职工家长越来越多，携子女进城务工的人员越来越多，随着服务性职业种类的增加，工作时间不固定的家长越来越多……面对不同社会群体对幼儿园的日趋复杂化的需求，幼儿教育机构在面对家长提供科学育儿指导时，如何根据家长不同的教育价值取向、不同的文化程度、不同的家庭条件、不同的空余时间等进行适宜的、有针对性的、有实际效果的教育服务，对幼儿园是一个很大的挑战。另外，幼儿园的类型单一、服务范围狭窄、服务方式陈旧、机制不灵活的现状不可避免地和社会的需求不相适应。社会要求幼儿教育机构，在办园形式、管理制度、收托时间、保育范围、服务方式、运作机制等各方面更灵活、更方便、更多样化，能适合家长工作、学习、生活等各方面的特点和需要。如希望办园形式更加多样化，除了全日制之外，还增加半日制、计时制、机动的寄宿制等；服务时间更加弹性、灵活，增加节假日服务、早晚延时服务等；招生对象更加广泛，如能够招收有自闭症、智力障碍、身体残疾的幼儿等；服务内容更加丰富，特别是加强对幼儿家长的教育、培训工作等。面对社会的多样化需求，幼儿园只有全方位地深化改革，大胆地探索和试验，“把促进人的全面发展、适应社会需要作为衡量教育质量的根本标准”(《教育规划纲要》)，才可能满足社会的需求，使家长满意、社会满意，让幼儿园教育真正成为惠及民生的社会公益事业。

第三节　幼儿园教育的原则

幼儿园教育的原则是教师在向幼儿进行教育时必须遵循的基本要求。这些要求是根据幼儿园教育目标、任务和幼儿身心发展的特点，并在总结了长期的幼儿教育实践经验的基础上提出来的。

幼儿园教育原则包括两部分：一部分是教育的一般原则，是幼儿园、小学、中学教师均应遵循的，它反映了教育对所有教育者的一般要求；另一部分是幼儿园教育的特殊原则，是根据幼儿园教育的特点提出来的，是幼儿园教育对教师的特殊要求。

一、教育的一般原则

(一)热爱儿童，尊重儿童的人格尊严和合法权益的原则

作为幼儿园教育对象的幼儿首先是一个人，是我们社会的一员，他们享有人的尊严和权利。没有对儿童的爱与尊重，就谈不上真正的教育。

1. 爱与尊重是教育儿童的前提

儿童虽然年龄小，但是他们和教师之间的关系是平等的人与人的关系。教师要将儿童作为具有独立人格的人来对待，尊重他的兴趣、需要、情感、愿望等。如果教师的言行中处处体现对儿童的爱与尊重、信任，注意倾听儿童的想法，尊重他们的意愿，就会使儿童意识到他们在这个世界上是有价值、有能力、不可缺少的，从而建立起自信心，获得良好的自我概念，为自身的继续发展奠定基础。反之，教师如果随意呵斥、责备、惩罚儿童，让儿童常常感受到委屈、羞辱，他们便会认为自己是无能的，被人看不起的，从而丧失基本的自尊与自信。这种消极的自我概念一旦形成，将会影响儿童终身的发展。

2. 保障儿童的合法权利

儿童是不同于成人的正在发展中的社会成员，他们享有不同于成人的许多特殊的权利，如生存权、受教育权、受抚养权、发展权、参与权等，这反映了人类对儿童在社会中的地位和权利的认可与尊重。但是，儿童毕竟是稚嫩、弱小的个体，他们对自己权利的行使还必须通过成人的教育和保护才能实现。家庭、学校、社会应当保障未成年人的合法权益不受侵犯。因此，教师不仅是儿童的“教育者”，也应当是儿童权益的实际维护者。

3. 保证儿童作为学习主体的地位

在教育过程中，尊重与维护儿童作为学习主体的地位，是一切教育活动成功的关键。作为教育对象的儿童决不是被动地接受灌输的容器，决不是可以被成人任意造型的橡皮泥，他们是需要被唤醒的精灵，是需要被点燃的火种。一切教育活动，离开了儿童自身内在的能动性是不会有效果的。因此，尊重幼儿的好奇心、兴趣、意愿，以及在此基础上萌发的自主性、主动性、创造性，是以儿童为本的教育的根本特征。由成人主宰的、强制的、如训练动物一般的教育是不可能发展儿童的潜力与精神的。

(二)促进儿童全面发展的原则

促进儿童全面发展的原则指的是教师在制订教育计划、设计和实施教育活动时，应当明确：

1. **儿童的全面发展是整体的发展而不是片面的发展**

教育必须促进儿童德、智、体、美、劳诸方面全面发展，不能偏废任何一个方面。儿童的发展是一个整体，各方面的发展是相互联系相互影响的，片面追求某一方面的发展或忽视某一方面的发展，都会阻碍儿童的发展，并对其健全人格的形成埋下隐患。

2. **儿童的全面发展应是协调的发展**

协调发展包括：儿童身体的各个器官、各系统机能的协调发展；儿童各种心理机能，包括认知、情感、性格、社会性、语言等协调发展；儿童的生理和心理协调发展；儿童个体的需要与社会的需求之间的协调等。任何一方面的发展出现失衡、失调，都会带来这样那样的发展问题。

3. **儿童的全面发展是有个性的发展**

全面发展和个性发展不是对立的，而是辩证统一的。全面发展在本质上反映的是儿童发展的相对完整性和和谐性，其对立面是片面发展；个性发展是个体在需求、生活习惯、性格、能力、爱好、兴趣等方面形成的不同于他人的稳定的特殊性，其对立面是共性。全面发展是个性发展的基础和前提，个性发展是在全面发展基础上的有特色的发展。

教育是培养全面发展而富有个性的儿童。即教育除使每个儿童达到国家的统一要求之外，还根据每个儿童的特点和可能性，充分发挥他们各自的潜能，让不同的儿童在不同的方面能够实现自己的发展特色，而不是千人一面。

(三)了解儿童，基于儿童的实际进行教育的原则

一百多年前，伟大的教育家乌申斯基就提出："如果我们要全面地教育儿童，就需要同样全面地研究儿童。"不了解儿童，就没有权利进行教育，也不可能正确地进行教育。为了教育儿童，必须了解儿童。

作为教育对象的儿童不是抽象的儿童，不是一般心理学意义上的儿童，抽象的儿童是不存在的。苏霍姆林斯基在《给教师的建议》一书中，第一条就是"请记住：没有也不可能有抽象的儿童。"因为儿童不是许多心理特性堆砌而成的集合体，而是一个个具体的、鲜活的、有着各自的与众不同特点的、独一无二的个体，每个儿童都有自己的生活背景，都有自己的经验、兴趣、需要、思维、记忆、情感等，不了解这一切，教育就会无的放矢，甚至南辕北辙。

(四)面向全体，重视个体差异的原则

在教育过程中，教育者在关注全体受教育对象的同时，对于儿童在学习

与发展过程中，由于个体先天的或后天的、环境的或自身的种种原因所造成的个体差异必须予以尊重，因人施教，有针对性地采取最有效、最合理的方式促进每个儿童的发展。

1. 教育要促进每一个儿童的发展

教育必须面向每一个儿童，促进每一个儿童实现全面的发展。常常有这样的情况：有的教师只关注学习好、能力强的儿童，而那些既不出众，又不吭声的儿童往往不在教师的视线之内。要保证每个儿童在学校里有公平的受教育机会，教师必须平等地、一视同仁地对待所有儿童。

2. 因人而异，实现差异性发展

面向全体，并不是要求所有的儿童都以相同的速度、相同的方式发展，也不是要求每一个儿童都达到同等水平或在所有方面都达到同样高度。由于每一个儿童各有不同的起点、特点和能力水平，因此，“每个幼儿在沿着相似进程发展的过程中，各自的发展速度和达到某一水平的时间不完全相同。”(《指南》)教育必须充分理解和尊重个体差异，因人施教，帮助每一个儿童从原有水平向更高水平发展，而不能用一把尺子去衡量所有的儿童。

(五)充分利用各种教育资源的原则

教育资源可视为教育可资利用的各种条件、环境，是物质、文化、人力、财力、信息资料等各种资源的总称。

必须认识到教育资源是多元的、开放的，除了有形的，还有无形的(如人际关系、文化氛围、革命传统等)，它广泛地存在于社会与自然中，存在于儿童自身、儿童群体以及家庭中，其对儿童影响的广泛性、多样性、即时性是学校教育难以比拟的。充分地利用各种教育资源，发挥其教育作用，不仅是扩展和深化教育的有效途径，也是教师创造性地开展教育的重要环节。

开发和利用教育资源的途径是多种多样的。主要包括：①有效利用来自儿童的、家长的、社区的资源。如利用儿童自身的兴趣、经验、发现，或利用儿童之间的相互影响、同伴互动，开展活动；与家庭、社区合作，利用家长的支持，利用社区的设施、公益活动、节日庆典等，为儿童创造有益的教育环境。②利用师生关系和教师集体的强大教育力量。良好的师生关系和良好的教师集体能使儿童受到潜移默化的影响和感染，对儿童发展具有非常积极的意义。③因地制宜地利用社会的、自然的资源。如利用社会的科技、文化、教育设施，革命文物、名胜古迹，多媒体资源、网络资源以及各种非物质文化遗产、民俗传统，社会生活中的现象、事件、热点问题，利用自然界的各种现象、季节气候、农业生产等，开展丰富多彩的教育活动，对儿童施加强大的教育影响。

二、幼儿园教育的原则

(一)保教合一的原则

教师应从幼儿身心发展的特点出发，在全面、有效地对幼儿进行教育的同时，重视对幼儿身体上、生活上的照顾和保护，保教合一，确保幼儿身心健康地、全面地发展。把握这个原则应明确以下两点：

1. **保育和教育相互融合，在同一过程中实现**

保育和教育是幼儿园工作的两大方面。保育侧重于照料幼儿的生活，旨在确保幼儿身体的正常发育和机能的协调发展，教育则侧重于发展幼儿的能力，促进幼儿的精神成长。然而，尽管这两方面各有其主要职能，但它们是相互融合、难以截然分离的。因为保育和教育的对象是幼儿，幼儿身心诸方面的发展是整体性的、彼此依存的，任何有助于他们身体发展的行为必影响其精神，而有助于其精神发展的任何行为，也必影响其身体。幼儿身心发展的这一特点决定了保育中渗透着教育，教育中包含着保育，二者在同一过程中实现。哪怕是给幼儿擦鼻涕这样一个看起来纯属保育的简单行为，都同时伴随着悄然无声的教育，裹挟着不可低估的教育力量。在给幼儿擦鼻涕时，因保教人员的态度、动作、表情、语言、方法等的不同，幼儿既有可能感受到老师的爱，心里暖暖的，产生积极的情绪体验，于是非常配合地学习擦鼻涕，并逐步在老师温和的暗示或提醒下，慢慢养成自己擦鼻涕的好习惯；也有可能完全相反，幼儿感受到的是老师的怒气、讨厌、嫌弃，于是产生消极的情绪体验，如果多次积累，幼儿的自尊会被伤害，自卑自弃的心理阴影会慢慢地扩大。所以，幼儿教育中几乎没有什么事可以说纯粹只是保育，与教育完全无关。保中有教，教中有保，二者是合一的，而不是各自孤立地进行的。那种认为保育是在生活活动中，教育是在教学活动中；保育员仅管保育，教师仅管教育；保、教人员的配合就是教师帮保育员拖地板、盛饭，保育员帮教师管课堂纪律等观点，都是对保教关系的错误理解。

2. **有意识地保中施教，教中施保，促进幼儿健康发展**

要在实践中做到保中施教，教中施保，需要教师与保育员理解保教合一的深层次含义，对自己从事的工作有深刻而敏锐的感觉，能自觉地从保教两个角度全方位地去审视教育效果，否则就会贻误幼儿的发展。有的保育员在护理幼儿生活时，意识不到其中的教育价值，而忽视随机地、有意识地保中施教。如幼儿午睡起床后系鞋带，保育员对幼儿说：“你系得太慢，来，老师帮你系。”三下两下就帮幼儿把鞋带系好了。结果，保育员的一片好心却在无形中阻碍了幼儿的学习与发展。不仅助长其依赖思想，还使他们失去了自信，失去了锻炼自己能力的实践机会。再如，有的教师在教育教学过程中忽视保育因素，不能做到教中施保，影响了教育活动的效果。如体育活动时，只考虑对幼儿基本动作的要求，只重视运动技巧的训练，而全然不顾运动量的大小、运动时间等对幼儿身体的影响；作业课时长时间地让幼儿坐着听讲，不顾及幼儿身体和脑神经系统的疲劳，等等。

保教结合是全面发展教育方针在幼儿期的具体体现，也是我国幼教实践工作的经验总结。幼儿教育工作者要充分认识保教合一在幼儿全面发展中的意义，将这一原则落实到全部工作中。

(二)以游戏为基本活动的原则

游戏是幼儿园的基本活动。什么是基本活动呢？基本活动是指在人生的某个阶段，其出现频率最高，对人的生存发展最有价值、最适合那一年龄阶段的活动。比如，对学龄期儿童来说，上学校学习是基本活动；对成人来说，工作、劳动是基本活动；而对幼儿来说，游戏就是他们的基本活动。

游戏作为幼儿的天性，作为幼儿健康成长所必需的活动，其意义正如克鲁普斯卡娅所指出的那样：“游戏对于儿童有着特殊的意义，游戏对于他们是学习，游戏对于他们是劳动，游戏对于他们是严肃的教育形式。”由于游戏最符合幼儿身心发展的特点，最能满足幼儿的需要，是“幼年期主要的、几乎是唯一的教育方式。”(杜威)，具有其他活动所不能替代的教育价值，因此幼儿园必须以游戏为基本活动，保障幼儿游戏的权利，创设丰富的游戏环境，让幼儿能在游戏中健康、愉快地成长。

(三)教育的活动性和活动的多样性原则

幼儿园教育应从幼儿身心发展的特点和水平出发，以活动为基础展开教育过程。同时，活动形式多样化，让幼儿能在多种多样的活动中得到发展。

活动是幼儿发展的基础和源泉。“要知道梨子的滋味，你就得亲口尝一尝。”对于感性知识少、直接经验缺乏的幼儿来说，更是如此。幼儿身心发展的特点决定了他们不可能像中、小学生那样，主要通过课堂书本知识的学习来获得发展，而必须通过活动，动用多种感官，去直接感知、实际操作、亲身体验，与人与物互动，才能逐步积累经验，获得真知。离开了活动，就没有幼儿的发展(具体参见本书第四章第二节)。幼儿园教育必须遵循幼儿这一学习特点与规律，让活动成为“教”与“学”的中介，让教育超越生硬的说教或简单的“告诉”。

幼儿园的活动不应当是单一的。因为不同的活动在幼儿发展中的作用是不一样的。比如，看图书和栽培植物，幼儿通过前者获得的是间接知识经验，是符号认知的发展，而通过后者获得的是直接知识，是操作经验和实践能力。另外，只有灵活多样的活动才能满足不同幼儿的不同发展需要。在我国，由于教育观念、教师水平以及班额大、场地小等多种原因，大一统的集体活动往往是幼儿园主要的教育形式，而小组活动、个别活动相对比较少；教师组织的活动多，而幼儿的自身活动、自由游戏比较少；以教师教授为主的分领域上课多，幼儿探索学习为主的综合性活动比较少。这种状况不利于适应幼儿的学习特点与个体差异。教育中应灵活地使用集体、小组、个别等不同的活动形式，应在幼儿的自发活动、自由游戏与教师组织的活动之间保持平衡，注重活动的综合性，以提高教育的针对性、有效性。

(四)发挥一日生活整体教育功能的原则

幼儿园应充分认识和利用一日生活中各种活动的教育价值，通过合理组织、科学安排，让一日生活的各环节发挥一致的、连贯的、整体的教育功能，寓教育于一日生活之中。

幼儿园一日生活是指幼儿在园一天的全部生活、全部经历，包括一天所有的保育、教育活动。

1. 一日生活中的各种活动不可偏废

无论是幼儿吃喝拉撒睡一类的生活活动，还是作业课、参观访问等教学活动；无论是有组织的活动，还是幼儿自主自由的活动，都各具重要的教育作用，对幼儿的发展都是不可缺少的。因此不能顾此失彼，随意削弱或取消任何一种活动。

在幼儿教育实践中，较多地存在重教学、轻生活，重有组织的活动轻幼儿自由活动等倾向，因此有必要强调生活活动和幼儿自由活动的重要性。生活活动在幼儿期有特殊的意义。它不仅是幼儿健康成长所必需，也是幼儿最重要的学习内容和学习途径，将它纳入幼儿教育机构的教育内容是幼儿教育的一大特点。幼儿自由活动对幼儿健康人格的发展是至关重要的，一个完全被管死的幼儿，会缺乏主动性、独立性，缺乏创造力、想象力，甚至会形成心理问题、人格问题。因此，教师应当注意克服上述两种错误倾向。

2. 各种活动必须有机地统一，发挥整体效应

每种活动不是分离地、孤立地对幼儿发挥影响力的。一日生活中的各种活动必须统一在共同的教育目标下，形成合力，才能发挥整体教育功能。因此，如何把教育目标渗透到各种活动中，或者说，每个活动怎样围绕目标来展开，就成为实践中应当特别关注的问题。如培养幼儿独立性，就需要在生活中注意培养幼儿自己吃饭、穿衣、自己上厕所等自理能力；在教学活动中，指导幼儿独立思考、有困难自己多动脑筋，尽量自己完成学习任务；自由活动时，鼓励幼儿自己设计游戏，自己想出办法来玩，主动去与别人交往等。显然，没有各种活动的多管齐下、有机统一，是不可能培养独立性的，仅靠任何一个单独的活动(比如所谓“社会”课)来实现这一目标是徒劳的。

上述的一般的和特殊的教育原则是幼儿园实施教育的基本准则。各条原则反映了对教育的不同要求，又彼此密切联系、相互渗透，不可分割。因此，应当在深刻理解每条原则的基础上综合地运用它们。

想想、议议、做做

一、判断下列各题的正误。

1. 幼儿园教育目标的制订根据是幼儿的需要。

2. 幼儿园教育目标能否贯彻，完全是行政管理部门的事。

3. 尊重幼儿的人格尊严和合法权益意味着教师必须按幼儿的意愿来安排教育活动。

4. 幼儿园的任务之一是面向幼儿家长提供科学育儿指导。

5. 幼儿日常生活活动对应保育，作业课、游戏等活动对应教育。

6. 重视一日生活是指重视幼儿吃喝拉撒睡等生活活动的教育价值。

二、讨论。

在有的幼儿园里，幼儿如厕、喝水的时间是统一规定的。作业课时，如有幼儿要小便，老师就对他说：“一会儿下课再去。”“你怎么总要小便呢，刚才怎么不去?”对此现象，结合幼儿园教育的原则，谈谈你的看法。

三、以下是某幼儿园的教育目标，你能选择其中几条将其落实为具体教育活动目标吗?

培养对学习的积极态度

发展观察力

学习与小朋友合作

培养初步的生活自理能力

发展对小肌肉的控制和协调

四、收集并记录幼儿园贯彻教育原则的实例，在同学之间进行交流。

资料链接

小资料 1

《幼儿园工作规程》摘录

第三条　幼儿园的任务是：贯彻国家的教育方针，按照保育与教育相结合的原则，遵循幼儿身心发展特点和规律，实施德、智、体、美等方面全面发展的教育，促进幼儿身心和谐发展。

幼儿园同时面向幼儿家长提供科学育儿指导。

第五条　幼儿园保育和教育的主要目标是：

（一）促进幼儿身体正常发育和机能的协调发展，增强体质，促进心理健康，培养良好的生活习惯、卫生习惯和参加体育活动的兴趣。

（二）发展幼儿智力，培养正确运用感官和运用语言交往的基本能力，增进对环境的认识，培养有益的兴趣和求知欲望，培养初步的动手探究能力。

（三）萌发幼儿爱祖国、爱家乡、爱集体、爱劳动、爱科学的情感，培养诚实、自信、友爱、勇敢、勤学、好问、爱护公物、克服困难、讲礼貌、守纪律等良好的品德行为和习惯，以及活泼开朗的性格。

（四）培养幼儿初步感受美和表现美的情趣和能力。

第二十五条　幼儿园教育应当贯彻以下原则和要求：

（一）德、智、体、美等方面的教育应当互相渗透，有机结合。

（二）遵循幼儿身心发展规律，符合幼儿年龄特点，注重个体差异，因人施教，引导幼儿个性健康发展。

（三）面向全体幼儿，热爱幼儿，坚持积极鼓励、启发引导的正面教育。

（四）综合组织健康、语言、社会、科学、艺术各领域的教育内容，渗透于幼儿一日生活的各项活动中，充分发挥各种教育手段的交互作用。

（五）以游戏为基本活动，寓教育于各项活动之中。

（六）创设与教育相适应的良好环境，为幼儿提供活动和表现能力的机会与条件。

小资料 2

我的教育活动的原则

像任何真理一样，这些原则也挺简单，只是需要承认它们是真理，用它们来充实自己，以它们来构建自己的教育活动。

第一条原则——爱儿童。爱是人类的太阳。太阳散发着光和热，没有光和热就没有地上的生命。教师应该散发出人的善良和爱，没有善良和爱就不能培养人的人道心肠。只要儿童感到，教师爱着他，真诚、无私地爱着他，他就会感到自己是一个幸福的人。爱可以使教育变得容易起来，因为爱是这样的一种美好的力量，它能引起(带给)儿童内心的和谐，促进他的成长，促使他对周围的人们抱善意和同情的态度。爱的教育不能容忍粗暴、压制、侮辱人格，不能容忍无视儿童的生活。所有这一切是教育上的黑暗势力，是教育的祸害，这种祸害能在一瞬间毁灭和毒害由爱和善良所照亮和点燃起来的儿童生活，在儿童的生活中播下惊慌、悲观和仇恨的种子。

第二条原则(它是从第一条原则中派生出来的)——使儿童生活的环境成为合乎人性的环境。这条原则的含义是，要关心儿童交往的各个领域，其目的在于保证儿童内心的舒适和心理平衡。儿童生活的任何一个交往领域都不应该刺激儿童，引起他的恐惧、不信任感、沮丧和屈辱感。在教育上，各个交往领域的不协调会引起儿童内心的迷惘，使他不知所措，极易陷入对一切都不满的心理状态。在这样的情况下，他就会开始故意与别人作对，甚至故意与父亲、母亲、教师作对，正是这样的儿童极易从“表面正经心里坏”中找到自己的归宿。教师应该弄清楚所有这些交往领域的情况，并根据教育儿童的目的去改造它们。

第三条原则——把儿童看作自己童年生活中的自我。这是使儿童相信教师、珍视教师的心地善良和接受教师的爱的可靠途径。同时，这也是认识儿童生活的捷径。只有在教师把儿童认作就是自己本人的情况下，才能深入研究儿童和他的内心活动。为了在今后更深入地理解这一原则的本质，我将从马克思的下述思想中得出自己的教育结论：“一个成人不能再变成一个儿童，否则就变得稚气了。但是，儿童的天真不使他感到愉快吗？他自己不该努力在一个更高的阶梯上把自己的真实再现出来吗？在每一个时代，它的固有的性格不是在儿童的天性中纯真地复活着吗？”

这就是我所坚信的主要思想和原则，我将以这些思想和原则去迎接新的6岁儿童班。

(摘自《孩子们，祝你们一路平安!》，281页，[苏]阿莫纳什维利著，朱佩荣译，教育科学出版社，2002，略有删节)

小资料3

仓桥先生论教育目标与幼儿

毫无疑义，没有教育目标的话，任何一种教育都是不可能存在的。然而，如果仅仅只考虑教育目标，也是不能进行教育的。如何使教育目标与教育对象的特质相适应——唯有在此点上下功夫并以此为起点，才会产生出教育的实践。在这一过程中，是目标至上，将之强加于教育对象呢，还是以教育对象为本，让目标去适应教育对象。也就是说，是按目标的要求把对象套起来呢，还是向教育对象逐步地展现教育目标：这两种不同的态度就产生了截然不同的教育。

在幼儿教育中，是以成人的目的为主、将幼儿的生活套入其中呢，还是以幼儿的生活为主，慢慢地、小心翼翼地引导他们向着目标的方向发展，二者的差别涉及一个十分重大的问题。

所谓热心于教育，从来似乎多是热心于教育目标。而今天对教育的认识决不能仅停留在这点上了，我们需要既重视教育目标又尊重教育对象的那种“热心”。

在幼儿园教育中，应该有严肃而重大的教育目标，我们一刻也不能忘记这一点。但是，幼儿是不可能自觉理解这些目标的，他们只是想不停地游戏玩耍、蹦蹦跳跳。面对这样的对象，如果仅以设定的目标来制订一切计划的话，一定不会有好效果。强行那样做的结果是，要么强迫性地压制幼儿，要么强制性地拖着幼儿团团转。

有的人简单地认为幼儿园只是实现教育目的的场所，只要在教育内容方面也做得正确无误就很不错了。但我认为，仅仅如此是不够的。因为幼儿园作为幼儿生活的场所，其生活形态必须适合于幼儿。这是首先要解决的问题，并不能说只要有好的目的就行了。

（摘自《幼儿园真谛》，[日]仓桥物三著，李季湄译，华东师范大学出版社，2014）

拓展阅读

如果你还想进一步了解本章内容的话，可以阅读下列书籍和资料：

1.《教育概论》，叶澜著，人民教育出版社，2006

2.《〈幼儿园教育指导纲要（试行）〉解读》，教育部基础教育司组织编写，江苏教育出版社，2002

3.《幼儿园真谛》，[日]仓桥物三著，李季湄译，华东师范大学出版社，2014

本章主要参考资料

1.《中华人民共和国幼儿教育重要文献汇编》，中国学前教育研究会，北

京师范大学出版社，1999

2.《教育学基础》，杨小微主编，华东师范大学出版社，2010

3.《幼儿园教育指导纲要(试行)》，教育部，2001

4.《现代教育论》，黄济著，人民教育出版社，1996

5.《教育原理》，陈桂生著，华东师范大学出版社，1998

6.《教育人类学》，[德]博尔诺夫著，李其龙等译，华东师范大学出版社，1999

7.《民主主义与教育》，[美]杜威著，王承绪译，人民教育出版社，2001

8.《幼儿园工作规程》，教育部，2016

第三章
幼儿园全面发展教育

教育应当促进每个人的全面发展，即身心、智力、敏感性、审美意识、个人责任感、精神价值等方面的发展。

——国际21世纪教育委员会报告

学习导航

- 幼儿全面发展的含义是什么?
- 幼儿体育就是训练幼儿的运动技能吗?
- 幼儿只要聪明，就算发展不错吗?
- 幼儿园美育的主要任务就是让幼儿会唱、会跳、会画画吗?
- 幼儿园德育的重点是什么?
- 怎样才能促进幼儿身心和谐、全面地发展?

学完本章以后，如果你理解了幼儿园全面发展教育的内涵，掌握了幼儿园德、智、体、美教育的基本原理，而且能将之与幼儿园全面发展教育的实际结合起来思考的话，你就能回答上面的问题了。

本章内容

- 全面发展教育与幼儿的发展
  - 幼儿园全面发展教育的含义
  - 幼儿园全面发展教育的意义
    - 幼儿园全面发展教育的社会意义
    - 德、智、体、美四育的意义
    - 德、智、体、美四育的关系
- 幼儿体育
  - 幼儿体育的概念
  - 幼儿体育的目标与内容
    - 幼儿体育的目标
    - 幼儿体育的内容
  - 幼儿体育的实施
    - 实施幼儿体育的途径
    - 实施幼儿体育应注意的问题
- 幼儿智育
  - 幼儿智育的概念
  - 幼儿智育的目标与内容
    - 幼儿智育的目标
    - 幼儿智育的内容
  - 幼儿智育的实施
    - 实施幼儿智育的途径
    - 实施幼儿智育应注意的问题
- 幼儿德育
  - 幼儿德育的概念
  - 幼儿德育的目标与内容
    - 幼儿德育的目标
    - 幼儿德育的内容
  - 幼儿德育的实施
    - 实施幼儿德育的途径
    - 实施幼儿德育应注意的问题
- 幼儿美育
  - 幼儿美育的概念
  - 幼儿美育的目标与内容
    - 幼儿美育的目标
    - 幼儿美育的内容
  - 幼儿美育的实施
    - 实施幼儿美育的途径
    - 实施幼儿美育应注意的问题

第一节　全面发展教育与幼儿的发展

一、幼儿园全面发展教育的含义

幼儿园全面发展教育是指以幼儿身心发展的现实与可能为前提，以促进幼儿在德、智、体、美等方面全面和谐发展为宗旨，并以适合幼儿身心发展特点的方式、方法、手段加以实施的、着眼于培养幼儿基本素质的教育。对幼儿实施全面发展教育是我国幼儿教育的目标，也是我国幼儿教育法规所规定的幼儿教育的任务。

全面发展是针对片面发展而言的，偏重任何一个方面或忽视任何一个方面的发展都不是全面发展；全面发展并不意味着个体在德、智、体、美等方面齐头并进地、平均地发展，也不意味着个体的各个发展侧面可以各自孤立地发展。因此，幼儿园的全面发展教育在保证幼儿德、智、体、美等方面全面、和谐与协调发展的基础上，也促进幼儿富有个性地、富有特色地发展。

二、幼儿园全面发展教育的意义

(一)幼儿园全面发展教育的社会意义

促进幼儿全面发展教育是根据《教育法》而确立的我国幼儿教育的方向与目标。幼儿园坚持践行全面发展教育，以正确的教育价值观、质量观引导社会、引导家长，促进全社会的文明与进步。

随着社会经济水平、教育水平的不断提高，幼儿教育越来越受到全社会的关注。然而，什么样的幼儿教育是符合教育规律和幼儿发展规律的？幼儿教育究竟应当给予幼儿什么，才能让幼儿获得全面的、可持续的发展？该怎么来看幼儿教育的质量，什么样的幼儿教育是好的，什么样是不好的？这些都是有关幼儿教育的基本问题，也是当前家庭乃至全社会都十分关心然而并不十分清楚的问题。由于对这些基本问题的认识模糊，加之商业大潮的干扰和冲击，给我国幼儿教育造成了一定程度的混乱，教育的人文精神和科学精神出现了比较严重的缺失，致使社会上出现了许多认识误区和歪曲教育规律、发展规律的做法。突出地表现是：把幼儿学习小学化、应试化、商业化、功利化，幼儿教育变成了片面灌输知识技能的、急功近利只图眼前利益的、让幼儿身心疲惫的训练，甚至还出现了反科学的、伪科学的炒作，极大地危害了幼儿的健康发展，误导了幼儿教育的方向。因此，一方面需要在全社会大力宣传全面发展教育的理念和观点，提高社会对教育的科学认识，另一方面需要以促进幼儿全面发展的教育实践去引导社会，引导家长。如果所有的幼儿园都坚持全面发展的教育方向，那么将汇集成强大的社会正能量。这不仅能够推动观念更新，在全社会形成崇尚科学、尊重规律的风气，还能够提高全社会和家长的科学保教水平，让那些拔苗助长、违反儿童身心健康的错误观念和做法受到坚决的抵制。

(二)德、智、体、美四育的意义

1. 体育

(1)对幼儿个体发展的重要意义

在幼儿个体发展中，生命的健康存在是幼儿一切发展的基础和前提。

体育是促进幼儿正常生长发育的重要途径。幼儿各器官、组织正在发育之中，尚未成熟；幼儿生长发育迅速，新陈代谢旺盛，对营养、睡眠、新鲜空气等的需要较多。因此合理地对幼儿实施体育，能促进他们健康地成长，并为其一生的健康打下基础。

体育能增强幼儿体质，提高幼儿身体素质。研究表明，经常锻炼的幼儿，其机体对环境的适应能力、对疾病的抵抗力均优于缺乏锻炼的幼儿。

体育能为幼儿的心理发展提供物质基础。健康的身体和健全的心理是密切联系的。体育不仅让幼儿的肌体得到锻炼，而且科学、合理的生活制度能使幼儿在增进健康的同时保持愉快轻松的情绪状态，养成良好的习惯，更加敏捷地思考，勇敢地行动，乐观地克服困难，从而发展主动性，形成坚强勇敢、开朗自信的良好个性品质。而体弱多病的幼儿不仅体质不好，其心理的诸多方面，如性格、情感甚至智力等也往往出现问题。日本一教育家指出：“假如从整体上失去了健康，作为整体一部分的身体虚弱的话，那么这些孩子的精神也会变得沉重、愚钝。即使是一时性的睡眠不足，也影响孩子的精神状态。”苏霍姆林斯基对学习差生多年的调查研究发现，85％的差生都是由于健康状况不良引起的。所以他呼吁“健康，健康，再健康。”当然，精神状态反过来也影响幼儿的健康，“一种愉快的心情就是一半的健康”(夸美纽斯)，如果形成恶性循环，那对幼儿发展的危害将是毁灭性的。

(2)对社会的意义

一个国家、一个民族的兴旺和强盛有赖于一个个、一代代健康的人。“强国必先强种，强种必先强身，要强身先要注意幼年的儿童。”(陈鹤琴)幼儿体育不仅关系着幼儿的健康水平，还对幼儿一生的健康有重大影响。从这个意义上可以说，幼儿体育关系着全民族身体素质的提高，从一定程度上影响着一个国家和民族的健康水平，关系到国家的未来与民族的兴旺。

2. **智育**

(1)对幼儿个体发展的意义

智力的发展是幼儿发展的重要方面。幼儿期是大脑发展最快的时期，也是智力快速发展的时期，是具有极大发展潜力的时期。智育能有目的、有计划地发展幼儿的认识能力，满足幼儿的认知需要，使其大脑神经系统对信息的感受、加工、储存等机能逐渐发达与完善，从而大大加速幼儿先天的认知潜能转为现实能力，为幼儿以后从事系统的、高级的智力活动奠定良好基础。

智育在发展幼儿智力的同时，还同时给幼儿一把开启知识宝库的金钥匙，即让幼儿良好的学习品质——终身学习与发展所需要的积极态度和良好行为倾向、习惯等——得到发展，激发幼儿对知识探索的兴趣与欲望，启迪幼儿的好奇心与创造智慧，帮助幼儿逐步学会学习，学会认知，为其今后不断主动地获取新知识、建构新知识打好基础。

(2)对社会的意义

随着社会的飞速发展和科学技术的进步，对劳动者的智力水平的要求越来越高。劳动者如果没有与之相适应的认知能力，特别是获取信息、分析与利用信息的能力，利用知识解决问题的能力，想象力、创新意识等，是不可能适应社会需要的。而培养具有良好智力品质的社会主义事业的建设者和接班人，就成为智育的目标和任务。在这个意义上可以说，智育是社会所需人才的孵化器，是社会发展的推进器。

3. **德育**

(1)对幼儿个体发展的意义

幼儿期是个性开始形成的时期，对幼儿实施德育是幼儿发展的需要。良好的个性品质对人一生的成长和发展都起着十分重要的作用。研究表明，人的成就高低与自信心、自主性、独立性、坚持性等个性品质有密切关系。因此从小加强德育，培养幼儿良好的个性和性格，对幼儿的发展，对其未来健全人格的形成，都是至关重要的。德育对幼儿的社会性发展也具有重大意义。德育帮助幼儿在个性发展的同时，通过人际交往和接受环境的潜移默化，习得初步的社会行为规范，形成初步的道德认识、道德情感和道德行为，不断提高适应社会生活的能力，为其将来成为合格的社会公民奠定基础。

(2)对社会的意义

今天的幼儿是未来社会的主人，他们的思想品质和道德素养将会在很大程度上代表未来社会的文明程度，将会对我国未来的社会风貌、民族精神产生不可估量的影响。因此，早期德育的意义不可低估。从我国国情来看，独生子女在品德、行为习惯等方面的弱点，留守幼儿在情感发展、亲子交流方面的问题，外来务工人员孩子在社会适应、人际交往方面的障碍等，正日益引起社会的广泛关注。因此，加强德育，让所有的幼儿身心健康地快乐地成长，不仅是对幼儿及其家庭、也对全社会具有重要的意义。另外，由于我国社会正处在大变革之中，处在新旧体制的交替过程中，社会的价值观空前的多样化。来自社会各种渠道的信息，不论是先进的、积极的正能量，还是落后的、消极的负能量，都直接或间接地给生活于其中的幼儿造成很大的影响。有研究表明，幼儿由于知识经验贫乏，辨别是非的能力差，从某些电视节目中或成人的言行中接受了一些错误的知识或价值观，污染了他们幼小的、原本纯洁的心灵。如果放弃幼儿德育，不进行正确的指引，幼儿是不可能沿着正确方向成长的。放弃今天的幼儿德育，将造成明天社会的灾难。

4. **美育**

(1)对幼儿个体发展的意义

美育通过美的事物，特别是艺术形象的魅力，引导幼儿在感受美、发现美的同时，萌发出美好的情绪体验，受到潜移默化的熏陶和感染，并进而产生美的情感、美的心灵、美的品德，为形成完整和谐的人格打下基础。如幼儿在欣赏自然美的同时，会体验到愉悦、感动等美好情感，这种积极体验进而会逐步发展为爱自然、爱家乡、爱祖国的积极情感。鉴于美育的特点，不少教育家把美育看作一种“情感教育”，是“动之以情”的“德育”。

美育以美的事物激起幼儿的兴趣、情感，促使幼儿感知觉、形象思维、想象力、创造力活跃和发展起来。幼儿在艺术活动中，实现着内在的认识活动、情感体验和外在表现活动的统一。在根据音乐作品自编动作进行表演时，幼儿不仅发展了思维和想象，发展了表达能力和技能，也充分地体验着自己内心的情感。脑科学的研究表明，由于艺术活动有利于锻炼人大脑的前叶联合区域，因此对发展幼儿的创造性有着特别的功能。另外，美育通过艺术活动，帮助幼儿借助形象化的方式认识世界，弥补了用语言和逻辑推理方式进行学习的不足之处，有利于促进幼儿大脑左右半球的均衡发展。

(2)对社会的意义

美好的社会是由具有美好心灵和人格的人组成的，而美育的根本宗旨就是培育美好的心灵与人格。由此可以说，美育是建立一个文明、美好的社会不可缺少的部分。伟大的文学家、诗人席勒在其《美育书简》中说：“只有整个国民的性格在相当程度上具有美的性质，来自道德原理的国家变革才可能是无害的，此外，也只有美的性格才有可能保证国家变革的持续。”而对幼儿实施美育，培育幼儿美好的心灵，即为提高全民族的素质打下了基础，为建立美好和谐的社会打下了基础。因此，幼儿美育是社会精神文明建设的重要组成部分，是实现美好的中国梦的重要奠基。

(三)德、智、体、美四育的关系

对幼儿实施德、智、体、美全面发展的教育必须正确认识四者的关系。

如前所述，德、智、体、美四育在幼儿的发展中具有各自独特的作用，具有各自不同的价值，不能相互取代。但这并不等于说，四育可以各自为政，在教育中各自孤立地进行。即是说，在实施教育时，四育必须有机地整合在一起。这是因为：

首先，德、智、体、美诸方面的发展是统一于幼儿个体的身心结构之中的。即是说，在幼儿个体的发展中，德、智、体、美是作为一个整体在发展的。其任何一方面的发展都与其他方面的发展相互渗透、相互制约，不可分割；任何一方面都不能忽视或偏废，否则将影响其他方面的发展。因此，促进幼儿德、智、体、美发展的教育，即也必然是四育融汇在一起，相互联系和整合的。只有四育形成整体性教育力量，才能适应幼儿的发展特点，有效地达到促进幼儿全面和谐发展之目的。

其次，德、智、体、美四育是你中有我，我中有你，在任何一个教育活动中都是整体地发挥作用的。教师必须具有这样的整合观，才能充分地发挥每一个活动的教育价值，促进幼儿的全面发展。如幼儿园开展体育活动，看起来似乎只是实施体育，而实际上四育在同时进行着。在引导幼儿锻炼身体的同时，教师还需要关注幼儿的情绪、态度、克服困难的意志、与同伴的合作等方面的发展；在指导幼儿学习运动技能时，注意根据幼儿的特点，发展他们的理解、记忆、空间知觉、方位认知等；教师通过优美的动作演示，能够让幼儿学会欣赏动作美，并激起他们模仿学习的热情，等等。

第二节　幼儿体育

一、幼儿体育的概念

广义的体育是整个文化教育的重要组成部分，是提高人民健康水平，增强人民体质，丰富社会文化生活，提高生活生产力的重要手段。狭义的体育仅指学校体育。幼儿体育是指幼儿园进行的、遵循幼儿身体生长发育的规律，运用科学的方法，以增强幼儿的体质，促进幼儿身心健康地成长为目的的一系列教育活动。幼儿体育在幼儿园教育中具有十分重要的意义。

幼儿体育有着不同于中、小学的诸多特点，这是由幼儿身心发展的特点决定的。比如，由于幼儿骨骼、肌肉发育不成熟，不宜进行爆发性肌肉活动；幼儿身体发育的特点，需要为其提供合理的膳食营养；幼儿需要养成良好的生活、卫生习惯，发展基本的生活自理能力，因此日常生活中的健康教育被放在了重要位置。

二、幼儿体育的目标与内容

(一)幼儿体育的目标

幼儿体育的根本目标是促进幼儿的身心健康。具体是：促进幼儿身体正常发育和机能协调发展，增强体质，增进健康，培养良好的生活、卫生习惯和基本的生活能力，培养参加体育活动的兴趣和习惯。

促进幼儿身体正常发育是保证幼儿各方面健康发展的前提。幼儿身体的正常发育是指幼儿各个器官、组织的生长发育正常，没有生理缺陷，具有健康的体态，如身高、体重、头围等形态指标正常，坐、立、行走姿势正确等；身体机能协调发展包括机体组织、器官以及各生理系统的协调发展，生理机能和身体运动机能的协调发展，动作的协调发展等；幼儿适应环境和抗疾病的能力强弱是体质好坏的主要标志，增强幼儿体质就是要提高幼儿适应季节气候、生活环境变化的能力，能有效抵抗各种急、慢性疾病等；增进健康是指增进幼儿身心两方面的健康，既身体强壮，又性格开朗、情绪安定愉快；良好的生活、卫生习惯是增进幼儿健康的必要条件。生活习惯包括有规律的生活以及良好的饮食、睡眠、排泄等习惯；卫生习惯包括个人卫生习惯及在公共场所应有的卫生习惯；基本生活能力包括了解必要的生活常识，有基本的生活自理能力与自我保护意识和能力等；幼儿对体育活动的兴趣是幼儿参加体育活动的动力。培养幼儿从小喜欢体育活动，将有利于幼儿一生的幸福。

(二)幼儿园体育的内容

1. 促进幼儿健康成长

(1)创设良好的生活环境，特别是心理环境。

(2)制定、执行合理的生活制度和卫生保健制度。

(3)提供合理均衡的膳食，培养良好的饮食习惯。

(4)开展丰富适宜的体育活动，锻炼幼儿身体，增强幼儿体质，提高环境适应能力。

2. **发展幼儿的基本动作**

基本动作主要指走、跑、跳、平衡、投掷、钻爬、攀登等。开展丰富适宜的各种活动，促进以下身体机能的发展：

(1)基本动作的协调性、灵敏性。

(2)身体的平衡、协调和一定的动作技能。

(3)肌肉的力量和耐力。

3. **开展健康教育，培养良好习惯**

(1)配合家长，让幼儿保持有规律的生活，养成良好的作息习惯、生活习惯。

(2)结合盥洗、就餐、午睡等生活环节，培养幼儿饮食、睡眠、卫生等方面的良好习惯。

(3)提供有利于幼儿生活自理的条件，发展幼儿的生活自理能力。

(4)结合生活、活动开展安全知识教育，发展幼儿的自我保护意识和能力。

三、幼儿体育的实施

(一)实施幼儿体育的途径

1. **创设良好的生活环境**

幼儿园应充分利用各种条件，因地制宜地为幼儿的健康成长创设良好的物质环境与心理环境，为幼儿身心的健康发展提供良好的条件。即一方面为幼儿提供合乎要求的(在卫生、安全、绿化、面积、数量等方面)房屋、设备、场地、器材等开展体育活动的物质条件；另一方面建立平等和谐的师生关系，团结友爱的同伴关系，着力创设自由宽松、温暖愉快的活动氛围和充满安全感、信赖感的幼儿园生活环境，让生活于其中的幼儿既能保持良好的心理健康状态，又能体格健壮地成长。

2. **各种体育活动和日常生活相结合**

幼儿园体育活动是幼儿体育的重要组成部分，是增强幼儿体质，强体健身的有效途径。体育活动形式多样，如有广播体操、专门组织的体育课、可自由选择的体育活动、体育游戏、运动会等。这些体育活动的功能不尽相同，组织方式、活动开展的频率、长短也各有不同。如有的体育活动是教师预设或安排的，有的是比较开放自由的；有的一学期或一年一次，有的需要每天进行，甚至一天不止一次，如户外体育活动时间就要求每天不少于 2 小时。幼儿园应根据幼儿的需要和实际条件，精心地灵活地安排，创设丰富的体育环境，提供多样化的足够数量的运动器材，让幼儿能够通过参加各种各样的体育活动，不仅获得身体的、体能的、运动技能的发展，还获得情感的、社会性方面的发展，变得更加坚强、勇敢、主动、乐观、不怕困难、友爱合作等。

但是必须看到，幼儿园体育的某些目标，如培养幼儿良好的生活、卫生习惯，生活自理能力等，仅仅依靠“体育课”或其他体育活动是不能完成的，还必须在日常生活中进行健康教育。幼儿健康教育的出发点与归宿从根本上来说，是提高幼儿期的生活乃至生命的质量，为其形成健康的生活方式打下基础。幼儿健康教育的内容涉及幼儿生活的全部范畴，应当与盥洗、进餐、清洁、睡眠、物品整理、锻炼、游戏等日常生活的每一环节结合起来，如陈鹤琴先生所说的那样：“儿童离不开生活，生活离不开健康教育；儿童的生活是丰富多彩的，健康教育也应把握时机。”只有这样，才能全面地实现幼儿体育的目标。

(二)实施幼儿体育应注意的问题

1. 树立正确的幼儿体育观

要正确地实施幼儿体育，首先必须有正确的观念指引。《纲要》指出：“幼儿园必须把保护幼儿的生命和促进幼儿的健康放在工作的首位。在重视幼儿身体健康的同时，要高度重视幼儿的心理健康。”这是实施幼儿体育的座右铭。拥有生命健康是每一个幼儿的权利，以“促进幼儿身心健康地成长”为目标的幼儿体育正是以维护与保障幼儿这一权利为己任。幼儿体育的真谛是“树人”，是培养强健、阳光的幼儿，这是实施幼儿体育所必须牢记的。对身体的关心和培育不仅具有外在的意义，而且具有更深刻的内在意义(福禄贝尔)。因此，在实施幼儿体育时，不能把体育孤立化而与德育、智育、美育分裂开来，不能把目光只盯在技能技巧的训练上，更不能允许为比赛、表演、为幼儿园争名次、争荣誉等目的而进行有伤幼儿身体和心灵的任何活动与训练，这些做法都违背了幼儿体育的宗旨。

2. 实施幼儿体育必须发挥幼儿的自主性、主动性

幼儿体育是为了促进幼儿身心的健康发展，但这并不等于说幼儿的健康发展过程是一个仅由外部来“促进”的过程。必须看到，这一过程也是一个幼儿主动发展的过程。健康的生命并非完全由外部给予，还需要个体的积极参与。即是说，体育的效果与幼儿自身的因素密切相关，幼儿是否喜欢、是否投入，直接关系体育活动的成败。幼儿体育把培养幼儿参与的兴趣作为一个目标，反映了对幼儿主体性的尊重，必须重视这一目标的实现。在实施体育的过程中，注意发挥幼儿的自主性、主动性，遵循幼儿的身心发展规律与特点，以游戏为基本活动形式，开展丰富有趣、形式多样、难度适宜的体育活动，吸引幼儿主动、积极、创造性地参与。可以说，幼儿园实施体育的主要形式不是预设的“体育课”，更不是某单一动作或技能的专门训练，而是幼儿的运动性游戏。绝不能把幼儿只作为训练的对象或被动地按教师的指令行动的对象。否则，“幼儿身心的健康成长”是难以实现的。

3. **教师的指导应随体育活动的变化而变化**

幼儿园体育活动的形式是多样的。在不同的体育活动中，教育的重点、教师与幼儿相互作用的方式都不尽相同，所以，教师的指导方式要灵活地变化，而不能千篇一律。如在早操活动中，教师的示范很重要；在体育课上，教师作为活动的组织者、指导者，必须调动幼儿参与的积极性，以适合幼儿特点的方式来实现活动目标；体育游戏中则要充分保证幼儿的自主活动，户外体育活动中则重在保证幼儿的自由选择、安全地活动等。

第三节　幼儿智育

一、幼儿智育的概念

智育是指有目的、有计划地使受教育者掌握知识、技能，促进受教育者智力发展的教育过程。智力是人认识事物的能力，它包括观察力、注意力、记忆力、思维力、想象力和创造力等要素，其中思维力是智力的核心。

幼儿智育是有目的、有计划地让幼儿获得粗浅的知识、基本的技能，发展智力和认识能力，增进对周围环境的求知兴趣，学习“如何学习”，并形成良好学习品质的教育过程。

幼儿智育区别于小学的重要特征之一是把培养感知能力、动手能力作为基本的重要的内容。这是因为幼儿期是感知能力迅速发展和不断完善的时期，幼儿认识活动的一个重要特点是感知活动在其认识活动中占主要地位，直接感知是其获得知识、经验的主要手段；同时，幼儿智力活动带有明显的行动性、直观形象性，因此在幼儿期，动手能力是一种最基本的最重要的学习能力、认知能力，动手操作、亲身体验、经验，是幼儿获取知识、发展智力的主要途径。

二、幼儿智育的目标与内容

(一)幼儿智育的目标

幼儿智育的目标主要是：培养幼儿的求知欲望和学习兴趣，发展幼儿的智力以及运用多种感官和语言与环境互动的能力，让幼儿获得关于外部世界的粗浅知识。

幼儿的求知欲望和学习兴趣主要指好奇心、求知的兴趣、探究的兴趣、创造的兴趣以及动手操作的兴趣、表达的兴趣等。求知欲望与学习兴趣点燃了幼儿爱学、好学的激情，是幼儿学习的最强大的内在动力。

发展幼儿的智力主要是发展幼儿的认知能力，特别是思维能力、想象力、创造力；运用多种感官和语言与环境互动的能力，主要是指幼儿的感知能力、语言的理解和表达能力、探究能力、交往能力等。因为语言与思维的关系密切，人际互动与智力发展的关系密切。

(二)幼儿智育的内容

1. 培养幼儿的求知欲望、学习兴趣等良好学习品质

好奇心是幼儿求知兴趣和欲望的最初表现。保护幼儿的好奇心，并将之进一步发展为学习的兴趣和欲望是幼儿智育的重要内容。强烈的求知欲、学习兴趣以及注意力、坚持力、任务意识、克服困难的毅力等学习品质对幼儿获取知识、发展智力至关重要，因此，培养学习品质是幼儿智育不可或缺的内容。

2. 发展幼儿的认知能力、探究能力，促进幼儿与外部世界积极互动

(1)发展感知能力，即通过视觉、听觉、触觉等多种感官感知外部世界、积累经验、构建知识的能力。

(2)发展动手能力，提供各种动手操作的机会和条件，让幼儿满足动手兴趣，并学习操作方法和技能。

(3)发展思维能力，提高思维活动的速度、灵活性、概括性，特别是发展幼儿思维的兴趣，激励幼儿产生自己的想法、看法，发展想象和创造能力等。

(4)引导幼儿学习并尝试使用一些初步的智力活动的方法与技能。如学习观察、操作物体以及进行探究性或验证性小实验等的方法与技能等。

(5)引导幼儿动手动脑，尝试发现周围事物之间的一些关系与联系，学习探究与解决生活中的问题。

(6)创设人际互动、交流学习的机会，支持幼儿与他人讨论问题、分享经验、交流想法等，通过发展幼儿运用语言的能力，促进其智力发展。

3. 引导幼儿学习必要的粗浅的知识和概念

幼儿学习的知识是与其生活密切相关的、幼儿能够理解的生活常识(如衣食住行的知识)、社会常识(如周围的环境、人们的劳动)、自然常识(如天气、四季的知识)、科学技术知识(如科学常识、常见的科技产品的用途)等；幼儿学习的概念是基于他们感性经验的浅显的初级概念，是能够帮助幼儿更好地理解、整理和运用自己知识的浅显概念。如四季有规律变化的概念，能帮助幼儿更好地理解春夏秋冬的交替规律，理解生活与季节的关系。

三、幼儿智育的实施

(一)实施幼儿智育的途径

1. 组织多种形式的丰富多彩的教育实践活动，发展幼儿智力

幼儿是在活动中成长与发展起来的，幼儿智力的发展更是如此。

幼儿主动参与、亲自动手动脑的实践活动是进行智育的主要途径。如幼儿喜欢的游戏、实物操作、探究活动等，是幼儿认识能力，特别是思维能力产生和发展的基础与源泉，也是幼儿不断了解周围世界、构建知识结构的桥梁。因此，教师应解放幼儿的双手，解放幼儿的大脑，根据幼儿不同的年龄特点，提供多样化的材料，引导他们主动参与、直接经验、动手操作、亲身体验，尝试探索与解决实际问题，发展自己的思维与智慧、并学会智力活动的一些方法与技能，获得丰富的感性经验与直接知识，促进智力得到发展。“孩子学习的最佳方法就是动手去做，而不是从我们这里听会知识。这一点在孩子小时候更是如此。”如在科学活动区中，幼儿利用教师提供的条件，探索哪些物质能够在水中溶解，哪些不能。他们把盐、糖、沙、面粉等不同物质放进水杯里搅拌，观察、记录，获得了关于物质的知识。再如，在“春天来了”的主题活动中，幼儿在户外活动时观察、发现春天的足迹，在种植活动中，自己播种、浇水，进行观察，学习用符号、图画、表格等进行记录与比较，探究不同植物种子发芽、生长条件的异同，与老师、同伴讨论，分享交流经验与想法，学会了许多科学知识与探究方法。

阅读活动也能够帮助幼儿获得许多知识，但是，“即便书本可以用文字或插图来描绘出有着清澈小溪和腐败沃土的世界，但是没有哪本书可以替代观察真实世界的价值。书本和其他材料可以帮助孩子将这些深刻的印象和体验一同记在心里，但是这都必须建立在直接观察和亲手实践的基础之上。”苏霍姆林斯基说：“儿童的能力和才干来自他们的指尖……来自手指的那些细小的溪流在补充创造性思维的源泉。孩子的手越巧，就越聪明。”

2．日常生活活动是实施智育的重要途径

智育应渗透在一日生活之中，引导幼儿在生活中去观察、发现、增进对周围环境的认识，尝试解决生活中的问题等。生活中的学习幼儿易于参与，十分自然而有效。如利用就餐时摆碗筷的机会发展幼儿的数概念和计数能力，通过食物让幼儿学到有关蔬菜、水果、营养的知识，还能了解季节变化和农作物的关系等。

3．积极开展符合幼儿需要与实际的集体教学活动

集体教学活动即通常所说的作业课，由于是教师有目的有计划地组织的、班级所有儿童都参加的一种教育活动，能在较短时间内教授给幼儿不少知识、方法、技能等，所以是一种高效经济的“教”的方式。好的作业课能够以幼儿的已有知识经验为基础，通过幼儿理解的教学活动，把幼儿在平时生活中、游戏或其他活动中自发学习到的大量琐碎的、零散的、偶然的知识加以整理提炼，如画龙点睛一般，使幼儿的知识经验获得提升，变得更有条理、更有概括性，更有利于幼儿去迁移、去运用。这对幼儿智力的发展具有非常重要的意义。

但是，集体教学活动在幼儿园不宜成为实施智育的主要途径，对年龄越小的幼儿越是如此。主要因为语言传授的方式与幼儿的学习特点与方式不太适合；集体教学的局限难以顾及每一个幼儿的兴趣与个体差异；另外，现今多数幼儿园教师的专业素质，包括教师的教育观念、对教育内容的选择、教学中的互动、引领能力等，也都还难以改变长期以来形成的集体教育模式的诸多弊端，让集体教学活动实现其本应具有的功能。

需要强调的是，因为智力的发展与环境关系密切。只有在一个宽松、自由的环境里，幼儿才能够自由地思考、选择、表达、活动、探索、想象和创造。在一个压抑的环境里，幼儿只是被动地接受知识，被动地活动，他们将失去学习的兴趣和欲望，丧失自信心，变得懒于思考、唯唯诺诺，不可能发展自己的能力。所以，上述各种实施智育的途径，无论是日常生活，还是集体教学活动、区角活动、自由游戏等，要实现其促进幼儿智力发展的功能，都应重视为幼儿提供宽松、自由的环境，重视建立教师与幼儿之间的良好关系，尊重幼儿的想法，尊重他们的经验和创造，鼓励幼儿主动地与环境相互作用，大胆地尝试自己的想法，允许他们犯错误。幼儿园还一定要保证幼儿有自由活动的时间与空间，这对智力的发展，特别是想象力、创造力的发展是极其必要的。

(二)实施幼儿智育应注意的问题

1. 处理好智力与知识之间的关系

知识与智力是不同的概念。知识是人们在改造世界的实践中获得的认识和经验的总和。

获得了知识不等于发展了智力。但是，知识与智力有着密切的关系，智力的发展离不开知识。

知识、技能是智力发展的基础，智力发展又是获得知识与技能必备的条件。知识的贫乏与浅薄不利于智力的发展，而智力的高低决定着掌握知识的深度以及运用知识的灵活程度。在实施智育的过程中，必须认清知识和智力的关系，应将知识的获得与智力的发展统一起来。若偏重于知识灌输，幼儿死记硬背，对知识既不能理解又不能运用，那将严重地阻碍幼儿的智力发展；但离开了知识的支撑，智力的发展就将成为空中楼阁。

2. 重视培养幼儿的学习品质

学习品质主要指学习态度、行为习惯、方法等与学习密切相关的基本素质，是在幼儿期开始出现与发展，并对幼儿现在与将来的学习都具有重要影响的基本素质。它既包括“非智力因素”，也包括一些直接参与认识过程的智力因素，如反思、学习方法等。

《指南》中明确指出了幼儿期重要的学习品质，如“幼儿在活动过程中表现出的积极态度和良好行为倾向”“幼儿的好奇心和学习兴趣”“积极主动、认真专注、不怕困难、敢于探究和尝试、乐于想象和创造等”。在《指南》的目标、教育建议中，也多处提出了培养幼儿学习态度(对周围环境的好奇心、对学习的兴趣、主动性、对困难的态度等)、学习行为与习惯(如学习中的坚持性、注意力、计划性、合作性等)以及学习方法(如能用观察、小实验等方法来了解事物，能利用已有的条件来解决问题，利用自己或他人的经验进行学习等)等方面的学习品质。

学习品质不同于学业知识内容，它似乎看不见、抓不着、难以评量，然而却极其重要，如充盈在生活中的氧气，须臾不可缺少。学习品质的好坏决定了幼儿现在和今后的学习和发展质量，其重要性丝毫不亚于学业知识、技能，甚至可以说比知识、技能的学习有着更加深刻而长远的意义。仅仅只追求知识目标，仅仅只重视立竿见影的、可测量的、可应试的外源性知识学习，忽视幼儿内在的学习品质培养，是不利于幼儿长远的可持续发展的，是短视而有害的。

由于学习品质不是孤立存在的，并不存在一种脱离具体学习领域或学习内容的抽象的学习品质，它在幼儿的所有学习活动中显露出来，因此，学习品质一定要在幼儿实际的生活、游戏中，在幼儿的所有学习活动中进行长期培养。如果脱离幼儿具体的、鲜活的学习活动，进行孤立的所谓专项训练，如“注意力训练”“坚持性训练”“创造性训练”等，是没有什么意义的，是违背学习品质形成的规律的。

3. 提高集体教学活动的有效性

集体教学活动只有符合幼儿的需要和发展实际，才能发挥促进幼儿智力发展的积极作用。大量实践证明，按照统一的大纲、统一的要求、统一的内容来组织的统一的集体教学，往往是失败的、低效的，不仅没有显示出优势，还产生了一系列弊端，甚至阻碍了幼儿思维的发展。

要提高集体教学在发展幼儿智力方面的有效性，需要注意以下两点：

第一，必须充分了解幼儿学习与发展的特点、规律，了解幼儿的知识基础、认知水平、个体差异，而不能只是教师凭借教师的意志；紧密结合幼儿的生活，结合幼儿已有的知识，恰当地选择与确定教学内容，了解所教内容的逻辑关系并以此为基础恰当地设计和组织教学，而不能只依靠教学参考书单方面地、脱离幼儿实际需要地决定“教案”；在教学过程中运用多种方式有效地与幼儿互动，吸引幼儿主动地学习，视幼儿为需要点燃的火把，而不是被灌输的容器。

第二，集体教学不能成为一种形式，每天严格按照所谓“课表”的规定进行，应该在需要的时候开展。换言之，集体教学活动的实施必须瞄准须得由集体教学来完成的任务。

幼儿的知识经验大致可以分为两类：一类是比较简单的知识和技能，幼儿在与成人的日常交往中，在生活、游玩、参观、劳动中就可以自然而然地获得的，即是说不需要“教”的、可自发学习的；另一类是比较复杂的知识，必须经过专门组织的教学，幼儿才能够掌握。集体教学就应当瞄准这一类知识——以表象或初级概念为基础组织起来的“前学科”知识体系。此类知识虽然在幼儿的知识总量中只占很小一部分，但对其智力发展具有重大影响。帮助幼儿形成“前学科”知识体系，这是集体教学应当完成的任务——把幼儿自发学习的知识经验整理、提升，形成更高层次的体系，从而根本上改变幼儿的思维方式、智力活动方式和智力水平（关于具体实施的例子，请参看下面第 4 点“重视幼儿知识的结构化”。“结构化”与“前学科”知识体系基本同义）。

应当看到，集体教学活动在帮助幼儿形成“前学科”知识体系时，需要以幼儿在生活中游戏中自发获得的有关知识经验为基础。这就说明，集体教学活动决不是与幼儿的生活、游戏对立的或无关的，而是相互联系的；也说明集体教学的功能是幼儿生活中游戏中的自发学习所不能替代的。教师选择哪些幼儿的日常知识和自发经验进行提炼，形成什么“前学科”知识体系，这些都需要教师在深入地了解幼儿的基础上，进行周密的思考与准备。可以说，这是“备课”的真正内涵，是集体教学活动有效性的关键。只有这样的集体教学活动才能真正发挥“促进和引领幼儿智力发展”的功能。

4. **重视幼儿知识的结构化**

苏联学前知识系统化教学理论认为，幼儿的知识如果是零散的、杂乱的、琐碎的，那么这些知识对幼儿思维的发展是没有多大意义的。也就是说，幼儿智力发展的重大进展不是取决于个别知识和技能的掌握，而是看这些个别的知识能否结合成一个反映事物或现象之间的规律或联系的“结构”。1996年美国国家研究院的报告也指出：“不仅要看教育在多大程度上促进了具体知识与技能的学习，还要看是否促进了抽象概念的学习。”①当然，幼儿的“结构”“概念”都是建立在感性经验基础上的表象层次的概念，与中小学那种学科知识体系有本质的不同。幼儿知识的结构化、形成具有一定概括性的“概念”，能扩大幼儿的知识容量，使幼儿能够更自由地运用旧知识，建构新知识，举一反三，触类旁通，扩大认识活动的可能性，从本质上改造认知方式。

例　幼儿在看电视、图书或参观动物园的活动中自发地获得了很多有关动物的感性经验和知识，如老虎的皮是条纹状的，青蛙的皮是绿色的，海豚的皮是滑溜溜的，等等。但这些有关动物的知识是零碎的、杂乱的、表面的。如果组织教学活动，在幼儿已有知识经验的基础上，对动物和它们生活的环境进行比较，帮助幼儿意识到动物的皮毛颜色、身体特征是与其生活环境相适应的，动物只有这样才能保护自己、生存下去，那么，就能引导幼儿从认识外部特征过渡到认识内部联系，逐步形成一个有关动物身体特征与环境关系的初步概念。借此“知识结构”，幼儿不仅能使旧知识条理化、达到新的认识程度，而且对以前不知道的动物的皮毛特征还能作出解释或推测，建构新知识。如说出在泥土中钻洞的老鼠为什么是褐色的，北极熊为什么会有厚厚的白色皮毛等。在这样的“教”与“学”的过程中，幼儿的知识学习就与智力发展统一起来了。

---

① [美]芭芭拉·鲍曼等：《渴望学习：教育我们的幼儿》，136页，吴亦东译，南京，南京师范大学出版社，2011。

第四节　幼儿德育

一、幼儿德育的概念

德育即道德教育。“德育实为完全人格之本。”(蔡元培)道德是在一定社会条件下形成与发展起来的人们共同生活的行为准则的总和，也是评价人们行为的标准。社会道德在个体身上的再现为道德品质，德育实质上就是社会道德个体化的过程。

《教育发展纲要》指出，“育人为本是我国教育的根本要求”，坚持德育为先，立德树人，把社会主义核心价值体系融入国民教育全过程，是实现我国教育战略目标的重要主题，幼儿教育当然也不例外。

幼儿德育是道德教育的起始阶段。但是，由于幼儿身心发展的不成熟，其个体行为表现尚不宜笼统地上升到品德层次。如幼儿的说谎行为可能因其尚不能分辨真实与想象所致；把幼儿园的自己喜欢的东西拿回家，往往是因其还不懂得公物的属性或对自己欲望的自控能力比较差所致。因此，根据幼儿身心发展的特点和实际，幼儿德育应定位为：促进幼儿社会性情感以及适应社会生活能力的发展，培养幼儿基本的社会行为规范和良好习惯，为其良好个性的形成和未来健全人格的发展打好基础的教育。

二、幼儿德育的目标与内容

(一)幼儿德育的目标

幼儿德育的目标是：萌发幼儿爱家乡、爱祖国、爱集体、爱劳动、爱科学的情感，发展其初步的社会适应能力，培养基本的社会行为规范和良好习惯，以及活泼、开朗、友善的性格。

幼儿德育的目标符合幼儿德育的规律和幼儿身心发展特点，融入了社会主义核心价值观，体现了我国教育目的的基本精神。

(二)幼儿德育的内容

幼儿德育内容主要包括发展幼儿的社会性和发展幼儿的个性两个方面。

1. 发展幼儿的社会性

幼儿社会性发展是通过其自身的社会化过程实现的。幼儿德育实质上是帮助幼儿完成其社会化过程。在社会化过程中，幼儿逐步了解社会对他的需要与期望，并使自己逐步实现社会的期待，这是一个个体适应社会的漫长发展过程。幼儿的社会化内容在很大程度上反映为社会对幼儿在社会适应与人际交往方面的要求。这两方面构成了幼儿德育的主要的基本的内容。

(1)萌发幼儿爱的情感

爱家乡、爱祖国、爱集体、爱劳动、爱科学的情感是幼儿品德发展的基础和动力。但是，家乡、祖国等概念对幼儿来说是非常抽象的。幼儿萌发这些情感是从自己身边的具体的人、物、情景、现象开始的。因此，培养幼儿爱家乡、爱集体、爱祖国的情感，就是培养幼儿爱自己的家、爱父母亲人；爱幼儿园，爱老师、同伴，喜欢并逐步习惯集体生活，团结友爱、关心他人，乐意为集体做事情，有初步的集体荣誉感，遵守集体活动的规则、纪律等；爱自己生活的地方，爱那些与他们的生活关系密切的各行各业的劳动者及其劳动成果，爱周围的自然美景、名胜古迹、革命文物、建设成就等。幼儿这些具体的爱是今后爱家乡、爱集体、爱祖国的基础。

幼儿只有在自己被爱，体验到爱的基础上，才能产生指向外部世界的爱。因此，应为幼儿创设一个充满爱的环境与气氛，以境激情，以境育情，通过建立良好的人际关系，与家庭、社区配合，在一个温暖的、积极互动的环境里，开展幼儿能够理解的喜欢的活动，激发和培养幼儿爱的情感。

图 3-1　我们这里的土楼是世界有名的啊!

图 3-2　家乡的乐器人人爱

(2)培养幼儿的社会适应能力

社会适应是个体通过与社会环境相互作用，与社会环境建立起和谐关系的过程。社会适应能力是人生存发展所需要的基本能力。对幼儿来说，从家庭进入幼儿园，由于幼儿园的生活方式、人际关系、行为规范、文化特征等与家庭不同，使他们面对极大的挑战。下一步从幼儿园入小学，幼儿还会面对同样的考验。因此，培养幼儿的社会适应能力具有非常重要的意义。只有具备了适应环境变化的能力，幼儿才能在不同的发展阶段比较成功地应对。否则，将造成幼儿发展中的巨大挫折，严重地影响幼儿的生活态度、情感、性格，甚至给日后的人格发展、精神发展带来灾难性的后果。

培养幼儿的社会适应能力主要从三方面着手，即如《指南》所指出的，培养幼儿：喜欢并适应群体生活；遵守基本的行为规范；具有初步的归属感。三方面是相互联系相互影响的。如果幼儿从情感上抵触群体生活或者害怕、讨厌与他人共同生活的话，就不可能自主地去接受和遵守群体的规则，还会对群体产生疏离感、不信任感甚至恐惧感。而幼儿的态度又反过来让群体中的成员更加不接纳他、疏远他，这样就根本谈不上归属感的发展了。因为“归属感”是指个体认同所在的群体(团体)并感觉自己也被群体认可和接纳而产生的一种隶属于这个群体、与这个群体休戚相关的感觉。因此，幼儿社会适应能力的培养必须重视情感培养，重视让幼儿在群体中感受到温暖、关爱、尊重、支持、鼓励等，这些积极的感受和体验将大大提高幼儿的社会适应能力。

必须看到，社会适应能力是一种综合能力，它与幼儿德、智、体、美各方面的发展都有密切关系。如果幼儿具有强健的身体，好学好问、不怕困难，乐于交往、团结友善，有良好的行为规范和习惯的话，其社会适应能力也一定是比较强的。所以，坚持全面发展教育对促进社会适应能力发展是十分重要的。

(3)培养基本的社会行为规范和良好习惯

在积极的社会性情感发展的基础上，培养幼儿的社会行为规范和良好行为习惯极为重要。幼儿应养成的社会行为规范主要有：文明礼貌，遵守活动或游戏规则，讲卫生，爱护玩具、物品和公物，爱护身边的环境，节约粮食、水电资源等。良好行为习惯包括幼儿对己、对人、对事的习惯，如爱亲敬长、团结友善、诚实不说谎，做事认真等。这些行为规范与行为习惯是幼儿日后适应社会的根本。如古希腊哲人亚里士多德所说：“从小就养成这样或那样的习惯不是件小事情，相反，非常重要，比一切都重要。”“优秀是一种习惯，而这种习惯来源于童年。”

(4)发展幼儿的人际交往能力

为了让幼儿能适应集体生活、社会生活，必须发展他们的人际交往能力，帮助幼儿在与他人交往的过程中，学习如何处理与同伴、教师、父母和其他人的关系。包括如何看待自己、对待他人，如何理解别人的想法和感受，用平等、接纳和尊重的态度对待差异，如何解决同伴之间的纠纷，与同伴友好相处等；如何提出自己的要求、表达自己的愿望，如何加入别人的活动，如何分享、轮流、合作、帮助别人等。

2. 发展幼儿的个性

幼儿期是人的个性初步形成的时期。这一时期形成的对人对事对己的态度、逐渐发展出的个性品质和行为风格，直接影响着幼儿期生活的快乐与幸福感，影响着幼儿的身心健康以及知识、能力和智慧的形成。由于个性特征的稳定性，还可能一直影响幼儿未来的学习和发展，所以民间流传着“三岁看大，七岁看老”的说法。因此，幼儿德育必须重视培养幼儿良好的个性品质，如引导幼儿养成良好的性格，性格是个性的核心；培养幼儿积极的自我意识，自尊自信自主，主动热情，乐意助人，勇敢、不怕困难的意志等，这些个性品质对今后形成健全的人格有重大意义。

三、幼儿德育的实施

(一)实施幼儿德育的途径

1. 日常生活和游戏是实施幼儿德育最基本、最重要的途径

《纲要》要求：“幼儿社会态度和社会情感的培养尤应渗透在多种活动和一日生活的各个环节之中。”因为日常生活和游戏中实施德育既符合幼儿社会学习的特点与方式，又符合幼儿德育的规律。

游戏是幼儿最喜欢的活动、最好的学习方式。利用游戏实施德育，幼儿在游戏中自发地扮演一定的社会角色，实践一定的社会行为准则，体验各种人际关系以及社会情感，对幼儿社会性发展有极好的效果；德育寓于幼儿生活的方方面面，“生活的过程就是道德学习的过程。”(杜威)幼儿在每天的生活中自然地体验生活，主动地参与生活，通过生活学习生活，发展对人对物的情感、态度、认识，在生活中发展，在发展中生活；观察模仿是幼儿社会学习的重要方式。生活和游戏为幼儿提供了大量的可模仿的对象，父母兄长、老师同伴、动画片里的形象、社会各行各业的劳动者等，他们是幼儿社会学习的重要影响源，不知不觉地然而强有力地影响着幼儿的情感、态度、行为等。正如《指南》所指出的那样：“幼儿的社会性主要是在日常生活和游戏中，通过观察模仿，潜移默化地发展起来的。”

日常生活和游戏中实施德育非常符合德育的规律。因为，幼儿德育的重点不是在发展道德认识上，不是在追求幼儿“知道什么”“会说什么”上，而是在培养幼儿良好的行为习惯上。而生活与游戏为幼儿提供了大量的行为练习与实践的机会，这正是社会性发展的必要条件；幼儿德育不是简单地传授“社会常识”，它不可能通过直接的“教”而达到目的，“品德教育必须通过生活发出力量，才能成为真正的品德教育。”(杜威)即必须让幼儿在真实的生活游戏中行动、交往，学做事、学做人，实际地学习和践行社会生活规则、待人接物的礼仪，以产生真切的体验，发展积极的社会情感。各种体验与行为在数量上的练习、反复，日积月累，循序渐进，逐步地演变为幼儿社会性的质的飞跃。

生活中的幼儿德育指引着幼儿生活的方向，抵御着来自外部的一切不良干扰。因此，要保证德育的影响力，必须高度注意幼儿的生活环境，通过家、园、社会保持一致、密切配合，让环境充满正能量；同时，幼儿周围的成人，特别是教师和家长，要特别注意自己的言行举止，为幼儿提供正面的可供模仿学习的良好榜样。

2. **专门的德育活动是实施幼儿德育的有效手段**

幼儿园专门的德育活动不同于中小学的“品德课”“政治课”等。严格意义上说，幼儿园并不存在专门的德育活动，幼儿园所有的教育活动，不论是侧重某一领域的，还是综合的活动，都承担着德育的任务。这里所谓的“专门德育活动”是相对于那些侧重身体锻炼的、科学探究的、艺术表现的活动而言的，指教师根据幼儿的实际，主要针对社会性方面的某个目标，有目的、有意识地进行的教育活动。这种活动可以是集体教学形式，也可以是小组的、个别的形式；可以是单一的活动，也可以是连续地较长时间开展的活动；可以是侧重某一领域的活动，也可以是多领域的综合主题活动。例如，为了培养幼儿爱的情感，结合“妇女节”或“母亲节”，进行“我爱妈妈”的侧重德育目标的活动。围绕这一主题，开展有趣的谈话活动、故事会、绘画展、照片展、做礼物的手工活动以及与妈妈和家人来园联欢等活动。再如，为教育幼儿珍惜资源、珍惜劳动果实，幼儿园组织专门的参观活动。通过参观铅笔厂，让幼儿亲眼看到一支小小的铅笔要经过那么多工人叔叔的辛勤劳动，体验到小小铅笔是来之不易的，从而更懂得爱护文具；通过参观农庄，了解农作物的生长过程，懂得餐桌上的一切都要依靠农民伯伯的辛勤劳作，从而更爱惜粮食，不随便浪费。

专门的德育活动内容应特别注意了解幼儿的需要和已有经验，结合幼儿的实际生活、认知水平，以幼儿熟悉的现象或他们生活中的事例为基础；活动以幼儿喜欢的形式展开，激发幼儿主动参与；尽可能地利用游戏形式，与一日生活结合进行；活动过程中敏感地关注幼儿的反应，灵活地调整活动内容；活动形式、时间长短都依幼儿的实际而定；关注活动的后续效应，与家长配合，重视延伸活动的效果，等等。

(二)实施幼儿德育应注意的问题

1. **热爱与尊重幼儿，充分发挥幼儿的主体性功能**

对幼儿进行德育，首先要热爱与尊重幼儿。爱幼儿是向幼儿进行德育的前提。幼儿对成人的信赖和热爱，是他们接受教育的重要条件。爱是使幼儿身心健全发展的重要条件和必要的环境因素。

教师对幼儿的热爱不仅基于感情，也基于一种社会责任。教师只有爱每一个幼儿，了解、关心、体贴幼儿，对所有的幼儿一视同仁，特别是不歧视那些有缺点或接受能力较差的幼儿，才能使幼儿获得一个道德成长的良好环境。在没有爱的环境中长大的儿童，将不会去关心他人、热爱社会，其道德的发展一定是畸形的。

教师对幼儿的爱是一种理智的而非盲目的爱，有人称之为“教育爱”，它是建立在教师对教育、对幼儿发展的深刻理解的基础上的。那种出于爱幼儿的良好愿望，而代替幼儿做他们自己能做的事，或者放纵幼儿做他们不应该做的事，都不是真正的爱。教师的爱必须有利于幼儿向着自立自强、富有爱心和责任感的方向发展。

尊重幼儿首先要尊重幼儿的人格、自尊心。苏霍姆林斯基将人的自尊心称为“心灵中最敏感的一个角落”，认为“教育技巧的全部诀窍就在于抓住儿童的这种上进心。要是儿童自己不求上进，不知自勉，任何教育者就都不能在他的身上培养出好的品质。”因此，教师不能因为幼儿年幼无知，而任意讽刺、挖苦、责骂幼儿，更不能恐吓和体罚幼儿。伤害了幼儿的自尊心不仅危害幼儿现实的个性发展，也对其长远的健康人格的形成造成不利影响。

尊重幼儿必须尊重幼儿的主体性，尊重幼儿的自我教育力量。德育决不是向幼儿灌输大道理、命令或强迫幼儿服从就范的教育。在实施德育时，必须牢记幼儿是自身发展的主体，离开了幼儿自身的努力，德育是不会有效果的。比如，让幼儿遵守纪律和规则，这是幼儿德育的一个重要内容，但由于每一条纪律、规则都是对幼儿行为的限制，因此教师很容易以培养纪律性的名义要求幼儿不准这样，不准那样，把幼儿变成被动的消极的受约束对象。但如果发挥幼儿的主体性和自我教育能力，让幼儿参与规则的制定，就能够让规则为幼儿所理解并愿意去执行。

例 上课时老师提问，幼儿不举手，七嘴八舌地回答问题。面对此情况，老师不是用“没有举手不准发言”“谁不举手我就不叫谁发言”等生硬的命令式语言向幼儿交代纪律，而是巧妙地引导幼儿自己来制定纪律。老师说，“唉，小红你说得很好，可惜我听不清呀。小明你也讲得不错，可我也听不清。怎么办呢？我可想听你们说话了，你们想想办法，看怎样才能让老师听清你们每个人说的话。”于是幼儿热烈地讨论起来，最后想出了办法：“我们一个个地轮流说。”老师又问：“那你们轮流时怎么表示呢?”幼儿说：“举手！举手后老师先叫着的就先说，后叫到的就后说。”这样，“举手发言”的纪律就在教师巧妙的指导下，由幼儿自己定出来了。幼儿不仅理解为什么要有这个规则，还感觉到每一条规则都是自己制定的，所以都主动地遵守它。

2. 遵循德育的规律

（1）挖掘生活、游戏中的教育价值，情感入手、重在行为改变

在生活中、游戏中实施幼儿德育，要善于利用生活中的教育契机，引领幼儿的生活，发挥德育影响力。而这种影响必须情感入手，重点放在道德行为的形成上。因为每一种品德都由道德认识、道德情感、道德意志、道德行为等要素构成。在幼儿品德的形成过程中，各要素的发展不是同步的。幼儿的道德认识、道德意志等发展较晚，但情感易受感染、产生共鸣。因此，幼儿德育须从情感入手，抓行为习惯的培养。

例 某教师观察了幼儿每天的洗手状况，不失时机地抓住机会来培养幼儿心中有他人，爱惜别人的劳动成果等品质：有的幼儿洗手时总是把水洒在地上，老师说了几次也用。一天，有个小朋友因为地滑而跌了跤，保育员一次一次地拖地，累得满头大汗。看着这一切，好几个幼儿去安慰摔跤的小朋友，递毛巾给保育员擦汗。教师利用这一事件，表扬了那些关心人的幼儿，让洒水的幼儿感到内疚，也让所有幼儿理解了为什么洗手时不能把水洒在地上的道理，懂得了自己的行为对他人造成的影响。后来，幼儿洗手时不再把水洒在地上了。

（2）直观、生动、形象，避免概念化

由于幼儿认知能力有限，德育必须直观、生动、形象，才容易为幼儿所理解和接受。形式主义的概念化倾向不仅没有什么效果，还容易让幼儿产生厌烦的抵触的消极情感。如培养幼儿爱家乡、爱祖国的情感时，有的幼儿园习惯于让幼儿背诵一些语词华丽的诗歌，在墙上贴上“祖国在我心中”“祖国、祖国我爱你”等大幅文字标语，布置一些远离幼儿生活和经验的照片或图片，根本不考虑幼儿是否理解、是否有共鸣、是否能触动他们的情感。苏霍姆林斯基曾经说过，当孩子们还不能理解“祖国”这个概念的真正意义时，不要让他们嘴里轻率地说出这个神圣的字眼。也就是说，对于幼儿来说，不需要让他们把“家乡”“祖国”这些抽象的词语挂在嘴上，那些概念化的词语让幼儿根本找不到感觉，除了鹦鹉学舌之外，是不可能激起他们心中的情感的。培养幼儿爱家乡、爱祖国的情感必须从幼儿天天能感受到的、熟悉的、能理解的人与事开始，以直观、生动、形象的内容去滋养幼儿的心灵。如通过幼儿家中、幼儿园中具体的人与事，让幼儿实际地感受爱与被爱，这些情感的发展是爱家乡、爱祖国的基础。

(3)重视体验学习，切忌说教

在幼儿社会领域的学习与发展中，“体验”是一种非常重要的学习方式。一是因为幼儿的情绪化程度高、概念水平低；二是社会学习，特别是情感态度类的学习，不是简单地“讲道理”所能奏效的，不是可以直接教会的，它是伴随着活动过程而产生的体验。所以，幼儿德育必须通过建立充满爱与尊重的、富于激励性的环境，创造幼儿直接参与的真实教育过程，让幼儿产生积极的情感体验，产生真切的感受、真正的理解。如要让幼儿理解、践行社会的一些主流价值，靠解释、说教是决然行不通的，而必须创造渗透着这些价值的良好环境，使身处其中的幼儿耳濡目染，潜移默化，真切地感受、体验价值的力量，接受价值的熏陶。例如，要让幼儿认识劳动的意义，理解劳动的价值，养成热爱劳动的习惯，靠“劳动光荣”的说教是无用的。而如果让幼儿生活在一个崇尚劳动、能够体验到劳动的愉快，感受到劳动光荣的环境中，就能够有效地达到目的。

例 一天早上，大班的一些幼儿来园后自发参与擦地板的劳动。幼儿这种自发的偶然行动被老师看在了眼中。晨会时，老师特意让全班小朋友一起看一看、摸一摸、议一议，在这样干干净净的活动室里大家觉得怎么样。小朋友们纷纷说，“这么干净的活动室真舒服啊！”“坐在地板上玩，衣服也不会弄脏。”“玩累了我可以在地板上躺一躺。”老师又问：“大家知不知道是谁打扫的？”于是，老师一一说出了这些幼儿的名字，并请他们站到前面来，然后和全班小朋友一起鼓掌，一起大声地说：“谢谢你们！”这令人激动的情景让参加劳动的幼儿产生了极其愉快的体验和真实的满足感，真切地体验到劳动光荣，理解了劳动的意义。老师趁此机会鼓励幼儿坚持下去，人人争取做爱劳动的好孩子。所有幼儿的情绪都被激励起来，气氛非常热烈。之后，幼儿不仅积极参与每天的日常劳动，还主动开展“玩具清洁日”“图书修补日”“活动区卫生日”等活动。

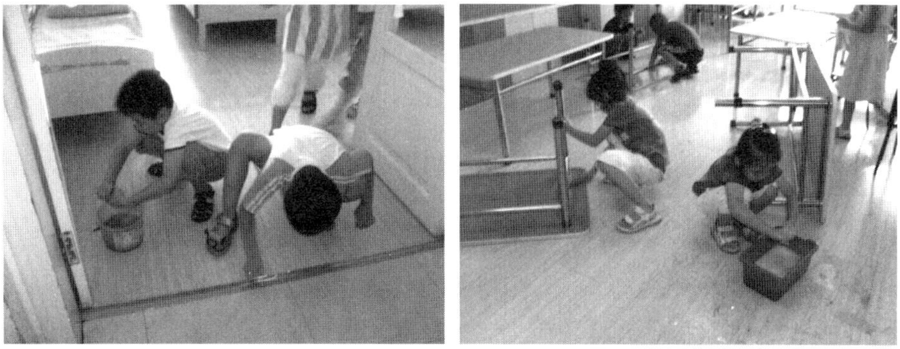

图 3-3 某园大班幼儿在打扫卫生

(4)注意个体差异

幼儿在个性品质的发展上存在着个体差异，因此德育应当有针对性地进行，以保证每个幼儿的个性健康发展。有研究表明，德育中常用的表扬手段在不同幼儿身上所产生的效应是不一样的，随幼儿的年龄、性格、家庭背景、文化背景等的不同，对表扬所需要的程度、表扬方式也不同。如内向的幼儿比外向的更需要表扬；家庭不和睦的幼儿比和睦家庭的更需要表扬；低经济家庭的幼儿更愿意得到物资形式的表扬，对于高经济层次家庭的幼儿则言语的表扬更有效；有的幼儿喜欢教师的口头表扬，而有的幼儿则更愿意接受教师的微笑、触摸等。批评的效果也同样因人而异。因此，如果千篇一律地使用单一的表扬形式，无视每个幼儿的特殊需要的话，表扬的效果就会大大削弱。在实际教育过程中，情况更为复杂。一个班里几十个幼儿，他们各不相同，除考虑上述诸因素外，还须根据幼儿活动的性质、难度、阶段、场合，根据每个幼儿的认识和理解水平、性格差异，有针对性地考虑何时表扬、怎样表扬、表扬到何种程度等。如果不深入了解每个幼儿的情况，不仔细观察每个幼儿的反应，不重视个体差异的话，是很难有效地影响幼儿的行为的。再如，幼儿爱打人的原因往往也是各不相同的，有的是习惯反应，有的是被欺负后的报复，有的是出于自卫，有的是简单模仿电视中的人物行为，等等。因此，必须因人而异，具体情况具体分析，一把钥匙开一把锁，才能有效地帮助幼儿改变不良的行为习惯。

3. 重视指导幼儿行为的技巧

有目的地改变幼儿的行为是幼儿德育的重要任务。它不仅需要教师的热情，而且需要一定的技巧。常用的技巧主要有以下几种：

(1)强化行为的技巧

强化有利于形成、巩固幼儿正确的行为。教师对幼儿正确行为的表扬肯定、赞许鼓励和对消极行为的批评、惩罚等都是强化。如话语、表情、目光、动作、物质奖励等都可以向幼儿传递“你做得很好!”“我相信你能完成!”“老师支持你这样做!”等积极强化的信息；同样，无原则的迁就、姑息会让幼儿的不良行为得到消极强化。

但是，表扬、奖励这一类强化手段用得不当不仅会削弱其教育力，甚至还会引起负面效应。

例 某老师常在班上给捡了东西交来的幼儿奖励“小红花”。一天，某幼儿把自己的玩具拿来交给老师，说是捡来的，得了朵“小红花”。后来知道真相后，老师批评了幼儿的撒谎行为。

反思这一事例可以看到，幼儿的道德认识有限，想得到“小红花”是唯一目的。造成这一现象的原因在于，教师平时的奖励仅仅只停留在“交东西”这一行为上，导致那些无东西可拾而又想得到表扬的幼儿只有拿自己的东西去交。如果奖励不是仅仅停留在“交东西”这一行为结果上，而是更多地引导幼儿去认识其行为的意义，去关心“失主”的心情，发展同情心的话，更符合幼儿德育的方向。

还需要注意的是，教师无意识的言行举止、幼儿园的环境中的各种因素也有不可忽视的强化作用。如老师无意中对一些漂亮、聪明的幼儿表现出了更多的喜爱和关注，结果就会让那些能力弱的或不那么漂亮的幼儿觉得被冷落，产生自卑。教师的无意识行为对幼儿自我意识发展形成了消极强化。

强化最好只针对幼儿当前的行为，让幼儿确切地知道老师对他现在行为的态度，而不宜与幼儿过去的行为混在一起。如老师对幼儿说：“你今天还可以，可昨天抢了小朋友的玩具，看你明天怎么样。”这类话容易让幼儿感到老师一直没有原谅自己而失去信心，同时也弄不明白自己今天究竟什么行为可以，而感到茫然。

(2)预估行为的技巧

预先估计到幼儿行为的发生而提前干预，有利于激发幼儿的积极行为、避免消极行为。成熟的教师通过对幼儿的长期观察和了解，能够在事情发生之前预估到幼儿的行为而提前采取措施。如上课时提问，能预估到哪些幼儿会回答，哪些不爱举手，哪些幼儿可能不动脑筋就举手等，从而拟定办法调动各个幼儿积极的学习行为。又如，教师了解幼儿的睡眠习惯，午睡时就可以作出符合幼儿个体特点的灵活处理，从而避免有的幼儿因睡不着而去影响别人(可参考第二章的小资料 3)。

(3)转移行为的技巧

转移是指把幼儿的注意力从当前的活动转到另一项活动上去，以引导幼儿行为向积极方向发展。如一个幼儿总待在美术区活动，教师就应当诱导他转移到别的区角去；好几个幼儿都要玩娃娃家时，教师可以用“小军，小刚正在找你，你不是想和他下棋吗?”“小英、小红，用积木给娃娃搭个大房子，让娃娃搬个新家，怎么样?”等一类的建议，去提醒、启发、诱导幼儿转移到其他活动上去。指挥、命令的强制方式是不恰当的。

(4)让幼儿理解行为后果的技巧

幼儿的一些错误行为是因为不能预见到自己行为的后果，不理解规则而造成的。因此，要让幼儿改变行为，巧妙地让他们看到自己行为造成了什么影响，是一个很有效的办法。

例 某幼儿画画时总要用蜡笔、铅笔在桌上乱画，教师提醒过多次也改不了。一天打扫卫生，教师让几个幼儿擦桌子，一人擦一张，还说“比比谁擦得最干净”。这个幼儿被分配去擦他用的那张桌子，擦啊擦，怎么也擦不掉蜡笔、铅笔的痕迹。看别人都擦干净了，这幼儿急得哭起来。这次教育以后，这个幼儿再也不在桌子上乱涂了。

又如日本某幼儿园有这样一例：

例 幼儿常在园后面的假山上玩“植树”游戏，把水往假山下面倒，教师多次提醒不准往下倒水，可幼儿总也记不住。有一天，教师把幼儿喜爱的一条小花狗放在假山下面。突然，一桶水倒下来，小花狗被淋成了落汤鸡，冷得发颤，幼儿们发现了十分惊讶：“谁把小花狗淋成这样?”赶快去抱可怜的小花狗。这时，那个倒水的幼儿害怕得哭了，教师摸着他的头安慰说：“不要紧，给小花狗擦擦干就好了。”接着，教师问：“从假山上倒水下来好吗?”……此后，再也没有谁从假山上往下面倒水了。

(5)引导幼儿解决冲突的技巧

幼儿之间发生冲突是难免的。冲突处理不当会给幼儿的社会性发展带来负面影响，但引导得好，冲突就会成为幼儿体验平等、公正、诚信、友善等核心价值的极好机会，成为发展他们的自主反思、倾听理解、协商妥协等人际交往能力的极好契机。当然，这要求教师具有较高的专业水准。美国著名幼教专家丽莲·凯茨举了这样一例：

例 户外自由活动时，中班幼儿宾宾跑到老师面前告状说：“小莉霸着三轮车骑了好久，不让我骑。”面对这一突发的生活事件，教师直觉反应似的作出判断，利用这个机会帮助幼儿学习交往技能与知识(如轮流、协调、遵守基本的规则、克服挫折感、社会认知、学习解决冲突等)、语言技巧(用清晰有效的语句表达自己的需求，用明确的词语、对话技巧来表达自己的需求)、情感与品质(如同情心、助人、尝试的勇气、公平意识等)，等等。如，教师利用这一情景发展宾宾的社会认知，培养其在交往中的“协调”技能，鼓励宾宾想一想小莉对什么事情感兴趣，然后教宾宾去跟小莉说：“如果你让我骑三轮车，你要荡秋千时，我就帮你推。”于是给宾宾示范了如何用口头方式与别人协调的技巧；再如，当宾宾换骑三轮车的愿望失败时，为了帮助双方幼儿学习公平的观念，教师对小莉说：“小莉，现在该轮到宾宾了!”但同时又告诉小莉：“你去玩别的，如果有困难，我也会帮你的。”这让小莉虽然停止了骑三轮车，却并不感到老师偏袒宾宾，而是意识到只要遵守规则，老师对谁都是一样的，等等。争骑三轮车这样常见的幼儿纠纷成为了幼儿获得多方面学习与发展的机会。

第五节　幼儿美育

一、幼儿美育的概念

什么是美？这是一个很复杂的问题。一方面，美被认为是客观的，它存在于现实社会中，无所不在，能为人们的感官所感知。赏心悦目的自然美、陶醉心灵的艺术美、人类社会中的物质和精神文明之美等，都是美存在的基本形态。另一方面，美是人类原始体验的一种，其标准又因时代、社会的生产力发展水平或意识形态不同而不同。从"美"的字面就可看到，肥大的羊为"美"，这反映了古代农牧时代的观念，而现代社会里恐怕没有谁会将美局限于此。即使在同一时代，西方资本主义所推崇的一些没落、腐朽的文化，在社会主义国家的人民看来，也决不会认为是美的。而且不同的人、甚至同一个人在不同时期，其审美的角度和趣味也会因个人的立场、观点、志趣、爱好、文化教养、思想方式、生活经历等的变化而不同。因此，美被认为既是客观的，又取决于人的社会存在和社会意识，它是客观性和主观性的统一，是从主客合一的境界那里涌现出来的。

美是我们生活中无所不在的客观存在，但不等于人人都能发现美，都能正确地认识美。伟大的艺术家罗丹说，"世界上不缺少美，只是缺少发现美的眼睛。"尽管爱美是人的天性，但是人的爱美之心带有极大的自发性，仅凭此是不可能进行高尚的审美活动的，必须在此基础上培养正确的审美观念、健康的审美情趣和能力，才能自觉地、健康地感受和理解美。这就是说，需要通过一种专门的教育，用特定的途径和手段对人进行审美教育、美感教育，"以陶养感情为目的者也"，"以图德育之完成者也"(蔡元培)，"培养我们的感性和精神力量的整体达到尽可能的和谐。"(席勒)这就是美育。美育的特点是通过美的事物、用具体的鲜明的形象作用人的情感系统，使人在欣赏美的过程中愉悦、动情，不知不觉地受到感染、影响、熏陶。美育对人的情感发展、对形成健全的人格有特殊的重要性。

幼儿美育是美育的一部分，它是根据幼儿身心特点，利用美的事物和丰富的审美活动来培养幼儿感受美、欣赏美、表现美、创造美的情趣和能力的教育。由于幼儿身心发展的特点、学习的特点，特别是思维的直觉行动性和具体形象性、认识过程中的情绪性等，决定了幼儿美育的特点是：以培养幼儿审美的兴趣、积极的情感体验为主，而不以培养审美观念、概念为主；以发展幼儿表现美的主动性、想象力、创造力为主，而不以训练技能技巧为主；通过活动，用具体鲜明的形象去引导幼儿直接感受美，而不要求从逻辑上进行理解和分析；渗透在幼儿的生活中、游戏中，与幼儿及其生活的需要结合起来，引导幼儿发现、感受生活中的美，并在生活中去自由自发地表现与创造美，而不是脱离幼儿的生活，仅限于某些领域并以学科化的方式进行。

二、幼儿美育的目标与内容

(一)幼儿美育的目标

幼儿美育的目标是培养幼儿感受与欣赏美、表现与创造美的情趣和初步能力。

感受美是审美的基础。幼儿期是感知觉发展的关键时期，因此培养幼儿对美的感受性是符合幼儿的发展规律的。萌发幼儿感受与欣赏美、表现与创造美的情趣主要是培养他们对美的健康的兴趣和爱好，这是幼儿接受美育的最重要的前提条件，也是幼儿今后继续成长，形成健全人格，形成对生命、对生活、对人类社会的积极态度的一个重要基础。在幼儿自身主动投入审美活动的基础上，培养他们相应的表现能力，特别是想象力、创造力。没有这些能力幼儿不可能体验审美活动的乐趣，不可能进行艺术活动，不可能表达自己对美的理解和感受，当然也就谈不上发展审美兴趣和爱好了。

(二)幼儿美育的内容

1. 培养幼儿的审美情感

美育是最能深入人的灵魂、触动人的情感的教育。列宁说：“没有人的感情，就从来没有也不可能有人对于真理的追求。”情感虽然不会给我们带来实际的物质利益，但它却能点燃人生命的火花，把人推向高尚的境界。因此，应当通过美育来培养高尚的情感，使人不仅仅热爱美，而且要为美好的事物、为人类美好的理想而奋斗。

在与周围环境相互作用的过程中，幼儿的社会情感已经初步发展起来了。尽管他们尚不具有分化、成熟的审美情感，但却具有了培育的基础。幼儿期的情绪、情感极易被感染、激发，幼儿的好奇心使他们对美的事物有积极的探索兴趣，美的事物有声、有色、有形、有魅力，非常能引起幼儿的无意注意而使他们高兴起来。因此，只要给幼儿提供美的事物，让他们能够理解美的形式所包含的美的意义，就能激发他们的情感体验，就能让他们从直觉开始，产生最初的审美情感，并将此情感一直贯穿于他们整个的审美活动。因此，培育这种情感应当成为幼儿美育的一个重要内容。

2. **培养幼儿的审美感知**

审美感知是审美活动的开端和基础。培育幼儿的审美感知就是积极引导幼儿去亲身感受和体验现实生活和周围自然环境中的美，使其对美变得敏感起来，能在平常的事物中、生活中发现美、感受美。马克思说过："最优美的音乐，对于非音乐的耳朵是没有意义的。"不能否认，幼儿常常对美表现出本能的感知兴趣，但是，这种自发的、无意识的兴趣若得不到正确的培养和引导，就可能停留在短暂、肤浅、零散的水平上，或随着年龄增长，逐渐淡漠乃至消失。

幼儿审美感知的发展与其一般感知觉和认知的发展相伴随，从无意识地对美的东西的注意到模仿周围成人对美的感受，直至自觉地认识美、欣赏美、表现美。幼儿的审美感知具有表面性，如他们容易接受表面的简单的形式美，喜爱鲜明、艳丽的颜色，不注重色彩的协调，喜欢听欢快、变化明显的曲调等；幼儿的审美感知还带有行动性，常常直接以动作、表情、语言和活动等方式表现对美的感受、理解、态度。如对美的东西总喜欢动手摸一摸、看一看、听一听、闻一闻等。因此，应当多组织各种活动，让幼儿有机会发展感觉器官和基本的认识能力，同时充分利用自己的各种感官去感知美，发展对美的丰富感受性。

3. **培养幼儿的审美想象和创造**

幼儿在感受美的基础上，在情感的驱动下，会产生表现美的欲望和行动，幼儿表现美的核心是幼儿的想象和创造，即幼儿以自己的方式、带着自己的特点，表现自己对美的独特体验和理解，创造出新的形象、新的想法。幼儿的这种想象和创造需要积累多种经验，需要自由的学习环境，需要通过绘画、唱歌、舞蹈、语言等丰富多彩的活动发展一定的能力和技能才能实现。因此，营造一个宽松的气氛让幼儿能自由地想象、创造，提供一个开放的环境让幼儿能开阔眼界，获得丰富的刺激，创设幼儿能充分显示自己创造能力的机会和条件，等等，都是美育的重要内容。

三、幼儿美育的实施

(一)实施幼儿美育的途径

1. **艺术教育是幼儿美育的主要途径**

因为艺术是人类审美实践的集中体现，所以艺术教育是美育的主要手段。艺术教育通过语言艺术、造型艺术、音乐艺术等，"创造一个了解艺术而且能够欣赏美的公众"(马克思)。艺术给人最充分最完满的美的享受，艺术美直观、鲜明、富于表现力，因此最易引起幼儿感情上的共鸣，被幼儿理解和接受，最能陶冶幼儿的情感，让幼儿懂得什么是丑，什么是美，对培育幼儿的审美素养有极大的意义。

幼儿园的艺术教育主要通过音乐活动、绘画活动、手工制作、文学作品欣赏、表演活动等来实施。在这些活动中，发展幼儿的听觉、视觉、触觉、身体感觉等的综合审美感知，让幼儿被歌曲、旋律、舞蹈、绘画、工艺品、诗歌、童话、故事等所感染，产生情感体验，并激起幼儿用节奏、用色彩、用线条、用形体等来表达美、创造美的欲望和行动。

2. **幼儿的日常生活是美育的重要途径**

美育的实施不应仅仅局限在艺术活动方面，日常生活是向幼儿进行美育的极好机会。幼儿最初的美感是从日常生活开始的，因为日常生活中的美是幼儿最接近、最熟悉、最容易感知的。因此，幼儿审美教育应当贯穿在幼儿的整个生活中，与幼儿的生活密切结合在一起，应注意引导幼儿发现、认识周围生活中平凡的人和事物的美。如与老师、同伴交往过程中的言语美、行为美、仪表美；散步中观赏幼儿园及其周围的环境美；就餐时菜肴的色、香、味以及炊事员叔叔的劳动美，等等。除了幼儿园的生活，与家长配合在家庭生活中开展家庭美育，也是十分重要的。如家庭朴实、整洁的环境美，家庭成员言谈举止的形象美，家庭气氛的祥和美等，让幼儿耳濡目染，潜移默化，对幼儿精神美的形成有巨大作用。总之，生活中处处有美，幼儿的生活是幼儿美育取之不尽、用之不竭的源泉。

3. **大自然、大社会是幼儿美育的广阔天地**

美育不仅仅局限于幼儿自己的生活，美育的主要题材可以远远超越幼儿直接实践活动的狭隘范围。自然界是幼儿美育内容的天然宝库，它为幼儿提供的审美对象是丰富多彩、千变万化的。自然界的美是真实的美，它具体、直观、生动形象，很容易为幼儿所感知。引导幼儿观察和感受大自然的美是幼儿美育的重要途径。幼儿园、特别是大城市的幼儿园可利用远足、郊游、到农村参观等活动，尽可能地创造幼儿与自然接触的机会；利用影视、美术作品等艺术形式让幼儿感受大自然美的力量；利用幼儿周围的自然物进行美育，如培植草地、种植花卉、采集落叶或昆虫的标本、欣赏大自然给予的蓝天、白云、红花、绿叶等(可参考第六章小资料3“蓝天下的‘课程’”)。在幼儿观赏自然时，教师可选择恰当的能为幼儿理解的艺术语言来表达其中的美，并以自己对自然美的热爱来引导幼儿产生美的情绪体验。

社会生活的美育是引导幼儿去认识、感受、观赏社会中的美好事物，激发幼儿对生活的热爱和追求。马克思说过，人类的生产不同于动物，它不仅按照需要的法则，而且总同时“按照美的法则”。因此人类社会的生产活动、产品都带着人对美的追求。人们的衣食住行、生产、生活中，都普遍地广泛地存在着审美因素。幼儿所能理解的社会生活中的美育主要有：我国社会主义建设各行各业劳动者的劳动美、所创造的劳动成果的美。如金色的稻田、雄伟的建筑、美丽多彩的服装、琳琅满目的商店橱窗，等等，都会使人产生强烈的美感，应当引导幼儿去认识和感受；社会主义祖国大家庭的精神文明之美，如祖国各地的好人好事，节日庆典等，都展示出崇高而伟大的史诗般的美，它们是感染和教育幼儿、培养幼儿美好心灵的最美的精神财富；新型人际关系和社会成员的行为美、语言美、仪表美等，给幼儿最经常、最持久的美的享受和熏陶，成人的文明形象给幼儿树立良好的榜样，使幼儿从小学会分辨美丑，养成文明礼貌的良好行为习惯，等等。

(二)实施幼儿美育应注意的问题

1. 幼儿园美育是面向全体幼儿的

幼儿园美育的目的是培养每一个幼儿美的情感、美的心灵，促进每一个幼儿人格的健全发展，而不是为了培养艺术家，不是为了培养极少数艺术小天才。当然，由于幼儿在艺术天赋上的个别差异，有的幼儿的某些艺术潜能需要早期发现与培养，但这不应当以牺牲其他幼儿应有的发展为代价。一般来说，幼儿艺术天赋的差异不是很大，应当针对每个幼儿的兴趣和需要，让他们得到应有的发展。在美育中必须贯彻面向全体，注意个体差异的原则。

2. 重视通过美育培养幼儿健全的人格

幼儿美育应当着眼于引导幼儿人格向积极方面发展，特别是幼儿情感的发展，这本来也是美育最重要的一种价值。但是长期以来，美育受应试教育的影响，重理智、轻情感，出现了许多值得注意的偏向。如在艺术活动中，将幼儿对艺术的“知觉感受和直觉判断引向分析、理解、重复、记忆、抽取规律及迁移应用，使得知觉表象及其情感体验在分析的道路上逐渐丢失”，而没有充分地利用艺术这一媒介去丰富幼儿的情感世界，使美育达不到对幼儿进行人格培育和心灵建设的目的；美育中偏重于艺术活动的结果，仅仅关心幼儿作品是否达标，而不重视幼儿活动中的情感体验和态度等。另外，有的幼儿园把美育搞成了特长教育，把美育仅仅当作艺术特长或技能技巧的训练来施行，这是认识上的误区，既不利于全面提高幼儿的素质，又违背了美育自身的规律和宗旨。世界著名的“铃木小提琴教学法”的创始人——日本的铃木镇一先生曾经说，他的教学不是要培养了不起的人物，而是要培养孩子成为一个品德高尚的人，成为一个具有更加美好心灵的人(请参考本章小资料2“孩子成才了吗?”),这些话可以作为实施美育时的座右铭。

3. 重视培养幼儿的想象力和创造力

美育中幼儿表现美的灵魂是幼儿的自由想象和创造,而绝不仅仅是依样画葫芦似的模仿。培养幼儿艺术创造的主动性是美育的重要目标。为此,在幼儿园艺术活动中,必须克服过分强调表现技能、技巧的偏向,因为这种偏向把创造性的表现活动降格为一种机械训练,这对发展幼儿的想象力、创造力是不适宜的,其后果常常是使幼儿失去自信心、产生无能感,害怕或者讨厌艺术活动,或只学会机械地服从或模仿,完全背离了幼儿美育的宗旨;在教师的指导方法上,必须注意启发式而非命令式,克服以教师为中心的倾向。如在幼儿绘画时,有的教师常常让幼儿按自己的想法改这改那,对幼儿画得像不像太在意,不尊重幼儿的看法和创造,这不仅损伤幼儿的积极性,而且会让幼儿认为,只能用一种“正确”的方法来表达一个事物或现象。

例 某幼儿画画时,把太阳涂上绿色,教师看见了指责说:“太阳怎么会是绿色的呢?乱画!改成红色!”结果幼儿只得屈从于教师的权威。其实,幼儿的想法是“太阳是绿色的就凉快了”。教师这样的处理让幼儿觉得自己错了,以后他就不再这样“异想天开”了,这对幼儿想象力、创造性的发展是多么的有害!

除艺术活动之外,在生活中,幼儿也常常表现出对事物的独特的审美感受和理解,成人不要随意贬低或纠正,而应鼓励和接纳。细心的教师会发现,幼儿的想象和创造会让成人学到许多东西。

想想、议议、做做

一、判断下列各题的正误。

1. 全面发展教育就是指对幼儿实施德、智、体、美诸方面的教育,促进幼儿身心和谐发展。

2. 智育的任务就是促进幼儿智力的发展。

3. 实施体育就是以体育活动为中心,锻炼幼儿身体。

4. 幼儿美育不仅仅指艺术教育。

5. 幼儿道德认识的发展不是幼儿德育的重点。

二、讨论。

1.“在全区的幼儿体操、武术等比赛上能得奖,说明幼儿园的体育搞得很好。”对此你怎么看?

2. 常见的“幼儿智力开发热”与智育是不是一回事？

3.“对幼儿实施品德教育的过程也就是帮助幼儿社会化的过程”，请将这一观点与幼儿园德育的实况联系起来，谈谈你的看法。

4.“要加强美育，就得让幼儿上美术班、舞蹈班、钢琴班等。”对此你怎么看？

三、见习幼儿园的半日活动，运用有关理论，分析全面发展教育在半日活动中的实施情况。

资料链接

小资料 1

关于儿童早期的道德知识传授

早期的儿童由于整体认识水平还很低，他们对道德概念和规则了解不多，操作能力也很低。为了使儿童正常地生活和健康成长，成人不可避免地要把一些必要的简单的规则传授给儿童。例如，虽然儿童还不能弄明白为什么要制定有关饮食、作息、清洁等方面的一整套规则，但是成人仍要把这些规则传授给儿童，并引导他们养成遵守这些规则的习惯。在进行道德传授时，应注意以下几点：

（一）传授的规则必须经过严格的选择和检查

儿童还不能够判断规则的合理与否，他们往往出于对成人的敬畏，把成人所传授的一切规则全盘接受。即使偶尔有反抗，但在大多数情况下，由于不能确定成人是否错了，他们也只是自我怀疑、内疚或自责。因此，成人把烦琐的规则强加给儿童是错误的；不考虑规则的道德价值，随心所欲地把规则传授给儿童是错误的；把相互矛盾的规则传授给儿童是错误的。

（二）道德传授要建立在教育者与儿童之间良好的感情关系上

仅对规则惧怕并不足以迫使儿童接受，至多只是一种外在的服从，而不能引起内部的接受。一个命令只有来自一个受尊敬的人，才能被一个同时具有爱和畏惧情感的对象接受。儿童对教育者的畏惧也许是天然的，而要唤起儿童对教育者的爱，教育者则必须爱护、尊重儿童，与儿童建立起良好的感情关系。

（三）道德传授旨在使儿童掌握处理社会生活的方式，而不是为了使儿童盲目服从

道德培养的目的不是为了培养服从。除了服从真理以及为了真理而服从是一种美德之外，其他的一切服从都是丑恶的。

（四）道德传授时勿忘发展儿童的道德认识能力

儿童早期虽然还不能进行主观的价值判断，但他们对这些外部规则不全是消极的，他们会对规则分类，会发现此规则与彼规则的矛盾，从而与成人对抗，不愿执行规则。儿童早期对外部规则的内部操作活动是今后形成自律道德的必要准备。因此，成人除了适当传授之外，应当肯定儿童的正确判断，鼓励和帮助儿童对规则进行认识，发展他们的规则认知能力。

（五）强调发挥儿童的道德主体性

儿童早期尚处于他律道德阶段，他们的是非标准取决于成人的命令或判断。这一阶段的道德教育主要是发展儿童的他律道德，即多让儿童掌握一些有利于身心成长的规则。到幼儿后期，儿童开始出现自律道德的萌芽，道德教育的主题也就转变为如何发展儿童的自律道德了。发展的一个重要途径就是让儿童与同伴互动，在与同伴的交往中，儿童才会把自己的观点与必然的观点相互比较，才能互相尊重、相互协作，发展自己的主观判断能力。

（摘自《儿童教育新论》，278页，刘晓东著，江苏教育出版社，2008，有删改）

小资料2

孩子成才了吗？

越来越多的家长注意培养孩子的能力了，这的确是件令人高兴的事。但是，当你了解到其中往往掺杂着些极端错误的动机时，全使你惊愕不已。

一天，一个学生的母亲来访，这学生是个勤奋练习，音乐技巧、感觉（判断力）都发展得很不错的孩子。

“老师，我家的孩子能成才吗？”

一开口那母亲就这样问。我一边笑着回答说：

“不，成不了才。”

没料到会听到这样的回答，做母亲的愣住了。经过详细的解释后，才开始明白了。

所谓“能成才吗？”这意味着如果成不了才就算白费劲了。这种想法是当今很多家长的通病。如果能成才就让他试试看，这种有所企图的教育态度，与正确地培养孩子能力二者之间是格格不入的。

不，还有比这更让人担心的是，和孩子见面不谈心。期待成名成家的心理，往坏处说实际包含着“我家的孩子中用吗？”“可以指望吗？”家长的这种自私贪婪的心理，是不可能不影响到孩子的。

我是这样对那位母亲说的：

“你的孩子不是要变成了不起的人物，而是要成为一个(品格)高尚的人，成为一个具有更加美好心灵的人——当家长的只要在这方面多关心，不就足够了吗？一个人如果能受到良好的教育，就可以开创出光明的前途；一个人如果所受教育不得法，那么该子就会步入歧途断送前程。我认为，必须培养出心灵高尚的人，而这和是否成名成家(出人头地)是不相关的。”

要热衷于培养孩子的能力，这才是从事才能教育的家长和老师的根本任务。期待某些功利成果决不是才能教育。要造就出人头地的孩子，在我们这里从未产生过这类念头。

因此，在谈到才能教育的时候，是不允许有什么把孩子纳入培养栋梁之才一类打算的。所谓培养栋梁之才，就必定会使跟不上的孩子不断地掉队，在那种教育体系中，只能是选出好教的孩子来进行训练。那里是不存在“哪个孩子都要培养”这种思想的，而仅有“只培养特殊的孩子”这一思想。

(引自《幼儿教育与成才》，[日]铃木镇一著，北京体育学院出版社，1988)

小资料3

美术活动从关注“像不像”到关注“想不想”

文/北京军区空军蓝天宇锋幼儿园　姚丽红

作为一所以“艺术教育”为特色的幼儿园，在以往的艺术活动中，我们一直存在着“重技能轻情感”“重教师轻儿童”的现象。教师在儿童艺术活动中，多以“像不像”作为评价儿童艺术活动的标准，忽视儿童情感、态度的培养，把创造性的表现活动降格为机械的模仿、训练。在贯彻“纲要”的过程中，我们反思自己的艺术活动，分析儿童艺术活动的特点，用新理念剖析教师的教育行为、教育评价标准，我们的艺术教育观念、教育行为发生着变化。

一、“像不像”扼杀了儿童艺术活动的灵魂——创造性。

以绘画为例，在我们关注“像不像”的时候，绘画活动通常是这样的四部曲：范例、示范、操作、讲评。幼儿的画和教师的范例像极了，作为教师就很有成就感。新《纲要》的学习，使我们学会了反思自己的教育行为。

示范的环节中，教师画一步，孩子画一步，教师画什么，孩子画什么，儿童只是学会了照着教师的范例画画，脱离了教师的示范，儿童依旧什么都不会画、不敢画，他只是一个被动的接收器，不是一个主动的学习者，更谈不上创造性地表达自己的情感。

在操作环节中，教师用公认的造型符号代替了儿童的双眼，孩子画出的是教师眼中的世界。

在评价环节中，教师以“像不像”为评价标准，孩子的作品像克隆一样，千人一面。

艺术活动应该追求什么呢？在不断地思索中，在无数次的观念碰撞中，在一次次解读《纲要》中，教师们认识到：感受、喜欢、大胆表现，才是我们在艺术活动中应该追求的教育价值。我们的艺术教育活动不是以造就艺术家为最终目的的，而是通过艺术活动，提高幼儿对艺术的兴趣，培养幼儿的艺术审美创造力、想象力，促进幼儿的全面发展。

二、“想不想”是儿童艺术创造活动的内驱力，教师要为儿童“大胆地想”“富有个性地想”创设条件。

教师要善于理解、接纳和欣赏儿童美术作品所反映的他们对周围世界的认识和感受，要善于为儿童创设“想画、敢画、愿意画”的时间和空间，帮助他们大胆地表现对世界的看法和认识。在进行画鱼的美术活动中，针对幼儿喜欢看动画片的特点，教师播放了《海底总动员》，动画片马上吸引了孩子的眼光，激发了他们活动的兴趣。让孩子看动画并非放任幼儿，教师在观看中提示幼儿认真观察自己喜欢的鱼的形态、变化，引导幼儿去捕捉自己的兴趣点。“你们喜欢哪一种鱼？”“它长得什么样，你能说一说吗？”然后同家长、孩子一起营造了自己的“鱼世界”。孩子们带来了自己最喜欢的鲸鱼模型、动画鱼、毛绒玩具鱼，教师在班内安置了水族箱，家长带来各种关于鱼类的书籍。孩子们提出了众多的关于“鱼”的问题，“鱼为什么有那么多颜色？”“鱼睡觉不闭眼是真的吗？”“为什么鱼的尾巴长得不一样？”教师将这些问题记录下来，进行整理，有的又抛给孩子，有的请家长帮忙回答，有的需要教师和孩子进行现场观察后再找答案。这个过程，看似与美术活动无关，其实这正是儿童感知鱼、体验鱼、喜欢鱼、探索鱼的过程。随后教师注意到孩子们有了捏鱼、画鱼的需求，刚开始，只有几个孩子在美工区用彩泥捏鱼，教师立刻为孩子们提供了烤箱，将他们的作品烘干，并和孩子们一起制作海底世界的背景图。这一行动激发带动了其他孩子的制作灵感，他们纷纷为自己班内的海底世界出谋划策，有的要剪鱼、有的要画鱼、有的要折鱼。教师为孩子们准备了卡纸、皱纹纸、牛皮纸、彩色橡皮泥、本色陶泥、牙签、玻璃瓶、易拉罐、颜料等，教师发现没有教孩子怎样画鱼、捏鱼，可孩子们画得五彩缤纷，捏得惟妙惟肖。当从烤箱中拿出自己捏的作品时，孩子们高兴得手舞足蹈，“这是我捏的！”“这是我的海马！”“我的章鱼真漂亮！”一个孩子们自己营造的“海底世界”呈现在每一个孩子面前。巨大成功带给孩子无比的自信，更激发了他们进一步探索的愿望，他们以更加积极的态度参与到活动中来。

（引自《回到基本元素去(上)》，李季湄主编，北京师范大学出版社，2005）

拓展阅读

如果你还想进一步了解本章内容的话，可以阅读下列书籍：

1.《学前教育学》，梁志燊主编，北京师范大学出版社，2000

2.《儿童社会性发展指南：理论到实践》，[美]马乔里·J. 克斯特尔尼克等著，邹晓燕等译，人民教育出版社，2007

3.《儿童教育新论》，刘晓东著，江苏教育出版社，2008

4.《培养幼儿的成长能力》，[日]本吉圆子著，刘洋洋译，华东师范大学出版社，2013

5.《给幼儿教师一把钥匙》，王化敏主编，教育科学出版社，2008

本章主要参考资料

1.《教育学文集·教育与人的发展》，瞿葆奎主编，人民教育出版社，1989

2.《教育学文集·美育》，瞿葆奎主编，人民教育出版社，1987

3.《品德与生活课程标准解读》，李季湄、张华主编，高等教育出版社，2012

4.《学前儿童艺术综合教育研究》，楼必生、屠美如著，北京师范大学出版社，1997

5.《德育美学观》，檀传宝著，山西教育出版社，2001

6.《学前教育学原理》，[苏]查包洛塞兹、马尔科娃主编，人民教育出版社，1984

7.《与幼儿教师对话——迈向专业成长之路》，[美]丽莲·凯茨著，廖凤瑞译，南京师范大学出版社，2004

8.《学会生存》，联合国教科文化组编，教育科学出版社，1996

第二部分
幼儿园教育的基本要素

构成幼儿园教育活动必不可少的要素主要有两大方面，一是人的基本要素，二是物的基本要素。前者主要包括教师、幼儿、家长；后者主要指幼儿园教育的物质环境和条件。本部分将围绕这些要素进行阐述，以帮助初学者对有关理论及其实践意义有进一步的认识。

第四章
教师和幼儿

有很多我们需要的东西
是可以等待的。
孩子却不能等待。
他的骨骼在不断形成，
他的血液在不断地生成，
他的感官在不断地发育。
对于他，
我们不能说明天，
他的名字叫今天。

——［智］加夫列拉·米斯特拉尔

学习导航

· 幼儿园教师的地位怎样？有什么权利和义务？
· 幼儿园教师需要具备哪些方面的专业素质？
· 在教育学的视野下，幼儿是怎样的社会存在？
· 儿童观对幼儿教育工作有什么意义？
· 幼儿的实践活动有什么意义？这对教育工作有什么启示？
· 幼儿是自身学习的主体，与教师的主导作用矛盾吗？
· 在教育过程中教师怎样才能更好地与幼儿相互作用？

学完本章后，如果你了解了有关教育法规的规定和国家对幼儿园教师的要求，理解了教师与幼儿的相互关系和相互作用原理，对幼儿的“教”和“学”的有关理论与策略有了基本的认识，你就能回答上面的问题了。

本章内容

- 幼儿园教师
  - 关于教师职业的界定
  - 幼儿园教师的地位、权利和义务
  - 幼儿园教师的专业素质
    - 幼儿园教师的专业理念与师德
    - 幼儿园教师的专业知识
    - 幼儿园教师的专业能力
- 幼儿
  - 教育学视野下的幼儿
    - 幼儿是具有独立人格的个体
    - 幼儿是人类社会极有价值的存在
    - 幼儿是社会的弱者
  - 儿童观
    - 什么是儿童观
    - 儿童观的变化及其对幼儿教育的影响
  - 幼儿的发展
    - 幼儿的发展是个体因素与环境相互作用的结果
    - 幼儿与环境的相互作用是在活动中实现的
    - 当今我国幼儿发展中的主要特点与问题
- 幼儿和教师的相互关系与相互作用
  - 幼儿和教师的相互关系
    - 幼儿和教师的相互关系的性质
    - 良好的师幼关系的意义
    - 良好的师幼关系的特征
    - 怎么才能建立起良好的师幼关系
  - 幼儿和教师的相互作用
    - 幼儿与教师相互作用的含义与影响因素
    - 教师必备的与幼儿相互作用的能力
    - 幼儿的“学”和教师的“教”
    - 促进教师与幼儿相互作用的策略

第一节　幼儿园教师

在幼儿园教育实践中，教师和幼儿是最重要、最关键的人的要素，教育也主要在教师和幼儿之间展开，通过二者的相互作用来进行。因此，明确教育理论中有关教师和幼儿的观点和论述，是从事幼儿教育工作所必需的。

一、关于教师职业的界定

何谓教师？《中华人民共和国教师法》规定，“教师是履行教育教学职责的专业人员，承担教书育人，培养社会主义事业建设者和接班人、提高民族素质的使命。”这一定义适合于在我国各级、各类、各种教育机构中专门从事教育教学工作的教师。幼儿园教师作为教师队伍的组成部分，当然也不例外。按照《教师法》的规定，幼儿园教师与大中小学教师一样，都是接受过专门训练的专业教育工作者。换言之，幼儿园教育是一个专业，幼儿园教师必须由具有专业素养的人员来承担，而决不是谁都能够胜任的一般职业。不过，由于幼儿园教育的对象是幼儿，幼儿园教师在履行教育教学职责的时候，其工作形态、教育教学方式等是不同于大中小学教师的。幼儿园教师与其他学段的教师既有共性，又有自身的特殊性。

除了抽象的定义之外，对教师还有各种各样的比喻。如比喻教师是人类灵魂的工程师，是蜡烛，是园丁，等等。应该看到，这些比喻反映出不同的教育观、教师观，虽然生动形象，但并非恰当地诠释了教育和教师工作。教师是灵魂工程师——比喻赋予了教师职业以神圣而崇高的评价，肯定了教师职业对儿童精神成长的重要影响，强调了教师重要的社会责任，但却暗示着培养人的教育是一种工业化的固定设计与批量生产，似乎儿童的精神发展能完全按成人的意志来控制与塑造等陈旧的教育观。教师是蜡烛——比喻虽然肯定了教师的奉献精神与巨大付出，但却否认了“教学相长”这一连古人都早已认识到的真理，看不到正是在促进儿童成长的职业生涯中，教师成就了自己的人生，获得了自我实现而决不是毁灭。教师是园丁——比喻表现出对儿童自身成长过程的重视，暗含着“教育是农业而不是工业”(叶圣陶)，必须尊重儿童自己的特点与成长规律的真理，暗示了教师的作用应当是帮助一个个儿童像小苗一样茁壮成长。但是，教育面对的一个个活生生的儿童毕竟不是一株株草木，不是园丁能够任意“修剪”“造型”，甚至“拔除”的，尊重儿童主体性的教育是师生平等的、互动的、合作的。

二、幼儿园教师的地位、权利和义务

《中华人民共和国教育法》(以下简称《教育法》)和《中华人民共和国教师法》(以下简称《教师法》)为我国幼儿园教师的社会地位提供了基本的法律依据和充分的法律保障。随着我国教育改革发展进入到全面提高教育质量、努力办好人民满意的教育的历史新阶段，全社会已经认识到，振兴民族的希望在教育，振兴教育的希望在教师，幼儿园教师以其不可替代的奠基性作用，越来越受到党和国家的重视和人民的尊敬。

根据《教育法》《教师法》的精神，“教师享有法律规定的权利，履行法律规定的义务，忠诚于人民的教育事业。”

我国幼儿园教师的权利是：

1. 进行保育教育活动，开展保育教育改革和实验的权利；

2. 从事科学研究、学术交流，参加专业的学术团体，在学术活动中充分发表意见的权利；

3. 指导幼儿的学习和发展，评定幼儿成长发展的权利；

4. 按时获取工资报酬，享受国家规定的福利待遇以及寒暑假带薪休假的权利；

5. 参与幼儿园民主管理的权利；

6. 参加进修或者其他方式的培训的权利。

我国幼儿园教师的义务是：

1. 遵守宪法、法律和职业道德，为人师表；

2. 贯彻国家教育方针，遵守规章制度，执行幼儿园保教计划，履行聘约，完成工作任务；

3. 按国家规定的保教目标，组织、带领幼儿开展有目的、有计划的教育活动；

4. 关心、爱护全体幼儿，尊重幼儿人格，促进幼儿的全面发展；

5. 制止有害于幼儿的行为或其他侵犯幼儿合法权益的行为，批评和抵制有害于幼儿健康成长的现象；

6. 不断提高思想政治觉悟和教育教学业务水平。

每一个幼儿园教师都应当为自己肩负的光荣而艰巨的任务感到骄傲和自豪。每一个幼儿园教师都应当珍惜和维护自己的权利，同时认真地履行自己的义务，自觉地、主动地为幼儿教育事业奋斗，不辜负党和人民的期望和爱护。

三、幼儿园教师的专业素质

2012年2月，我国首次颁布了《幼儿园教师专业标准(试行)》(以下简称《专业标准》)，这是国家对合格幼儿园教师专业素质的基本要求，是幼儿园教师实施教育教学行为的基本规范，是引领幼儿园教师专业发展的基本准则，也是幼儿园教师培养、准入、培训、考核等工作的重要依据。《专业标准》秉持“师德为先、幼儿为本、能力为重、终生学习”的理念，从专业理念与师德、专业知识和专业能力三方面，对幼儿园教师的专业素质提出了一系列基本要求。

(一)幼儿园教师的专业理念与师德

幼儿园教师的专业理念与师德在幼儿园教师的专业素养中处于核心地位，是教师专业发展的重要标志和关键维度。

幼儿园教师的专业理念是指教师对保教工作本质的理解与认识，并在此基础上所形成的教育的观念和理性认识；师德，即指教师的职业道德，是教师思想觉悟、道德品质和精神面貌的集中体现，侧重教师对幼儿、对保教工作的态度等。每一位教师都必须秉持正确的专业理念与师德，即在开展教育教学活动、履行教书育人职责的过程中，师德为先，幼儿为本，按《专业标准》的要求，做到“热爱学前教育事业，具有职业理想，践行社会主义核心价值体系，履行教师职业道德规范。关爱幼儿，尊重幼儿人格，富有爱心、责任心、耐心和细心；为人师表，教书育人，自尊自律，做幼儿健康成长的启蒙者和引路人。”

由于幼儿园教师的工作对象是幼儿，这一工作的特殊性决定了教师个人的情感、个性、性格、行为方式等心理素质比其他阶段的教师显得更为重要，如幼儿园教师必须具有宽阔、慈爱的心胸，稳定的情绪，热情开朗、乐观进取的性格，良好的行为举止等。上述师德中所要求的“耐心”，尽管在一般人看来似乎与道德没多大关系，但作为幼儿园教师，这的确是不可缺少的重要心理素质。教师“需要一种极大的内在稳定性和在此基础上建立起来的耐心。耐心是教育者的一大美德，没有耐心是一大缺陷。……这种耐心完全不同于纯粹的无动于衷，也不同于事不关己的冷眼旁观。耐心意味着更多地留意儿童的发展，在他们发育成熟之前绝不揠苗助长。”①耐心要求教师有高度的自制力，因此耐心是一种良好的心理素质，它有利于教师克制自己的不

① 引自[德]博尔诺夫著：《教育人类学》，李其龙译，上海，华东师范大学出版社，1999。

良情绪，更好地接纳幼儿，潜移默化地感染幼儿，保障幼儿身心健康地成长。

(二)幼儿园教师的专业知识

专业知识是幼儿园教师从事保教工作所必须具备的知识。主要是关于幼儿发展的知识、保教的知识和一定的通识性知识。

关于幼儿发展的知识主要包括幼儿身心发展的一般规律、幼儿发展的年龄特征与个体差异、幼儿发展中的常见问题和特殊儿童的需要，以及与幼儿生存发展权利有关的法律法规等。这方面知识对于幼儿园教师的意义在于，有助于教师形成正确的儿童观和教育观，开展适宜的有效的保教工作。

关于保教的知识主要包括关于幼儿园教育的目标、任务和基本原则，幼儿园教育的内容、途径与方法，幼儿园卫生保健与安全知识，幼儿园与小学的衔接以及了解幼儿学习与发展的基本方法等。这方面知识对于幼儿园教师的意义在于，保教知识是教师保教能力形成的基石，能够指导教师开展保教实践，提高保教的专业水平。

通识性知识主要包括一定的自然科学知识和人文社会科学知识，以及一定的艺术素养。这方面知识对于幼儿园教师的意义在于，有助于提高教师自身的一般文化素养，有助于改变我国幼儿园教师队伍文化素养整体偏低的现象，同时，它们是教师必备的“教学内容知识”，因为幼儿园活动多种多样，涉及面很广，作为幼儿学习的支持者、合作者、引导者，幼儿园教师没有一定的知识储备是难以胜任的。

(三)幼儿园教师的专业能力

1. 幼儿园教师的专业能力是多方面的

作为一名幼儿园教师，没有一定的专业能力，纵然有正确的观念、满腔的热情，也是难以完成教育任务的。幼儿园教师最基本的最重要的任务是在了解幼儿的基础上，促进每一个幼儿与周围环境中的人和物积极地互动，在游戏与生活中学习，获得全面的和谐的发展。这是一项非常复杂的系统工程，需要通过大量的多样化的活动来实现。要实施与完成这一任务，决非一种单一能力能够奏效的。它要求教师，不仅要有面向全体幼儿的组织教育教学活动的能力，还要有了解每一个幼儿，关注个体差异，科学地因人施教的能力；不仅要了解与幼儿发展相关的各种环境因素，还要促进各方面相互沟通合作，形成有利于幼儿发展的合力；不仅要实施有计划的教育，还要保教结合，在游戏中、一日生活各环节中随机教育，灵活地运用集体、小组、个别的教育形式；不仅要不断提高幼儿教育质量，还要不断地提升自我，终身学习，与时俱进地跟上社会与教育发展的步伐。《专业标准》正是基于幼儿园教师的实际需要，从环境的创设与利用、一日生活的组织与保育、游戏的支持与引导、教育活动的计划与实施、激励与评价、沟通与合作、反思与发展七个方面，提出了一系列能力要求。七方面的能力不是相互割裂的，它们相互联系，相互促进。要提高幼儿园的保教质量需要教师在每一个方面都具有专业水准，全面地提高专业能力。

如果把《专业标准》中“专业知识”与“专业能力”对幼儿园教师的要求作一归纳的话，可将之概括为了解幼儿、保教幼儿、教师自我发展三方面的知识与能力。这三方面是一个幼儿园教师必需的知识能力结构。对幼儿园教师来说，这一专业的知识能力结构既非高不可攀，也非一朝一夕可以形成。对每一位有志于幼儿教育事业的教师来说，只要热爱这一事业，具有崇高的责任感和使命感，就一定有动力去努力学习，就能够不断提高自己的知识水平与专业能力。如思想家卢梭所说的一样，“热心可以弥补才能的不足”，形成这样一个知识能力结构是一个可望而又可即的目标。

2. 幼儿园教师专业能力的转型

在《专业标准》中，“能力为重”被定位为幼儿园教师所必须秉持的一个基本理念。《专业标准》指出：“把学前教育理论与保教实践相结合，突出保教实践能力；研究幼儿，遵循幼儿成长规律，提升保教工作专业化水平；坚持实践、反思、再实践、再反思，不断提高专业能力。”可以看到，被强调的教师的能力是：“与理论相结合的保教实践能力”“研究幼儿的专业能力”“反思提高的自我发展能力”，这三项能力共同的基础是“幼儿为本”的幼儿教育实践，是与理论密切结合的非盲目的实践，是基于研究幼儿与教育规律的专业化实践，是由理性思考所推动的不断进步与升华的实践。这三项能力共同的指向是教师的学习、研究、创新以及个人专业发展，即学习能力、研究能力、创新能力、自我规划与发展能力。显然，与过去要求的幼儿教师的能力相比，现在谈及幼儿教师的能力时，“能力”这一概念的内涵已经发生了根本性的变化。教师必须在新的变革中树立新的“能力观”，自觉地提高自己与教育变革相匹配的、适应“幼儿为本”教育的专业能力。

第二节　幼儿

一、教育学视野下的幼儿

幼儿心理学、生理学揭示了幼儿不同于成人的心理、生理特征和其特有的身心发展规律，证明了幼儿不是成人缩影的“小大人”，而是发展中的、尚不成熟的、具有心理、生理独特性的个体；证明了幼儿“不仅作为一种肉体的存在，而且还是一种精神的存在”(蒙台梭利)，具有巨大的生命活力与发展潜力，有着令人惊叹的学习能力，有着不同于成人的兴趣、需要、认知、情感以及行为方式与生活方式等。如果说生理学、心理学是从自然科学的角度揭示幼儿的自然属性的话，那么，教育学则是从人文科学的角度揭示幼儿的社会属性。在教育学的视野下，幼儿是怎样的社会存在呢？

(一)幼儿是具有独立人格的个体

幼儿决不是任何人——包括其亲生父母在内——的附属品，他们年龄虽小，是“未成年人”，但却是与成人完全平等的人，具有人全部的尊严，拥有自己的权利与社会地位。联合国《儿童权利公约》指出，每个儿童都享有固有的生命权，享有在幸福爱抚和理解的氛围中生存与发展的权利、受到成人照顾与保护的权利，参与社会生活、表达自己意见的权利，等等。尽管幼儿的身心发展尚未成熟，但他们的权利必须得到尊重与维护，决不能因其“种族、肤色、性别、语言、宗教、政治或其他观点、民族、族裔或社会出身、财产、伤残、出生或其他身份有任何歧视。”尽管幼儿的生命来自父母，是成人养育、保护的对象，但成人决没有任何权利任意地体罚、伤害幼儿的身体和心灵，决没有任何权利剥夺、损害幼儿的权利，无视、侮辱幼儿的人格尊严。即使在教育过程中，幼儿作为受教育对象，也必须尊重其人格，保障其权利(学习权、游戏权、发展权等)，满足其合理需要，而决不能如训练动物一般，对其训而服之。幼儿是受教育的“人”，是自己学习的主人，是自己的思想、知识的积极建构者，而不是成人可以任意书写的一张白纸。

由于经历了漫长的封建社会，在我国，成人对幼儿的认识与态度至今仍残留着不少封建社会的痕迹。如把幼儿作为光宗耀祖、实现成人意志的工具，过度地望子成龙而训练、灌输，摧残幼儿的兴趣与需要，或溺爱放纵、或任意体罚的教养方式，性别歧视、虐待女童，甚至剥夺其生存权等，无一不反映出成人对幼儿独立人格的无视，无一不说明幼儿至今尚未从封建的人格依附关系中被完全解救出来。彻底清除封建观念的毒害，维护幼儿的独立人格与权利，是我国幼儿教育的重要使命。

(二)幼儿是人类社会极有价值的存在

首先，在社会发展中，幼儿有幼儿的地位，如同成人有成人的地位一样。幼儿的生活、文化，如他们的游戏文化、同伴文化等，是人类社会生活的一道独特的、美妙的风景。它丰富着、滋养着人类社会。同时，幼儿的社会使命赋予幼儿以成人不可替代的价值。尽管他们还不能像成人一样创造任何物质财富，还需要社会为其成长付出很多很多，但其稚嫩的肩头承载着人类未来的希望，“孩子心灵的细线总有一天会编织出世界的未来”(津守贞)，他们是未来社会的开拓者与建设者，是人类命运的担当者与创造者，与成人一样，是社会发展不可缺少的力量，而决非社会的负担和累赘。

其次，在现实的社会生活中，作为与成人共同生活的伙伴，幼儿同样有着不可替代的存在价值。尽管他们需要成人的照顾和保护，是成人教育的对象，但幼儿同时也教育着成人，促进着社会的和谐与美好。在每一个家庭中、幼儿园中，幼儿宛如一面面镜子，映照着成人的形象，督促着成人更加自律，更加明察自身。正如蒙台梭利所说：“儿童自身具有某种东西，一旦被发现，它就能帮助成人解决他们自己的个人和社会问题。”杜威也说：“关于专门应付特殊的科学和经济问题的能力的发展，我们可以说，儿童应该向成人方面发展。关于同情的好奇心、不偏不倚的敏感性和坦率的胸怀，我们可以说，成人应该像儿童一样生长。这两句话都是同样正确的。”幼儿以其天真无邪给予成人以对抗丑陋、虚伪、罪恶的勇气与力量；以其创造天性给予成人以灵感与激情，所以连毕加索也说，要用一生的时间向儿童学习；幼儿的生活态度总是给成人以启示，让成人能够更好地面对眼前的世界。如俄罗斯一位伟大作家所说：“对生活、对事业、对我们周围的一切永远保持着诗意的理解，是童年生活给予我们的最伟大的馈赠”。

再有，成人通过教育幼儿的过程，表达出自身对未来社会的希望与理想，并通过影响幼儿的成长而获得了一种可能性，即可能在某种程度上去影响一个自己不可能亲历的未来社会的命运。在这个意义上可以说，幼儿是成人实现人生价值的重要存在。

(三)幼儿是社会的弱者

教育学之父夸美纽斯曾经说过：“儿童比黄金更为珍贵，但是比玻璃还脆弱。”卢梭也说：“世界上还有哪一种生物比他更柔弱、更可怜、更易受到他周围的一切的摆布，而且是如此需要怜惜、关心和爱护呢。”幼儿无论在生理上还是心理上都处在发育阶段，是一个未成熟者、脆弱者，需要成人特别的保护和细心的培育，需要全社会呵护其身心的成长。即使他们拥有发展的巨大潜力、拥有自己的天赋权利，但这些潜力的实现和其权利的维护、行使，都离不开成人的保驾护航，离不开教育的介入与支持。正因为此，1989 年联合国大会一致通过了《儿童权利公约》，呼吁全世界来维护儿童生存与发展的基本权利，保护这一社会的弱势群体的健康成长。可以说，整合幼儿的潜力、能力、权利和其未成熟性之间的巨大张力，是幼儿园教育，乃至整个成人世界之于幼儿的责任。

二、儿童观

如上所述，把幼儿视为有独立人格的个体、有价值的社会存在，是今天世界对幼儿的共识。但是，并不是所有的成人都能这样看待幼儿，也并非自古以来社会都这样来看待幼儿。社会对幼儿的看法存在多种观点，在不同时代、不同社会发展阶段又有各种不同的认识与理解，究竟该怎么来看待幼儿，应把他们看作什么样的存在，这些问题都是关于“儿童观”的问题。

（一）什么是儿童观

儿童观是指对儿童的认识与理解以及与此有关的一系列观念之总和。

儿童观对幼儿教育的影响是巨大的，它是决定成人对儿童的态度与看法的内在定位系统。儿童观对教育观、教学观、发展观等都具有极大的影响。儿童观不同，教育价值取向、目标定位、教育方法以及处理有关儿童问题的方法都会随之不同。儿童观渗透在教师的言语、行为方式之中，对教育活动的每一个环节发生支配性的影响。把孩子当作被动的训练对象来看待，还是把孩子看作平等的具有主体性的人，由此引发的教育实践会有很大的差异。没有正确的儿童观指引是不可能产生优质的幼儿教育的。

（二）儿童观的变化及其对幼儿教育的影响

儿童观随着时代与社会的变化在不断发展，而不同时期的幼儿教育与当时儿童观的水平有着密切的关系。

在欧洲古代和我国漫长的封建社会中，儿童被视为父母的隶属品，是带着原罪来到人世的。在那个时代，儿童自身的特点和价值是完全被忽视的，更谈不上有独立的人格了。儿童可以被随意地杀戮、抛弃、打骂，体罚是那时教育的特点。

文艺复兴运动后，儿童观出现了大转折。如 17 世纪英国著名教育家洛克提出的“白板论”儿童观——儿童并非生而有罪，而是一块纯真无瑕的白板，是有着巨大可塑性的存在；18 世纪法国卢梭确立的“自然论”儿童观——儿童不是可以任意塑造的“白板”，而是有其内在规律的自然的存在——是具有里程碑意义的“儿童的发现”。卢梭说：“在万物的秩序中，人类有它的地位；在人生的秩序中，童年有它的地位。应当把成人看作成人，把儿童看作儿童。”

这一发现的伟大意义堪比哥伦布发现美洲新大陆，颠覆了长期以来的

“唯成人世界”。尽管洛克和卢梭的儿童观存在分歧，但他们的思想都推动了儿童观的进步，世界“幼儿园之父”福禄贝尔就是深受卢梭儿童观的影响而创办了世界上第一个幼儿园。在19世纪“教育心理学化”运动中，福禄贝尔、裴斯泰洛齐、赫尔巴特等教育家都为科学儿童观的建立发挥了重要作用。

进入20世纪后，儿童观的发展出现了重大的飞跃，儿童开始被视为教育的中心。美国著名教育家杜威指出，“旧教育的重心是在儿童之外，而新教育的中心则是儿童，这一转变如同哥白尼把天体的中心从地球转到太阳一样，是一种革命。”新的儿童观对全世界产生了重大的影响，世界各国广泛兴起了新教育运动，即儿童中心教育。

在20世纪中后期，儿童观取得了突破性发展。新的科学技术的发展，特别是大脑生理学、心理学、认知神经科学、精神医学等的发展，不仅强有力地证明了儿童是与成人不同的发展中的独特个体，而且发现了儿童巨大的发展潜力，进一步确认了儿童身心发展的规律和特点，为现代儿童观的建立奠定了坚实的科学基础。与此同时，儿童的地位和权利逐渐被社会所肯定，并开始受到法律的保护。

1989年联合国大会通过的《儿童权利公约》(以下简称《公约》)，以前所未有的法律约束力使儿童权利保护实现了从理想向现实的飞跃，成为儿童观发展史上一座新的里程碑。《公约》规定了儿童的“生存权”“发展权”“受保护权”“参与权”等。由《公约》所代表的现代儿童观认为：儿童是人，是享有与成人平等的普遍人权的人。社会应尊重他们的人格尊严和权利；儿童是权利主体，是权利的享有者。社会应保障他们的一切权利；儿童是儿童，他们有自己独特的精神世界和生活世界，社会应尊重他们的发展特点和规律，尊重他们的需要和愿望，尊重他们的独特性。同时，细心地呵护这些未成熟者，特别地保护他们的生存和发展空间。这一儿童观的新发展带来了20世纪中后期儿童教育令人鼓舞的发展，特别是教育的深刻变化，促进了教育不仅在量的方面飞速扩展，而且在质的方面日益优化，确立了现代教育中儿童本位的、民主化、科学化的发展方向。

在幼儿园教育中，保障幼儿的权利、帮助幼儿实现自己的权利，主要从以下两方面着手：一是在幼儿园生活中，建立平等的人际关系，尊重每一个幼儿的人格尊严与权利，一视同仁地对待每一个幼儿，反对任何形式的体罚与有辱幼儿的言行；二是在教育教学过程中，坚信每一个幼儿的发展潜能，帮助每一个幼儿通过自己的方式学习与发展，成为一个健全发展的人。正如瑞吉欧幼教创始人马拉古兹所说的那样：“承认每个孩子都拥有异常丰富的、与生俱来的天赋潜能，这些潜能具有强大的力量和充沛的创造性。倘若这些才能得不到承认，甚至落空，便会导致孩子的痛苦，甚至会使孩子习得无可挽回的无助感。而成人如果随时给他们提供支持与帮助，重视寻找建构孩子思考和行动的方法，而不是直接灌输知识与技能，那么孩子的权利就会倍受保护。”

三、幼儿的发展

(一)幼儿的发展是个体因素与环境相互作用的结果

幼儿发展的个体因素包括个体自身条件中的先天因素与后天因素。先天因素主要指遗传素质。遗传素质的差异可能带来幼儿发展上的差异，但一般来说，幼儿的遗传素质差异并不是很大，对幼儿的发展也不起决定作用。

后天因素是幼儿自身的全部先天因素与环境相互作用的产物，与遗传素质相比，后天因素具有极大的可塑性。比如，幼儿的身体强健程度、智力水平、个性等。

环境因素是影响幼儿发展的不可缺少的外部因素。它包括幼儿所在的环境中一切影响其发展的外部条件，如家庭条件、幼儿园教育质量、幼儿的生活环境状况，等等。

表 4-1　幼儿发展的个体因素与环境因素

个体因素	先天因素(主要为遗传素质)——发展的既定的潜在因素
	后天因素(出生后形成的身心特征)——可塑性大、发展的决定因素

↓　↑

环境因素	自然环境
	社会环境(特别是幼儿家庭、幼儿园、社区)

环境因素对发展的影响不是一个常量而是一个变量。“对于某一特性来说，在它变化最快的时期里，环境的影响作用最大。”(布卢姆)从纵向来看，环境因素在人生初期的影响比以后各阶段都大，因为“对于最有意义的人类特性来说，发展最快的时期出现在生命最初的五年内。”(布卢姆)这也是强调幼儿教育重要性的原因之一。从横向来看，环境对幼儿个体发展各方面的影响是不同的，在有的方面影响大，有的方面影响小。如儿童身高主要受遗传影响，而音乐能力的发展有无环境就差之甚远。幼儿教育应瞄准那些教育能够发挥重要影响的方面去大显身手，避免浪费力量和资源。

作为影响幼儿发展的两大要素，环境因素与幼儿个体因素二者作用不同，但密不可分，缺一不可。

需要注意的是，环境因素影响幼儿的发展，但幼儿并不是被动地接受外界环境的影响。幼儿的发展是幼儿积极主动与环境相互作用的结果。幼儿园教育如果无视幼儿的主体性，无视幼儿的需要，一味灌输，是不可能促进幼儿发展的。

(二)幼儿与环境的相互作用是在活动中实现的

1. **活动是幼儿发展的基础和源泉**

幼儿是在与环境积极地相互作用过程中实现自身的发展的，这一相互作用过程就是“活动”。家庭是幼儿园里每天进行的各种活动，如生活活动、体育活动、游戏等，都是幼儿与环境中的不同对象(如玩具、成人、同伴等)进行相互作用的过程，没有这些活动幼儿是不可能发展的。正是在活动中，幼儿的个体因素才可能与环境因素相接触，相互作用才得以发生。如在黏土手工活动中，幼儿的手接触到黏土，于是知道了摸黏土的感觉；在把黏土捏来捏去时，幼儿的手肌肉运动起来、发出力量，于是逐步了解了黏土的硬度和其他特性，与此同时，幼儿的手也灵活起来，捏的轻重与黏土的硬度协调起来，捏的方式也与黏土的特性相适应。如果不接触黏土，幼儿是不可能知道捏黏土的感觉的，也不会掌握捏黏土的技巧。正是活动使幼儿的发展成为现实，没有活动就没有幼儿的发展，活动是幼儿发展的基础和源泉。

2. **幼儿的活动**

幼儿的活动可大致可分为内部活动和外部活动两类。内部活动是指不可见的幼儿的生理、心理活动，外部活动指可见的幼儿的实践活动。内部和外部活动是不可分割、交融在一起进行的。无论在哪种活动中，幼儿都是活动的主体。

(1)幼儿的生理活动

幼儿的生理活动是满足身体的发展需要的最基本的活动，它无时无刻不在幼儿的身体内部进行着。有人把人的工作分为“外部工作”和“内部工作”，“外部工作”如人从事的生产劳动、各种活动等，这些是可以通过利用工具或他人的劳动来免除的。但身体内部的生长这一“内部工作”却是生命本身强加给人的、必须由每个人自己去完成它，不能由任何人替代。幼儿期是身体生长发育的重要时期，生长发育的“内部工作”特别艰巨。蒙台梭利说，当儿童休息时，他只是停止了他的“外部工作”，实际上儿童并没有休息，而是在从事神秘的“自我形成”的内部工作，从事“人的造就”这一伟大工作。当幼儿进行这一繁重的工作时，家长、教师如果认识不到，不能给幼儿提供科学的、合理的帮助和支持的话，是非常失职的！由此不难理解，“保教合一”为什么是幼儿园教育不可动摇的基本原则。

(2)幼儿的心理活动

幼儿的心理活动与生理活动一样，也是必须由幼儿自己进行的、极其艰巨的“内部工作”。幼儿作为自己心理活动的主体，在作用环境的同时，他必须自己去观察、理解、记忆、思考、作出判断，靠艰苦的练习和长时间的经验去学习语言等，这是一个十分艰巨的适应任务！蒙台梭利曾以生动的比喻来唤起成人重视幼儿面临的困难，她说，当一个移民新到一个国家，不了解该国的环境，不了解它的人文风貌和社会秩序，又全然不懂该国的语言时，他所面临的是一个多么大的适应工作！但这是他必须自己去完成的。再看看幼儿的情况呢，这个来到新世界的移民是如此弱小，但却必须在其机体和心理都没有充分发育之前，在一个如此短的时间内，就要使自己适应如此复杂的世界，他会怎样呢？因此，为幼儿提供一个良好的外部环境，让幼儿能在其中自由地愉快地活动，是教师和家长义不容辞的重要任务。

幼儿的心理活动带着鲜明的个体特征，如幼儿的性格多种多样，兴趣各不相同。幼儿心理活动虽然是内部活动，却常常伴有可见的外显行为。如情绪愉快时，幼儿会又唱又跳，计算时常用手的动作来帮助思维等。

以上两种幼儿的内部活动不是彼此分离而是密切相关的，它们在幼儿内部是作为一个整体进行的。生理活动是心理活动的必不可少的基础，生理方面的任何变化、障碍都会对心理发展产生影响。如残疾、疾病常常使幼儿产生自卑感、活动不大主动等；而情绪愉快、活泼开朗的幼儿，身体一般都比较健康。只有身心两方面的活动都处于正常状态，幼儿才能积极地与外部世界相互作用，实现自身的发展。

(3)幼儿的实践活动

幼儿的实践活动主要指幼儿与周围环境中的人或物直接相互作用的外部活动，它是与幼儿的生理、心理活动交融为一体、统合进行的最富有发展价值的综合性活动。

幼儿实践活动可大致分为两类，一是操作实际物体的活动，二是人际交往活动。

①实物操作活动

这类活动是幼儿摆弄和操作实际物体如玩具、工具、日常用品等，与物体相互作用的活动。幼儿园的很多游戏活动如建筑游戏、玩沙、玩水、手工制作等都属于这一类。

实物操作活动对幼儿发展有极其重要的意义。

第一，幼儿在实物操作活动中发展自我意识。当幼儿按照自己的意愿改变物体的形状，把一块黏土捏成圆的或扁的、把一堆积木搭成这样那样的东西时，他亲眼看到自己的智慧，体验到自己的能力，意识到自己的作用，享受到作一个行动主体操作物体的欢乐，这一切极有利于幼儿发展对自身的认识，发展其主体能动性。

第二，幼儿在实物操作活动中发展思维能力。幼儿尚处在行动思维阶段，他们的思维与操作实物的动作分不开。成人常叫他们“想好了再做”，而对他们来说，做就是想，做才能想。因此，为了进行思维，幼儿需要面前有容易操作的物体，实物操作活动正好能满足他们的这个需要。在与物体反复不断的相互作用中，幼儿形成和发展起自己的认知结构。比如，幼儿搭积木时，如果把小的积木放下面就搭不高，容易垮掉。于是幼儿会多次尝试，反复琢磨，在头脑中思考原因，分析推理，逐步明白了积木的大、小和“垮”与“不垮”之间的关系，积累了搭积木的经验，认识了物体的特性，发展了思维能力。在实物操作活动中，语言帮助幼儿把动作操作转化到头脑中进行，指导着动作的进行。如常常看到小班幼儿边说边做，进行“有声思维”，而到了大班后则默默地有顺序地做，进行头脑中的“无声思维”，幼儿的思维就在活动中发展起来。

第三，实物操作活动是获取知识的重要源泉。如上所述，实物操作活动能发展幼儿的思维能力，而思维能力总是和思维的内容不可分割的。即是说，实物操作活动在发展幼儿认知结构的同时，也成为其获取知识的源泉。实物操作活动对幼儿获得物理知识(如物体的硬度、温度的高低等可以用感觉器官摸到、闻到、看到、听到的各种关于物体的知识)和数理逻辑知识(数学知识、逻辑知识等)有至关重要的意义。因为幼儿缺乏经验，很难仅凭抽象思考来认识事物，也很难仅听成人的言语讲解来理解事物间的规律和联系。如要幼儿了解几何形体的知识，仅让幼儿看看模型，或仅由成人告诉他们什么形体有什么特点，都不会有好的效果。即使幼儿会说“球体”“圆柱体”“圆锥体”等几何形体名称，也并不等于他们理解了概念的内容，常见幼儿把“圆形”和“球体”混淆就是例证。只有让幼儿动手去触摸、摆弄，反复地观察、比较、操作，他们才能获得关于这些形体的知识，并在头脑中形成相应的表象。反复的摆弄还能使幼儿发现除形状之外的其他特性，如发现球体可向任何方向滚动，而圆柱体只能向一个方向滚动，圆锥体只能绕着自身转动等。这些经验储存多了，幼儿就能掌握这些形体的特性和规律。只有以这些经验为基础，“球体”“圆柱体”等名称才对幼儿真正有意义，才真正成为几何形体的符号，而不是幼儿跟着教师鹦鹉学舌的无意义语词。

②人际交往活动

这类活动是指幼儿与成人（主要是教师和家长）和幼儿同伴之间相互作用，建立起某种关系与联系的社会性活动。幼儿园教育中，幼儿与教师、幼儿与幼儿每天长时间生活在一起，其间的交往活动丰富而多样，对幼儿身心发展具有重大价值，对幼儿社会性发展尤有重要的意义。幼儿社会性发展主要有两方面的内容：一是发展幼儿对集体、对他人、对自己的正确态度和人际关系；二是帮助幼儿理解、适应社会的思想观念、文化习俗、行为规范等，并积极参与社会生活，获得有关的知识、技能等。不难看到，这两方面内容都与人际交往活动有着密切的关系。具体来看，人际交往活动的作用表现在：

第一，让幼儿体验社会角色。在家庭或幼儿园中，幼儿与教师、家长、其他幼儿等结成各种不同性质的社会关系，幼儿的社会角色也随之变化，在家里是爸爸妈妈的儿子（女儿）、在老师面前是学生、和小朋友在一起时互相是同伴。这种变化使幼儿初步认识到社会角色的多重性，意识到自己与他人的区别和相互关系，逐渐了解各种角色相应的责任、态度、行为准则，逐步学会在与人交往时调节控制自己的情绪和行为等。这样，幼儿的社会适应性和自我意识就逐步发展起来，为将来做一个合格的社会成员打下基础。

第二，是幼儿重要的信息源。幼儿的社会知识是通过与人交往而获得的。社会的信息主要通过家长或教师的过滤再传递给幼儿，社会的文化、道德、约定俗成的规则、标准等，都需要成人的讲解和传授，即使是幼儿的实物操作活动，成人适时、适当的指导对幼儿经验的拓深与扩展也具有画龙点睛的作用。另外幼儿与同伴的相互交往也是信息的一个重要来源。二三十个幼儿在一起，带来二三十个家庭的不同经验，幼儿相互交谈所见所闻，相互比较模仿，游戏中相互启发影响，能获得大量的知识。

第三，是幼儿实际的社会生活。家庭、幼儿园是幼儿的小社会，幼儿在其中既是实在地生活，又为未来的社会生活做情感的、知识技能的、态度的准备，为一生的生活打下基础。如在幼儿园中与教师、幼儿交往的愉快体验，在交往中习得的合作、解决冲突、语言交流、相互沟通等经验和技能，不仅能使幼儿在幼儿园的集体生活过得愉快，而且将使他们在今后的学校生活、社会生活中受益无穷。幼儿在家里主动帮助父母做家务、完成父母给予的任务，在幼儿园里积极地参与集体的活动、关心帮助别人，由此形成的初步责任感、独立性、主动参与精神、助人为乐精神以及劳动技能等，正是今后做一个合格的社会成员所需要的素质。

前面从内部和外部两个角度阐述了幼儿的活动。也许有人会问，怎么没有谈到游戏呢？游戏不是幼儿的基本活动吗？这是因为，上述幼儿的活动可以说是最基本的、元素式的活动，而现实生活中幼儿的活动往往是其中两种或更多种活动的结合体。游戏就常常是上述活动的复合形式，表现为幼儿内部的生理、心理活动和外部实践活动最自然的融合形式。也即是说，游戏是上述各类活动赖以进行的最好载体。如娃娃家游戏中，幼儿通过扮演角色、相互交往，同时象征性地操作物体或玩具，言语、情感、想象等心理活动都频繁发生，有力地促进了幼儿身心发展。因此，游戏在幼儿发展中具有十分重要的、不可替代的价值。这也正是幼儿园教育必须以游戏为基本活动的依据所在。

(三)当今我国幼儿发展中的主要特点与问题

我国社会的空前变革使社会的价值观、经济、科技、文化以及家庭结构、居住环境、生活方式等方面都发生了巨大变化。这些变化相互叠加、相互影响，大大增加了社会生活的丰富性、多样性、复杂性。社会大环境的变化直接地改变了幼儿生活的小环境，导致幼儿的身心发展出现了许多新的特点与问题，与过去的幼儿有所不同。尽管有的问题才初露苗头，也应当引起教育者的高度重视，研究相应的教育策略，否则过去的钥匙未必能打开今天幼儿心灵的大门。

1. 幼儿身体发展方面的特点与问题

由于家庭生活水平的提高，营养条件的改善，对幼儿保育的重视，幼儿身体的生长、发育速度加快。据我国2010年国民体质监测公报对全国31个省(区、市)的监测结果表明，自2000年以来，我国幼儿身体形态发育水平呈持续增长趋势，处于快速发展阶段。2010年，幼儿各年龄组的身高、体重、胸围等形态指标平均数比2005年均有明显增长。3～6岁幼儿组(取样51159名)在身体形态、身体机能和身体素质三方面达到“合格”以上标准的比例为92.9%，比5年前增长了3.0个百分点，是所有年龄组中增长最快的。

但令人不安的是，我国幼儿中肥胖儿、“豆芽儿”的数量在持续地增加。如调研发现，1985年我国儿童肥胖率为0.2%，至2010年飙升至8.1%。上海地区2009年的数据显示，儿童超重率达11%、肥胖率达13%。究其原因，食品结构不合理、运动不足、饮食习惯不良都是重要影响因素，而特别应引起重视的是电视食品广告，其负面影响是不可忽视的社会诱因，误导幼儿摄入了过多能量密度高、营养密度低的不健康食品。调研结果表明，上海地区的电视广告中26%是食品广告，而其中19%是主要针对儿童与家长群体的软饮料和快餐广告。而儿童每天摄入超过1杯以上含糖较高的软饮料，其发生肥胖机会大大超过每周摄入1杯软饮料者(2013-05-11《解放日报》)。另外，伴随着幼儿体重的增加，体能下降、耐力减低、肌肉力量不足、容易疲劳、适应环境变化的能力差等现象更加频发，即是说，幼儿的身体素质尚有待提高。这类现象从趋势上来看，一般是城市明显于县城，县城又明显于农村。

针对现今幼儿身体发展方面的特点与问题，幼儿教育必须高度重视转变保育理念，培养幼儿良好的生活习惯与饮食习惯，重视幼儿身体素质的全面发展。《指南》对发展幼儿身体素质的问题有针对性地提出了具体可行的目标与方法，如在《指南》“健康”领域中，明确地提出了“具有一定的适应能力”“具有一定的力量和耐力”等培养幼儿强健体质的目标，还对各年龄段幼儿具体地提出了走、跑、跳、攀、投的适宜要求，对家庭、幼儿园提出了让幼儿多走路、少坐车，自己爬楼梯、背书包等切实可行的建议。《指南》还针对幼儿饮食、运动等方面存在的问题，把培养良好生活习惯列为一个重要的子领域，强调从小培养“喜欢参加体育活动”“喜欢吃瓜果、蔬菜等新鲜食品”“饮用白开水，不贪喝饮料”等好习惯。

2. 幼儿心理发展方面的特点与问题

(1)幼儿的精神发展

改革开放激发了全社会的活力，国家更加富强，国际地位不断提高，以实现民族复兴为目标的“中国梦”让每一个中国人的民族自豪感倍增，爱国热情高涨，社会更加和谐、进步。在这样的总体氛围中，主流价值观形成了强大的推动社会发展的精神力量，给幼儿的精神成长创造了良好的环境，并通过家庭、社区、幼教机构等明确地规引着幼儿的发展方向，让幼儿从小学做有爱心的、诚实友善的、有责任感的人。

但是，由于社会正经历着从计划经济向市场经济转变的深刻革命，社会生活的各方面都出现了丰富而复杂的变化，从而社会价值观从单一走向多元，从抽象走向务实，社会中急功近利、金钱崇拜、物质享受、浮躁虚荣等不健康的价值观也沉滓泛起，并通过成人的言行、电视、广告等，弥漫在幼儿的生活环境中，让幼儿过早地接触到一些其小小年龄本不该接触的东西，潜移默化地侵蚀幼儿的心灵。有学者指出，过去印刷媒介在儿童和成人之间强加了一些分界线，让儿童所看到的与成人不同。而现在这些界线在电视的猛烈攻击下变得越来越模糊，电视把成人的性秘密和暴力问题转变为娱乐，把新闻和广告定位在10岁甚至更小儿童的智力水平上，让儿童不恰当地大量接触到成人的语言、行为、娱乐方式等，使其心理发展明显地受到影响，导致了“童年的消失”(波兹曼)。同时，社会上的过度竞争、对高学历的过分追求，成人的盲目攀比、望子成龙等，给幼儿的精神造成了重压，使其情感、社会性等方面的发展受阻或被扭曲，有的幼儿甚至出现了焦虑、抑郁、表现异常等过去比较少有的心理与行为问题。

另外，由于我国的特殊国情，长期实行的计划生育政策使独生子女成为一个庞大的人口群体，特别是在城市，独生子女在托幼机构中已经占到90%以上。由于特殊的家庭结构，幼儿一方面获得了更好的生活、学习条件，获得了成人更多的爱、关注、教育，他们一般身体健康、聪明自信，自我意识比较强，个性特点、兴趣、特长等都比较鲜明；但另一方面，除了前述的人际交往方面的问题之外，还由于成人的过度娇惯、溺爱以及不当的教育方式，给幼儿的发展造成了一些消极影响。所谓的“421综合征”，就是指处在家庭中心位置上的幼儿所表现出的一些不良个性缺点和习惯，如自我中心、任性、独立性差、自理能力弱等，即是说，独生子女在爱心、分享、合作、谦让、利他等社会性方面的发展一般比较欠缺。这些问题或能在“二胎”政策逐渐落实中有所改善。

(2)幼儿的智力发展

科学技术的突飞猛进，让电视、电脑、手机、平板电脑以及其他电子产品迅速普及几乎每一个家庭，多媒体在社会生活中被广泛地运用，人们获得信息的速度、数量、手段发生了巨大的变化。生活于这一信息化社会中的幼儿较之过去的幼儿见多识广，知识量更大；与动画、多媒体、电子游戏等接触多、互动多，对快速变动的影像反应很快；加之家庭生活水平的普遍提高，给幼儿提供了更好的学习条件，如更多的图书、更新颖的玩具、更丰富的旅游等，这让幼儿不仅与图形、符号、数字等的接触大大增加，还有了更多的机会去见识不同的情景，开阔视野。这一切对幼儿的智力发展无疑具有积极的影响。

但是，随着电视在家庭生活中占据的时间越来越长，户外游戏活动的时间越来越少，离大自然越来越远，使幼儿直接经验、直接体验、动手操作的机会大大减少，动脑筋解决实际问题的能力明显减弱。许多幼儿不仅缺乏关于自然的知识，连对自然美的感受性也减退了。由于电视、平板电脑、手机的过度使用，改变了家庭的生活方式、亲子互动方式，甚至还出现了“电视保姆”“手机保姆”现象，使家长与幼儿的对话、交往、游戏的时间减少了，明显地影响了幼儿语言能力、社会技能等的发展；同时，电子产品还减弱了幼儿阅读纸质图书的兴趣，让不少幼儿没有兴趣与耐心、难以认真专注地阅读图书，给幼儿今后的学习与发展埋下了隐患。

(3)幼儿交往能力的发展

现今幼儿的人际交往能力，特别是同伴交往能力普遍较差。其主要原因，一是我国家庭结构的发展趋向简单化、小型化，据国家统计局的调查资料表明，以一个孩子为核心的家庭结构在城市已经高达95%，在农村也达到60%，成为我国家庭结构的主要模式("二胎"政策施行时间尚短，还缺少相关数据)。大多数独生子女在家中主要与成人、特别是与祖辈生活，缺少兄弟姐妹之间的交往；二是家庭居住环境随着经济发展与家庭小型化而变化，相对私密的高层公寓住宅楼逐步取代了开放的居民大院或街坊邻居，一家独居的住房模式随着城市的扩展与城市化的推进越来越固定与普及，幼儿在家独处、独玩的现象非常普遍，缺少与邻居同龄伙伴的交往；三是电视的影响使幼儿过多地与电视做伴，进一步造成了人际交往能力的兴趣减弱、能力弱化。特别是在同伴交往方面，普遍存在交往频率低下、交往质量较差的问题。如上海地区的一研究发现，"从总体看有19.4%的幼儿交往频率很低，有27.1%的幼儿平时很少或者不跟其他幼儿交往。另外，在幼儿经常遇到的11种交往情境中，幼儿表现出交往'不善'或者'无能'的比率比较高，达到了47.1%"(尤雪红、黄娟娟等，2001)。

3. 关于流动幼儿与留守幼儿的发展问题

流动幼儿与留守幼儿是我国社会转型中出现的特殊群体。

流动幼儿是指随务工父母到户籍所在地以外生活学习半年以上的3～6岁儿童。根据《中国2010年第六次人口普查资料》样本数据推算，0～17岁城乡流动儿童规模为3581万，其中流动幼儿占20.77%，达700多万。与义务教育阶段学龄儿童增幅相比，流动幼儿增加速度较快。流动幼儿面临的主要问题是生活护理差、教育弱化、安全保护问题严重等。流动幼儿跟随父母离开熟悉的农村环境来到陌生的环境中，由于生活条件比较差，父母忙于生计无暇关照，加之他们一般很少上幼儿园，也不易进入当地幼儿园，所以几乎没有机会接受正规学前教育。

留守幼儿是指父母双方或一方从原居住地流动到其他地区，孩子被留在户籍所在地，并因此不能和父母双方共同生活在一起的3～6岁儿童。资料显示，农村留守幼儿约1500多万，占农村留守儿童的25.12%，而且呈快速增长趋势。留守幼儿面临的主要问题是亲情缺失、教育弱化、安全保护问题严重。他们长期不能得到父母的亲情与关爱，大部分由隔代祖父母或临时监护人照料。祖父母文化程度低，重养不重教，加之农村学前教育落后，致使留守幼儿的教育与流动幼儿一样被严重弱化。

流动幼儿与留守幼儿虽然生活环境不同，但是其心理发展上的问题比较相似，主要是：情感方面比较内向、羞怯、敏感、有孤独感；行为方面比较孤僻、不喜欢交往、不愿意与他人说话、胆小、任性；认知方面知识面窄、思维能力较弱、缺乏早期阅读体验和科学方面的启蒙；生活习惯方面比较差，缺乏有规律的生活和基本卫生知识，等等。另外，流动幼儿与留守幼儿共同面临严峻的安全问题，发生意外伤害的频率高。据有关部门调查，在被拐卖儿童中，流动儿童居第一位，留守儿童居第二位。

流动幼儿与留守幼儿是我国儿童群体中两个特别需要关注的弱势群体，他们的生活和教育影响到整个社会儿童生存和发展总体水平，也影响到社会的安定和发展，应成为全社会关注的重要问题。针对流动幼儿与留守幼儿的问题，有学者提出了从家庭、幼儿园、政府和社会四个层面解决问题的建议，一是家庭应高度重视其育人功能；二是幼儿园要结合自身实际，建设农村家庭教育支持体系；三是政府应采取积极措施，加大对流动幼儿与农村留守幼儿的支持力度；四是社会各界进一步关注和重视流动幼儿在所在地的入园问题和农村留守幼儿的教育问题，为他们的健康成长创造良好的环境。

第三节　幼儿和教师的相互关系与相互作用

德国学者博尔诺夫认为，把教育者与儿童联系在一起的具体的人际关系具有重要意义。他把这种关系称为构成教育先决条件的“教育关系”，并认为这一关系首先包括对每一个需要教育的孩子充满爱心。在幼儿园教育中，幼儿是教育的对象。教师与幼儿的相互关系和相互作用，就是教师满怀爱心与幼儿之间建立的“教育关系”和在此关系上展开的互动。

一、幼儿和教师的相互关系

幼儿和教师的相互关系问题是幼儿教育理论中一个极其重要的基本问题。幼儿和教师的相互关系是一种什么性质的关系？建立良好的师幼关系的关键是什么？怎么才能建立起良好的师幼关系？这一系列问题是必须明确的重要问题。

（一）幼儿和教师的相互关系的性质

幼儿和教师的相互关系的性质可以从以下两个侧面来理解。

一个侧面是从社会大范围来看，幼儿和教师都是社会的基本成员，其相互关系是一种社会关系，是平等的社会成员关系，是人与人的关系。尽管幼儿年幼弱小，但丝毫不影响这一关系的性质。这种平等的社会成员关系是幼儿园所有人际关系中首要而基本的关系，是幼儿和教师相互关系的基础。因此，把幼儿仅仅视为纯粹的"受教育对象"，看不到他首先是一个"人"，一个与成人完全平等的"人"，是十分错误的。因为幼儿年龄小、不通世事，各方面都不成熟，就不尊重他们，随意专制地体罚他们，无视他们的成长需要而成人中心地强制他们服从，都是不能允许的。正因为此，在教育原则中明确地规定严禁体罚，不准侮辱幼儿人格，反对专制的教师中心，要求建立民主、平等的师幼关系。

另一个侧面是从幼儿园小范围来看，幼儿和教师的关系又不同于一般的社会关系，而是属于一定教育结构中的特殊的社会关系，即教育工作关系中的"师生关系"。社会保障幼儿地位和权利的责任具体化为教师的义务和职责，教师是幼儿生存、发展、学习等权利的主要维护者，幼儿是被保护者；教师作为成熟的社会成员，是代表国家意志的教育者，幼儿是身心均不成熟的、正在发展中的社会成员，是受教育者。由于幼儿与教师在教育中的社会角色不同，在这个意义上教师和幼儿又不是完全平等的。不认识到这一点会导致教师的失职，导致教育上的放任自流。

上述幼儿和教师相互关系的两个侧面是对立统一的，前一侧面要求民主平等的师幼关系，后一侧面要求教师必须义不容辞地担负起教育幼儿、保护幼儿的责任。只有尊重幼儿的教育才是真正的培养"人"的教育；而离开了对幼儿的教育和保护，尊重幼儿就会流为一句空话。因此，如何将这两个侧面加以最恰当地统合，是理解和建立良好的师幼关系的关键。

在幼儿园教育中，教师始终要尊重幼儿，以民主、平等、充满爱心的态度，对每个幼儿认真地进行教育和保育。不管什么教育活动，无论其形式多么新颖，内容多么丰富，教法多么艺术，只要没有以正确、良好的师幼关系为基础，就不可能是好的教育活动。

(二)良好的师幼关系的意义

师幼关系是幼儿园教育中最重要的人际关系，这一关系的质量直接关系着幼儿园教育的质量，关系着每一个幼儿的发展，具有极其重要的意义。

在幼儿园中，教师是与幼儿关系最密切的成人，师幼关系在教育过程中建立和发展，是构成幼儿园教育的核心要素，是影响幼儿园教育质量的最重要的因素。因为幼儿的学习与发展是在"关系"中进行的，幼儿与成人之间积极的、富于激励性的关系是幼儿成长的最好条件。师幼关系是一种带有明显情感性特征的"教育关系"，这一关系的质量不仅对幼儿学习的动机、态度、积极性等情感因素具有重大影响，还与幼儿学习的内容、过程、结果等关系密切。美国幼教专家芭芭拉·鲍曼说:“虽然幼儿能够快速地学习大量的知识,而且学习热情很高,但是他们最终学了什么,学到了多少,主要依赖于与他们互动的成人。”另外,师幼关系对幼儿的社会性发展也具有很大影响。有研究表明,不同的师幼关系将直接影响幼儿入园后对新环境的适应程度,造成幼儿不同的适应状况,师幼关系的特征甚至能够预测幼儿上小学后前三年的适应能力与行为。还有研究表明,师幼关系对幼儿的行为、个性等有明显影响。具有良好的情感与安全性的师幼关系使幼儿在人际交往中更加友好、接纳度高,更少退缩性或进攻性行为,幼儿的自我概念、自信心也发展得更好。

正因为师幼关系对幼儿学习与发展的质量如此重要,所以师幼关系被作为评价幼儿园教育质量的一个重要标准。如美国哥伦比亚大学 C. Howes 教授和 S. L. Helburn 教授从“过程质量”“条件质量”“劳动环境质量”三方面来评价幼儿园教育质量,而其“过程质量”的 5 个标准中,第 1、2 个标准都是关于师幼关系的,特别强调教师的亲和力、亲切感、爱心、对幼儿的态度等。同时,与师幼关系密切相关的班额、师生比、教师的经验等也是“条件质量”的主要内容。再如,全美幼教协会 2005 年公布的“幼教方案标准和认定指标”中,其列出的十大标准的第一条即为“关系”。其中在“建立教师与幼儿之间的积极关系”一项中,要求教师通过身体抚慰和积极情感交流为幼儿营造安全的环境,鼓励幼儿情绪情感的表达,不论是积极、还是消极的;另外,还要对幼儿的非言语信息反应敏感,不使用体罚等。

(三)良好的师幼关系的特征

师幼关系一般被分为积极的与消极的(也有分为肯定的与否定的)两类。良好的师幼关系是积极的或肯定的关系,相反则是消极的或否定的关系。两类关系的区别主要体现在以下三方面:

一是师幼关系中教师与幼儿的地位和角色。在积极的师幼关系中,教师与幼儿的人格是平等的。教师作为幼儿的支持者、合作者、指导者,关爱每一个幼儿,尊重幼儿的主体性、主动性、差异性,积极地鼓励和激发幼儿自身的积极性。而在消极的师幼关系中,教师与幼儿如同提线人与木偶,教师是强制性的主宰者、命令者、监管者,幼儿则是不被尊重的被管控者、被动的接受者与行动者。

二是师幼关系中幼儿的感受。在积极的师幼关系中,幼儿感受到的是温暖、安全、被关爱、被尊重、被理解、被接纳、被鼓励,能够愉快地自由自在地活动,毫无被压制感、受控感;而在消极的师幼关系中,幼儿没有安全感、主动性，总是看教师的面孔行动，如同老鼠怕猫一般，常常担心被批评或被惩罚，感到被冷落、压抑、不被尊重与接纳。

三是师幼关系中教师的行为。在积极的师幼关系中，教师往往通过倾听、对话、交流以及让幼儿感到温暖的身体接触等，与幼儿同感、同乐；给幼儿提供尽可能多的自主选择、决定的机会，激励幼儿自由、自发地活动，宽容地对待幼儿的错误，根据幼儿的需要、兴趣进行引导。而在消极的师幼关系中，教师往往是以权威的面孔出现，过多地发号施令、监督控制、包办代替，无视幼儿的需要与感受。

(四)怎么才能建立起良好的师幼关系

建立良好师幼关系的关键一方在教师，第一推动力来自教师。

首先，教师必须树立正确的儿童观、教育观。能否建立起良好的师幼关系，关键取决于教师怎么看待幼儿。只有具备正确的儿童观，教师才可能爱幼儿、尊重幼儿，这是双方建立良好的相互关系的前提；幼儿园教育是教师通过与幼儿共同生活，帮助幼儿自主地学习与发展，为幼儿一生的幸福奠定基础的过程，而不是成人强制性地灌输、控制、训练幼儿的过程。只有具备正确的教育观，教师才可能摆正位置、定准角色、正确地规范自己的行为，这是建立良好的师幼关系的必要条件。有研究表明，奉行儿童中心教育观念的教师，比奉行教师中心观念的教师，与幼儿个体或小组进行互动的时间更长、频次更多，对幼儿的行为更为敏感，反馈较为及时，形成的师幼关系也相对亲密。

其次，教师必须深入地了解幼儿、理解幼儿、信任幼儿。研究表明，影响幼儿与教师的关系的第一位因素是幼儿自身所具有的特征，如幼儿的气质倾向、行为特征与幼儿的早期的人际关系经历等。因此，教师只有深刻地了解正在成长的幼儿的心灵，理解他们的言行，读懂他们的表现，走进他们的内心世界，关注他们的感受，才能真正与幼儿沟通，让幼儿把教师视为可信赖的大朋友、情感依托的对象，而不是可怕的监管者、训练者或威严的指挥者、命令者，才可能与教师建立良好的关系。“信任”是良好师幼关系的必要条件，德国教育家博尔诺夫认为，教育者对每一个儿童一如既往地表现出的那种完全具体的信任，具有一种使人振奋的和教育人的巨大力量，能够让儿童建立起对自己能力的自信心并心情愉快。

最后，教师必须具有科学的教育知识与方法。在了解幼儿的基础上，教师必须根据幼儿的兴趣、需要、经历、个性特点等，采取恰当的措施与方法，按照幼儿身心发展的规律与个别差异原则，科学地与幼儿开展互动，这是建立良好的师幼关系的保障。

二、幼儿和教师的相互作用

(一)幼儿与教师相互作用的含义与影响因素

1. 幼儿与教师相互作用的含义与类型

幼儿与教师的相互作用是指在幼儿园教育中，幼儿与教师之间发生的一切相互影响的双向互动过程、方式及其所导致的双方心理与行为上的改变。师幼相互作用既不是由教师单向地施加刺激，让幼儿被动地接受，也不是简单地教师作固定的主体，幼儿作固定的被作用的客体，而是双方互为主客体，师幼双方能动的交互作用。幼儿园教育是通过师幼相互作用来实现的，这一相互作用不仅是幼儿园教育的手段、途径，其互动过程本身也是极有意义的教育过程。师幼互动的质量直接影响着幼儿发展的质量，影响着幼儿园教育的质量。

幼儿与教师的相互作用的类型有多种。有的从教师对幼儿的态度角度，划分为积极、消极、中性三个类型；有的从师幼互动的特点出发，划分为温暖型、参与型、支持型、冲突型、控制型；有的按互动的情感特征，分为安全型、依赖型、积极调适型与消极调适型；等等。

2. 幼儿与教师相互作用的影响因素

影响幼儿与教师相互作用的因素很多。主要来自教师与幼儿两方面。

教师方面：由于师幼相互作用是在师幼关系中发生的，因此前述的影响师幼关系的因素，如教师的观念、了解幼儿的深度、教育方法技能的掌握程度等，也包含在影响师幼相互作用的因素中。除此之外，还有教师的专业水平、教育行为以及人格、情感等因素，也都影响着幼儿对教师的信任度、依赖度以及情感疏密度，影响着师幼互动的质量。主要如：教师对幼儿行为和需要的敏感性、把握度及其反馈的及时与适宜，互动中让幼儿感到安全温暖的情感投入程度、共鸣程度，对幼儿的尊重程度、关爱和照顾的细致程度，在互动中教师的诚实、民主、平等、公平等人格因素。另外，教师与幼儿相处的稳定性、与幼儿互动时间的长短、对教育过程的反思自觉性等，也影响着师幼相互作用的质量。美国一研究发现，在幼儿发展水平高的班级中，教师的行为有许多共性。如他们都能根据幼儿的兴趣、个人选择和能力来设计活动；都注意观察幼儿的活动，并在日常活动中充分利用一切教育机会；都能对幼儿的活动提出具体合理的建议，示范有效的交流技能；都向幼儿提出能促进思考的问题，并鼓励他们寻找积极的方式来面对情感问题和解决同伴之间的分歧。

幼儿方面：幼儿早期的人际关系经历，如家庭中亲子关系的体验、与父母之间的情感依恋状况，在托儿班时师幼关系中的情感体验、经历等，都与他们后来在幼儿园的师幼互动特征有很高的一致性。

需要注意的是，在师幼互动中，教师的因素与幼儿的因素会发生相互影响。如果负面因素相互叠加的话，会严重地影响互动的有效性。比如，互动中教师情感投入不够，对幼儿不够尊重，而幼儿又在家庭亲子交往中有负面体验，那师幼互动就很难进入积极状态，师幼相互都会受到消极的影响。教师要特别注意自我调控，针对幼儿的情况，把互动引向积极的、有意义的方向。

3. **师幼互动中要特别注意发挥幼儿的主体性**

在师幼互动中，幼儿是否具有主体性地位，是否具有主动积极的态度，是决定师幼互动质量的一个关键问题。如果教师在互动中控制、包办过多，就会形成不良的、消极的互动，出现诸如这样一些现象：幼儿在互动中总是处于被动状态，完全顺从和依赖教师；幼儿园的活动多由教师单方面发起，而由幼儿主动发起或师幼共同发起的很少；教师对幼儿的约束、批评、惩罚等消极互动和指令型的中性互动多，而激励性的、积极的互动少；教师面向幼儿群体的互动多，而面向幼儿个体的、针对幼儿个别差异的互动少，等等。这样的师幼互动是不利于促进幼儿的发展与进步的。

(二)教师必备的与幼儿相互作用的能力

从影响教师与幼儿相互作用的因素中可以看到，了解幼儿的能力、与幼儿实际地沟通互动的能力，是幼儿园教师非常关键的两种专业能力。

世界上没有两片完全相同的叶子，也没有两个完全相同的孩子。每个幼儿都各有特点，各有长处与短处。了解幼儿是有效互动的前提，因此了解幼儿的能力对教师来说是第一位的。了解幼儿的能力有很多，而鉴于幼儿的特点，则首推观察能力。在了解幼儿的基础上，教师与幼儿沟通互动的水平，特别是针对不同的幼儿进行差异性互动的水平，在很大程度上决定着教育的效果。美国曾有一项研究用 60 个量表对高水平与低水平的幼儿园教师进行了各方面的能力测试，比较的结果发现，二者最明显的差异有两项：观察能力和与幼儿个别互动的能力，如与幼儿个别交谈沟通，体察幼儿的细微变化和需要，及时、恰当地应答或互动的能力等。

下面对幼儿园教师的观察能力与沟通互动能力分别进行阐述。

1. **观察能力**

(1)为什么幼儿园教师必须学会观察

幼儿园教育的对象是幼儿，了解幼儿是教育的基础与前提。由于幼儿用语言表达自己的能力很弱，对其自身状态的把握能力也很弱，这使教师很难主要靠语言去准确地了解他们，特别是了解他们的内心世界。因此，幼儿的特点决定了观察对幼儿教育具有特殊重要性，幼儿园教师必须具有观察能力。蒙台梭利曾说："在我的方法中，教师更多是作为观察者的角色。正因为此，教师必须懂得怎样去观察。"而蒙台梭利自己就被喻为一位"观察孩子如同自然科学家观察蜜蜂一般的女人"。

幼儿园教师每天和幼儿实实在在的密切接触，对幼儿各种行为表现、情感、兴趣、需要等各方面，可以进行长时期、多方面的实际观察，这是了解幼儿最宝贵的第一手材料，其意义是其他任何方法（包括标准化的测验或量表）都难以替代的，具有极高的教育价值。可以说，一个长期认真地观察幼儿的教师是最了解幼儿的人，其对幼儿了解的全面与深入程度甚至可能超越幼儿的父母。曾有人将幼儿比喻为一部摆在教师面前的难读的作品，理解它很不容易，而观察就是读懂这部作品的必由之路。正因为此，蒙台梭利指出，每位教师都要将自己的眼睛训练得如同鹰眼般敏锐，能观察到幼儿最细微的动作，能探知到幼儿最殷切的需要。著名的教育家赞可夫也在《和教师的谈话》一书中说，难道敏锐的观察力不是一个教师最可宝贵的品质之一吗？一个教师如果对儿童的欢乐、兴奋、惊奇、疑惑、恐惧、受窘和其他内心活动的最细微的表现都熟视无睹的话，他是很难成为儿童的良师益友的。可以说，观察是幼儿园教师最重要的一门基本功。一个不会观察的幼儿园教师是绝对不称职的。

（2）幼儿园教师的观察是为了幼儿的发展

理解幼儿是教育的前提，观察则是理解幼儿、打开幼儿心扉的钥匙，任何有效的教育都离不开观察。幼儿园教师为了促进幼儿发展，必须在教育实践中进行随机的自然观察或有计划的观察，观察的结果均服务于幼儿园教育教学的改善与提升。

在随机的自然观察中，教师凭借自身的经验与直觉，仔细观察幼儿，尤其在幼儿没有注意到教师的目光时，去了解他们的情绪、想法、行为习惯以及动作、语言、认知、社会性等各方面的发展水平与状况等，捕捉幼儿发出的各方面的信息。如他喜欢干什么？常常用什么方式做事，能做到什么程度？什么东西容易吸引或分散他的注意力？什么情况下他容易烦躁、生气或着急？什么情况下他会非常满足或很有成功感？等等。通过长期观察基础上的不断积累，教师心中的幼儿就不再是一群模糊的形象，而是一个个鲜活独特的个体。这样，教师就能够在教育过程的一个个瞬间，敏感地对幼儿的情况作出灵活的判断和反应，给予幼儿以恰当的支持。

例 有一位教师这样说：有一次我在班上指导幼儿搭积木，偶然间观察到某幼儿手握一块积木迟疑地望了我一眼，我立刻向他发出了一个赞赏的眼神和微笑，因为我一瞬间产生的判断是，他缺乏勇气，需要鼓励。果然，幼儿从我的反应中似乎得到了对自己的肯定和信心，他笑了一下，便开始将手中的积木小心翼翼地放到已搭成的“塔”顶上。“啊，成功了！”幼儿高兴地叫起来。我迅速走过去，摸摸他的头说：“真棒！再试试，你还能搭得更高的。”

幼儿园教师正是凭借敏锐的随机观察，眼观六路、耳听八方，用心地去体会幼儿以怎样的心情、怎样的动机、怎样的态度、怎样的水平在行动，从而能够看透幼儿的心思，洞察其外部行为所传达的内部信息，准确地掌握哪个幼儿需要及时的支援，哪个幼儿需要暗示性的提醒，哪个幼儿将发生某种行为，哪个幼儿正在进行思考不宜被干扰，等等，并且能够敏锐地抓住那些“可教育的瞬间”，及时而正确地介入到幼儿的活动中去，大大提高了教育的有效性。

再如，在有计划的观察中，教师根据教育的需要而预先拟定出观察项目，列出观察要点，然后在实际的教育过程中，选择有代表性的场景进行观察。教师既可观察幼儿的现有发展水平、个体发展的独特性，也可观察不同幼儿在发展水平、发展速度以及能力上的差异，为制订教育计划、创设教育环境、设计和指导教育活动等做好必要的准备。如果没有这种观察，教育就容易无的放矢，陷入盲目，从而难以满足幼儿不同的发展要求，难以因人施教，实现每个幼儿在不同水平上的发展。

例 一位教师曾有这样的体会：“过去手工活动时，我总是让全班幼儿按我的示范要求统一操作。我的注意力集中在那些大喊不会做的幼儿身上，常常是帮了这个帮那个，忙得无暇顾及其他幼儿。后来我尝试观察幼儿的操作水平，从小肌肉的发展入手，列出观察要点，对幼儿分批观察。结果，发现幼儿的小肌肉在灵活性、协调性等方面差异很大。积累了一定的资料后，再经过进一步分析、比较，我将全班幼儿小肌肉的发展水平分为了5等。哪个幼儿能做什么、能做到什么程度、通过指导又能做什么，我大致都心中有数了。后来布置任务或为幼儿提供选择材料时，我都能够按照幼儿的不同水平进行引导、提出要求，基本上让任务难度略高于他们的现有水平。”

可见，有效地促进幼儿发展的教育是以教师认真细致的、耐心的观察为基础的。这个例子还说明，教师通过观察不仅能够了解幼儿现在的水平，还能触摸到不可见的幼儿发展的“下一步”，即“最近发展区”。这是促进幼儿发展最有意义的然而又很困难的课题之一。教育既要促进幼儿发展，又不能操之过急，拔苗助长。如何把握这个“度”？对教师来说，解决这个难题最可行的方法就是对幼儿进行长期的、深入的、细致的观察。每个幼儿的现有水平和“下一步”都不相同，只有观察才能去发现和把握，使教育建立在每一个幼儿发展可能性的基础上。

为了确保幼儿园教师以观察促发展，还需要特别注意两点：

一是要重视提高观察的实际效果，避免形式主义，不要让过多的形式占用了教师的实际观察的时间和精力。如有的教师迫于规定，每天必须生硬地完成一定的观察次数、填写过多不必要的观察表格或意义不大的观察记录等。这样做的结果极易造成教师因疲于应付而无力进行认真的观察，或者为观察而观察、为记录而记录，而难以真正认真地观察、分析与思考观察得到的信息，从而不仅影响观察的实际效果与教育价值，也不利于教师观察能力的提高。例如，教师观察到了不同幼儿的诸多差异现象，也进行了记录。但是，如何理解这些差异？这些差异究竟意味着什么？它们传递出幼儿发展上的哪些信息？我们的看法是否符合幼儿的真实状况？下一步还需要做哪些进一步的观察或验证？……这些都需要教师在观察中和观察后进行认真的思考、分析、研究。如果形式的东西太多，让这些实质性的重要环节薄弱化、甚至缺失的话，那么，观察就会成为浮光掠影地走过场，教师对幼儿的理解也会流于表面、流于肤浅，甚至可能错误地解读幼儿。这样一来，通过观察来促进幼儿发展的目的就无从谈起了。

二是正确定位幼儿园教师的观察。幼儿园教师在一线进行的观察，无论就其观察的目的，还是观察的内容、方法等，都不宜生硬地与科研人员的观察进行攀比。后者往往是针对某一科研目的而选择观察对象，在比较集中的短时期内，安排特定的观察情境，强调标准化观察工具，重视对结果进行精确的数据分析，等等。而幼儿园教师的观察没有必要那样强调所谓“标准化”“数据化”，而应当按照幼儿园教育的规律，让教师的观察在一日生活的常态中进行，惠及每一个幼儿。特别重要的是，要高度地尊重幼儿园教师日常观察的价值，而不能对之抱以轻视的态度。日本教育家仓桥先生说：“幼儿园教师靠自己的观察来洞悉幼儿的内心世界，比起用专门的方法来调查幼儿要困难得多。不是谁都可以用这样的方法来正确地了解幼儿的。”教师所具有的这种“穿透幼儿内心的洞察力”是非常宝贵的，它是教师专业能力的主要体现。幼儿园教师长期的持续的观察积累，是全面地真实地了解幼儿、教育幼儿的极其重要的、宝贵的资源，也是正确地评价幼儿发展的可靠依据。美国幼教专家丽莲·凯茨认为，对于学前的孩子而言，3～4 周的观察就可能提供一份足够的样本，这份样本可以对重大的发展结果作出可靠的预测。因此，幼儿园应根据自身的特点，根据教师的实际水平与工作条件，科学地开展观察，让观察真正能够达到促进幼儿发展的目的。否则，不仅容易给教师造成巨大的压力与工作负担，也未必符合幼儿园教育的实际需要。

(3)观察要全面、真实地了解幼儿

为了提高观察的正确性、准确性，以更全面、真实地了解幼儿，必须注意：

①在正确的教育观、儿童观的指导下进行观察

观察是一种能力。然而在这种能力的后面，观念起着重要的、甚至支配性的作用。爱因斯坦曾经说过："你是否能够观察某物，依赖于你所运用的理论。正是那种理论决定了你可以观察到什么(Whether or not you can observe a thing depends on the theory you use. It is the theory that decides what can be observed.)"教师有什么样的教育观、儿童观，不仅影响教师观察的动力，也明显地影响观察的结果与分析，进而影响教师的行为。只有对幼儿怀着敬畏感的教师，才会潜心地认真地去观察他们，渴求了解他们；只有尊重幼儿的教师，才会耐心地观察幼儿的行为，并思考其每一个行为的意义；只有相信每一个幼儿都具有发展潜力的教师，才会始终保持旺盛的观察兴趣与热情，在观察中快乐地体味每一个幼儿的独特之处。如果眼中没有幼儿，没有对幼儿的爱，没有对教育的信念与责任，即使天天与幼儿在一起，也会视而不见，难以走进幼儿的内心世界，难以正确地真实地了解他们。

②不戴有色眼镜看待任何一个幼儿

由于观察者主观意识的影响，观察结果难免不受到干扰。如教师对幼儿存在某种成见或偏见，或基于自己头脑中的认识偏向，就容易对观察到的情况先入为主地判断，发生误解误判。因此，教师在观察时，要尽可能避免头脑中固有印象的干扰，克服歧视，一视同仁。观察记录也要注意避免想当然的描述、武断的解释、评价等。避免使用"我觉得……""我认为……""看起来像是……"等语句。

为了保证观察的真实，还需要让幼儿的活动状态、行为表现等尽可能地免受干扰。蒙台梭利曾经说过："当深入到生物体的栖息地时，为了准确地观察到它的一切活动，是不会去惊动它的。"观察幼儿同样如此，外部的干扰常常会影响幼儿的表现，特别是教师的言行易对幼儿形成某种暗示，幼儿也倾向于做出一些引起教师关注或肯定的表现。因此观察时不要惊动幼儿，不要轻易打扰他们的活动，以免影响观察的真实性。一般来说，在日常生活、自由游戏、自发活动中，幼儿的兴趣、个性、能力以及行为特点、习惯等最容易自然地真实地表现出来，是教师观察了解幼儿的好机会。

③严谨地多角度地分析观察结果，不妄下结论

观察结果的分析是一件非常专业、难度很大的工作，根据观察结果做推测、下结论须十分谨慎，否则容易造成误解误判。这一是因为解读幼儿行为背后的动机并非易事，即是说，要理解幼儿的行为的意义对教师的专业能力是不小的挑战；二是因为幼儿的表现非是在真空状态下产生，而是多种因素交互作用的产物，往往受家庭、幼儿园和其他环境因素的影响，具有极大的复杂性、差异性。所以要理解幼儿的某种行为意味着什么、为什么会出现这种行为，必须进行多渠道、多角度的全面考察与分析；三是幼儿的行为表现不稳定，易随情境、活动等变化。即是说，对幼儿某一刻的观察、一次性的观察或对其某一活动的观察，其结果都未必能够反映幼儿的真实状况。因此，为避免以偏概全，往往需要作进一步的验证性观察，如在不同情境中再进行多次观察，有充分的证据后再下结论。

(4)利用《指南》发展观察能力

《指南》提供了各年龄段幼儿在各发展领域目标下的典型表现，为教师全面的观察和了解幼儿提供了一个可参考的清晰框架，可作为教师学习观察、提高观察能力的好帮手。如《指南》“数学认知”目标 2：“感知和理解数、量及数量关系”，3～4 岁幼儿的典型表现是：

①能感知和区分物体的大小、多少、高矮长短等量方面的特点，并能用相应词表示。

②能通过一一对应的方法比较两组物体的多少。

③能手口一致地点数 5 个以内的物体，并能说出总数。能按数取物。

④能用数词描述事物或动作。如我有 4 本图书。

小班教师可以在日常生活中、游戏以及其他活动中，借助这几项作为抓手，观察幼儿的言语、行为、活动中的表现，大致了解幼儿的数概念发展水平，从而为下一步开展有针对性的教育打下基础。

2. 与幼儿沟通互动的能力

没有沟通就没有相互作用。沟通与观察不同，它需要一种相互性，需要相互了解、理解、彼此接纳，从而在双向交流中互相协调、互相影响。沟通互动是实施教育的重要途径与手段，也是丰富多彩的教育过程。沟通互动能力在世界各国都被列为幼儿园教师的基本功而受到高度重视。在我国的《幼儿园教师专业标准(试行)》中，“沟通与合作能力”被列为教师的七大专业能力之一。

下面简述几种教师与幼儿的沟通互动方式。不论哪种方式都需要一个安全、温暖、可信赖、无拘束的交流环境，都需要教师在尊重、了解幼儿的基

础上以主动、平等、信任的态度与幼儿交往。

(1)教师与幼儿非言语的沟通互动

在幼儿园教育中，非言语的沟通互动方式之所以重要，其主要原因，一是对幼儿来说，动作比语言容易理解。教师的微笑、点头、抚摸、搂抱、蹲下与幼儿交流、看着幼儿的眼睛倾听他们说话的态度与行为等，远比言语更容易让幼儿体会到老师对自己的尊重、爱护、关心、肯定、鼓励等。二是幼儿非常需要教师直接的身体接触。心理学实验表明，身体肌肤的接触有利于安定幼儿的情绪，让幼儿感到温暖、安全、愉悦等。比如，对一个知道自己做错了事、充满害怕情绪的幼儿来说，如果教师微笑着搂抱他一下，亲切地摸摸他的头，那远比说一句“老师原谅你”更能让幼儿从紧张状态中解放出来，更能让幼儿心情爽快，理解到“老师原谅我了”。三是幼儿语言的发展尚不充分，非言语信息是他们表达的重要手段。因此，教师必须善于敏感地发现、接受、理解来自幼儿的非言语信息。如幼儿的表情、状态、笑声或哭声、动作或行为、图画或手工作品等，都可能表达了他们的身心状态，展现了他们的认知动向、水平，表露、发泄或传递了他们内心的感受、情感需求、心愿以及探索的欲望等。捕获并读懂这些信息，“善解人意”，是教师与幼儿沟通互动必不可少的能力。非言语的沟通互动在生活中、各种活动中都可以随机地进行。如在作业课上，教师如果能读懂那些想发言又怕发言的幼儿的表情、状态、动作等所发出的信息的话，就能及时了解他们的想法，心有灵犀一点通，即刻以鼓励的表情、动作给幼儿举手的勇气、挑战自我的信心。

此外，教师参与到幼儿的活动中去也是沟通互动的重要途径。在与幼儿一起活动的过程中，教师往往能与幼儿的心情和感受产生切实的共鸣，获得真实的、具体的体验。日本一位教育家说，当一个孩子热心地不断重复一种行为时，不要轻易地否定这一行为，而要相信它对这个孩子来说一定具有某种意义。如果教师也学着孩子那样，一起做一做，认真体会一下，那就能与孩子共享这一行为的乐趣了。只有在这样的时候，成人的内心才会产生与孩子心灵沟通的真实感。

(2)教师与幼儿言语的沟通互动

教师与幼儿的交谈，特别是个别或小组中的对话，是与幼儿沟通情感、心灵交汇的重要途径，是师幼沟通互动的重要手段。言语的沟通互动需要教师在抓住机会、选择话题、引发和延续对话、激发和保持幼儿对话的兴趣和积极性等环节上，具有丰富的经验技巧、灵活机智的策略。当然，最需要的是教师对幼儿的爱与尊重，以及想理解幼儿的那分渴望。

在幼儿园中，在师幼的言语沟通互动方面通常存在下列问题：

①教师一般习惯于自己讲幼儿听，总认为自己讲的是有价值的，而对幼儿的见闻、感受、提问等缺乏共鸣，常不予理睬或随便搪塞，很少有真正的双向交流。

②教师缺乏倾听的耐心与对幼儿的尊重，尤其在幼儿口齿不清、谈话内容含糊、语法错误多、说话声音小的时候。那些所谓调皮的、不乖巧的、内向少言的幼儿也常常遭到冷落。

③教师对幼儿不甚了解，妨碍对话的开展。如不了解幼儿的兴趣、经验、生活中的热点以及语言发展水平等，抓不住适宜的交流话题；在对话过程中，由于教师以为幼儿理解了自己的话，其实幼儿并没有理解；教师以为自己理解了幼儿的话，其实并没有理解，结果对话达不到沟通的目的。

④在教师对幼儿的对话内容中，往往批评、否定多于表扬、肯定，中性的指令或任务布置等多于情感、经验的交流和分享。

⑤不少教师缺乏与幼儿言语沟通互动的技能，特别是对话中吸引幼儿的注意力、灵活地维持对话的技能等，使对话经常难以持续下去。

⑥师幼对话多在集体活动场合进行，且常是教师提问、幼儿回答的形式。日常生活中随机地有意识地进行的对话很少，师幼之间的个别沟通互动也不多。

不难看到，要提高与幼儿言语沟通互动的质量，最根本的是教师从权威的、教师中心的地位转到与幼儿平等交流、分享的地位，真正地尊重幼儿，面向全体幼儿，对所有的幼儿一视同仁，并在此基础上，花大力气提高与幼儿言语沟通的技能，这是幼儿园教师专业成长的十分重要的内容。关于与幼儿对话沟通的技能主要有：

①引发交谈的技能。例如，能够及时发现幼儿个体或群体的感兴趣的适宜话题，善于敏锐地抓住时机，创造气氛，激发幼儿交谈的欲望，鼓励幼儿主动地说自己想说的事；预设话题时，能选择幼儿理解的、共同感兴趣的、有话可说的、有意义的话题，并能用多种方法把幼儿愉快地引入对话之中；善于从幼儿喜欢的电视节目、故事、卡通形象、玩具、图书等切入，以与幼儿共鸣的态度，一起议论并自然地引导话题的走向；重视利用日常的多种机会，培养幼儿想说、敢说、喜欢说的习惯，注意为幼儿创造自由交谈的条件，提供自由交谈的宽松氛围和机会；对那些内向、羞怯的幼儿，能用游戏的或其他有趣的、轻松的方式，引发交谈等。

②倾听的技能。例如，用恰当的言语或非言语方式，如专心的耐心的态度，不时的语言、动作或表情的呼应，热情地接纳和鼓励幼儿谈话、提问；不随意打断幼儿的话，让幼儿产生“老师很喜欢听我说”“老师对我的话很感

兴趣”“老师觉得我的问题很有意思”的喜悦感和自信心，并相信老师是自己随时可以自由交流的对象(参见图 4-1)。

图 4-1　认真倾听幼儿的谈话

③扩展和维持对话的技能。例如，在对话中适当地向幼儿提供必要的信息或提出问题，既扩展谈话的内容，又不让幼儿跟着老师转；给幼儿的谈话提示或补充必要的词汇、事件或问题，支持和引导幼儿把谈话延续下去；在开展小组对话、讨论时，既允许幼儿自由组合，也适当考虑经验、语言水平、性格等不同幼儿的搭配，考虑小组幼儿的人数、同伴关系状况等，因为这些因素显然都制约着交谈的进行；预想可能出现的情况，准备好对策。比如，冷场时能够想办法激发交谈，交谈过于热烈时，又能够恰当地控制局面，而毫不打击幼儿的谈话积极性；当有的幼儿注意力分散时，能够用多种方式巧妙地把他们吸引到讨论中来；当交谈跑偏时，能够自然地把话题拉回来，又不让幼儿感到扫兴；等等。

④面向全体、注意差异、有针对性地与幼儿个别沟通互动的技能。例如，善于倾听、理解各种不同特点幼儿的谈话，并能有针对性地选择不同的话题、方式、词汇、语速等，有效地与幼儿个别沟通；在集体性谈话活动中，既能面向全体，让爱说、会说的幼儿得到表现，又能给语言发展不佳的幼儿提供表达的机会，给予他们鼓励与肯定。

⑤结束交谈的技能。例如，能适时地结束谈话，既不影响其他活动，又让幼儿心情愉快、获得满足感；能让言犹未尽的幼儿不但不感到遗憾或失望，而且还相信并期盼下一个机会。

(3)促进幼儿之间的沟通互动

教师的沟通互动能力不仅表现在直接与幼儿沟通互动上，同时也表现在促进幼儿之间的交流沟通上。

幼儿之间的沟通互动对幼儿的发展非常重要，而这一沟通互动水平受到幼儿的社会性发展、认知发展、语言发展等方面的制约，特别是口语交流能力的制约。口语交流对幼儿的发展具有非常重要的意义。每一个幼儿在与别的同伴谈话时，都要依照对方的反应而作出反应，既要清楚地表达自己的意思，又要呼应对方、理解对方。即是说，幼儿之间的口语交流能极大地促进幼儿的社会性、智力、语言、交往等方面能力的发展。因此，促进幼儿之间的沟通互动可重点促进幼儿之间的口语交流。

然而，由于幼儿之间的口语交流一直未受到足够的重视，致使教师这方面的专业发展不近人意。常见的问题是，教师不太了解幼儿之间言语交流的重要性，甚至认为幼儿之间的交谈是瞎扯，影响活动，浪费时间，没什么意义；幼儿园消极地限制幼儿自由交谈的时间与空间，缺乏积极的引导与应对。如吃饭时一律不准交谈，作业课上一律不准交谈，集体或小组活动中只能按教师规定的话题谈，等等。结果，许多幼儿园里都出现了一种奇怪的现象——幼儿喜欢上厕所，一进去就好久不出来，原来他们在厕所里“自由自在”地交谈。

幼儿的口语交流活动多发生在日常生活中、游戏中，既有自发的，也有教师预设的或间接引发的，或教师与幼儿共同发起的。促进幼儿之间的口语沟通是教师沟通能力发展的重要指向。为此，教师需要重新认识幼儿口语沟通的意义，特别是幼儿之间自由自发交谈的价值，切实地转变观念；对幼儿的口语交流，特别是自由自发交谈的诸多问题进行认真的研究。如幼儿喜欢谈论什么话题？他们的交谈常在什么地方、什么场合发生？班上幼儿在口语交谈上各有什么特点或问题？幼儿园的时间、空间安排是否适应幼儿之间口语交流的需要，哪些环节需要改进？在集体交流或小组讨论上，教师以什么样的角色出现，易推进幼儿的交谈？怎样才能保证每个幼儿都能参与？阻碍幼儿主动地真实地开展交谈的原因有哪些？什么样的组织形式、多大的交谈规模最有利于幼儿充分地有质量地表达交流？等等。同时，要提高教师有关的专业意识与技能。如丰富教师在激发幼儿的交流欲望、发展幼儿的听说能力、提高幼儿的交流水平等方面的方法与策略；发展教师的反思意识与能力。比如，根据幼儿的活动表现，反思幼儿园作息中时间与空间的安排是否合理，是否有利于幼儿之间开展自由交谈，而不是压制束缚他们；又如，根据交流过程中出现的诸如胆小的幼儿不参与、不敢说，而想说、敢说的幼儿又难有机会说，幼儿不能耐心倾听、或注意力转移、或互相争抢着说，随意打断对方等问题，反思活动的组织形式是否适宜、人数是否过多、指导是否忽视了差异性等，并在分析原因的基础上，提出下一步改进的办法。

在促进幼儿之间的沟通上，如何利用幼儿之间的冲突来发展幼儿的沟通能力，是教师经常面对的棘手问题。幼儿的冲突是其沟通不畅的最激烈的表现形式，常常因为一些小事而发生。冲突时，幼儿双方都很难倾听对方的理由或诉求，甚至连老师的话也听不进去。因此，教师此时用什么样的言语和非言语方式来应对，很能反映出教师沟通互动的水平。好的教师既能较快地与冲突双方沟通，让幼儿都感到老师是理解自己的、是公平地对待自己的，又能有力地影响幼儿的认识与行为，促进冲突双方去相互理解、沟通、接纳，还能让幼儿通过冲突获得社会性、语言、交流以及认知等多方面的进步(参见第三章第四节第三部分丽莲·凯茨所举的案例)。需要看到，这样的教师一方面具有灵活高超的应对能力，另一方面是“功夫在诗外”，靠教育的长期效应发挥作用，而并非只是冲突发生后就事论事地处理调解，简单地平息事端完事。如他们一贯地通过日常生活或多种活动，为幼儿提供学习合作、分享、互相尊重的机会或模仿榜样；让幼儿认识到他人的行为举止、爱好或情感不一定和自己是相同的，应当相互尊重；让幼儿有机会体验争执而不解决问题所造成的失败或失望，从而主动地学习简单而有用的对付冲突的办法、技能，体验“商量”“对话”的价值；等等。由此可以看到，促进幼儿之间的沟通是贯穿于教育全过程的，教师的这一专业能力需要长期多方面的历练、积累，而决不仅是学习几招临时“应急”的技巧。

需要注意的是，上述的各种与幼儿沟通的方式是很难截然分开进行的，在师幼的沟通互动中，它们常常结合在一起多管齐下。从上述的“促进幼儿之间的沟通互动”不难看到，要让幼儿之间交流互动起来，教师言语的、非言语的“给力”是必不可少的。从良好的师幼沟通的原因调查也可看到，幼儿认定的喜欢与老师互动的理由主要是：老师经常表扬我、经常叫我回答问题、经常叫我分玩具或做事情、经常摸我的头、总是对我笑、总叫我“小宝贝”或好听的名字、经常牵我的手、老师声音好听、从不吵我、经常与我说话、经常给我梳辫子或穿衣服，等等。这说明，教师热爱关心幼儿、尊重信任幼儿、肯定和鼓励幼儿的所有言语的、表情的、动作行为的互动等，都有利于幼儿对教师产生良好印象，从而保证师幼沟通的顺畅。

(三)幼儿的“学”和教师的“教”

幼儿园的“教”与“学”是幼儿园教育最核心也是最基本的构成，而“教”与“学”的本质就是教师与幼儿的相互作用。可以说，幼儿园教育过程是由师幼之间的每一个互动组成的，是通过师幼互动来实现的。

教师的“教”与幼儿的“学”是不可分割地交织在一起的，因此，幼儿园教育是教师和幼儿的共同活动，必须靠二者的合作才能够顺利进行，离开了二者中的任何一方都是不行的。作为幼儿园教师，不仅要了解怎么教，还必须要了解幼儿的“学”。不了解幼儿的“学”，就不可能有效地“教”。

1. 幼儿的“学”

(1)什么是幼儿的学习

关于幼儿的“学习”，尽管不同的理论、不同的教育价值观有不同的界定，但是基于现代儿童教育学、心理学、儿童发展理论以及学习科学的研究等，对幼儿学习的理解已经达成了广泛的共识——幼儿的学习就是幼儿通过自己特有的方式(主要是游戏)与周围环境互动的过程，是幼儿主动地探索周围的社会环境、自然环境和物质世界的过程。

这一看待幼儿学习的观点与人们习惯的对“学习”的理解似乎并不一致。通常一提到“学习”，往往仅与读书、写字、做作业、听课等学业活动联系起来，把学习局限于学业学习，这种对学习的看法属于一种狭义的学习观，适用于理解某些阶段、某些类型的学习。但是，狭义的学习观不适合幼儿的学习特点和学习方式，如果这样来理解幼儿的学习的话，是完全不适宜的。

长期以来，在应试文化影响下，幼儿学习被严重地狭隘化、“小学化”。在幼儿教育中，学业知识被当作是唯一的学习对象与学习内容，读、写、算被作为是“正规”的学习方式，而幼儿的玩沙玩水、看蚂蚁、捉蜗牛、学习穿衣吃饭技能之类的活动都通通被排除在学习之外。已有许多实例表明，如果把幼儿的学习“小学化”，仅仅局限在反复的练习认字、写字、做算术题上的话，会严重地破坏幼儿的学习兴趣，对其全面而可持续的发展是非常不利的。看待幼儿的学习必须持一种广义的学习观，这是幼儿的年龄特征、认知特征、所持经验的特征及其身心发展规律所决定的。在幼儿园中，如果教师没有树立正确的幼儿学习观，在教育实践中，就容易不知不觉地用狭隘的学习观误导幼儿的学习，甚至误导幼儿的观念。

幼儿园教师必须转变学习观，树立适合幼儿特点的广义学习观。只有转变了学习观，才能对幼儿新的学习的产生保持高度的敏感；才能“善于发现幼儿感兴趣的事物、游戏和偶发事件中所隐含的教育价值，把握时机，积极引导”(《纲要》)；才能真正认识幼儿游戏的价值，促进幼儿展开多元的个性化的学习；才能深入研究和发现幼儿学习的特点和规律，更深刻地认识和保障幼儿学习的权利，创造更多适合幼儿的高质量的学习机会和条件，实现更有效的“教”和“学”。

(2)幼儿学习的特点

幼儿的学习不同于中小学生，有许多独特之处，主要表现在：

①以直接经验为基础

以直接经验为基础而不是依靠教科书来学习，是幼儿学习区别于中小学生的最大特点之一。由于处于人生初期的幼儿缺乏关于自身、他人、社会与自然等所有方面的经验，因此，与周围环境中的人和物接触、互动，通过多种感官实际地感知、体验，积累直接经验，对于幼儿非常必要，这不仅是幼儿现实发展的需要，也是为其后继学习打下基础。蒙台梭利非常重视幼儿感知觉——幼儿获得直接经验的主要“工具”——的发展，她把感知觉教育作为幼儿教育最重要的内容。认知心理学家皮亚杰强调直接经验对幼儿知识建构的重要性。他告诫教师：“教不等于告知。（Teaching is not telling.）”幼儿必须利用自己的知觉经验和具体形象的学习活动来学习；美国一教育专家反对以书本知识、多媒体替代幼儿接触真实的世界，他深刻地指出：“书本可以用文字或插图来描绘出有着清澈小溪和腐败沃土的世界，但是没有哪本书可以替代观察真实世界的价值。书本和其他材料可以帮助孩子将这些深刻的印象和体验一同记在心里，但是这都必须建立在直接观察和亲手实践的基础之上。”

②以好奇心、兴趣为主要驱动力

幼儿是天生的学习者，与生俱来的好奇心与不断增长的兴趣是幼儿学习动机中最重要的成分。这一学习驱动力是内源性的、具有极大的能量，驱使着幼儿如饥似渴地学习与探索。“兴趣是最好的老师”，即使是成人认为极有价值的内容，或是对幼儿未来极有意义的目标，在未转化为幼儿现实的直接兴趣指向之前，是不可能成为幼儿学习的对象的。关于大脑发展的研究也表明，幼儿的学习与情绪情感密切相关，而满足其好奇心、符合其兴趣的活动最能够激发他们积极的情绪情感。因此，幼儿园教育必须保护幼儿宝贵的好奇心，尊重他们的兴趣，让幼儿在当下的学习中获得快乐感、满足感，否则幼儿将失去学习的热情，甚至变得厌学、弃学。

③生活化的学习

在日常生活中学习生活，是幼儿学习的重要特点。即是说，生活既是幼儿重要的学习内容，又是幼儿重要的学习途径。凡是幼儿为生存、生活所必需的一切生活知识、技能，都应当、也必须让他们在生活中学习并掌握。即是说，让幼儿在生活中学习，在学习中生活。幼儿园教育必须重视一日生活各环节的价值，而不能片面地偏重学业知识的灌输，或脱离幼儿的实际生活，孤立地进行机械的训练。

④玩中学

幼儿的学习主要不是以坐在教室里听讲的方式进行的，游戏是他们基本的学习方式，是他们充满丰富想象与创造的最有意义的学习过程。日本幼教工作者本吉圆子说“孩子非常热心于游戏。正因为孩子有这样的热情，才会从游戏中得到成长。他们并不只是单纯地玩着高兴，而是专心地投入到一件事当中。”英国学者在《游戏的卓越性》一书中指出，幼儿通过游戏，“使自己内在的生命和外在的现实相互协调，在游戏中儿童逐渐形成了偶然关系的概念，并且习得了区分、判断、分析、综合、想象和表达的本领。儿童沉湎于自己的游戏和游戏中获得的满足感，形成集中注意的习惯，并且迁移到其他学习中去。”

⑤做中学

由于幼儿学习以直接经验为基础，因此动手做是幼儿重要的学习方式。幼儿主要不是通过书本或通过记忆大量抽象的符号来学习，而是通过实际操作、亲身体验，去模仿、感知、探究，逐步地建构自己的理解与认识。美国教育家杜威一直倡导“做中学”，“做中学”符合幼儿爱动手的天性，符合幼儿的兴趣，对幼儿来说，“从做中学要比从听中学更是一种较好的方法”。我国幼儿教育家陈鹤琴先生认为，“做”是幼儿学习的基础，必须“做中学，做中教，做中求进步。”日本幼教专家本吉圆子也说：“孩子仅仅聆听语言的说明是不能学到东西的。孩子要通过自身整个身体与外界事物的接触才能得到教育。通过手及身体的接触使身心和头脑运作起来。”

⑥学习内容的启蒙性、广泛性、综合性

在学习内容上，幼儿与中小学生的最大区别在于，后者主要是学习学科知识，即围绕分科的学业知识分门别类地进行学习。而幼儿的学习内容则是广泛的、综合的，通过生活、游戏与其他活动，幼儿不仅学习初步的科学、数学知识，阅读图书或学习弹琴绘画等技能，还包括学习幼儿生存所需的吃喝拉撒睡的知识、技能、习惯，如使用筷子吃饭、养成不挑食偏食的好习惯、学会独立如厕、按时作息、自己能做的事情自己做，等等。同时，还必须学习社会生活所需的各方面的技能、能力，如与同伴交往、合作、一起游戏的技能，发展亲自然、亲社会的情感与态度等。而且在学习中，幼儿的经验是互相连接的，不是彼此孤立的或割裂的，他们的生活、游戏和其他所有的活动都不是划分为一个个学科来进行的，综合地学习不仅符合幼儿的学习实际，也能够让幼儿的学习取得更好的效果。

人生早期的学习具有奠基性的意义，其质量优劣对人一生的学习和发展都有重要影响。教师必须遵循幼儿学习的规律与特点，“珍视游戏和生活的独特价值，创设丰富的教育环境，合理安排一日生活，最大限度地支持和满足幼儿通过直接感知、实际操作和亲身体验获取经验的需要……”(《指南》)，激发、保持并发展幼儿的学习兴趣与动力，创造一个充满爱和尊重的、富于理解和激励的、宽松而安全的、积极互动的环境，科学地促进幼儿在学习中动手动脑、感知体验、交往合作、探索创造，坚决地反对把幼儿学习扭曲为狭隘的知识灌输或机械的技能训练等反科学、伪科学的做法。

(3)影响幼儿学习的内外因素

前面已经谈过了，幼儿的发展离不开自身的和环境的条件，幼儿的学习同样如此。

①影响幼儿学习的外部因素

家庭条件——如家长的观念、文化程度、育儿态度与方式，家庭的经济条件、人员结构、环境状况等；

幼儿园教育水平——如幼儿园文化、风气、教师的专业水准等。而其中，教师的专业水平、性格、态度、教育技能等，对幼儿学习有决定性的影响；

幼儿园环境条件——如环境的氛围、人际关系对幼儿身心的适宜程度（是否让幼儿有安全感、归属感，是否温馨等），物质条件、设备设施的好坏等（如活动室的配套、户外场地的大小、玩具和材料的质量等）。

②影响幼儿学习的内部因素

内部因素主要有两方面，即智力因素和非智力因素，二者相互联系，相互影响。

智力因素主要有：幼儿的注意、记忆、思维、理解、推理能力；表现、想象、创造能力；语言能力；知识、经验水平等。

非智力因素主要有：

主动性。主动性是内在于儿童的生命之中的。幼儿的学习如果不是“我要学”，而是强迫下的“要我学”的话，是没有什么效果的。主动性强的幼儿能够积极地学习，主动地与老师和全体小朋友交流，在困难面前能想办法，独立性较强，对学习非常有利。

学习兴趣、好奇心。这是幼儿最宝贵的学习动力，它使幼儿渴望认识世界，喜欢探索、交往、自我表达，使学习充满愉快和满足。幼儿的好奇心、兴趣如果被压抑或扼杀的话，他们将失去全部的学习热情。

自信心。这是直接影响幼儿学习态度的重要心理素质，缺乏自信的幼儿会在学习中畏缩不前，回避挑战，自卑依赖等。

坚持性。这是学习必需的一种意志品质。有的幼儿遇到困难仍继续努力，而有的幼儿却很轻易地放弃，这就是坚持性的差异。没有坚持到底的精神是不可能在学习上达到高标准的。

一般来说，智力因素较容易受到关注，不少教师、家长也对开发幼儿智力非常感兴趣，片面地认为幼儿只要聪明就能学习好，而对非智力因素却不大重视，这是一种十分错误的认识。

（4）关于兴趣

什么是兴趣？兴趣是动机的一种形式，是动机中最活跃的因素，是具有先天性情绪色彩的、积极探究某种事物的认识倾向。由于兴趣在幼儿学习中占有重要地位，因此，必须对幼儿的兴趣有全面的正确的理解与认识。

首先，如前所述，兴趣是幼儿学习动机的第一要素。因此，幼儿教育必须建立在高度重视幼儿兴趣的基础上。这不仅因为幼儿的兴趣能够引发强烈的学习动机，有利于教育活动的有效进行，更重要的是，这是对幼儿人格、权利的尊重，对幼儿主体性、个性的尊重。忽视幼儿兴趣的教育决不是以“幼儿为本”的教育。

不过，需要特别注意以下两点：

一是不要把重视幼儿的兴趣与追求“兴奋”混同起来。美国幼教专家丽莲·凯茨针对兴趣与兴奋的混淆对幼教的不良影响这一问题，深刻地指出：兴奋不等于兴趣。兴奋是一种异于常态的反应或行动。经常诱发幼儿的兴奋，把本应是手段的东西变成了“目的”的话，就会使幼儿养成依赖或期待不断刺激的习惯，剥夺幼儿自行产生出有趣的、有意义活动的能力，且让他们只能获得短暂的欢愉和兴趣。好的教育性活动不仅能了解和捕捉幼儿短暂的兴趣，更重要的是引发和培养持续而稳定的兴趣。兴奋中的学习往往很快被丢弃、遗忘，而幼儿感兴趣投入的学习则具有持续性特点。能长期吸引幼儿的是活动中深度的满足感，而非一时的兴奋。

二是要认识到“兴趣只是能力的信号”这一天赋资源极不稳定，必须培育其健康地发展。如果“只是放任儿童的兴趣，让他无休止地继续重复下去，那就是放任他的本能而不是在运用它。”(杜威)幼儿的兴趣固然很重要，但是不能陷入为兴趣而兴趣的误区，要“掌握它并善于引导，给儿童很多机会从事真正的学习，使之发展，使之更有益”，否则把引发兴趣误作为教育追求的目的，会忽视幼儿实际能力的真正发展。

其次，重视幼儿的兴趣不等于机械地固守幼儿兴趣。一要看到幼儿的兴趣是变化的、发展的，不是一成不变的。“兴趣和天赋并不是固定不变的量，而是在很大程度上取决于整个历史状况以及有关人的特殊生活状况。”[①]时代不同、社会生活不同、文化或个人经历不同等，都会影响幼儿兴趣的形成与变化。因此，好的教育必须研究当今幼儿的兴趣特点，关注不同幼儿的兴趣差异。二要正确认识兴趣与学习的关系。正如美国教育心理学家奥苏贝尔所说：“动机与学习之间的关系绝非一种单向性的关系。”不应视兴趣为学习的绝对先决条件。幼儿以兴趣为学习动力，学习又会增强兴趣，并产生新兴趣。即是说，兴趣与学习是互为因果关系的。因此，必须既重视幼儿已有的兴趣，又不断培养新的更广阔的兴趣。兴趣的扩展是幼儿自身发展的需要，

---

① ［德］博尔诺夫著：《教育人类学》，14页，李其龙译，上海，华东师范大学出版社，1999。

是幼儿发展的重要部分，不必一味消极地等待幼儿兴趣的自发产生，引导幼儿兴趣的发展同样很重要。

最后，必须正确地把握幼儿兴趣与教育目标的关系。幼儿的兴趣是与眼前需求直接联系的，不可能指向遥远的他们不理解的未来。即是说，幼儿是自己现实兴趣的俘虏，他们不可能把现在的需求挪到明天去，也不可能以未来的长远目标来激励自己。因此，如果在教育中仅仅只着眼于幼儿不能理解的目标，而忽视他们当下的直接兴趣的话，幼儿不仅不能配合，还会产生强迫感、压抑感，甚至出现强烈的逆反情绪。不少被强迫要求学英语、学拼音、上名目繁多兴趣班的幼儿，其身心发展出现了这样那样的问题就是证明。但必须注意的是，满足幼儿的兴趣并不是幼儿园教育的终极目标，如果教育的目标只是玩得开心，那么，看电视、看卡通动画、去公园的儿童乐园都比幼儿园强得多。

幼儿园教育的目标是让幼儿获得德、智、体、美等方面全面、和谐的发展，而不仅仅限于满足他们的兴趣；满足幼儿的兴趣和需要也不意味着不存在教育目标或放弃教育目标，仅仅跟着幼儿跑。日本教育家仓桥先生曾经非常精辟地阐述过二者的关系，他说："没有教育目标的话，任何一种教育都是不可能存在的。然而，如果仅仅只考虑教育目标，也是不可能进行教育的。在幼儿园教育中，应该有严肃而重大的教育目标，我们一刻也不能忘记这一点。但是，幼儿是不可能自觉理解这些目标的，他们只是想不停地游戏玩耍、蹦蹦跳跳。面对这样的对象，如果仅以设定的目标来制订一切计划的话，一定不会有好效果。强行那样做的结果是，要么强迫性地压制幼儿，要么强制性地拖着幼儿团团转。"因此，正确的做法"不是把目标强加给幼儿"，而是重视幼儿的兴趣和其现实的快乐感、满足感，"以幼儿的生活为主，逐步地展现教育目标。慢慢地、小心翼翼地引导他们向着目标的方向发展。"

(5)关于幼儿的"接受学习"和"发现学习"

学习可划分为"接受学习"和"发现学习"两种类型，幼儿的学习也不例外。

所谓"接受学习"是指学习者主要通过言语传授方式获得知识、技能、概念等的学习方式。所谓"发现学习"是指学习者通过动手操作、亲自实践、与人交往等去发现自己原来不知道的东西的学习方式。

①接受学习

"接受学习"对于幼儿是非常重要的，因为他们不仅需要通过成人的言语传递来学习知识，这一方式也是他们今后学校学习的主要方式。不过，"接受学习"并非都是有意义的。如果教师不顾幼儿特点，进行强制灌输的教学，幼儿只能生吞活剥、囫囵吞枣的话，那么，这种“接受学习”就完全是被动的无意义学习。相反，如果教师能按照幼儿的身心特点来进行言语型教学，让幼儿能够学得有兴趣，发挥主体性，将教师传授的东西积极地消化、吸收，转化为自己理解的东西的话，这种“接受学习”就是主动的有意义学习。因此，对“接受学习”不能一概而论，不能把“教师讲、幼儿听”都笼而统之地斥为机械灌输或死记硬背的被动学习。不过，对幼儿来说，由于他们的语言尚未充分发展，又缺乏足够的理解概念、同化新知识等所必需的知识经验基础，因此，不宜把“接受学习”作为幼儿主要的学习方式。

②发现学习

“发现学习”的亲历性、实践性，使其成为比“接受学习”更适合幼儿的学习方式。这一方式特别有利于发挥幼儿的主体性，激发幼儿的学习动机，发展其分析和解决问题的能力，培养主动参与的积极态度等。这些对幼儿的发展和终身学习具有重要意义的品质在很大程度上被认为是可学而不可教的，即不能由教师像传授知识那样“教会”，只能通过幼儿自己的实践活动“学会”，因此“发现学习”对幼儿的意义尤其重大。幼儿阶段的“发现学习”既有幼儿自发展开的，也有教师指导下的结构化“发现学习”。

需要注意的是，正如对“接受学习”不能一概而论一样，“发现学习”也未必都是有意义的。奥苏贝尔指出，像小白鼠走迷宫那样的“发现学习”，完全是瞎碰瞎撞，没有任何积极的思维活动参与，不过是一种机械的、盲目的、尝试错误的低级发现学习罢了，是没有什么发展性意义的。

综上所述，无论是“接受学习”还是“发现学习”，是否有意义都不是绝对的，关键是看幼儿在学习中的态度与思维状态，是否主动地、积极地思考，分析解决问题，是否通过学习获得了真正的发展。在幼儿园教育中，死记硬背的“接受学习”和盲目试误的“发现学习”都是应当避免的。

2. 教师的“教”

(1)关于“教”的内涵

幼儿园的“教”是教师通过各种直接或间接的方式对幼儿施加教育影响的过程。“教”的实质是“指导”(guidance)。“指导”意为：“为了个人的幸福和社会效益，在每个人努力发现、发展各自的潜力的整个时期对其援助的过程。”[①]杜威把教育的一般功能分为指导、控制、疏导，把“指导”作为教育的三种功能之一，认为指导就是引导儿童沿着某一连续的道路发展，而不是无目的地分散注意力。这即是说，“指导”是有明确目标的，是为了受教育者的

① 《世界教育辞典》，588页，长沙，湖南教育出版社，1989。

幸福和社会的利益；被指导者的状态是主动的，而不是被强制的被动的；指导的作用是对被指导者施以支持和帮助，而不是对其进行机械的灌输和训练。对应“指导”的三要素看幼儿园“教”的内涵的话，即是：为着幼儿快乐地学习与发展；保证幼儿主动地学习；教师是幼儿学习的支持者、帮助者。

(2)幼儿园“教”的原则与方式

①幼儿园“教”的基本原则

幼儿园的“教”必须能让幼儿爱学、会学、学得快乐而有效。这要求幼儿园的“教”必须尊重幼儿“学”的特点，必须遵循教育的规律。具体是：

必须爱、尊重、信任幼儿，珍爱其好奇心和兴趣；

尊重和保障幼儿的学习权利，特别是幼儿提问、思考、探究的权利；

以幼儿的经验、实际水平、发展需要为基础；

融入到幼儿的一日生活中；

以游戏为基本活动形式；

必须创造幼儿能够亲身感知、实际体验、动手操作的环境与条件。

②“教”的方式

幼儿园“教”的方式可以分为直接地“教”与间接地“教”两种类型。

所谓直接教的方式，是指教师直接地把教育内容传递给幼儿；所谓间接教的方式，是指教师通过中介(如环境、幼儿同伴关系、工具材料等)迂回地达到教育目的。

a. 直接教的方式

一般来说，在以下几种情况下采用直接教的方式是比较适宜的：

一是对幼儿进行优秀文化传统的教育，使幼儿能在短时间内获得人类用漫长时间创造和积累的大量精神文化财富。如给幼儿讲古今中外的故事，教幼儿念诗歌、文学作品等。

二是传授必要的行为规范、行动规则等。如讲解必要的社会生活常识、交通规则、生活规则等。这一类规则或常识不需要幼儿自己去尝试，或有危险而不适合幼儿自己去探索。如教幼儿红灯不能过马路、不能喝生水、不能跟陌生人走等安全、卫生常识。

三是教给幼儿符合其经验或认知水平的知识或概念，让幼儿能高效率地获得比较有条理的知识(需要配合幼儿的实际体验与操作、辅以各种教具)。如讲解幼儿熟悉的动物的概念、生活习性，讲解做某个小实验的方法等。

四是某些技能、技巧，如工具、物品的使用方法，教师可以用同种方法介绍给全体幼儿。

五是传递必要的信息。如告诉幼儿一些他们能理解的国家大事、新闻消息、他们感兴趣的周围环境中发生的有关事情等。

直接教的优点：

直接教方式最大的优点是，清楚明确、系统有序、省时经济，而且教有定法。在直接教的情况下，教师会对教育内容、方法、步骤等按照教育目标进行精心准备，再遵循一定的程序，即使是新教师也能较快地掌握教的方法。比如给幼儿讲恐龙的知识，教师可以参照教育计划拟出教案，然后按部就班地讲解、提问、出示挂图、样品等，只用一两节课的时间即可告诉幼儿大量有关恐龙的知识，如恐龙主要有哪些种类，各有什么特点和生活习性，恐龙为什么会灭亡，等等。幼儿也能在短时间内获得许多原来不知道的东西。这种方式与幼儿自己去探索相比，不知快多少倍，而且得到的知识比较准确、完整、全面。如果教师在教之前对幼儿的情况非常了解，所讲的内容适合幼儿的兴趣、经验、理解水平，能讲得生动、有趣，充分调动幼儿的积极情绪的话，这种直接教的方式对幼儿的学习和发展是能起到正面的促进作用的。

直接教的缺点：

不难看出，直接教的方式是教师控制的。这一方式主要是依靠言语传授进行，即教师讲、幼儿听。因此，其难以避免的缺点主要有：

第一，师幼之间难以双向交流，教学易成为教师向幼儿的单向灌输和说教。

第二，幼儿自主学习的机会少，其主动性、创造性难以得到发挥，学习热情易受挫，难以体验到成功感、满足感。

第三，由于幼儿缺乏知识和经验，对言语的理解能力有限，因此，对教师传授的大量间接知识难以真正理解和掌握，讲授的低效率现象并不少见。

b. 间接教的方式

在幼儿园教育中，教师除了直接地教之外，更多的是以间接方式对幼儿施加教育影响。如以适宜的物质环境、人际环境为中介与幼儿相互作用，利用环境中的成人榜样、幼儿同伴、玩具材料、幼儿关心的现象或事件等，让教育影响力通过中介而间接地作用于幼儿、引导幼儿。在这种方式中，教师从知识的直接讲授者、传递者变成活动环境的创设者、材料的提供者、幼儿活动的观察者、支持者、游戏伙伴等。

在利用物质环境方面，教师应为幼儿创设一个与教育相适应的环境（参考第五章“幼儿园环境”），把教育目标融入物质环境中，让教师的“教”和幼儿的“学”都通过幼儿动手操作环境中的玩具和材料而得以实现。比如，要培养幼儿的探索精神，可创设科学实验角或科学区，提供各种可进行科学探索的操作性材料，让幼儿自己去动手动脑、探索发现，从而使教育目标得以实现。

在利用人际环境方面，教师应利用幼儿园丰富的人际环境来达到教育效果，特别是在发展幼儿的社会性方面。因为幼儿园教育较之于家庭教育的一个最大的特点、一个家庭不可替代的优越性，就在于教师指导下的集体生活的教育力。教师在幼儿心目中是很有权威的，每个幼儿都希望得到老师的喜爱，都会自觉或不自觉地模仿教师。因此，教师自身的行为举止、情感态度、装束打扮等便成为极重要的教育中介。教师要求幼儿怎样做，可通过自己的榜样示范，这种潜移默化的力量比说教有用得多。每个幼儿在集体中都有交往的需要，都害怕其他幼儿不和自己玩，所以他们会尽全力去学习如何加入同伴的游戏，学习公平友好交往的规则等。因此，通过幼儿与幼儿之间的相互作用，可以培养幼儿良好的行为习惯，如礼貌待人、合作分享、协商解决问题等。仅由教师直接教，幼儿是很难形成或强化这些行为习惯的。某幼儿园有这样一例：

例 一幼儿总是控制不住自己，一看到小朋友的玩具好玩，就去抢过来玩，老师批评了几次也没见效果。后来，小朋友都不肯跟他一起玩，做游戏也不要他参加。于是，这个幼儿哭哭啼啼地给老师说："他们都不跟我玩。"老师说："那我们一起去问问小朋友，看看他们为什么不跟你玩。"结果，小朋友都说："他抢我的积木""他把我的小汽车弄坏了""他不抢玩具我们才跟他玩""他要说对不起"……于是，老师问这个幼儿："都听见了吗？"他点点头，然后说："我以后不抢他们的玩具了。"小朋友的反应比老师的批评更有效地帮助这个幼儿认识到了自己的行为是行不通的。

如果把物质环境和人际环境结合起来，会相得益彰，产生更好的教育效果，即创造"1＋1＞2"的效果。因为幼儿之间的社会性相互作用、相互模仿、相互讨论、相互启发等，能使幼儿群体思维活跃，能大大提高物质操作水平。

例 某幼儿园把走廊、过道变成了幼儿活动、跨班交往互动的良好场所。在空间扩展的同时，幼儿园还把原来各班孤立进行的活动组合成相互关联的整体。如该园中班的粉刷角，幼儿在活动区里忙着利用废纸箱、废纸板，制作城堡、大树、桌子、椅子等(参见图4-2)。然而，幼儿的活动不是在封闭的区角里自寻其乐，从走廊上的"广告"和"订货单"可以看到，他们的"工作"已经巧妙地被整合到全园的"互动"中。幼儿为了保证"产品质量"，"按时交货"，实现自己的承诺，赢得"客户"的信任和赞扬，积极地"工作"着，努力想办法解决"颜色怎么刷得不均匀？""怎么会有泡泡？"等问题。活动成为真实生动的社会生活的模仿与体验。通过人际交往与实物操作的巧妙结合，大大提高了活动的趣味性、社会性、操作性，提升了活动的意义和质量，促进了幼儿多方面的学习与发展。

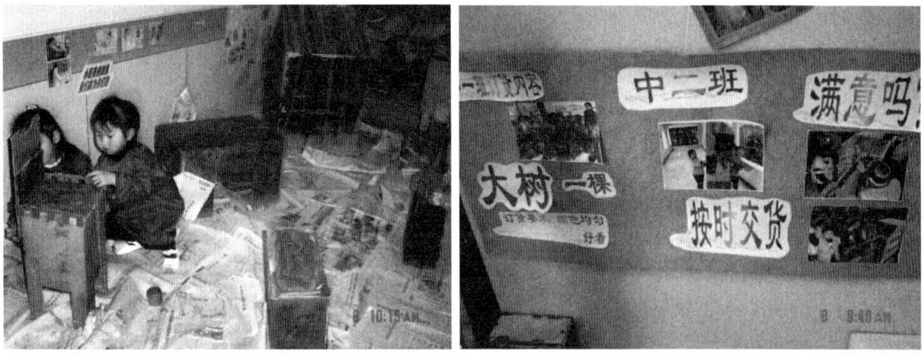

图 4-2　某园中班的粉刷角

间接教的方式最大的优点在于能较充分地发挥幼儿的自主性，给幼儿创造很多“自我学习”的机会。在教师创设的宽松的环境中，幼儿宛入无师之境，有较多的自由选择机会，自己结伴，自己决定怎么玩、玩什么、用什么东西来玩等，通过自己的尝试发展自己的主动性和能力，而不需要教师手把手地教，不靠教师指示命令来行动。如幼儿在“科学角”一起做“沉和浮”的小实验——几个幼儿各自选择不同的方法、材料进行实验，看看什么材料会沉下去，什么材料会浮起来。他们七嘴八舌地议论、争论，提出自己的看法、验证各种假设，学习的气氛和效果都很好。

这一方式适合幼儿好奇、好动、好创造的特点，给幼儿提供了大量做做、玩玩、想想的机会和条件，让幼儿更多地通过动手、动脑而非安静地坐着听讲来学习，大大提升学习的效果。

例　幼儿在“开餐馆”的游戏中，用废纸撕成“面条”，用橡皮泥做成各种点心，用废报纸折成炊事员的帽子，用积木搭起锅台、桌子、凳子，用雪花片作成“购餐牌”，自己画餐馆的招牌、设计菜单，有的做“顾客”，有的做“营业员”，有的做“炊事员”，玩得非常开心。通过有声有色的“餐馆”游戏，幼儿发展了设计创意、人际交往、计划安排、动手制作等各方面的能力。这些能力是很难由教师直接教会的。

在这种方式中，由于教师的作用不是单一的传授知识，而是以平等的姿态参与到幼儿的游戏、活动中去，因此不但师幼交往互动的机会大大增加，而且随着教师角色的经常变化，如“娃娃家”的“客人”、捉迷藏的“伙伴”、“商店”的顾客等，互动的形式变得更加丰富、生动、多样化，教师以不同的方式、语言、姿态等与幼儿交往，极有利于促进幼儿社会性的发展，特别是交往能力的提高。

与直接“教”的方式相比，间接教的方式由于是通过环境进行的，因此十分自然、生态化，甚至与幼儿的生活完全融合在一起。幼儿会不知不觉地沿着教师为他们铺就的道路向着教育目标的方向前进，而不感到来自外部的压力和紧张，这样大大减少了幼儿的成长焦虑，对幼儿情绪情感的健康发展非常有利。

间接教的方式的不足之处主要表现在：

第一，幼儿在环境中获得的知识、经验容易陷入零乱、琐碎、表面、缺乏系统，有时甚至会获得错误的结论。这是因为幼儿对活动中探索、尝试所获得的东西缺乏归纳整理、分析判断的能力。

第二，间接指导比直接指导难度大，对幼儿活动的指导要求较高，特别是教育中所需要的灵活性、随机性，根据情况不断生成课程的能力等，对教师的专业能力是极大的挑战。虽然间接教的方式也有一定的规律可循，但没有一个固定、统一的模式可套，教师要掌握间接教的方式存在比较大的困难。

3. 教师与幼儿在教学过程中的地位与作用

(1)教师是“教”的主体

教师是“教”的活动的计划者、主持者、组织者。在备课或活动准备阶段，教师以幼儿为调查研究的对象，根据幼儿的发展水平、兴趣、需要、经验等来计划活动，制定教案，创设环境；在上课或活动过程中，教师有目的、有计划地对幼儿施加教育影响，并根据幼儿的反馈主动调整“教”的内容、方式，调整环境，控制活动的进程，控制整个教育过程的走向，引导幼儿向着目标的方向发展。因此，在“教”的活动中，教师是“教”的主体，而幼儿则是教师“教”的对象，是受教育的客体。

在教育过程中，作为“教”的主体，教师是一直起主导作用的一方。这一主导作用表现在，无论是直接“教”还是间接“教”，教师都始终控制着教育过程的方向，引导幼儿向着教育目标要求的方向发展。

(2)幼儿是自身学习的主体

教师掌握着“教”的主动权，但是这并不等于说，教师能够主宰幼儿的“学”。无论是教师直接地“教”还是间接地“教”，幼儿都是自身学习的主体。对教师所教的内容，幼儿是否接受、接受到什么程度，主要依赖于幼儿的兴趣、经验、认知能力、情感等，以及在此基础上的幼儿自己的建构，而不是取决于教师的意志。幼儿只接受那些适合自己的东西，并按自己的方式和特点加以理解、消化、吸收。他们对教师所提供的适合自己的东西给以积极的响应和配合，而对不符合的东西则拒绝学习、甚至反抗，“捣蛋”“调皮”“不专心”都是他们常用的暗示方式。幼儿的学习最终要靠幼儿自己的努力才能实现，如蒙台梭利所说，我们不能通过口授，也不能直接干涉儿童形成能力的过程。如果教师片面强调自己在教方面的主体地位，不注意调动幼儿内在的积极性、主动性，把幼儿当成被动的灌输对象的话，是肯定教不好的。

幼儿是自己学习的主人，是自己知识的能动的有能力的建构者。也就是说，幼儿是成人教育的对象，但决非是等待灌输的空容器。正如黎巴嫩诗人纪伯伦在“致孩子”中的著名诗句所说的那样：“你可以给他们的是你的爱，而非你的思想，因为他们有自己的思想。”(You may give them your love, but not your thoughts. For they have their own thoughts.)

(3)教师的主导作用与幼儿是学习主体并不矛盾

在教育过程中，教师的主导作用是通过激发幼儿主动学习，引发和促进幼儿积极地与环境相互作用而体现出来的。这即是说，教师主导作用的表现程度正是调动幼儿主体性的程度。那种教师中心、以教师的主体性代替、甚至压制幼儿主体性的做法是“主宰”而不是“主导”。幼儿园的教与学过程实质上是教师与幼儿共同建构的过程，不能把教师的教等同于幼儿的学，把教的内容强加给幼儿。因此，衡量教师主导作用质量的指标，可以说，就看幼儿的主体性是否能够得到发挥，幼儿是否成为自己学习的主体，教与学过程是否通过创设与幼儿相适宜的环境、调动幼儿的兴趣和经验、激发幼儿内在的学习动机等，成为教师与幼儿共同构建的过程。显然，这一教与学的过程没有教师主导性的、渗透性的控制，是不可能完成的。因此，否认教师的主导作用，就是否认教育本身；否认教师的主导作用，就根本谈不上发展幼儿的主体性。

(四)促进教师与幼儿相互作用的策略

促进教师和幼儿在教育活动中更好地相互作用的策略，就是让教师和幼儿有更多的、有效的互动和沟通的办法，就是让教师“教”得更有效、让幼儿“学”得更好的办法。从这个意义上说，“教”的策略即是师幼相互作用的策略。

1. 直接教的策略

(1)变单向的“教”为双向的交流

为改变教师单方面讲、幼儿只用耳朵听的单向听说模式，教师应采用启发式，多给幼儿发表意见、看法、提问、讨论的时间；注意敏锐地观察幼儿的反应，根据幼儿的反馈灵活地调整教育方法和教育行为。由于集体上课的形式不容易创造足够的幼儿参与、师生沟通交流的机会，因此应多利用小组、个别活动形式，多利用一日生活环节中的大量机会，与幼儿自然的相互接触、开展一对一或小群体的交往；同时，彻底改变教师定教案，幼儿跟着办的教师为中心、教材为中心的状况，改变备课就是一门心思考虑教什么、怎么教，只是教师看教参、主观地写教案，而不在了解幼儿本身及其相关因素上下功夫，不考虑幼儿、家长、环境的实际的状况。

(2)变单一的言语传授为多样化的教育手段

为改变偏重言语讲授的状况，教师应重视使用非言语的身体动作、表情等，如对幼儿点点头肯定、拍拍肩鼓励、微笑以示赞赏等；多使用简单有趣的直观教具和材料，且注意教师的演示、挂图、多媒体等，都要符合内容的要求和幼儿的理解，并尽可能和幼儿的动手操作相互配合，而不总是教师做、幼儿看；导入多样化的教育活动，特别是多种游戏活动，让幼儿除听之外，还能看看、做做、玩玩、想想、说说等，通过多种感官去学习，去消化、理解、吸收所学的间接知识，并将之转化为自己的直接经验，发展自己的认知结构。

(3)重视情感效应

幼儿的学习是很情绪化的。幼儿是否听教师的话，是否专心上课，在很大程度上取决于幼儿对教师的情感态度。如果不喜欢某个老师，那他们是决不会好好听这个老师讲什么的，无论这个老师的课备得多么好、上得多么精彩。幼儿与教师的关系如果处于负面状态，幼儿受到教师的批评、指责远远多于鼓励、表扬的话，不仅其自尊自信会受到严重损害，还会严重影响他们学习的积极性。因此，教师对幼儿的情感态度，如对幼儿的关心爱护、亲切和蔼的交往沟通、激励性的良好师幼关系等，是决定“教”的效果的极其重要的因素，对“教”的效果具有巨大的潜在影响力。

(4)重视幼儿的个别差异，因人施教

在幼儿园里，直接教的方式多在集体活动中进行，因幼儿人数偏多，使教师难以顾及幼儿的个别差异，只能大一统地“教”。但是，幼儿的个别差异大，年龄越小越是如此。这就要求教师的“教”必须要关注每个幼儿特殊的学习方式。为此，必须改变过多地使用集体活动形式的状况，引入必要的小组、个别活动形式。如让能力不同的幼儿分组或个别学习，设置多样化的学习区角，允许不同幼儿用不同的时间完成同一学习任务，或给不同幼儿安排不同难度的任务，针对幼儿的不同特点和需要设计多种活动，让幼儿能按自己的喜好自主选择，等等。

(5)重视发展幼儿的思维

为了避免直接教的方式变成强制灌输知识，幼儿被动的成为接受的容器，很重要的一点就是在教的过程中，重视发展幼儿自己的活跃的思维，让“教”的活动具有“智慧气质”(丽莲·凯茨)。如蒙台梭利所说的那样，“我们必须帮助儿童自己去行动、自己去思考和自己去决定。这就是为精神服务的艺术。”应当看到，在当今时代，教师“教”的重点已经发生了很大变化，“教师的职责现在已经越来越少地传授知识，而越来越多地激励思考。”①因为幼儿如果“心中没有思考的东西，智力就不能发展”，就摆脱不了死记硬背。为了激励思考，不少教育家提出了很多重要的方法。如杜威说：“先让儿童表现其冲动，然后通过提问、建议、批评等使他意识到已经做了些什么，他还需要做什么，这样，效果是完全不同的。”哈佛大学教授达克沃斯说：活跃幼儿的思维“需要两个条件：一是诚心采纳孩子们的想法；二是形成一种环境气氛，孩子们能从中得到启发。”瑞典专家认为，“教师必须掌握有着一定难度的倾听、观察、质疑和挑战的艺术。教师提出挑战的作用变得非常重要——包括提出新问题、新信息和引发新讨论……”英国威廉·戈德温教授告诉教师，“要让幼儿充分思考就不能滔滔不绝地对孩子讲话，而是应采用与孩子谈话的方式；不要详尽无遗地讲完这个题目，而是要向孩子提出有关的问题，让他自己找到答案，再予以纠正。”总之，让幼儿的学习不再是关于答案，而是关于问题，是找到幼儿关心的问题，一步步探究挖掘，让每个问题成为他们新的起点，通向新的问题；让幼儿的学习不再是机械的、孤立的死记硬背，而是充满乐趣的发现和探索；教师不再是以权威自居，把知识或观点强加给幼儿，而是发展幼儿的独立思维，培养幼儿提出问题、敢于质疑的精神。

(6)重视随机地“教”

直接教的方式决不只限于在作业课上或在集体活动等所谓正规场合使用。灵活地利用一日生活中的各种机会进行自然地、有针对性地“教”，往往更切合幼儿的实际，更容易实施个别教育。当然，随机地“教”并非东一榔头西一棒槌，而是建立在教师对幼儿深刻了解的基础上的，是建立在教师高度的教育敏锐性、灵活性基础上的，是清楚的目标意识之下的教育行为。

例 入园时间，家长陆续送幼儿来园。当幼儿奔向教室时，不少家长仍站在教室外边目送幼儿。这时教师拉着一个幼儿亲切地问：“今天是妈妈

---

① [瑞典]冈尼拉·达尔伯格等著：《超越早期教育保育质量——后现代视角》，152页，朱家雄等译校，上海，华东师范大学出版社，2006。

送你来的吗?”幼儿点点头。“你能告诉我那边哪一位是你的妈妈吗?”“穿裙子的。”“几位妈妈都穿着裙子，我怎么知道是哪一位呢？告诉我，你妈妈是长头发还是短头发?”“是短头发”“穿什么颜色的衣服呢?”“黄色的衣服。”“裙子颜色呢?”“妈妈的裙子是黑色的，不是花格的。”这时，正好走过来两个小朋友，教师就问他们：“你们认识××的妈妈吗?”“不认识。”“那我们一起来猜猜哪一位是××的妈妈。××，给我们说说你妈妈什么样子好吗?”幼儿高兴地重新说了一遍，教师倾听着并不时地用手指指头发、衣服、裙子，以提醒××有条理地叙述。说完后，两个小朋友一下子猜中了，教师高兴地夸奖××：“说得真清楚，我们一听就全明白了。”幼儿兴致顿时上来了，接着向教师谈起妈妈怎样怎样。只几分钟，一次随机的个别的语言教学完成了，针对的是该幼儿不能有条理地描述事物的弱点，这是教师在此之前就充分了解的。

2. 间接教的策略

(1)正确定位教师的角色

在使用间接教的方式时，教师主要是幼儿活动的观察者、支持者、合作者，只在必要时才直接给幼儿一些解决问题的提示，提供一些直接帮助等。然而，什么时候转变为什么角色，这的确不是一件简单的事。

例 小班一幼儿在独自玩积木，他把积木一个一个往上堆，哗——积木倒了！幼儿很开心的样子，嘴里一边发出“啊——”的声音，一边又开始堆。他小心地往上放着积木，哗——又倒了！幼儿咯咯地笑，接着再堆、再倒……当他正在这样的反复中自得其乐的时候，在一旁观察的老师走过来对他说：“我们一起来搭个不会倒的高房子，好不好?”幼儿一下子不笑了，呆望着老师……

上述案例中的教师为什么会在幼儿不需要的时候，从观察者不合时宜地转变为指导者，其介入反而妨碍了幼儿的活动呢？看来一方面是观念没有转变，总认为不直接教幼儿什么，幼儿就不能学习似的；总认为不指挥、导演，幼儿就活动不起来似的。另一方面显然是缺乏相应的幼儿心理发展的专业知识，对小班幼儿的活动特点不理解，缺乏正确的指导方式。由此可见，在间接教的时候，正确的教育观念和专业修养是教师正确地把握自己角色的关键。教师应当记住，自己的主导作用主要是体现在如何支持幼儿的学习，如何满足幼儿自己选择、自主决定、自主活动和探索的需要上。如果问：什么时候以什么角色出现是适当的，回答是，那看以什么角色出现能达到上述目的。即该观察的时候就是认真的观察者，在该参与或该介入的时候，才转变为受欢迎的指导者、合作者。另外，教师如果对幼儿放任自流，或者忽视全局，一头栽在某个组或某几个幼儿的活动中而忘记了自己应担负的面向全体的任务，也是缺乏角色意识的表现。

(2)创设适应幼儿年龄特点和个别差异的环境

间接教的方式是通过环境来实现教育功能的，如果环境不适合幼儿的需要的话，教育效果也就无从谈起。如不同年龄的幼儿所需要的环境是不一样的，忽视环境的年龄特征就使环境的教育效果大打折扣。常见幼儿园的娃娃家设置在大、中、小班没有什么差别，一式的小床、小桌子，一式的玩法，因此大中班的幼儿往往对娃娃家失去了兴趣。而如果关注幼儿的年龄特征，从活动内容上开拓，把娃娃家作为幼儿社会性学习的场所，引入幼儿喜欢的不同深度的活动主题的话，就能提高娃娃家这一区角环境的独特教育效果。如某园把大班的娃娃家拓展为幼儿探索我国民族文化的区角，幼儿装扮成藏族、维吾尔族、蒙古族的家庭，对不同民族吃什么、住什么样的房子、穿什么样的衣服等表现出极大的学习兴趣，这样大大扩展了娃娃家的活动深度和广度，使娃娃家深为大班幼儿所喜欢。

在间接教的方式中，满足幼儿个别差异的最有效的途径就是活动的形式、内容、材料的多样性、选择性和指导的个别化、个性化(可参见第五章“幼儿园环境”)。例如，害羞的、内向的幼儿不大喜欢与人交往，教师就可以创设一个易于交往的环境，有针对性地提供交往的玩具、材料，使幼儿在尚无足够信心与勇气与老师、小朋友面对面地直接交谈时，能通过“中介”发展交往能力(参见图 4-3、图 4-4)；对攻击性(如爱打人、爱抢玩具)较强的幼儿，除了利用多种方式让他们知道自己的行为不对之外，还要特别注意让他们在环境中能有机会体验到被接纳、被关爱的感受，体验到被欺负的同伴的心情与感受，同时给他们提供适合其宣泄情绪与精力的活动与材料，如拳击沙袋、球类运动等，以帮助这些幼儿解除心中的压力和紧张情绪，并学会逐步控制自己的行为。

图 4-3　我喜欢打电话

图 4-4　听听老师对你说什么

(3)重视提升幼儿的经验和形成正确概念

认知学习理论主张进行有意义学习，这种学习最主要的标志是，学习的结果能对今后的学习发生积极的“迁移”。决定迁移的根本是幼儿经验的质量，经验质量的关键又在于经验的条理化、概括化，形成正确的概念。美国著名教育心理学家布鲁纳指出，概念是通向迁移的大道。因此，在帮助幼儿丰富经验的同时，必须帮助幼儿学习提升自己的经验，这是十分重要的。

间接教的方式比起直接教来说，幼儿获得的知识容易比较零散、琐碎、缺乏条理性，这也是间接教的方式最受诟病之处。因此，提升幼儿的经验、促进幼儿知识的结构化，就成为间接教的方式中十分重要的问题。由于幼儿在环境中的学习像蒙台梭利所说的那样，他们往往是不知道自己在学习，因此，幼儿自己是不可能有意识地把经验条理化、概括化的，必须通过教师的点拨、梳理、提炼，指引幼儿一点一点地从无意识转为有意识，从有意识到有领悟，去正确地总结自己的经验，提高概括能力，把零散、琐碎、缺乏条理性的经验变成可“迁移”的概念。如下例：

例 某园大班在春季开展了“寻找春天”的主题活动。老师和幼儿一起，设计了一张大大的日历贴在墙上，供幼儿画上自己所发现的春天来了的“证据”。一个月过去了，日历上画得满满的(参见图4-5)。在总结会上，幼儿看着日历，七嘴八舌地说出了许许多多春天的标志。面对幼儿丰富而零乱的发现，老师在肯定幼儿成果的同时，引导幼儿一起来整理，把“证据”分类。幼儿积极地投入，自己分出了动物类、植物类，又在老师的帮助下，把暖洋洋的春风、上升的气温等归到了自然现象类，服装、被子、食品等的变化归入了生活类。在活动总结时，针对“你们怎么知道春天来了?”的问题，幼儿能够清晰地回答出“动物、植物、自然现象、我们的生活”四类证据。教师进一步画龙点睛地把幼儿的经验概括为观察季节变化的一般性方法：“对！你们记住，抓住动物、植物、自然现象、我们的生活这四方面的变化，就能够找到春天。”幼儿悟出了观察季节变化的好方法，教师提示幼儿今后可以用这一方法去发现其他的季节。

3. **直接教和间接教相结合**

如前所述，直接教和间接教是幼儿园“教”的两种主要方式。而实际上，在幼儿园里，完全纯粹的直接教或间接教，几乎是不存在的，二者或多或少都是结合起来使用的(前述的“寻找春天”就是二者结合的例子)。由于二者本身各有利弊，因此结合起来恰恰可让二者的优缺点互补。另外，在教育过程中，幼儿的学习方式是在不断变化的，其“接受学习”和“发现学习”在不断地

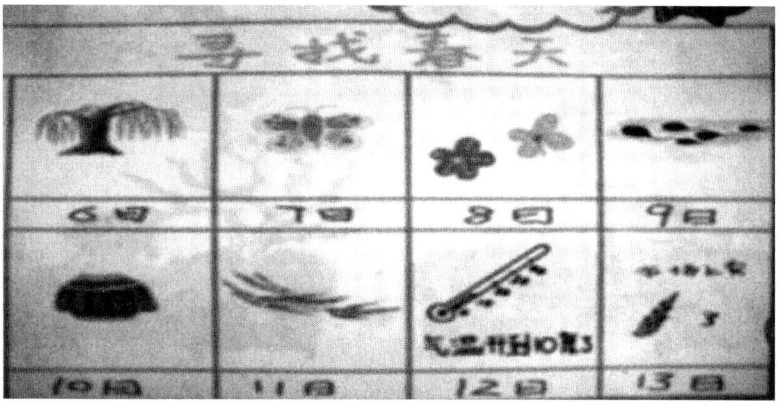

图 4-5 “寻找春天”日历贴

交替出现，有时甚至交织在一起。因此，为适时地指导这两种不同性质的学习，教师也必须把直接教与间接教结合起来，否则是难以有效地帮助幼儿学习的。

如在作业课上一般多使用直接教的方式，但若辅以游戏、活动或学具操作等间接教的方式，就能更好地调动幼儿的学习兴趣，提高“教”的质量。而间接教时，恰当地结合直接的言语传授，对提高幼儿知识的准确性、明确性、概括性等方面具有明显效果。以幼儿操作活动为例，在操作活动之前，针对幼儿的情况，可直接教授相应的关于工具、材料的知识、技能；在操作活动中，幼儿会把教师传递的知识、技能、方法等加以实际运用，进一步理解要领，把教师“教”的东西变成自己的经验，而不再是死板的记忆内容。在活动中，在发现幼儿面对陌生的物体或材料不知如何下手时，教师可直接告之使用方法、注意事项或提示探索的方法，如“你轻轻敲敲看，听听它会发出什么声音?”“把这两种纸折的小船放在水里看看，哪一个船浸水快先沉下去?”等等，不仅能引导幼儿通过自己的操作、小实验来认识事物，获取新知，也对畏难而想放弃的幼儿具有积极的支持作用。当然，指导的前提是准确地把握幼儿的需要，并及时地应答他们的需要，不妨碍他们去运用自己的经验。在幼儿直接操作告一段落时，教师画龙点睛的总结对幼儿提升经验具有重要的意义，是幼儿思维取得质的飞跃的重要条件。

直接和间接“教”的方式应灵活地交替使用。如绘画活动时，教师的间接教首先表现为创设环境，不仅要为幼儿准备必要的材料，更要营造画画的气氛，创设引起幼儿兴趣的环境。在幼儿绘画时，他们尝试用自己的手操作纸和笔，来表现自己的情感、体验、对事物的印象或感受，“发现”如何用动作和材料来表现自己的内心世界。教师这时通过色彩、画具为中介，让每个幼儿去学习用自己独特的方式进行表现。这一过程中教师并不直接干涉幼儿的绘画，如要求幼儿这样画、那样改，或指责这儿画错了、那儿画得不像等。这时教师是一个不干扰幼儿活动的观察者，但观察者不是消极的旁观者，观察是为了更准确地指导。当观察到幼儿需要帮助时，如表现技巧有了困难或问题、处理颜料或材料上遇到麻烦了，教师马上转变为指导者的角色，直接地教给他们必要的技能技巧、方法等。当幼儿接受了教师的指导并开始练习时，教师又转变为观察者，让幼儿按他自己的方式、自己的速度去领悟和消化。总之，在教育活动中，教师不失时机地通过“教”的方式的转换来恰当地指导幼儿，既保证“教”的效果，也充分保护幼儿“学”的主动性。

想想、议议、做做

一、判断下面各题的正误。

1. 幼儿年龄小，什么也不懂，不可能有什么权利。

2. 幼儿与成人有同样的权利。

3. 教师与幼儿不仅仅是教育者与被教育者的关系。

4. 幼儿的实践活动就是游戏。

5.“教师讲、幼儿听”是灌输式的机械教育。

6. 作业课上幼儿不是主体，在游戏活动时幼儿成为主体。

7. 教师与幼儿能否沟通，主要是技巧问题。

8. 教师与幼儿相互作用质量的好坏关键在教师。

二、讨论和练习。

1. 结合幼儿园教育的实际，谈谈正确的教师观和儿童观对幼儿园教育工作的意义。

2. 分析一个幼儿园教育活动的实例，评价一个教师与幼儿相互作用的质量。

3. 利用见习机会，实际观察、分析一名幼儿的发展状况，并与教师和幼儿家长交流。

4. 利用见习机会，实际考察一日活动，看看教师如何使用直接和间接的教育方式的。

5. 试和一个幼儿交谈，体验一下怎样才能把交谈进行下去。

三、收集与幼儿交谈的策略和优秀例子，记录下来作为资料保存。

资料链接

小资料1

努力建构积极、有效的师幼互动

北京师范大学　叶子

如何建构积极、有效的师幼互动是每个教育者共同面对的重要任务，我们认为，宜重视以下方面：

首先，安全、愉快、宽松的外部氛围是建构积极、有效互动的基本前提。如果在幼儿园中，幼儿不想、不能，甚至不敢活动和与教师自由、愉快地交往，任何的教育都是不可能实现的。

要形成安全、愉快、宽松的外部氛围，需要注意几个关键的方面。其中，教师的角色定位是核心问题。目前在师幼互动各个环节中存在的诸多问题与教师的角色定位都有极大的关系。正是由于教师把自己更多定位为管理者和控制者，因此，在不少时间，幼儿首先是不被允许发起互动信号的，如在进行集体教育活动时，幼儿首先要做到的是安静，而不是和教师发生交流和互动。在这样的压力和环境下，师幼之间充分、积极的互动关系是难以建立的。也正是因为教师这样的角色定位，教师对幼儿的行为问题或违规行为十分敏感，并为此而发起了大量的以约束纪律和维护规则为目的和内容的互动。但对幼儿中出现的矛盾、与幼儿共同游戏或进行以情感、心理的接近与交流等为内容的互动则相对较少。同时，由于教师的自我角色定位，在互动中教师更要求自己行为和要求的被接受和被执行，一旦遭到拒绝则会倾向于用各种方式(包括消极的方式)去达到目的。正因为此，在师幼互动中，无论是教师的发起行为还是反馈行为，其消极成分相对幼儿均较多。而由于长期的互动经验和外界教育的不断强化，幼儿更多将自己定位为师幼互动中的服从者。

由此可见，教师的角色定位直接影响积极师幼互动的建构。为此，教师必须按照《纲要》的基本要求，对自身角色定位进行调整。在师幼互动中，教师决不是简单的管理者、指挥者或裁决者，更不是机械的灌输者或传授者，而是良好师幼互动环境的创造者、交往机会的提供者、积极师幼互动的组织者和幼儿发展的支持者、帮助者、指导者和促进者。同时，教师对幼儿的作用和影响只有通过幼儿主体的积极参与和反应才可能真正对幼儿发展产生积极作用。处理好教师和幼儿在师幼互动中主动的、相互作用的主体间关系，摒弃以往教师主要影响和控制幼儿的被动关系，无疑是实现利用师幼互动积极促进幼儿发展的关键和前提。

其次，师生双方特别是教师在师幼互动中保持关注也是建构积极互动的必要条件。能否对对方的行为给予关注是师幼互动得以进行的前提和基础，也是幼儿产生被支持感和信任的基本条件。任何行为如果得不到对方的注意和关注，其发挥作用的可能和余地都不会太大。而许多研究也指出，相对消极行为和积极行为而言，在师幼互动中，如果教师对幼儿发起的互动行为没有任何反应，则对幼儿的影响和控制是最差的。

此外，尤其要重视教师和幼儿之间积极、充分的情感交流。师幼互动是师生间的相互作用，其中，不管是师生相互认识、相互作用的行为还是由此形成的师生关系，无不与师生的情感交流直接相关。越来越多的研究也表明，师生间的情感交流以及由此产生的心理氛围是促进师生积极互动的必要条件。在积极的情感氛围中，无论是教师还是幼儿更容易产生被支持感，互动的动机更强，效果也更好。“亲其师而信其道”正是对这一事实的体现。而不良的情感氛围，则会使互动双方产生压力、相互疏远，互动性质和效果也不会理想。特别是对幼儿而言，由于其行为的自制力和有意性较差、受情绪情感影响更为明显。

同时，教师深入、有效的参与和引导也是建构积极、有效互动的关键所在。正确的角色定位、安全的外部氛围是积极师幼互动的基础，但仅有安全与关注，并不能完全保证师幼互动的积极、有效，还需要教师和幼儿在关注基础上深入、有效的参与。

而在深入、有效的参与和引导中，教师尤其需要认真处理好互动中形式与实质之间的关系。不少教师尽管承认幼儿是师幼互动的主体，也意识到了幼儿主体建构和发展的重要意义，但在实际互动中仍存在一些误区。其中，非常突出的问题就表现在对幼儿主体发展的形式和实质间关系的错误认识上。一些教师以为让幼儿主动发展就是放手，或不干预幼儿的活动，让幼儿自己自由发展。或简单地将幼儿形式上的“动”和实质上的主动相等同。如认为让幼儿“动”起来就是主动发展等。这些误区的存在，直接表现在师幼互动中。一些教师对幼儿放任自流，缺乏实质性的指导，或简单地组织一些让幼儿有机会“动”的活动，但对其在幼儿主体发展中的实际意义和价值并未有足够的意识和重视。

最后，也是非常重要的是，师幼互动决不仅仅是幼儿主体建构和发展的过程和重要途径，对教师的主体发展，师幼互动同样具有举足轻重的作用。师幼互动是一个双向建构的过程，不仅幼儿在其中得到积极的影响和发展，教师也同样可以从师幼互动中汲取经验和成长的养分，并在反思中逐步提高自己，达到自身主体的不断发展和提高，从而实现师生双方在师幼互动中主体的积极建构和发展。

（引自《〈幼儿园教育指导纲要（试行）〉解读》，江苏教育出版社，2002，有删节）

小资料 2

和幼儿沟通的技巧

与人对话沟通，虽然是每天都要做的事，但并不是人人都可以做得好，因为人们往往忽略了沟通原来也需要有技巧，信息才能有效地传达。教师和幼儿说话时所持的态度、所使用的语言，都是沟通的技巧。以下都是沟通时需注意的事项：

1. 要熟记每个幼儿的名字；
2. 说话的语调和速度要恰当；
3. 要选用适当的语言；
4. 说话态度要友善；
5. 要注意与幼儿的目光接触；
6. 要善于倾听。

现逐项加以说明。

要熟记每个幼儿的名字

和幼儿说话时，如能叫出他们的名字，幼儿会感到自己受重视，备感亲切，从而对教师的话作出积极的回应。教师呼唤幼儿的名字时，应以他们在园中登记的名字为准，不要以绰号呼唤他们（绰号多少含有取笑成分，对幼儿不够尊重），也不要以乳名呼唤他们，老师应该是有别于他们家里的人，幼儿也需要习惯自己的姓名。

教师和幼儿说话时，如果能叫出他的名字，他会感到自己很受重视。

说话的语调和速度要恰当

说话的语调和速度都要恰当。音调自然，有时可以用高低缓急等表达方式来使语言形象化；音量不要大得令人听来不舒服或细微得听不到，在重要的地方要加强语气；有时也可以运用停顿，幼儿听到教师停下来不说话，会觉得好奇，这就达到了制造悬念、吸引幼儿注意的效果。

要选用适当的语言

幼儿的语言仍在发展阶段，较难听懂复杂的语句，因此教师使用的语言要简单明确，用词生活化而不流于庸俗，容易被幼儿理解和接受；教师也要时常提醒自己，不要说得太多，说话太多，会使幼儿感到厌倦，无心听讲。

说话态度要友善

教师说话时，态度要友善，尽量用言语表达自己对幼儿的支持，例如说："我很喜欢听你的描述，相信小朋友也会喜欢"，"××这次说得比上次进步多了"，"你这次说得很清楚"等。当遇到幼儿有不好的行为时，切忌用说话去伤害他们的自尊心。例如不宜说："××的耳朵丢了，根本没听到老师说过些什么。"

要注意与幼儿的目光接触

没有经验的教师可能因紧张而没有望向幼儿，切勿让它形成习惯。目光接触本身便是一种沟通方式，教师要保持与幼儿的目光接触，而且不要只停留在个别幼儿脸上，要使每一个幼儿都感觉到教师在注意他。和幼儿说话，要尽可能蹲下来，使彼此的目光接触保持同一水平。进行教学的时候，教师站立着就不大恰当，因为幼儿要仰起头，才能看到教师的脸孔，这会使他们感到不舒适，教师坐下来会较适合。

要善于倾听

教师如能耐心地倾听幼儿的说话，幼儿便会乐意与教师沟通，也会对教师发出的信息作出积极的回应，例如用心听，并进行思索。事实上，教师如果期望幼儿用心听她的话，那么她便要以身作则，在幼儿面前树立个好榜样。

（引自《幼儿课程（香港理工大学学前教育系列教材）》，北京师范大学出版社，1994）

小资料 3

成人与幼儿相互学习

至今为止，很多人一直认为，个体发展是从 0 分的婴儿逐渐靠近 100 分的成人的过程。然而，现在大家逐步知道了这种看法是错误的。人们也很不容易开始认识到，幼儿时代所具有的不少宝贵东西，到成为大人时都丢失了。

幼儿具有新鲜敏锐的感觉，他们会边听别人说话，边在脑海里展现出丰富多彩的想象世界。他们相信万物有灵，会感受到一切生物都是有生命的，无论是对很小的虫子，还是对树上结的果子都抱有兴趣，怀有强烈的好奇心，想要接触它们。他们有不知疲倦的活动欲望，他们对自身的发展，对大家一起愉快地生活，都感到无比喜悦。对此，我们成人只能痛感自己已经失去了可以说是崇高的真正的人性，而这些都在幼儿身上充分地洋溢着。

幼儿确实是尚未成熟的，他们在很多地方要向成人学习。然而，我们要在更多地方，至少是相同程度地从幼儿那里学习。由于环境破坏和人际关系的疏远，人类已招致了危机的到来。成人应该为幼儿身上所具有的那种崇高的价值观而感到欣慰。成人和幼儿相互之间交流各自的优点与强项，以使我们能获得真正感受幸福的心灵和智慧。

（摘自《未来的幼儿教育》，[日]岸井勇雄著，李澎译，华东师范大学出版社，2010）

小资料 4

儿童的权利

在意大利瑞吉欧的戴安娜学校的入口处，有一幅由 5 岁幼儿们制作的海报，上面写着“儿童的权利”：

儿童有交朋友的权利，否则儿童无法快快乐乐地长大成人。

儿童有生活在和平环境中的权利。

生活在祥和环境里就是健健康康，大家住在一起，生活中充满着令人感兴趣的事物，有朋友的陪伴，可以梦想在天空飞翔，可以做梦。

假如儿童不知道的话，他就有犯错的权利，因为要等到看见问题和犯过错误后才会知道。

我们一定要有权利，否则我们会很伤心。

这是学校欢迎家长和访客的方式。

（摘自《儿童的一百种语言》，[美]卡洛琳·爱德华兹等编著，罗雅芬等译，南京师范大学出版社，2006）

拓展阅读

如果你还想进一步了解本章内容的话，可以阅读下列书籍和资料：

1.《〈幼儿园教师专业标准(试行)〉解读》，教育部教师工作司组织编写，北京师范大学出版社，2012

2.《中外幼儿教育名著解读》，姚伟主编，南京师范大学出版社，2007

3.《观察儿童》，[英]Carole Sharman 等著，单敏月等译，华东师范大学出版社，2008

4.《理解儿童的行为》，[澳]Jillian Rodd 著，毛曙阳译，华东师范大学出版社，2008

5.《聚焦活动中的幼儿》，周燕等主编，四川教育出版社，2013

6.《孩子爱我的理由——新教师成长手册》，徐冰、田喆主编，中国中福会出版社，2016

7.《儿童的一百种语言》，[美]卡洛琳·爱德华兹等编著，罗雅芬等译，南京师范大学出版社，2006

本章主要参考资料

1.《教师专业化的理论与实践》，教育部师范教育司组织编写，人民教育出版社，2003

2.《与幼儿教师对话——迈向专业成长之路》，[美]丽莲·凯茨著，廖凤瑞译，南京师范大学出版社，2004

3.《教师一定要思考的四个问题》，[英]爱恩·戴维斯等著，冯怡译，中国青年出版社，2008

4.《渴望学习——教育我们的幼儿》，[美]芭芭拉·鲍曼等主编，吴亦东等译，南京师范大学出版社，2005

5.《鹰架儿童的学习》，[美]Berk & Winsler 著，谷瑞勉译，心理出版社，1995

6.《儿童教育新论》，刘晓东著，江苏教育出版社，2008

7.《从神经细胞到社会成员：儿童早期发展的科学》，[美]肖可夫等著，方俊明等译，南京师范大学出版社，2007

8.《幼儿学习档案——真实记录幼儿学习的历程》，[美]Elizabeth F. shores 等著，何厘琦译，信谊出版社，2002

9.《师幼互动行为研究》，刘晶波著，南京师范大学出版社，2006

10.《入学前社会适应性教育》，肖湘玲、李季湄著，中国少年儿童出版社，1995

第五章
幼儿园环境

在教育上，
环境所扮演的角色相当重要，
因为孩子从环境中
吸取所有的东西，
并将其溶入自己的生命之中。

——[意]蒙台梭利

学习导航

- 什么是幼儿园环境?
- 幼儿园小环境有什么特点?
- 幼儿园为什么要注意环境的创设?
- 要保证环境能有效地促进幼儿发展应注意哪些问题?
- 教师在环境中是什么角色? 怎么实现这些角色?
- 幼儿园怎样与家庭、社区合作，共建幼儿健康成长的环境?

学完本章以后，如果你理解了幼儿园环境的含义及其与幼儿园教育的关系，明确了幼儿园环境创设的原则并能结合实际加以运用的话，你就能回答上面的问题了。

本章内容

- 幼儿园环境概述
  - 幼儿园环境的含义
    - 广义的幼儿园环境观
    - 幼儿园环境的分类
  - 幼儿园内物质与精神环境的特点
    - 环境的教育性
    - 环境的可控性
- 幼儿园环境创设的理念与原则
  - 幼儿园环境创设的理念
  - 幼儿园环境创设的原则
    - 教育性原则
    - 适宜性原则
    - 参与性原则
    - 发展性原则
    - 低成本原则
- 幼儿园室内外空间环境创设的注意事项
  - 活动室的环境创设
    - 重要性
    - 创设的基本原则
    - 大中小班活动室
    - 环境创设的注意点
    - 活动室空间的环境创设
  - 室外活动环境的创设
- 教师在幼儿园环境中的作用
  - 准备环境
    - 把教育目标蕴含在环境中
    - 心中装着幼儿
    - 和幼儿一起共同准备环境
  - 调控环境
    - 调控环境的若干环节
    - 调控环境的主要方法
  - 改善环境
- 幼儿园与家庭、社区的合作
  - 幼儿园为什么要与家庭、社区合作
    - 幼儿园教育离不开家庭
    - 幼儿园教育需要与社区合作
  - 幼儿园怎样与家庭、社区合作
    - 幼儿园怎样与家庭合作
    - 幼儿园怎样与社区合作

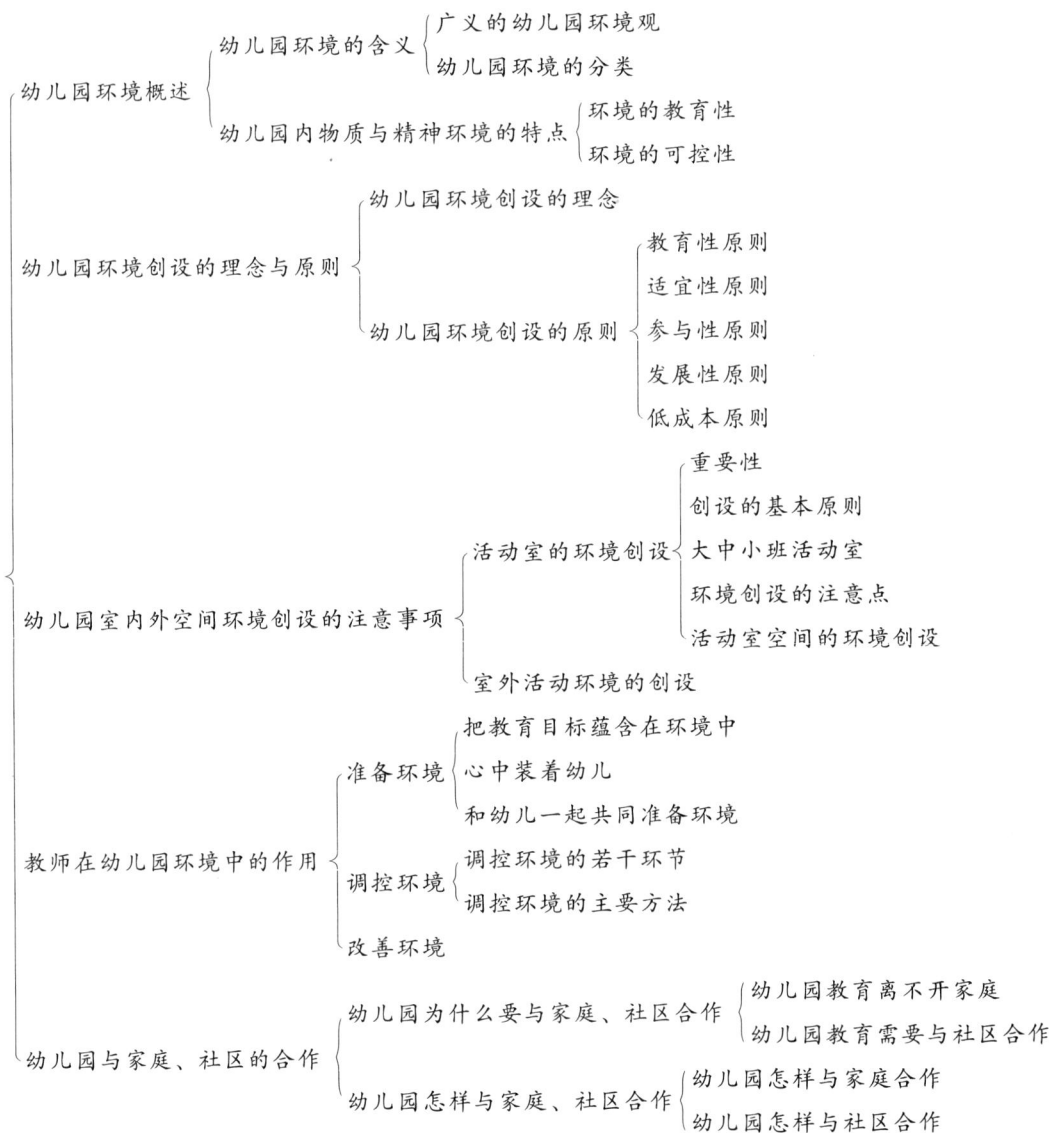

第一节　幼儿园环境概述

一、幼儿园环境的含义

(一)广义的幼儿园环境观

环境，泛指生物有机体生存空间内各种条件的总和。对人来说，环境就是人周围的影响于人的、包罗一切事物的客观世界。

对于幼儿园教育而言，广义的幼儿园环境是指幼儿园教育赖以进行的、对幼儿身心发展产生影响的一切条件的总和。它包括幼儿园内部环境与家庭、社区以及自然和社会等外部环境；狭义的幼儿园环境仅指幼儿园内部环境。

幼儿园教育的环境观必须是广义的。

一是由于幼儿的健康成长决不仅仅是靠幼儿园教育能够实现的，家庭对幼儿成长具有相当大的、甚至可以说第一位的影响力。同时，幼儿所生活的社区、村庄，周围的大自然、大社会的影响也决不可低估。正因为此，《幼儿园教育指导纲要(试行)》在总则中明确指出："幼儿园应与家庭、社区密切合作，与小学相互衔接，综合利用各种教育资源，共同为幼儿的发展创造良好的条件。"

二是当今幼儿园教育已经成为社会公共服务体系的一个有机组成部分。幼儿园自身的发展需要家庭、社区的参与，共同构建以社区为基础的早期教育服务网络，才能够更好地发挥幼儿园的社会职能，满足处境不同的幼儿的教育需求。

三是世界教育发展到如今的终身教育阶段，教育已经决不仅仅是学校的事了。从纵向来看，教育从人一出生就开始，直到生命结束为止，学校教育不过是人生教育历程中的一个阶段而已；从横向来看，教育已经从学校扩展到社会生活的一切方面。特别是社会的生活方式、文化活动、电视网络等大众传媒以其巨大的教育效果而成为社会一体化教育不可忽视的重要部分。因此，封闭的、微型的学校教育，包括幼儿园教育在内，都必须以终身教育的广阔视野和思路来重新建构，与建设学习型社会的目标紧密联系起来。

四是时代的发展证明，脱离社会大环境而独善其身的教育是不可能适应社会需要的。尤其在科技高度发达、变化快速的现代社会里，如果一味封闭在学校小环境中，脱离大社会、大自然，是难以培养受教育者适应社会变化所需要的素质与能力的。幼儿的成长明显地带着时代的印记，必须呼应社会的要求，只有把幼儿园小环境与社会大环境结合起来，幼儿园教育才能跟上时代的步伐，焕发出时代精神。

综上所述，幼儿园环境是一个包括内部与外部两部分环境的大环境含义，是指一个包括幼儿园、家庭、社区在内的，与大社会大自然相联系的大环境。幼儿园内外两部分环境相互联系、相互影响。幼儿园是这个大环境的核心，强调大环境丝毫不贬低幼儿园的重要性，相反，幼儿园由于自身的教育专业性，在创设这一大环境中起着中流砥柱的作用。幼儿园不仅对家庭、社区的环境质量有重要的导向作用，还对全社会幼儿教育的发展具有重要影响。

(二)幼儿园环境的分类

幼儿园环境按其性质可分为物质环境和精神环境两类。

广义的物质环境指对幼儿园教育产生影响的一切天然环境与人工环境中物的要素的总和，包括自然风光、城市建筑、社区设施、家庭物质条件、居室空间安排、室内装潢设计等。狭义的物质环境指幼儿园内对幼儿发展有影响的各种物质要素的总和，包括园舍建筑、园内装饰、场所布置、各种设施设备以及空间的设计与利用、各种材料的选择与搭配等。

广义的精神环境泛指对幼儿园教育产生影响的整个社会的精神因素的总和，主要包括各种社会关系、社会的文化、教育、风俗习惯、生活方式、道德风气等。狭义的精神环境指幼儿园内对幼儿发展产生影响的一切精神因素的总和，主要指幼儿园的文化氛围、道德风貌、人际关系，特别是师幼关系等。

物质环境与精神环境相互影响，交互作用。如良好的物质环境总是映射着健康、高尚的精神追求和文化品味，而低俗文化催生的物质环境却往往是充满低级趣味，缺乏文化内涵的。

下面重点阐述幼儿园内部环境的有关问题。

《纲要》指出："幼儿园应为幼儿提供健康、丰富的生活和活动环境，满足他们多方面发展的需要，使他们在快乐的童年生活中获得有益于身心发展的经验。"为促进幼儿身心的健康发展，幼儿园必须从物质与精神两方面创设良好的环境。

1. 幼儿园内的物质环境

物质环境是幼儿园教育赖以进行的物质基础，与教育质量的关系密切。为什么物质环境对幼儿如此重要呢？这主要是因为幼儿年龄小、知识经验少、对探索周围环境有着极大的兴趣与好奇心，其活动欲求、情绪、注意力等都极易受外部物质环境的影响。有这样一例：

例　3岁的小军第一次上幼儿园。妈妈很担心孩子会哭闹，怀着忐忑不安的心情牵着小军去幼儿园。可刚一进园，小军立刻被一个大沙坑吸引了，他像发现了新大陆似的欢呼起来，连忙跑过去，抓起一把小铲子就兴致勃勃地挖起来，忘记了自己是在上幼儿园。

另外，由于幼儿对物质环境的依赖性大，提供什么样的物质条件，就可能引起幼儿什么样的活动，缺少一定的物质条件，幼儿的某些行为、活动就很难出现。如幼儿园达不到起码的园舍条件，让四五十名幼儿挤在一个小小的活动室里，又没有多少可操作的玩具材料的话，幼儿的游戏就很难开展起来。不用说教育，就连幼儿的安全、健康也得不到保证。正因为此，《规程》等对幼儿园的物质条件作出了规定，要求幼儿园应设活动室、应有一定规模的户外活动场地、必要的游戏和体育活动设施，应配备必要的教具、玩具、图书和乐器等。教育部有关文件还对城市幼儿园园舍面积、户外活动面积提出了具体要求，如活动室面积90平方米，分班活动与公共活动面积每一个幼儿2平方米，等等。

在幼儿园的物质设备中，幼儿操作的玩具、材料的质量是很重要的。好的材料、玩具除了安全、卫生、美观、耐用之外，还应当具有操作性、多功能性、可变化性等。即一种材料或玩具可以用多种方式去摆弄、去玩，不限于一种固定的玩法，这对于保持材料、玩具的新鲜性，发展幼儿的想象创造是很有意义的。另外，玩具、材料应当经济实用，有的昂贵的玩具玩法固定，又容易损坏，并没有太大的教育价值。而水、沙、黏土等自然材料以及废纸盒、空矿泉水瓶、废报纸、旧轮胎等各种废旧物品，如果加以有效利用，不仅能开展非常丰富的活动，还特别能发展幼儿的动手能力、想象与创造能力。

必须注意的是，虽然物质环境对幼儿的影响很大，但"世间一切事物中，人是第一个可宝贵的。"(毛泽东)，如果缺少好的教师，再好的物质条件也难以充分地发挥其教育作用。有的幼儿园盲目地追求硬件设备的高标准、超豪华，而不注意提高教师素质这一重要的软实力，结果所谓的一流配置却没有发挥应有的教育效益，教育质量并没有提高。相反，有的幼儿园虽然物质条件艰苦，但老师们热爱教育事业，拥有正确的价值观与专业能力，不仅在教育实践中克服了重重困难，与家庭、社区(或乡村)合作，因地制宜地美化环境，利用废旧物品制作各种玩教具，根据季节的变化及时利用大自然的丰富资源等，还通过建立良好的师幼关系、幼儿同伴关系，使幼儿园环境的质量大大提高，在艰苦的条件下仍保证了幼儿各方面的良好发展(可参见下文有关“教师的要素”的阐述)。

2. 幼儿园内的精神环境

幼儿园在具备了基本的物质条件后，必须高度重视对幼儿发展起决定作用的幼儿园精神环境。

一是因为幼儿年龄小，特别需要得到关心与爱护，特别需要温暖、安全的人际关系，否则其幼小的心灵很容易受到伤害。正是针对幼儿的这一特点，《指南》强调为幼儿创设温暖、关爱、平等的集体生活氛围，建立良好的师生关系、同伴关系，让幼儿在积极健康的人际关系中获得安全感、信任感、认同感、归属感，发展自信、自尊、积极的情绪情感和健康的自我意识等；二是因为幼儿模仿力强、可塑性大，幼儿园内环境的氛围、精神风貌、人际关系、文化特色等，会潜移默化地影响幼儿的行为习惯、气质品质等。特别是来自教师的人格、行为举止，甚至个人偏好、衣着打扮等，都易成为幼儿模仿、追随的对象，对其个性发展产生导向作用。正因此，《纲要》要求教师的“言行举止应成为幼儿学习的良好榜样”。

在影响幼儿园内精神环境的各种因素中，教师与幼儿园文化的作用尤其巨大。

(1)教师的要素

在创设幼儿园精神环境中，教师是最重要的因素之一。

如前所述，教师的思想、态度、情感、教育行为，甚至个人衣着服饰、言谈举止等，都影响着幼儿园精神环境的质量。教师不仅对幼儿的教养方式、幼儿学习与发展的质量有决定性的影响，还影响幼儿与教师之间、幼儿与幼儿之间、教师与教师之间人际关系的质量以及幼儿园和家庭、社区之间的关系。一个具有良好精神环境的幼儿园，一定拥有一支精神状态良好、师德高尚、专业素养精湛的教师队伍。因为只有教师充满了教育热情、有良好的师德与专业素养，才可能关爱幼儿，敏锐地发现幼儿的需要，与幼儿积极的互动，让幼儿不但能够在一个安全、温暖的环境中度过快乐的童年，而且这种快乐生活的体验还能因累积效应而形成积极的“原体验”，一直伴随幼儿的长远发展，在他们今后的精神成长中持续地给力；也只有这样的教师，才能主动地有效地协调各方面的力量，为幼儿创设一个良好的发展环境。

例 某老师发现，一幼儿因为爱抢玩具而没有小朋友跟他玩，情绪变得非常低落。家长也反映孩子入园时变得爱哭闹，不想上幼儿园。老师在全面深入地了解的基础上，既没有简单地批评这个幼儿，也没有一味地埋怨家长，而是一方面引导小朋友与这个幼儿互动沟通，帮助他认识自己行为的后果，同时教给这个幼儿表达自己需求的正确办法；另一方面想方设法地与家长沟通、合作，帮助家长改变教育方式、改善家庭环境。在双管齐下的教育合力下，这个幼儿不仅改变了抢玩具的坏习惯，还变成了小朋友喜欢的玩伴，天天高高兴兴地上幼儿园。

(2)幼儿园文化

所谓幼儿园文化，是指幼儿园在发展的过程中，基于全园共同的价值观、教育信念、道德准则、习惯传统等，长期地逐步地积淀而成的精神财富的总和。作为一种强大的精神力量，幼儿园文化属于软实力。如美国学者所言："软实力虽然没有硬实力那样具明显和直接的力量，但有更加持久的渗透力"，其对幼儿园环境的影响是决不可低估的。

幼儿园文化对幼儿园精神环境的作用主要表现在以下两方面：

一是幼儿园文化影响着幼儿园的精神风貌，对全园的成人、幼儿的精神发展具有潜移默化的重大作用。如果幼儿园受社会不良文化的影响，其整体的文化精神、文化品格、文化氛围低级、庸俗的话，幼儿园教育质量就必然大打折扣；相反，如果幼儿园充满正能量，具有高尚、健康的文化之魂，那么，生活在园中的每一个成员都能受到良好的文化熏陶，获得无形的精神滋养，孕育出健康的人格与和谐的心灵。

二是由于幼儿园文化具有潜在的、内在的决定性，能够制约教师的价值观、思维方式、感觉偏好、评价和行动等，从而影响教师的教育价值取向，决定了他主张什么，反对什么，喜欢什么，讨厌什么，从而决定他对教育目标的理解、对教育内容的选择、对活动方向的把握等。如果教育价值观发生偏差或者迎合不健康的文化趣味的话，教师就会在教育实践中背离教育目标，其教育行为也必然出现偏差，这将降低幼儿园教育质量，甚至可能使教育目标难以真正实现。

幼儿园文化并不抽象，即使是无形的观念形态的文化、教育理想或信念，都不是虚无缥缈、不可捉摸的东西，它实实在在地表现在幼儿园的方方面面，表现在教育过程中的无数细节上。它表现在幼儿园物质环境的设计、装饰上，表现在幼儿园一日生活的安排上、各种活动与游戏的设计与指导上，表现在园内所有成人与幼儿的言行举止上，表现在教师与幼儿互动的每一个细节上……如在不少幼儿园里，教师与幼儿说话时习惯性地蹲下来，和蔼可亲地看着幼儿、耐心地倾听。教师的态度、动作、表情、眼神等，都表现出对幼儿的爱与尊重——这就是文化，而教师的行为正是这种深层次文化融入血脉的必然结果。幼儿园如果缺乏深层次的文化建设，只在相对表层的、外在的物质形态上下功夫，满足于拉大横幅或贴大标语、布置花花绿绿的墙饰、搞轰轰烈烈的展示的话，是不可能真正提高幼儿园的文化精神的。如有的幼儿园大门上醒目地写着“以幼儿为本”，可走廊上的装饰悬挂得高高的，幼儿不得不费力地踮着脚看。像这样心中无幼儿的墙饰，折射出的正是幼儿园文化的问题。而从幼儿的视线出发，把墙饰挂到便于幼儿欣赏的地方，这一小小的细节就是“以幼儿为本”文化的生动表达。所以应当看到，环境是文化的反映、是观念的载体。

幼儿园文化对幼儿园精神环境如此重要，因此，需要幼儿园花大力气去培育与发展它。这一任务是艰巨的，尤其在文化环境复杂、价值观多元的当今社会里。由于改革开放，社会转型，市场经济飞速发展，带来了社会文化生活的空前活跃与丰富，与此同时，来自国内外与社会各方面的文化产品，如影视节目、服饰打扮、建筑造型、书籍杂志、音像作品以及从中反映出来的价值追求、生活方式、社会思潮、人际关系等，都无时无刻不在影响着社会的每一个领域，当然也影响着幼儿园。因此，幼儿园能否对社会文化作出正确、明智、有远见的追求与选择，而不是盲目地跟时髦、赶潮流，急功近利、良莠不分，这首先取决于幼儿园的管理者，其次是教师的价值观念、批判思维能力、审美情趣、文化品位等综合素质。幼儿教育工作者的素质水平不同，会使幼儿园文化品位和格调出现雅俗之分、文野之分，先进与落后之分，营造出迥然不同的幼儿园文化氛围。因此，以社会主义核心价值观为准绳，在多元、纷杂的社会文化中保持清醒的头脑，努力把幼儿园建设成为全园的精神家园，建设成为社区以至全社会传播优秀文化的基地，应是幼儿园管理者与教师义不容辞的责任。

二、幼儿园内物质与精神环境的特点

谈及幼儿园内的环境特点，一般来说首先会提到幼儿喜欢玩、感兴趣，这对幼儿园来说也的确如此。但这并不是幼儿园环境的独特之处，公园里的儿童乐园、娱乐场所的嘉年华等，也许更是让幼儿兴奋不已的去处。那么，与其他环境相比较，幼儿园环境突出的特点在哪里呢？

（一）环境的教育性

幼儿园作为专门的幼儿教育机构，其环境创设与其他非教育机构有显著区别。正如《规程》所指出的，幼儿园是“创设与教育相适应的良好环境”。即是说，幼儿园内无论是物质环境还是精神环境，都是根据幼儿园教育目标有目的、有计划、有系统地设计的，是根据幼儿学习与发展的特点科学地创设的，因此，较之其他环境，幼儿园内的环境更具教育性。表现在：它更适宜于幼儿长期地利用、持续地发展，而不是仅仅提供短暂的教育经验或者一时的兴奋；它更有利于促进幼儿全面和谐地发展，而不只是某些方面的发展；它的教育影响更具目的性与有效性，能较好地克服环境教育的自发性、偶然性、零散性等带来的负面影响。

幼儿园教育是通过环境实现的，特别是以间接教的方式进行教育时更是这样。教育者出于实现教育目标的考虑，常常把教育意图隐含在环境中，让环境去暗示、去说话，去引发、强化幼儿应有的行为，让环境成为实现教育目标的中介。幼儿园的环境相对比较固定，幼儿长期生活在其中，能够理解这是什么地方、该做什么事情、该怎样来行动，从而能够在环境中潜移默化，逐步养成良好的习惯。如幼儿园在安静的、光线明亮的地方设置图书角，地上铺着柔软的地毯或放上舒适的坐垫，矮架上整齐地排列着各种图书，这样的环境就告诉幼儿，这里是他可以舒舒服服地坐着读书的地方，但不能大声喧哗，读完后还要把图书整齐地放回书架。幼儿园的室内外一般都设置了丰富多样的供幼儿选择利用的器械、材料、玩具、活动区等，既有发展小肌肉、大肌肉动作的，又有发展科学、数学思维的，还有发展社会交往、动手能力、探索创造的，等等，其教育功能的全面、系统，加之教师专业性的支持、引导，让幼儿园环境能够有效地促进幼儿全面的发展，不断地丰富和提升他们有益的学习经验。

幼儿园环境的教育性决不是忽视幼儿的兴趣与需要。但必须认识到，幼儿园环境创设不能以追求刺激性、娱乐性、吸引眼球、制造轰动效应为目的，更不能以此来误导社会或获取商业利益。

(二)环境的可控性

幼儿园内环境与外界其他环境相比，由于是按照教育计划精心创设的，总是处于教育者的关注之下，教师要根据专业的标准、根据幼儿身心发展的真正需要来把好入口关。因此，它更具有可控性。这一特性具体表现在两方面：一是对进入幼儿园的供幼儿使用的各种产品进行必要的把控，以防止对幼儿身心产生不利影响。如对进入幼儿园的音像制品、玩具、食品、学习用品等，幼儿园以有利于幼儿发展为选择标准，会进行精心的筛选甄别。有的玩具，不论外面的宣传或人气如何，幼儿园会专业地进行多方面的判断而决定是否使用；有的学习用品，即使幼儿也喜欢，幼儿园仍然会根据幼儿的特点，经过全面考察来决定。如市场上大量出售附带很多游戏功能的文具盒，非常吸引幼儿，但这样的文具盒很容易使幼儿学习时分散注意力，不利于养成专注的好习惯，加之价格较贵，也不利于幼儿从小养成节俭的品质。于是教师通过与家长合作，引导幼儿选用适宜的文具盒，避免产生负面的教育效果。二是表现在教师对幼儿的活动环境进行有效地调控上。如教师根据教育的要求和幼儿的特点，适时地调整环境中的各种要素，维护环境的动态平衡，使幼儿园的整个环境能够始终保持在适合幼儿发展的状态。当幼儿在活动区活动时，教师通过观察幼儿的活动状况，如幼儿的兴趣、体力、情绪等，及时地对活动情况进行判断，对活动材料、活动空间、时间安排、指导方式等进行调整，从而保证环境的教育功能能够实现。

如上所述，幼儿园内的环境具有较强的教育性与可控性。另外也不难看到，环境的教育性与可控性之间是相互联系的。环境的教育性使可控性具有明确的标准和方向，可控性又保证了教育性的实现，二者具有相互依存、相互制约的关系。

第二节　幼儿园环境创设的理念与原则

一、幼儿园环境创设的理念

环境创设的理念是教师在创设幼儿园环境时的导向性、价值性取向，它指引着幼儿园环境创设的方向。环境创设的理念受制于幼儿园管理者、教师的教育观、儿童观、发展观等。幼儿园环境创设应秉持的基本理念是：

首先，幼儿园环境创设是以幼儿为本的，是创设一个适合幼儿的需要与特点的、能有效地促进他们学习与发展的天地。无视幼儿的特点与需要，仅仅只按成人的意志来创设，或使幼儿园环境创设完全服务于某种商业的、功利的目的，是与幼儿园环境创设的理念背道而驰的。

其次，幼儿园环境的创设是一个幼儿展示自信、力量与智慧，体验自己的权利与责任的过程；是一个通过与成人、同伴合作，更好地认识并尝试改变外部世界的实践过程。

不同的理念会带来不同的环境创设过程与结果。例如，一些小学化的教室，往往只是一个供教师讲、幼儿听的空间，没有什么幼儿可以选择的活动区、玩具或材料，没有能够激发幼儿兴趣的、能够支持幼儿自主学习探索的任何条件。墙壁上一般光秃秃的，或贴着诸如课表、学业内容一类对幼儿无用的东西。而一个以幼儿的发展为本的活动室则迥然不同，它为幼儿提供丰富的学习可能性与探索机会，活动室的所有空间、墙面都为幼儿所用，反映或记录着幼儿的活动过程、思考过程，是幼儿快乐生活与学习的地方。

图 5-1　幼儿的活动室(一)

图 5-2　幼儿的活动室(二)

图 5-3　幼儿的活动室(三)

面对幼儿园内的任何一个环境设置，都应站在幼儿的立场上问一问：

幼儿喜欢吗？(如是否有趣味性、选择性、适合幼儿特点，有幼儿需要的活动空间、分享空间、私密空间等)

幼儿能利用吗？(如环境是否能吸引不同能力、特点的幼儿投入活动；是否有利于幼儿自主学习，养成好习惯；幼儿是否能利用环境做自己喜欢的事等)

幼儿主动地参与了环境的创设吗？(如幼儿是否自发地或在教师的引导下，积极动手动脑，布置与利用环境；或者环境中是否处处能看到幼儿活动的痕迹与智慧等)

从瑞吉欧幼儿园中，可以看到上述的理念被充分地体现在环境创设的要素中。他们把人、空间、时间和材料作为幼儿园环境的四要素，而一切紧紧地围绕着幼儿的学习与发展，非常有启发性。

人：环境中有哪些人？是谁？他们所处的家庭、文化、信仰、生活方式是怎样的？怎样利用这些资源来设计活动，为幼儿的学习与发展提供支持、方向、挑战和持续的动力？幼儿是同伴、玩伴与启发者，怎样透过成人去发挥幼儿自身的价值？

空间：包括室内和室外两方面。幼儿会在室内、室外做些什么？幼儿是否有机会从事一些有意义的工作(如修理玩具、挂一幅画等)？幼儿已有的经验、技能、情感是否有机会体现、运用出来？他们能从室内室外的环境里获得哪些方面的发展？

时间：为什么这样安排时间？幼儿是否有充分的、宽松的、不被打扰的自由活动时间来玩、来想象和创造？他们是否有自己解决问题的时间？是否有成人介入交谈、引导、建议的时间？

材料：是否问过幼儿想要干什么？室内、室外已有材料对他们有哪些影响？他们对哪些材料、图书、图片最感兴趣？哪些材料受到他们的喜欢？不同性别、背景、文化的幼儿在选择材料上有哪些差异？教师提供的材料会产生什么问题和矛盾？

二、幼儿园环境创设的原则

幼儿园环境创设的原则是教师在创设幼儿园环境时所必须遵循的基本要求。这些原则渗透着环境创设的理念，贯穿于环境创设的各项工作之中，对环境创设的每一步都具有指导作用。只有认真贯彻这些原则，才能更好地发挥环境的教育价值。

(一)教育性原则

如前所述，幼儿园环境的特点之一是其教育性。而要真正保持这一特性，必须在环境创设中坚持以幼儿园教育目标为指导，认真落实《纲要》《指南》的精神，符合幼儿全面和谐发展的要求。

创设具有教育性的幼儿园环境需要加强目标意识。在创设环境之始，就应考虑环境的整体功能是否有利于全面实现教育目标，而不是与教育目标相悖；是否有利于幼儿德、智、体、美、劳诸方面的全面发展，而不是过分偏重某一个方面。如有的幼儿园以创特色为名，在环境创设中明显偏重某一领域，甚至偏重到这些领域中的某一项目，使幼儿园环境的全面教育功能大大削减。例如，有的幼儿园以陶艺为所谓特色，创设了条件非常好的陶吧，可是园内各班却连图书角都没有一个；有的幼儿园所谓音乐特色，结果只是创设了某种乐器的训练室；体育特色只是集中到滑轮或幼儿武术等个别项目；美术特色也仅仅是进行国画技能训练，还把幼儿园的人力、物力都向这些所谓特色倾斜，致使其他领域的活动环境几乎空白或者条件很差。再如，有的园在创设室内活动区时，教师由于缺乏目标意识，尽管活动区不少，但几乎都是幼儿独自一人活动的内容，如计算、画画、折纸、插雪花片、穿珠子等，而缺少幼儿之间可以相互交往、对话、合作的区域或相应的环境条件，不利于幼儿在语言、社会性等方面的发展，等等。

此外，环境的教育性要求，对于一切干扰或者违背幼儿园教育目标的因素，无论是来自何方，都要坚决反对。教师自身要不断提高专业素质，自觉地抵制社会上的低级趣味，为幼儿筑起一道防护墙，以免外部的不良影响侵入幼儿园。

（二）适宜性原则

适宜性原则的含义就是以幼儿发展为本，创设适合幼儿的环境，让幼儿园环境符合幼儿的年龄特征、兴趣与需要，照顾到个体差异等，从而能够增强环境的吸引力，并能够激发、推动、扩展幼儿的活动。

从年龄特征来看，小、中、大班幼儿在身心发展特点上的差异是非常明显的，其身心发展所需要的环境也不尽相同。教师要对幼儿的年龄特征有充分的认识和了解，才能根据幼儿不同的年龄特征，为其提供适宜的发展环境。例如，同是娃娃家游戏区，在小班的娃娃家就需要提供数量较多的主题玩具，如娃娃、小锅、小铲等，而且玩具要一式多份。这是因为小班幼儿的角色游戏多是一些日常生活的模仿动作，而且幼儿之间的相互模仿性很强，平行游戏较多。而大班幼儿的娃娃家就需要多一些有利于活动扩展、进行创造的用具、道具、一物多用的多功能材料等，如能装扮成不同社会职业的或少数民族的服装、道具，能制作“家具”的大纸盒或搭房子的塑料布、泡沫塑料等。因为大班幼儿接触面广，知识经验更丰富，动手能力也增强了，他们在娃娃家游戏中反映社会生活的范围扩大了，内容也更加丰富。如果玩具、材料的功能太单一、太固定，不仅会让幼儿失去对娃娃家的兴趣，还会限制他们经验的发展，约束他们的想象和创造。

适合幼儿兴趣与需要的环境，可以说就是幼儿喜欢的、他们在其中能够快乐地学习与发展的环境。这就要求幼儿园的精神环境是宽松、温暖、富于激励性的，物质环境是安全卫生、丰富多样的，让幼儿能在环境中轻松愉快自由地选择与进行各种活动，满足他们的兴趣与成长需要。如幼儿有涂鸦的兴趣与需要，很多幼儿园就提出了“把墙壁还给幼儿”的理念，把原来都由教师来画的墙壁辟为“涂鸦墙”。有的幼儿园还利用各种废旧资源，让幼儿能兴致勃勃地涂鸦，发展自己的设计才能、创造才能(参见图 5-4、图 5-5)。再如，幼儿有强烈的自我学习愿望，他们不喜欢被规定得死死的。于是，不少幼儿园通过创设环境把折纸的步骤、各种折纸样品提供给幼儿，把过去大一统的、被规定任务的手工课折纸活动改革为幼儿可以自选自定的、愉快自主的自我学习活动(参见图 5-6、图 5-7)。

图 5-4　幼儿的绘画墙

图 5-5　幼儿在涂鸦

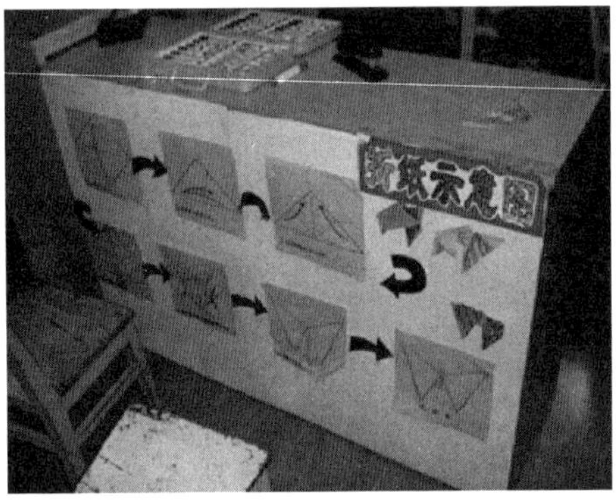

图 5-6　活动区的折纸示意图

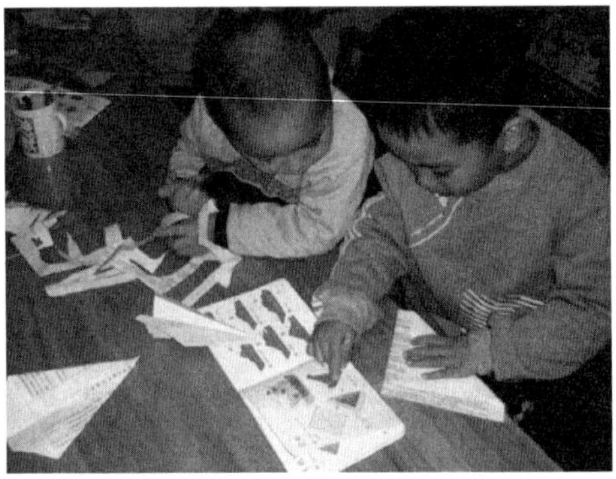

图 5-7　幼儿在共同讨论怎么折船

每个幼儿都是一个独立的个体，在兴趣、经验、能力、性格等方面都存在差异，甚至在学习方式上也有所不同。如有的幼儿喜欢独自琢磨，寻找解决问题的答案；有的喜欢与其他小朋友一起争论，共同探索；有的幼儿听觉记忆效果好，有的视觉记忆效率高……适合幼儿的环境必须尊重差异，让不同幼儿能以自己喜欢的方式进行学习。显然，这样的环境必须是多样化的，而创设这种环境的一个好办法就是创设丰富的活动区环境。一定数量的活动区能给不同需要的幼儿提供自由选择的可能性，让他们能够去做自己喜欢的事情；活动区中不同难度的操作材料、活动内容，能适合能力强弱、能力倾向不同的幼儿。

(三)参与性原则

参与性原则是指幼儿园环境应是幼儿与教师，幼儿园与家庭、社区共同合作、共同参与创设的(参见图5-8、图5-9)。幼儿是幼儿园环境的主人，参与创设环境是幼儿的权利；家庭、社区的参与是开放的幼儿园环境的重要特征。

图5-8 幼儿积极地布置墙面

图5-9 师幼合作画海报

一个好的环境仅仅是让幼儿喜欢还不够，它还应当是幼儿自己参与创设的。环境的教育性不仅体现在已经成熟的环境中，也体现在环境创设的过程中。幼儿的参与能够：

第一，培养幼儿的主体意识和主动性。因为让幼儿参与环境创设这一事情本身，就在向他传递一个重要的、甚至对其终身发展都有用的信息：“我们是这个环境的小主人，我们有能力影响自己的生活!”《儿童权利公约》指出，儿童有权利参与和自己生活密切相关的活动，幼儿参与环境创设正是践行公约的这一精神。如果让幼儿从小在包办的环境里生活，幼儿只会变得依赖，认为环境完全是大人控制的，自己对环境是无能为力的，其主体意识和主动活动的能力都会被扼杀。

第二，培养幼儿的责任感。幼儿参与环境的创设，能切实地体验到自己的做事态度与能力对集体的影响。比如大家一起收拾活动室，擦桌子、扫地、整理玩具，把活动室打扫得干干净净，这一过程会使幼儿实际地体验到自己在集体中的作用；而当自己负责的事情没有做好而影响了全班时，他们就会真切地体验到责任意味着什么。如果没有亲自的参与，这个环境与己无关，幼儿也不会真正去关心这个环境，不能学会负责任。

第三，培养幼儿的合作精神。环境的创设要依靠大家的力量，其过程是幼儿感受集体的力量，发展合作意识与实际能力的好机会。如布置活动室墙饰，大家分工合作，有的剪、有的画、有的贴。为了让墙面布置得很漂亮，幼儿不能光顾自己做，还必须商量、倾听别人的意见，相互帮助、齐心合力。即使是在小班，教师也能够组织幼儿做力所能及的事，体验合作的氛围。

贯彻这一原则需要教师转变观念。应当看到，幼儿的参与是他们的权利，不是简单地让他们“帮忙”。教师和幼儿都是环境的主人，幼儿园环境创设既是教师分内的事，也是幼儿分内的事，绝非只是教师一方做主。但是，幼儿被剥夺这一参与权利的现象并不少见。在一些幼儿园中，室内外墙上都是教师精心绘制的精美壁画，连幼儿园树上挂的名称牌、小农场里的班级牌、菜名牌等，都看不到一点儿幼儿参与创设的痕迹。造成这种现象的一个重要原因是教师头脑中的“幼儿无能论”。不少教师认为，幼儿年龄小，什么也不会做，让他们参与多是添乱，还浪费时间，不如自己两下准备好了，让他们多点时间活动。有的教师也认识到应当让幼儿参与，但多是挑选几个所谓能力强的幼儿，在教师的指挥、监督下，按教师的意图行事，即使在大班也鲜有放手让幼儿去独立尝试设计、创作环境的。幼儿是在行动中发展的，如果他们永远只是旁观者的话，就永远不会变得能干起来。在不少幼儿园中，幼儿不仅参与环境创设，而且参与的水平逐渐提高。如四川某乡村幼儿园的幼儿，为把室外玩具收拾好，自己用图的形式标出每种器材的放置区，贴在墙上(参见图 5-10、图 5-11)。另外，教师对“环境美观”的认识也要克服成人中心，不能完全用成人的审美标准来衡量环境创设的好坏。如幼儿园墙饰的好坏，不在乎画得多么精美，不在乎幼儿的作品看起来多么“乱糟糟”，幼儿参与投入的态度、特别是参与过程中所表现出的主体意识、主动性，才是衡量环境质量最重要的东西。当然，在这一过程中，教师可教会幼儿一些参与的方式和方法，比如，如何主动表达自己的看法，如何动手制作物品、装点环境，如何与别人合作等，并让幼儿有机会实践这些技能，在参与中获得发展。

图 5-10　这是放圆圈的地方

图 5-11　这是放长板玩具的地方

幼儿园环境创设的参与性原则除幼儿的参与之外，家庭与社区的参与、社会力量的参与也是十分重要的。只有社会各方面的力量参与进来，幼儿园内部环境才能变得更加开放，更加适应社会的需要，更加强化教育幼儿的力量(请参阅本章第五节的内容)。

(四)发展性原则

幼儿园环境的创设一定要落实到教育效果上，而不能搞花架子，追新潮、赶时髦，好看而不好用，低效甚至无效。幼儿园环境的发展性可以说就是有效性，它主要表现在创设的环境能多大程度被幼儿利用，发挥促进幼儿发展的功能，而不是徒劳无益甚至阻碍幼儿的全面发展。要保证创设的某个环境能够真正具有发展性，需要不断反思：幼儿按创设的意图利用了环境吗？即幼儿在环境中干什么了，达到创设的目的了吗？有什么问题？如何改进？

换言之，主要就是要做到：一是在深入了解幼儿的基础上创设环境(参阅本节的"适宜性原则")；二是注意观察幼儿在怎么使用这个环境。如活动中是否按教师原本的意图利用了环境？如果没有的话，那他们怎么做的？幼儿的做法是不是合理的、甚至是有创意的，也就是说，是环境设计的问题还是幼儿自身的问题？等等。不能认为创设了环境就一劳永逸，对幼儿的情况不看不问，毫不关心；三是让环境始终保持在动态的变化之中，而不是固定不变。教师必须对发现的问题进行反思，并通过不断地调整环境来解决问题。

例　为了让幼儿养成自觉喝水的良好习惯，某园创设了喝水的墙饰，还准备了一些小五星，幼儿每喝一杯水，就能在自己的小盒里放个小五星。这一墙饰很受幼儿欢迎，明显促进了幼儿的喝水行为(参见图5-12)。但进一步观察发现，有的幼儿每次只喝了一口水就放一个小五星，显然，对小五星的兴趣使幼儿的行为偏离了老师的意图。于是老师及时在旁边增加了一个杯子图，杯子上用红线标出了水的高度，并告诉幼儿："如果水低于这条线，不可以放小五星。"就这样，在不断的改进中，这一墙饰有效地发挥了作用。

再如，不少幼儿园盥洗室水槽的墙上都贴着洗手图。但是，观察了若干幼儿的洗手过程后发现，几乎没有一个幼儿是看了图来洗手的。当被问及"你怎么不看洗手图呢？"幼儿的回答是："看不懂""我会洗手""我不知道是洗手图"，等等。然而，教师似乎没有去留意这个图是否被幼儿利用，也没有去思考它是否需要继续贴在那里，是否有别的办法能够替代它。

另外，还要警惕一个倾向，就是认为环境只要让幼儿快乐就万事大吉，

图 5-12 喝水墙饰

把“快乐”作为唯一的目标，而不关注幼儿是否真正得到了应有的发展。仓桥先生曾经这样告诫幼教同行：“幼儿园是一个具有极大快乐的地方——幼儿园的保育无疑还超越这一快乐，给予幼儿以大量自我充实的机会，据此我认为幼儿园才具有深刻的意义。”幼儿园环境必须让幼儿快乐并发展着，向着教育目标的方向不断进步，否则幼儿园就没有存在的价值，而可以让公园的儿童乐园或娱乐场所的嘉年华来替代了(可参阅第四章第二节“关于兴趣”的内容)。

(五)低成本原则

低成本原则是指幼儿园的环境创设必须按照科学发展观的要求，因地制宜、因陋就简，充分利用一切可以利用的教育资源，促进幼儿有质量地发展。

低成本原则决不应当仅仅被视为一个经济问题，也不能认为这一原则仅仅适用于贫困地区的幼儿园，它是我国所有幼儿园必须遵循的原则，是一个事关遵循科学发展观，建立符合国情的、有中国特色的幼儿教育的大问题。科学发展观倡导全社会低碳生活，节约资源，爱护环境；倡导发扬艰苦奋斗的革命精神，建立节约型社会。作为教育机构的幼儿园，无论经济条件好还是差，都理所应当创设符合国策的、代表先进理念的低成本有质量的教育环境，坚决抵制华而不实的、昂贵奢侈的“土豪”式环境；抵制表面光鲜而实际上脱离幼儿特点的、不实用、不环保的摆饰型、招徕型环境；抵制盲目追求高标准的硬件设施，不适当地拔高建筑标准，并由高成本导致高收费的不良倾向。如果幼儿园在创设环境中一味追求高档化、贵族化，把良好的教育环境误解为奢侈的物质环境的话，势必会使幼儿教育误入歧途，会严重地误导家长与社会的教育价值观，给我国幼教的可持续发展造成恶劣影响。早在20世纪30年代，我国著名的教育家陶行知先生、陈鹤琴先生就曾对当时幼儿教育存在的“富贵病”“花钱病”提出过尖锐的批评。“幼儿园环境好坏的关键在于它能否促进幼儿的发展，而不在于花钱多少、外国货有多少。”他们的观点在今天仍然有很大的现实意义。

在因地制宜、就地取材、废物利用、一物多用，充分发挥自然材料的功效，创设低成本有质量、低成本高质量的环境方面，我国幼教工作者已经积累了许多很好的经验。有的经济条件很好的城市园坚持活用废旧材料制作有趣的玩具、教具，利用自然材料布置教室，创设了充满智慧与创意的环境，取得了很好的教育效果。如上海某幼儿园用废旧纸盒制作的玩具“迷宫”(参见图5-14)深受幼儿喜欢，还获得了全国教玩具比赛一等奖。很多农村幼儿园努力克服困难，充分利用当地资源，因陋就简为幼儿创设丰富的环境，让幼儿能够快乐地游戏，健康幸福地成长。如充分利用当地的自然优势，就地取材，用河沙、石头修沙坑，让幼儿用树枝在沙上画画、写字；用剥了玉米粒的玉米棒子练数数、当“手榴弹”练投掷、做成“拉力器”练臂力；在竹筒里装上沙、小石子或豆子等不同物质让幼儿去摇、去掂，区分不同的声音或重量，用箩筐、旧轮胎作秋千；农村美丽的自然风光，丰富的植物、蔬菜、各种家禽动物更成为发展幼儿情感、增长知识的活教材。这些环境创设经验大大丰富了我国幼儿教育的实践。

图5-13 农村幼儿园的沙坑、秋千、沙袋等

图 5-14 幼儿在纸盒迷宫里快乐地游戏

在低成本创设环境时，除了做到少花钱多办事之外，还应当注意把钱花在刀刃上，花在实实在在有利于幼儿发展的事情上，而不能不顾本地区、本园的实际情况，盲目攀比，追求形式。比如，美化环境是必要的，但一股风都去建假山、搞雕塑就大可不必。特别有的幼儿园，本来空间就不宽敞，结果还让假山占去了一大块本该供幼儿游戏的户外活动场地；农村、山区幼儿园花钱添置一些玩具是完全必要的，但如果盲目模仿城市园，购置一些攀爬梯之类的玩具的话，就不符合本地的实际了，因为农村山区的幼儿有树爬、有山登，根本不缺乏锻炼的机会和条件。

第三节 幼儿园室内外空间环境创设的注意事项

幼儿园的室内外环境大致包括如图 5-15 所示的区域。在创设这些区域的环境时，应根据各区域的功能与特点进行。

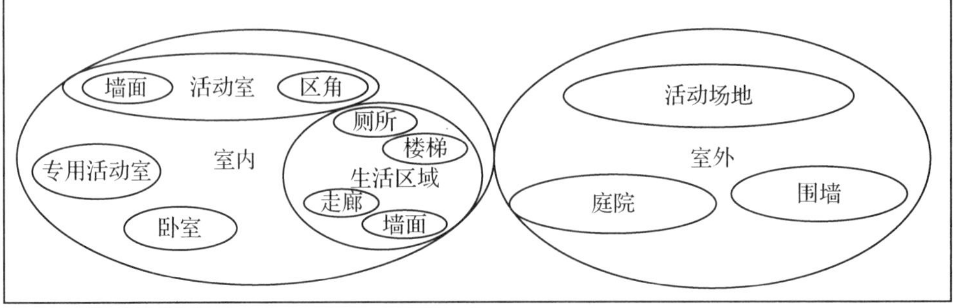

图 5-15 幼儿园主要的室内外空间环境

一、活动室的环境创设

（一）重要性

活动室是幼儿一天中利用时间最长的室内空间。活动室的材料、活动情景丰富多样，活动室的布置有指向并能灵活变化，可为幼儿通过各种感官与环境中的物体、材料和人进行互动，提供必要的适宜环境和条件，对幼儿的学习和成长有举足轻重的作用。

（二）创设的基本原则

1. **舒适愉悦**

这一原则主要指满足幼儿的感知觉特点和情绪情感的需要。如活动室的色彩或墙饰在视觉上赏心悦目，地上柔软的小垫子、区角里的长毛绒玩具或布偶在触觉上感到舒服或刺激；活动室里的桌、椅、柜、玩具、设备等适合幼儿的特点；活动室布置符合幼儿审美特点、行为特点、学习特点，照顾到幼儿的个别差异和文化差异，等等。

2. **功能合理**

活动室环境从各种角度来看都应具有合理性，能满足幼儿的特点和多种活动的需要。如能够满足幼儿集体的、小群体的、个体的活动需要，各领域学习的需要，动静、干湿、光线、声音、交流、移动、利用家具和设备的需要，各种学习方式如表演、展示、游戏、谈话、操作等的需要。

3. **激励参与和学习**

幼儿是活动室的主人，是主动参与设计、利用的人；活动室环境应有趣味性，能吸引幼儿，激发幼儿的活动欲望，有利于幼儿自由选择、开展活动、发展思考、同伴互动、形成良好习惯、发展美感等。如活动室里有幼儿自己制作的墙饰、作品展示，有丰富的玩具、材料，有多个活动区，幼儿可自由取拿材料，进行自己喜欢的活动等。

4. **相对稳定**

活动室空间里固定区域的安排、空间布局不要经常性地发生变化，让幼儿难以适应。活动室里的非固定区域可以根据情况发生变化。

5. **安全整洁**

活动室里不能存在任何安全隐患，应干净卫生，所有的物品摆放整齐有序。

（三）大中小班活动室环境创设的注意点

大中小班活动室的设计除共同地遵循上述基本原则之外，根据不同年龄阶段幼儿的特征，还需注意其活动室的不同特点，有所侧重地进行环境创设。

1. **小班**

(1)亲情：小班孩子各方面发展具有明显的不成熟性，他们对成人有强烈的依恋，需要给予心理上的抚慰和关心。环境尤其需要有“家”的感觉，使小班幼儿感到舒服、温馨、心理安全。如活动室里有私密小空间，安置有可供老师抱着幼儿一起坐的椅子或沙发、地毯等。

(2)有趣：小班孩子年龄小，环境布置尤其需要富有童趣。如在娃娃家里挂上卡通画窗帘，摆上色彩鲜艳的小家具，配上造型可爱的小餐具及各种布娃娃等。

(3)明确：用幼儿理解的照片或简单图片作标志，让幼儿知道东西该放在哪里。如在放喝水杯的柜子上，贴上杯子图片和每个幼儿的照片，让幼儿能够自由取放自己的水杯。

(4)动手：提供足够数量的幼儿能自由摆弄的物体和材料。

2. **中班**

(1)有趣：环境不仅在感官上觉得有趣，还能够进一步激励幼儿学习。如创设有利于幼儿情绪稳定的“心情树”(参见本章小资料 3)，玩具柜上贴有标志，能引导幼儿整齐有序地摆放玩具。

(2)明确：有多种方式让幼儿明确要求。如图书角用标志告诉幼儿要保持安静；按玩具的颜色或者形状做成标志图，并一一对应地贴在玩具柜上，让幼儿可以自由取拿玩具，并在玩完后放回原处，进行整理。

(3)操作：提供机会和条件让幼儿动手参与活动室环境的创设。

(4)交往：环境中提供多种机会和条件让幼儿能与教师、幼儿交往。如墙上贴出班上幼儿的活动照片，供幼儿观看议论。

3. **大班**

(1)有趣：能提高幼儿深入学习的积极性。如提供更多的图书、示意图、资料等，促进幼儿自我学习。如折纸的分步图墙饰、图书，帮助幼儿自学折纸(参见图 5-8、图 5-9)。

(2)明确：有多种方式让幼儿明确规则并能参与制定规则。

(3)探索：活动室中创造更多的供幼儿探索的环境，如设置内容更丰富的科学探索区，让幼儿能自主地动手操作，进行小实验等。

(4)合作：创造多种机会和条件让幼儿能与教师、幼儿合作。如提供共同设计和创造环境的材料、工具、空间等。

(四) 活动室空间的环境创设

1. **活动室的空间划分原则**

(1)方便：活动室空间布局要方便幼儿活动时取拿材料、移动、交流和操作等，如物品放置在幼儿视线可及的合适高度，湿的活动靠近水源，材料柜靠近美工区等。

(2)合理：空间布置能够传递教师想要传递的信息，减少幼儿之间的相互干扰或行为问题，有利于促进集体、小组、个别各种活动开展。可通过发现幼儿的问题行为，分析可能的原因，判断活动室的空间安排是否合理，从而及时地进行空间调整。如幼儿在活动室里乱跑，说明开放式空间太多，各活动区分界不明，需要重新间隔空间，分隔出较小的活动明显的空间；幼儿到处晃荡，不知道要做什么，说明活动室太凌乱，幼儿不明确有哪些可选择的活动，需要整理活动室的安排，使之更简明、清爽，等等。

(3)可变：活动室空间的设置不是一劳永逸的，应具有动态性，可随幼儿年龄、活动、季节、天气、节日、事件等变化而有所调整。

2. 活动室内生活区域的设计

室内生活区域的设计包括卧室、厕所、走廊、楼梯的地面、空间、墙面等的设计。

一般来说，卧室需要保持安静，光线柔和，卫生安全。供午睡的小床或用具(如睡垫)适合幼儿的特点。在非午睡时间，卧室可利用开展其他适宜的活动。

厕所、洗手间的设计要有利于消除幼儿的紧张、不安情绪(特别是小班)；要安全卫生，适合幼儿的行为特点、身体状况。如洗手台不能太高、太宽，毛巾架不能离洗手台太远；厕所可以有一些令幼儿情绪放松的图片，尽可能让男女幼儿分开使用，入厕时能关上门，特别是在大班(参见图 5-16)。

图 5-16 厕所里的卡通画让幼儿轻松如厕

为了幼儿上下楼梯安全，靠楼梯的墙面上不能悬挂易碎、易落物品；为避免幼儿在楼梯上长久停留或拥堵，楼梯边的墙饰不宜陈列幼儿要驻足细看的画面或物体；楼梯阶梯的高度、宽度要适宜，为保证幼儿安全上下楼梯，可在楼梯上画出表示上下方向的箭头，等等。

走廊的墙面、地面、顶部等的利用都要注意整体的美感和功能协调，其设计要合理、符合幼儿的审美与特点。如走廊墙面上面向幼儿的图片、装饰等要在幼儿的视线高度上；面向家长的告示通知、教育知识、家园互动信息等，应在幼儿园入口处或其他家长经过的地方。幼儿活动室外的走廊地面可利用为幼儿的活动场地，可画上一些标志或图案，供幼儿学习与游戏。走廊的顶部可根据其高度、活动的需要，悬挂一些装饰物或幼儿作品等。如某幼儿园新年时，在走廊上悬挂起师幼利用废纸盒共同制作的狮子，不但使环境更加美观，突出了幼儿在环境创设中的作用，还烘托出浓浓的节日气氛。

3. 活动室内活动区的设计

活动区是让幼儿通过和区角中的环境与材料进行互动来学习的室内区域。由于活动区给幼儿提供了自由选择、自主活动的机会，能够照顾个别差异，活动具有多样性、丰富性、操作性等特点，所以它是幼儿最喜欢的活动场所之一。活动室里教师可以根据幼儿的年龄特征、实际需要，设置不同数量和种类的活动区，也可引导幼儿一起商量活动区的设置，重视幼儿提出的想法与意见，尽可能地满足幼儿的兴趣与需要。

一般常用的活动区有建构区、科学区、娃娃家区、美工区、表演区、益智区、阅读区、私密区，等等。

活动区设置中常见的问题是，活动目标不明确；忽略幼儿主体性，教师包办、规定太多；材料投放不合理，如缺乏层次性、单调、少变、不安全、不经济等；活动区空间设置不合理，如各活动区是开放的，间隔不好，相互干扰，幼儿可以看到其他区角的一举一动，导致幼儿无法专注在活动区内活动，容易分心；材料摆放的位置不当，材料取拿太远，幼儿走动太多；教师的指导方法不适宜，如干涉多、干扰多、直接告诉多，启发少、引导少、合作探索少等；活动区有的流于形式，低效甚至成为摆设，等等。

二、室外活动环境的创设

室外活动环境是幼儿园教育环境不可缺少的组成部分，对促进幼儿的学习与发展有着室内环境不可替代的特殊价值与功能。室外环境以其开阔的空间和自然条件，在满足幼儿进行体育活动、户外游戏、各种公共活动，以及种植、饲养等活动需要的同时，有力地促进着幼儿身体、认知、情感、社会性等方面的发展。正如日本儿童环境协会会长仙田满教授所指出的那样，任何空间都蕴藏着一种影响儿童的巨大力量。开放的空间能够唤起儿童身体运动的欲望；迂回曲折的小路、有趣的小洞小屋，能够唤起儿童捉迷藏、探究竟的欲望；美丽的自然空间会唤起儿童内心的感动，给他们以丰富的感性；自由的看似无序的空间能够唤起儿童想象与创造的欲望。

室外活动环境创设的理念与原则与幼儿园环境创设是完全一致的，不过，鉴于室外环境的开放、多变、受外部因素影响大等特点，为保证其充分地发挥教育和保育功能，还须更加强调安全，以确保硬件设施不妨碍幼儿的活动和行动，不存在任何安全隐患；强调环境的空间结构特征符合幼儿身心发展特点，具有趣味性、丰富性、自然性、开放性、挑战性等，能吸引幼儿愉快、自主、自由地投入活动；强调各种设施、设备、玩具、器材要尽可能地做到人工与自然兼顾、主功能与其他功能兼顾、固定性与变通性兼顾、装饰性与活动性兼顾、公共性与私密性兼顾，经济、方便、耐用、配置合理。

为满足幼儿的需求，室外环境除了保证幼儿人均活动面积之外，还需配置功能齐全的设备、玩具、器材，提供必要的活动环境与条件。如配置的大型玩具、运动器械中，应有供幼儿跑、跳、踢、登、蹦、骑等的发展腿部肌肉的玩具、器材，有供幼儿攀、投、扔、推、拉等的发展手臂肌肉的玩具、器材，有供幼儿钻、爬、滚、滑等的发展平衡、协调、灵活性的玩具、器材，还有发展幼儿感觉统合的旋转类玩具、器材，等等。再如，作为必要的活动环境与条件，应提供幼儿玩沙的沙坑或沙池、沙箱，玩水的小溪、池塘或水盆、水箱，开展种植活动、饲养活动的种植区、饲养区，以及供幼儿绘画涂鸦、张贴、宣传的合适墙面或专栏，等等。

另外，还应注意的是，室外环境与室内环境尽管是幼儿园环境的不同组成部分，但这两部分不是相互割裂、各自孤立地发挥作用的。幼儿园室内、室外环境的教育影响是相互联系、相互促进的，它们相互地提供活动的生长点，相互延续、扩展、深化幼儿的活动。如幼儿在室内学习的动植物知识，可通过室外的种植活动、饲养活动而加深理解，并得到实际的运用；幼儿在室外的游戏体验、活动经历，可成为室内语言活动的话题或绘画题材。因此，为确保幼儿园教育环境的整体性，为拓展幼儿学习的深度与广度，强化幼儿活动的连续性，应重视发挥室外环境与室内环境的联动效应。

图 5-17　地上的沟壑、绳网攀爬架、塑料桶秋千组成了开放的活动空间

图 5-18　玩水玩沙都方便

图 5-19　可钻可爬的小山

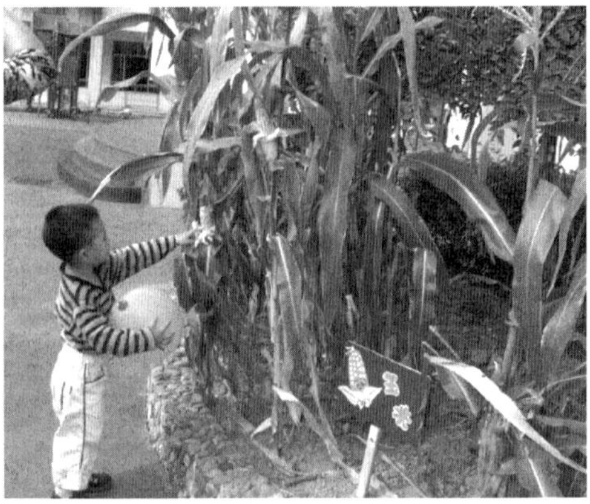

图 5-20　利用边角空地的小种植园

第四节　教师在幼儿园环境中的作用

前面已经谈到，幼儿园教育是通过环境进行的。但是，这不等于说环境是可以自然而然地发挥作用的，离开了教师——这一幼儿园环境中最重要的人的要素，环境是不可能实现其强大的教育功能的。那么，教师在幼儿园环境中的重要性是怎样体现出来的呢?

一、准备环境

准备一个与教育相适宜的环境是教师的职责。“要促进儿童心理的发展，我们必须以某种特定的方式给儿童准备一个‘环境’。”(蒙台梭利)教师在准备环境时的作用主要表现在以下方面：

(一)把教育目标蕴含在环境中

教师必须带着明确的目标意识来准备环境，将周围的人际因素和物质条件精心地加以组织、规划，并计划安排必要的幼儿乐于参与的活动，让幼儿能在环境中向着正确的方向行动、发展。比如，《纲要》与《指南》都要求发展幼儿喜欢看图书的好习惯，要求幼儿园“引发幼儿对书籍、阅读和书写的兴趣”，“为幼儿提供良好的阅读环境和条件”。因此，幼儿园提供一个良好的图书阅读环境就十分必要。如在教室里明亮的窗户边，可设置一个安静、舒适的小天地——图书角。在那里，教师准备各种有趣的、幼儿喜欢的图书。图书陈列在矮矮的书架上，可以自由地取拿；图书封面正对着幼儿摆放，吸引着幼儿的注意力；放几个小坐垫、几把小椅子或铺在地上一两张小草席，让幼儿能舒服地坐下来看图书。除图书角之外，还可以让图书出现在幼儿园走廊上作为装饰，让幼儿知晓图书角又增加了什么书。

(二)心中装着幼儿

环境是为幼儿准备的，当然必须适合幼儿的实际。这就要求教师在准备环境时心中装着幼儿，充分考虑他们的兴趣、需要、经验水平的现状与发展可能性，让环境能引导、促进幼儿发展。如对提供的材料、玩具，首先想一想：幼儿喜欢吗？过去玩过吗？玩到什么水平？哪些幼儿尚不熟悉或不喜欢，他们可能发生的困难或问题是什么，有没有别的替代物可以提供？针对幼儿年龄特点，材料、玩具要准备多大的数量、种类才能满足幼儿选择、使用的需要，而又不造成混乱？如何摆放材料能引起幼儿的注意和兴趣，有利于幼儿的自主选择和使用？以什么形式投放材料(如投成品还是半成品、一次性投放还是分几次、不同幼儿用哪些方式投放等)更有利于幼儿玩得开心，玩出新花样？什么样的材料更有利于幼儿开展自主学习？等等。再如，必须考虑空间、时间的安排如何适应幼儿的需要。如空间在大小、安全、方便等方面是否适宜？用什么办法能进一步改善空间条件(如搬走不用的桌椅、用小草席划分某些活动区域而减少间隔的橱柜、利用走廊或楼梯下的空间设置一些活动区角等)？如何合理地整体地规划活动室里的各个区角，以自然地减少区角之间的干扰，减少幼儿之间的纠纷，保证更好的活动秩序(如事先勾画教室平面图，设想幼儿的移动路线，合理布局等)？时间安排上是否能让幼儿玩得尽兴？活动转换的时间是否合理，是否有调整时间的预案？等等。

(三)和幼儿一起共同准备环境

吸引幼儿参与环境的准备，是教师在这一环节的重要工作。很多幼儿园的实践证明，幼儿积极参与准备的环境最受幼儿喜欢，最能够引起幼儿的关注和投入，而那些完全由教师包办的环境却未必吸引幼儿。

引导幼儿参与环境的准备可以有多种形式，主要是引导幼儿动脑和动手。

动脑——教师预想的各种计划、打算、设计等，只要是幼儿能够理解和参与的，都尽可能地将之巧妙地转变成幼儿的“决定”过程。即活动的发起不一定是教师，而调动幼儿的兴趣，引导他们积极发表意见、出谋划策、参与规则的制定等。比如，引导幼儿议论“六一儿童节快到了，我们怎么布置活动室？”“我们的图书有的被搞坏了，怎么办？”“娃娃家太挤了，你们看怎么设计才好？”等。当然，教师也平等地参与讨论，在轻松的气氛里让幼儿各抒己见。在此过程中教师也可能发现自己的有些想法需要修正。

动手——为活动准备材料、玩具时，只要是幼儿能做的事，就让他们做，或教师与幼儿一起做。如表演区、娃娃家区所需要的一些简单的服装、道具、用具，户外活动所需要的一些玩具、器材等，可以教师与幼儿一起来准备，或让幼儿自己动手做，不必全部由教师来准备。

总之，教师应尽可能地提供机会，让每个幼儿都能找到动手动脑发挥作用的地方。对那些能力差、个性孤僻的幼儿，要注意给他们一些力所能及的任务，激励他们参与到准备工作中来。

二、调控环境

准备了一个好的环境并不等于就万事大吉了。这个环境能否按预期的计划运转，幼儿能否充分地利用环境的条件，能否在活动中真正得到发展，还要看教师能否营造环境的气氛，有效地调控环境。

教师调控环境的作用是指教师能利用环境来激发和保持幼儿的活动积极性，能帮助幼儿利用环境来发展自己。

教师怎样来调控环境呢？

(一)调控环境的若干环节

调控环境大致有几个环节：诱导幼儿进入活动；帮助幼儿展开活动；指导幼儿解决纷争、困难或情绪等问题；帮助幼儿结束活动。教师在这些环节中，通过“直接”和“间接”的教育方式(主要是间接方式)，如观察幼儿在环境中的活动情况；通过材料、场地、时间、规则、角色变化等，有意识地引导幼儿的活动，促进幼儿与环境中的人际因素和物质材料有效地互动等(可参阅第四章第三节“幼儿和教师的相互作用”)。

以下问题可以在教师调控环境时，作为观察的重点、抓手或新的教育切入点：

1. 幼儿如何选定活动区或材料

(1)哪些活动区和材料最受欢迎？哪些很少使用？

(2)幼儿是不是经常决定不了去哪个活动区而要你帮助？

(3)有没有幼儿要求你给他划出明确的活动空间来？整个路线是不是让幼儿可以在教室里方便地行走，玩得很安全，搭建时也不会受到干扰？

(4)幼儿是否能够自己找到他要的东西，或者自己能把东西放回原处？

(5)在选择喜欢的材料和玩具上，幼儿有什么表现(如不同性别的幼儿有哪些差异)？

2. 幼儿如何使用材料

(1)幼儿是否具备使用材料的技巧？

(2)材料的使用引发出了幼儿怎样的经验、创意或问题?

(3)哪一类型的材料能够激发幼儿玩角色游戏或集体游戏?

(4)哪一种材料幼儿玩得最久?哪些材料不受欢迎?

(5)有没有足够的材料可以让幼儿投入有意义的活动?

(6)共用材料时有没有发生问题?发生了什么问题?是什么原因?

(7)材料是否能反映幼儿的生活背景和家庭生活中的经验?

(8)幼儿使用材料上的差异怎么样?

3. 幼儿如何与他人互动

(1)幼儿是否能在别人旁边玩,或和别人一起玩?

(2)有没有幼儿被同伴孤立或者排斥?

(3)哪些幼儿经常在一起玩?玩什么?

(4)幼儿是否会一起讨论他们正在做的事情?或合作做什么事情?

(5)幼儿之间发生了什么纠纷?他们怎么解决的?

(6)幼儿如何请求成人帮助?如何请求其他幼儿帮助?

(7)幼儿是否获得了有益的经验或学习到新的交往技能?

(二)调控环境的主要方法

下面以积木角的活动为例,具体来看教师调控环境的全过程。

1. 诱导幼儿进入活动

(1)教师要善于对幼儿进行观察

哪些幼儿玩过积木角?玩到什么程度?哪些幼儿一次也没玩过?为什么?在分析原因基础上(是不喜欢?是不知道怎样玩?是忙着玩别的没工夫?是积木太简单?是没同伴一起玩?是玩的人太多就不想去?……),有意识地针对幼儿的情况来诱导。

(2)诱导幼儿投入活动

教师可以用言语或行动直接诱导幼儿进入活动。如对不知道怎么玩、又没小朋友一起玩的幼儿说:“我想去玩积木,你和我一起去好吗?”直接邀请幼儿去积木角;对没有明确去处、东晃西晃的幼儿说:“你想玩什么?搭积木很好玩哦,去试试怎么样?”或带幼儿去观看其他幼儿搭积木,让活动的场面诱导其加入。教师也可以通过幼儿同伴来进行诱导。如教师对玩积木的幼儿说:“××也想玩积木,你们去叫他一块儿来玩,好吗?”

2. 帮助幼儿展开活动

积木活动是以幼儿与物体相互作用为主的活动,幼儿通过操作积木,自由地组合积木,认识形状、发展空间知觉,同时也在与同伴一起搭建积木的过程中，发展协商配合、分工合作等社会行为。

在幼儿进行积木活动时，教师的指导是以间接方式为主的。

(1)观察

幼儿搭建积木大致都要经过摸索、熟悉、单一堆高或排列、连接组合、逐步抽象并命名等几个发展阶段。如小年龄幼儿常常是抱着积木不搭，拿着积木东跑西跑地玩，把积木反反复复地装进盒里又倒出来。对不同阶段的幼儿，教师的指导是不同的。因此首先要仔细观察幼儿搭建积木发展到什么阶段，有什么个人的特点等。

(2)有针对性的指导

因为幼儿间有个别差异，积木游戏也就因人而异。因此，需要因人施教，指导方式各异。如前述那种不会玩的幼儿，教师应作为支持者介入进去，可和幼儿一起来到积木角，向幼儿介绍一下各种积木的名称，问问幼儿想搭什么，再响应幼儿的提议。如果幼儿不说，教师可先简单地摆几块，动作慢一些，“啊，你看，拼成一块地板了!”然后征求幼儿的意见“你看，下一块放哪里好呢?”或者“你想试试摆块地板吗?”一旦幼儿自己动手了，教师就可以退为旁观者，不时鼓励一下，并在合适时离开，让幼儿自己玩。当然，后续的关照是一直需要的，如肯定幼儿的作品、当家长的面表扬幼儿学了新本领，之后再给他提供照片和图纸作参考，帮助他参与别的幼儿的搭建，等等。

对在积木角自主玩的幼儿，教师主要是观察，一般不要去干涉，更不要去指挥。在幼儿需要时，可提供必要的支持，同时，可根据幼儿的活动情况，考虑如何扩展和提高幼儿的水平。

(3)积极的应答式、启发式交谈

教师的积极应答与支持对推动幼儿在环境中持续地展开活动非常重要。

比如，当幼儿兴冲冲地跑来告诉教师，他搭建了一个什么东西时，教师作为幼儿活动的支持者要表现出很有兴趣、很关心的态度，而不仅仅敷衍地说一句“啊，我知道了。”让幼儿扫兴。这类幼儿一般喜欢和教师一起讨论自己的作品，教师的谈话要让幼儿切实感到老师很关心他搭的东西，能清楚知道自己的作品好在哪里，还能获得新的启发。仅仅说“好极了!”“不错!”“搭得很好!”是不够的。当然，幼儿得到表扬的确会很高兴，但是要促进幼儿进一步发展，就需要把这些空洞的表扬具体化，如指出：“啊，你今天用了8块积木。”“这个半圆形积木放在上面真好看!”“这块积木能把两个积木联起来，稳稳当当，放上去时不容易吧。”等等，于是幼儿会感到老师看得多么仔细，确实很关心自己的作品，并且明白自己什么地方进步了。交谈中也可提问，“这个桥你怎么搭起来的?”“这好像桥头堡，是吗?”让幼儿说说他的想法和成果，有利于幼儿获得成功体验，发展语言表达能力和自信心等。教师还可用“我发现你搭的塔顶和××不一样，你的屋顶是三角形的，他的是半圆形的……”“你能用那种积木试一试吗?”之类的话，既让幼儿看到自己的特点，又引起对别人作品的注意，并帮助幼儿开拓思路。

(4)提供辅助材料，扩展积木活动

要引导幼儿的搭建思路进一步扩展，教师不必直接指手画脚，可以通过提供多种多样的辅助材料来实现。如提供各种塑料小动物、小人物、小交通工具模型、玩具，或者提供关于积木搭建的图书资料、照片、图片等，启发幼儿的创造力、想象力，刺激幼儿搭建出更多的花样来。如因有了小动物，幼儿就会想到搭个动物园；有了救护车模型，就会引发幼儿搭建医院的想法，而且还能由此生出很多情节来。

3. **帮助幼儿解决困难和问题**

在搭建积木的过程中，幼儿会碰到困难。如搭桥总垮下来，搭塔尖积木总放不上去，一放就碰倒塔身，等等。要解决这些困难对幼儿来说是很大的挑战。但教师什么时候、怎样伸出援助之手呢？这个问题没有固定的答案，需要凭借教师的观察和对幼儿的了解，灵活机智地处理。如果幼儿还没有气馁的样子，就让他再试下去，等幼儿要求帮助时再支援；如果幼儿气馁了、生气了，教师可给予精神鼓励。如“哇，你都快搭好了，最后这点是不容易搭的，再试试!”幼儿如果不肯继续了，教师就可以介入。如：“来，我们一起来想办法，把这座桥搭好!”一般来说，教师如果陪伴着幼儿，幼儿就能够坚持。当然如果幼儿力所不能及，比如小肌肉控制还不够好，在塔尖上放积木总不能成功的话，教师可以在最后协助完成，让幼儿有成功感，并与幼儿共享成功的喜悦。

积木活动中幼儿的纷争是难免的。为争抢积木，或谁撞倒了别人搭建的积木，或搭建的地方太小太挤，都容易引发争吵。纷争是幼儿之间相互作用的一种特殊形式。如果纷争发生了，教师应将之视为活动的一部分，将之转化为幼儿的一种学习。教师控制纷争不是就事论事，这一点在第四章“教师的能力”一节中已经谈过了。教师必须在准备环境时就考虑到如何防止幼儿冲突的产生。比如，在准备阶段就组织幼儿讨论规则：积木角几个人玩合适、怎么控制人数、积木怎么分配、各自的搭建区域怎么划定，等等，启发幼儿自己想出办法来，并遵守自己制定的规则；教师合理安排积木角的位置，不要将之设在过道边或幼儿进出频繁的其他活动角旁边；投放积木的数量、种类要适当，等等。在活动过程中如果幼儿发生了纷争，教师当然要坚决地执行事先所制定的规则，但这决不是代替幼儿解决问题，而是让幼儿实际地学习如何解决问题，知道有哪些方法可以利用，实实在在地体会到，只有协商、对话、轮流才是玩下去的好办法，互不相让的结果是最后谁也玩不成。这些体验对幼儿社会性发展是非常重要的。

保持幼儿在整个搭建积木活动过程中的积极性，保持其情绪愉快，是教师控制活动时最重要的事情。前述的教师指导方式都有利于营造环境的良好情绪氛围。另外，教师需要特别关注个别情绪急躁、激烈或内向、孤僻的幼儿，帮助前者在积木活动中放松情绪，保持平静，减少纷争；帮助后者增强信心，从独自玩逐步过渡到和小朋友一起搭建积木。

4. **帮助幼儿结束活动**

积木活动结束时，一是要组织好积木的收拾整理；二是教师要对幼儿的活动进行总结，画龙点睛地为幼儿提升经验，并直接地表述对幼儿的评价。与此同时，也让幼儿展开相互评价、自我评价。成功的总结应当让每个参加活动的幼儿都感到自己在进步，都充满对活动的信心和继续活动的热情，并能在以后的积木活动中玩出新的水平。

以上例子简要地说明了教师如何体现调控环境的作用。不过，此例只是一个参考而已。因调控教育环境远远比调控一个积木角复杂得多，需要教师更多的经验和智慧。

三、改善环境

环境不是凝固的、僵化的、一成不变的，它必须随着幼儿的兴趣、需要、能力的变化，以及教育目标、客观条件的变化而不断变化。不断改善环境，使它保持适合幼儿发展的最佳状态，是教师的重要作用。改善环境主要是根据幼儿在环境中的活动状况，发现环境的问题，及时地进行调整，以增强环境的选择性、挑战性、多样性、差异性等，通过保持环境的动态变化，来保持环境的发展性。比如，准备环境时有失误，导致环境中出现了不合理的安排，一经发现必须马上调整。如班上幼儿经常在活动室里跑来跑去，这暗示着活动室里空荡的地方太多，需加以间隔；某活动区角没有幼儿光顾、或者光顾时间很短，说明该区角可以撤销或重建；幼儿搭建的积木好几次被其他经过的幼儿碰倒，说明积木角太靠交通要道，需移动地方；幼儿争抢小三轮车，说明准备的小车数量不足。如果数量不可能增加，则应考虑添加一些辅助物(如计时器、小沙漏)，来帮助或引导幼儿自己想出各种“轮流”的办法，等等。又如，因为幼儿在活动中发展速度不一，一段时间后，环境对有的幼儿是适合的，而对有的幼儿就可能不适合了，这就需要立即调整。如玩

“百变插塑积木”，有的幼儿很快就完成了平面图形，那么，就再给他们投放难度大的立体图形，或修改玩的规则，提高难度。如让幼儿只看两三分钟就把图纸收起来，然后凭记忆插出这个图形，或者要求在限定的时间内完成一个图形，等等。总之，教师要对环境与幼儿的相互作用保持高度的敏感，最好每一天，甚至每次活动后都重新审视一下环境，及时地调整改善，以保持环境的合理性、发展性、教育性，这样，环境才不会静止在一个水平上，才能与幼儿的发展保持动态的平衡。一个一劳永逸的环境是不存在的。

准备环境、调控环境、不断改善环境，这是教师在幼儿园环境创设中的重要作用。教师是环境的命脉，环境中的物质材料、人际因素以及它们与幼儿的关系和相互作用都是由教师来调控的，幼儿在环境中的活动也是由教师直接或间接引导的，没有教师的主导作用，幼儿在环境中的发展是不可能实现的。

第五节 幼儿园与家庭、社区的合作

一、幼儿园为什么要与家庭、社区合作

如前所述，在广义的幼儿园环境观指导下，幼儿园环境创设是一个开放的系统工程，而不是一个封闭的、狭隘的内部工作。因此，与家庭、社区的合作是幼儿园环境创设不可缺少的有机组成部分。

(一)幼儿园教育离不开家庭

1. 家庭是幼儿成长最自然的生态环境

幼儿身心尚未成熟，他们需要社会特殊的保护和照料。家庭是社会最基本的单元，也是幼儿成长最自然的生态环境，担负着养育幼儿的重大责任。对于幼儿来说，与父母共同生活是最重要的需要。家庭这个以血缘关系组成的、人一出生就生活在其中的社会群体是幼儿最重要的安全基地，“母亲的照料之爱为孩子创造了一个值得信赖的、可靠的、纯洁的空间。”(博尔诺夫)正是在这样的空间中，幼儿获得了对于人的成长来说，最重要的也是最基础的东西——安全感和由此而产生的愉快的“基本心境”。幼儿的成长决不能欠缺家庭这个安全的、充满爱的天然庇护地。人类最初的幼儿教育是家庭承担的，随着社会生产力的发展，这一责任逐步转移到幼儿园。幼儿教育发展到今天，从“还幼儿一个正常的社会生态”的观点出发，家庭的重要性又重新受到重视。在

现今的社会情况下，幼儿园不能消亡，但幼儿园也不能取代家庭。

2. 家庭是人的第一所学校

父母对孩子的态度给幼儿以后对社会的态度奠定了基础。“在个性、社会性、智力发展和文化特征方面，父母是孩子的第一个和最重要的环境影响因素。”(贝肯罗斯)幼儿入园前的生活是在家庭里度过的，家庭的影响印刻在幼儿身上，每个幼儿都从自己家庭的生活中获得不同于他人的经验、形成自己的语言、行为习惯以及对人的信任感等，并通过父母家人的中介，逐步开始认识世界和接触外界事物，“认识能力就是由此而产生的，而这种能力促使孩子对外界和世间万物的理解。”在家庭奠定的这一基础在幼儿入园后，仍然极大地影响和制约着幼儿园教育，幼儿园教育只能在幼儿原有的基础上展开，否则就不会有好的教育效果。家庭这一“学校”与幼儿园相比，对幼儿发展的作用并不逊色。我国已有研究证明，在幼儿的社会性发展方面，家庭教育的效果并不亚于幼儿园。尤其引人注意的是，在城市里，尤其是父母文化水平较高的地区，家庭在幼儿认知发展中的作用还超过了幼儿园。当然幼儿园与家庭的特点、长处各不相同，不能互相替代，但家庭对幼儿成长的重要性不能不予以高度的重视。

3. 家长是幼儿园教育的重要力量

家长与幼儿天然的联系使家长具有别人难以替代的优势，一旦家长与教师为着一个共同的目标携起手来，那教育效果就将倍增。

家长作为重要的教育力量表现在：

(1)家长的参与极有利于幼儿的发展。有研究表明，家长直接参与幼儿园教育对幼儿有良好而持久的影响。家长参与幼儿在园的活动能够大大提高幼儿活动的兴趣和积极性；能够改善幼儿在家中的行为和密切其与家人的关系；而且家长参与的本身让幼儿能够体会到“幼儿园多么重要!”“我们这个活动真了不起!”从而会使幼儿学习的态度更认真，更积极地投入活动。

(2)家长是教师最好的合作者，没有谁比父母更了解自己的孩子，因此家长是教师了解幼儿的最好的信息源。

(3)家长与教师的配合使教育计划的可行性、幼儿园课程的适宜性、教育的连续性和有效性等都能更好地得到保证。

(4)家长本身是幼儿园宝贵的教育资源。如各种不同职业或者不同文化背景的家长可以带给幼儿园丰富的教育内容，并能为幼儿园的教育需要提供多种支持和服务。

综上所述，幼儿园与家庭的合作是幼儿园教育质量提高的必由之路，是幼儿园教育自身发展的必然选择。《规程》中明确规定“幼儿园应主动与幼儿家庭配合，共同担负教育幼儿的任务”，《纲要》《指南》都明确要求幼儿园必须与家庭合作，幼儿园应当努力践行这些科学的、符合幼儿教育发展趋势的决策。

(二)幼儿园教育需要与社区合作

“社区”这个词是近些年才在我国出现的。所谓“社区”是指比较完善的社会生活小区。幼儿园与社区合作是指幼儿园与其所处的社区、与幼儿家庭所处的社区密切结合，共同为幼儿的健康成长服务。幼儿园作为社区的一个组成部分，是社区的小环境。社区是社会大环境中与幼儿园关系最密切、对幼儿影响最大的那一部分。因此，对幼儿园来说，鉴于幼儿年龄、经验的限制，其与社区的结合可以说是与社会大环境结合的主要的、核心的内容。从这个意义上说，即使还没有社区环境的幼儿园、农村的乡镇幼儿园等也都不能说与此无关，而同样应当思考如何打破封闭的格局，与周围社会环境有机结合的问题。

1. 社会发展的要求，幼儿教育发展的必然

如本章一开始“广义的幼儿园环境观”中所阐明的那样，社会的发展、时代的进步，使社会对教育的影响越来越大，也使教育与社会的关系越来越密切。如一位世界教育规划专家所说的那样：“学校不可能垄断教育，因而必须把学习同家庭、孩子周围的人们以及大众传播媒介的影响协调起来。”台湾一位幼儿教育专家也说“正式的学习方式仅仅是幼儿吸收新知的一个小小的管道，他们的学习更多来自非正式的通路。”幼儿园已经不是幼儿学习的唯一地方，教师也不是幼儿信息的唯一的、甚至不是主要的源泉。加之社会价值观的多元化，与教育一致的和不一致的信息相互碰撞，对幼儿发生着越来越复杂的影响。为在教育中立于不败之地，幼儿园教育必须改革，通过与社会的(包括家庭)积极配合，构建新的幼儿教育发展模式，封闭在幼儿园围墙之中的教育是不会有生命力的。

2. 社区对幼儿园教育的意义

(1)社区环境对幼儿园教育的意义

幼儿园周围的社区是幼儿十分熟悉的地方。社区的自然环境、人文环境在幼儿的成长中，特别是精神成长中有着特殊的意义。成年人一回忆起童年时生活过的街道、村庄、小镇，一种美好、温馨的情感就会油然而生。这些情感是构成爱祖国、爱家乡情感的重要组成部分。同时，社区作为一个生产功能、生活功能、文化功能兼备的社会小区，能在人力、物力、教育资源与教育机会等多方面给幼儿园提供支持。幼儿园教育如果扩展到社区，就能充分利用社区富有教育意义的自然和人文景观、各种机构设施、人际交往活动等，大大扩展教育的广度和深度，使教育更加丰富，更加富有时代气息。如幼儿园可以利用社区丰富的教育资源，带领幼儿走进社会的大课堂，开展丰富多彩的活动：参观社区里与幼儿关系密切的机构，如商店、邮局、车站；与各行各业的劳动者接触，与社区的劳动模范、解放军战士、医务人员、警察叔叔等共同活动；慰问敬老院的爷爷、奶奶，邀请他们到幼儿园做客，等等。

(2)社区文化对幼儿园教育的意义

优秀的社区文化作为宝贵的资源，无形地影响着幼儿园教育。一般来说，文化和文明程度高的社区，幼儿园的园风、教育质量也都不错。如有的幼儿园在课程中将社区的历史、风俗、革命传统等作为资源来利用，使教育内容丰富而有特色。贵州某幼儿园就创造了这样的实例，他们充分利用当地的传统节日活动、民间游戏、歌谣、舞蹈、故事以及服装、食品、风俗习惯、手工技艺等，有意识地在教育中渗透这些独特的本土文化，使幼儿园无论是在环境布置、课程活动，还是教师幼儿的生活习惯、人际交往方式等方面，都反映出浓郁的地域特色。如他们利用社区文化资源，邀请社区舞龙队到幼儿园，引导幼儿参加社区的传统节日庆祝活动，参与做花灯、学扎龙、划旱船、跳竹竿等，从而不仅为幼儿营造了一个感受本土文化气息和学习传统文化的环境，形成了幼儿园鲜明的教育特色，还培育出了爱家乡、爱自己民族文化的幼儿。

二、幼儿园怎样与家庭、社区合作

(一)幼儿园怎样与家庭合作

1. 家园形成教育合力

家长与幼儿园教育之间的合力的大小取决于二者之间的关系，二者完全一致时合力最大。

一般来说，幼儿园方面对家园合力的大小和质量有较大的影响。这是因为幼儿园是专门的教育机构，按《规程》的规定，负有“主动与幼儿家庭配合”“建立幼儿园与家长联系的制度”的责任。但是，教师的一些认识误区往往影响了幼儿园在家园合作上发挥作用。如教师以“幼儿园中心”的态度对待家长，认为家长不懂教育，就是参与也没什么意义，甚至还会以错误观念来要求幼儿园，造成负面的教育效果，所以不愿意让家长走进幼儿园；认为与家庭合作是增加教师负担，让教师不光教育幼儿，还得教育家长，所以不愿投入；认为家长的作用不过就是按幼儿园的需要，提供必要的人力物力协助，或按幼儿园的通知和安排配合行动而已，不必花力气去考虑合作的方式；等等。这些认识有意识或无意识地阻碍了教师主动地思考家园合作的问题。显然，要推动家园合作，首先需要幼儿园按照《纲要》的要求，视家庭为幼儿园重要的合作伙伴，重视家长的作用，关注家长的需要；需要每一位教师转变观念，调整角色定位，把与家长的合作视为自己分内的本职工作，拓宽合作的途径与方式，“本着尊重、平等、合作的原则，争取家长的理解、支持和主动参与，并积极支持、帮助家长提高教育能力。”

从家长一方来看，家长的认识、态度、行为等方面也存在妨碍合作的因素。主要是，存在“孩子在幼儿园就是归老师管”的片面认识，缺乏主人翁意识、责任意识、参与意识；普遍认为自己不懂教育，不知道怎么参与，加之幼儿园方面提供的机会不多，所以难以产生主动参与的热情与积极性；因为工作忙，不少家长很难抽出时间来参与幼儿园教育活动；等等。

开展家园合作需要教师与家长的共同努力，缺少任何一方都不可能成功。因此，必须双方都转变观念、达成共识，摆正角色、改变行为，相互配合、优势互补，才可能形成真正有效的合作关系。而要实现这一目标，需要在建立与发展家园合作的实践过程中，去改革、探索、创新。从下面重庆某园的实例可以看到，家园真正形成合力的过程，就是幼儿园深化改革的过程，就是教师与家长升华认识、共同成长的过程。

例　我园的家园合作经历了四个阶段：拽着家长走—顺着家长走—引领家长走—家园牵手协同走。即一开始，教师绝对地指令、支配，家长被动地服从，这种不平等的地位使合作难以为继；后来，教师反思、调整与家长的关系，认识到应尊重家长，但却把尊重误解为盲目顺从、迁就，结果和家长一起被社会应试风潮牵着跑；经过对前面两阶段的反思，老师们认识到家园合作应坚持引领家长树立正确的教育观念，学习科学的教育方法，于是引导家长以多种方式参与幼儿园活动，在活动中学习怎么看孩子、理解孩子的学习特点、并学习与孩子互动等，在实际的做中学过程中，不仅家长通过感知、体验、迁移、领悟，其观念与行为发生了很大的变化，教师也进一步转变了观念，认识到家长是有能力的同行者，是幼儿发展的不可缺少的教育者，而决不仅仅是被引领的、被教育的对象，于是双方进入了双向的互学互动、对话交流的平等合作状态。四个阶段的变迁带来了幼儿园的新型家园关系，带来了幼儿园质量的提高，带来了教师和家长的共同成长。

2. **家园合作的主要内容**

家园合作主要包括两方面的内容：

(1)幼儿园方面

①教师不断学习幼教的新理念、新观念，不断提高对家园合作的认识，坚定发展家园合作的信心，拓展合作的方法与途径，提高与家长合作的能力。

②坚持向家长传递正确的教育观、儿童观，引导家长积极地参与幼儿园活动过程，“帮助家长创设良好的家庭环境，向家长宣传科学保育、教育幼儿的知识”，改善家长的教育行为、教育方法，“积极支持、帮助家长提高教育能力。”(《纲要》)

(2)家长方面

①直接或间接地、逐步深入地参与幼儿园教育活动，为共同的目标与教师形成真正的合作伙伴关系，与教师相互了解、相互支持、相互配合，让幼儿无论在幼儿园还是在家庭，都能够受到连贯一致的教育。

②在实际的参与过程中，不断转变观念，强化“不仅是养育者，也是教育者”的意识与责任；学习参与的方式、方法，提高了解孩子、教育孩子的能力。

上述家园合作的两方面的内容是相互联系、相互促进、在同一过程中实现的，是通过教师与家长之间长期的、反复的沟通、互动、调整、改进来实现的。

3. 家园合作的主要途径与方法

(1)教师与家长之间保持良好的沟通

家长作为教师的合作者加入到教育者一方，共同对受教育者——幼儿施教，极有利于提高教育的质量。但是，架设和家长沟通的桥梁是一个极其繁难的富有挑战性的工作，这一合作能否取得成功受到许多条件的制约，其中教师与家长的沟通是最重要的条件之一。如果沟通不畅，会造成老师抱怨家长，或家长不满老师，甚至使双方之间产生越来越深的误解、隔阂。这样的状况不仅给幼儿园的工作带来极大的损害，还给教师与家长造成极大的挫折感和心理负担。而对幼儿的成长来说，更是灾难性的，对其身心的恶劣影响是相当严重的。正因为此，世界上很多国家和地区都把与家长沟通的技能、能力作为教师必备的基本功之一，足见其在幼教中的特殊重要性。

教师如何与家长沟通，需要具备什么技能、方法呢?

①了解家长的技能、方法

了解是沟通的前提。因为教师与家长的沟通是双向的，因此教师了解家长的同时，也必须让家长了解自己。需要注意的是，这种了解一定要尊重幼儿家庭的隐私，这是教师与家长相互信赖的基础。否则，动机再好也可能事与愿违。

一般来说，教师需要了解家长的需求与希望、家长的性格类型、家长的教育观念和方法、家长的职业、文化水平、待人接物习惯等，以确定自己的工作方法和沟通策略。比如，了解家长的不同类型，对调整沟通方式会更有效果。有人根据家长对孩子教育的态度、对幼儿园工作的态度和参与情况，将之分为四种类型：第一类的家长对孩子的教育和对幼儿园的工作都有正确的态度，沟通、合作都很容易；第二类家长很关心自己孩子的教育，但对幼儿园的态度可能不大信任，甚至对教师可能较多指责，那么面对这类家长时，教师会感到压力，需要特别的冷静、理智，严于责己。当然，只要真心诚意地从孩子出发，是能找到与家长沟通的渠道的；第三类家长一般信任教师，而常把教育的责任全推给幼儿园。对这种家长工作的重点是让他们关心孩子的教育，帮助他们找回对孩子教育的信心和责任感，同时辅以有效的方法指导，变消极为积极；第四类家长常常让教师困扰，这类家长自己不尽责任，可遇到问题还全怪罪教师。对这类家长特别需要教师精心地、艰苦地、反复地沟通、教育、引导，动员多方面的力量共同来做家长的工作(参见图5-21)。

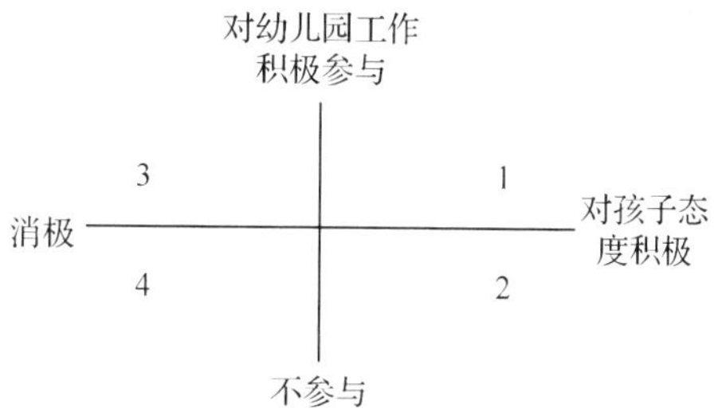

图5-21　家长对幼儿园工作的态度的类型

②与家长交流的方法、技巧

沟通需要交流，教师应具备与家长交流的方法、技巧。如与家长面对面交谈时的倾听技巧，以适合家长的态度、语言、表达方式以及考虑对方的观点、心情的谈话技巧，以及向不同类型的家长传达信息(口头的或书面的)、特别是描述孩子行为、提出建议或意见的技巧等，都是非常必需的，它能帮助教师与家长实现相互尊重、相互理解、相互支持。

比如，与家长交谈时，耐心地倾听是非常重要的。一位教师说得好："耐心的倾听好比是一块敲门砖，能使对方打开心灵。""倾听需要听者设身处地地为对方设想，了解对方的想法和感受。它是一项开放式的反应，在分享的气氛中促动对方和自己共同去面对问题……"如果教师只顾自己说，对家长的谈话不恰当地插话或打断的话，容易引起家长的反感，使家长觉得老师不尊重自己，这样就不可能进行有效的交流。

再如，向家长谈论孩子的行为问题时，"告状式"很容易引起家长反感，而向家长清楚地描述孩子的行为，不加任何评价的话，效果就好得多。如下面两种表达方式：

告状式："我提醒过××好多次了，要他拿其他小朋友的玩具时要先征得小朋友同意，他就是不听，每次都抢，所以常和别人发生纠纷。”

描述式：“××年龄小，每次看到小朋友玩玩具时，就想玩得很，记不得先要说什么，拿过来就玩。小朋友不肯，就争起来了。”

如果教师再借助儿童发展的知识来表达，就更能让家长了解自己的孩子，明确教育的方法，达到共同教育孩子的目的。如：

“孩子才3岁，行动时还不大能考虑对方的想法或事情的后果，这是很正常的。与小朋友发生纠纷，能使他慢慢注意到别人的反应。不过，我们会注意提醒他记住规则。希望妈妈也注意一下，在家里如孩子强要东西，也提醒他。”

再如，与家长书面联系时，如果不注意沟通技巧，措辞生硬，也容易让家长产生抵触情绪。如教师给家长写道：

家长同志：

××在班上是个沉默的孩子，胆子小，作业课上注意力不大集中，因此，接受知识慢，为此希望家长多帮助她，使她更快进步。

结果，家长回信说：

××是个活泼可爱的孩子，在家里自己的事情愿意自己做，从小自理能力很强。她很灵活，想象东西很快，在幼儿园里学了什么回来就做。在幼儿园沉默胆小，上课注意力不集中，这就希望教师多亲近她，孩子和你有了感情就愿意接近你，多问问孩子，上课多给机会锻炼孩子。

如果教师是先肯定孩子的优点和长处，再婉转提出问题的话，家长就会感到老师是了解和重视自己的孩子的，这样家长就会愿意与教师配合来解决问题，而不会对教师不服气、不信任。如果教师再主动从自己方面找原因，更会使家长感到老师态度诚恳，从而调动家长教育孩子的积极性。例如：

家长您好！

作为××的老师，我深感有责任和您一起把××培养好。××记忆力强，求知欲旺盛，……但是动作方面的协调性、灵活性较差。我也许提醒他多了些，造成了孩子心理上有些压力。我非常想和您一起，想一些有效的办法，让××尽快赶上来，能够全面发展。我想了几种方法(略)，不知您是否同意。如果您有什么意见和建议，我们再联系。

这封信就取得了比较好的沟通效果，老师也得到了家长的大力支持和协助。[①]

需要注意的是，上述的教师与家长沟通的技能技巧决不是所谓的处世哲学或表面“乖巧”，而是以教师对孩子的爱、对家长的高度责任感为前提的，是以理解、接纳、开放、平等的态度为基础的，是以教师的专业素养、专业能力为支撑的。教师与家长之间的沟通是一种特殊的人与人的交流，其特殊在于沟通的双方都共同地爱着、关心着一个孩子，为这个孩子而相互交流。因此，这种沟通是充满爱心、关心、热心、诚心、责任心的，这样的交流当然是令人感动的，也必定是畅通的。

(2)家园合作的具体方法

幼儿园通过创设家园合作的多种通道、搭建交流平台，吸引家长直接或间接地参与到幼儿园教育过程中，以家园双向互动共同促进幼儿的发展。

家长直接参与的活动：

①家长开放日——家长定期来园参观教育教学活动、观看活动区的游戏或和幼儿一起活动(如运动会、生日会等)。

②“爸爸、妈妈老师”日——家长可以不定期地来园和教师一起策划、组织活动，或利用自己的特长帮助幼儿园开展一些活动(如医生家长给幼儿讲怎么爱护牙齿；警察家长与幼儿玩交通游戏等)。

③亲子游戏——家长来园与自己的孩子一起玩各种游戏。

④夏令营活动——幼儿园和家长一起组织野外活动。

⑤幼儿学习成果展览、汇报会——家长来园参观展览，分享幼儿的成长与进步。

⑥亲子班或亲子阅读屋——由家长带孩子一起在幼儿园参加活动或阅读图书，教师实际地给予指导。

家长间接参与的活动：

①家访——教师上门了解幼儿与家庭的情况。

②家园联系簿——是一种日常性家长工作形式，优点是能双向沟通，有连续性，可保存。

③入园离园的个别交谈——利用家长接送幼儿之机相互交换信息、沟通交流。

④电话、电子邮件、短信、微信、QQ 群等——是方便、快捷、及时的家园联系方式，尤其适合教师与工作忙碌，没时间到幼儿园的年轻家长的

① 以上例子引自王月媛主编的《幼儿园目标与活动课程(教师用书)》，北京师范大学出版社，1997，略有改动。

交流。

⑤家园栏(班级公告栏)——可设立“家园之窗”“家教须知”“幼儿园一周活动(或食谱)”“幼儿之声”“家长之声”“热点论坛”“我的建议”等专栏，不仅供家长了解幼儿园保育和教育情况和幼儿的发展状况，宣传科学育儿知识，解答家长普遍关心的热点问题等，还是幼儿园与幼儿、家长双向互动的平台。

⑥家长委员会——由家长民主推选产生，参与和协助幼儿园工作，反映家长的意见和要求，参与幼儿园的有关决策活动。

⑦家长座谈会——幼儿园向家长汇报工作，反映幼儿情况，与家长交流幼儿的教育问题。

⑧家长学校或早教讲座——帮助家长树立正确教育观念，学习教育知识与方法，发展教育能力等。

⑨家长沙龙或家长聊天室——在幼儿园协助下，家长志愿组织的交流教育经验、心得的活动形式。

⑩幼儿园(班级)网站——利用网络建立方便、快捷的家园交流平台。网站上可开辟丰富多彩的栏目。

4. 家园合作中常见的问题

在家园合作中，有两个问题是比较普遍的，需要引起注意。

一是多数幼儿园的家园合作尚不够深入，较多地停留在表面上、浅层次上，表现为“几多几少”。即家长虽然进入了幼儿园，但一般就是参观一下，和幼儿一起玩玩的多，深入教育深层次的少；间接参与(如通过电话、微信、网络)的多，直接参与的少；一次性参与(如参加运动会、园庆活动)的多，经常性、制度性参与的少；针对幼儿常见问题的合作多，针对家长观念转变的少，等等。

二是家园合作内容与家庭教育脱节。良好家园合作的一个重要特征是家园教育的整体性、连续性，即幼儿园教育能够延伸到家庭，家庭教育能够与幼儿园呼应，二者相互联系、相互支持。但是不少家园的现状是，无论是家长来园参与活动，还是在幼儿园接受家长教育，回家后基本上还是老样子。幼儿园教育与家庭中家长的具体行为难以联系起来，二者各行其是。

针对这些问题应当深入反思合作的形式、方法、内容等，进一步开拓合作的广度和深度，真正让幼儿园教育与家庭教育结合起来，让幼儿能够最大限度的受益。

5. 家园合作的实例

下面以四个例子说明，上述家园合作中的问题是可以克服的。一旦幼儿园认真地思考、改进家园合作方式，让家长深入幼儿园教育过程，并使家园教育显示出整体性、连续性，就能有效地帮助家长转变观念、提高教育能力。同时，还能够为幼儿的个别化教育创造条件，有力地促进幼儿园教育质量的提高。

实例一：在某幼儿园小班的家长参观日那天，家长来园观看幼儿的体育活动。活动是幼儿双脚并拢，跳过横在地上的一根接一根的长条积木。家长觉得很有趣，看得很高兴，不时还为孩子拍手或哈哈大笑。活动结束后家长就离开了。这样的活动意义何在呢？家长提高了什么，对幼儿的发展有什么促进作用呢？幼儿园进行了反思。在认真总结的基础上，老师们认识到，家长到幼儿园最想做的事是看自己的孩子，但是因为不懂教育，不知道该看什么，于是就成了“外行看热闹”。为了避免家长漫无目的地看活动，幼儿园开始引导家长学习有目的的观察。如在参观日之前，事先告诉家长活动内容、目的，并简明地告诉家长注意看孩子的哪几点。在活动当天，给每位家长提供简单的动作观察要点，指导家长“看门道”。如孩子跳木条时，是双脚并拢跳还是单脚跨，跳过去后站得稳还是站不稳，跳过一条积木后，是接着跳下去，还是需要重新调整身体后才能再跳，等等，让家长根据观察逐项对照画圈。结果，观察效果大不一样，连文化程度不高的家长都看明白了孩子动作的发展情况，每位家长都能说出几条自己孩子的动作特点或问题。之后，老师进一步告诉家长，孩子的表现说明什么问题。如“双脚并拢跳不过去”，说明孩子腿部大肌肉的力量不够，“跳过去后站不稳”，说明孩子动作协调性、身体平衡性还不够好，等等。在此基础上，老师与家长一起讨论、商定帮助幼儿发展的个别教育计划，针对每一个幼儿的不同需要，让家长知道在家里能够做什么，怎么做。如有的家长针对孩子腿部大肌肉发展不好，就与教师商定了办法——回家后不再抱孩子上楼梯，让他自己爬；上幼儿园和回家让孩子自己走一段路……针对孩子的协调、平衡问题，教师指点家长，孩子有兴趣沿台阶边走，可牵着他的手走一走；家里地上可画一条线，让孩子沿线走，做“踩钢丝”游戏……这样，家庭教育与幼儿园教育内容完全结合起来，一个个具有整体性、连续性、个别性的动作发展计划大大提高了教育的效果。这一家园合作过程不仅促进了幼儿动作的发展，也促进了家长教育能力的提高。

实例二：早期阅读是幼儿园重要的教育活动，也是重要的家庭亲子活动。为让家园合作深入到这一层次，幼儿园不仅开展图书借阅活动，让幼儿每天离园时可以借书回家，还给家长提供了简单的情况记录单(一本书一张)，上面列出亲子阅读本书时可能出现的一些幼儿的表现，请家长画圈作答或作简单记录。如是孩子主动要借这本书，还是你选择的？（反映孩子是否感兴趣、有阅读主动性）是孩子主动要你讲这本书，还是你叫孩子来听讲？（反映孩子的阅读兴趣、主动性）你讲图书时，孩子用手指点图书上的文字吗？（反映孩子对文字有无兴趣）孩子听故事时，在什么地方插话了？他说了些什么？（反映孩子的关注点和自己的想法、认识）孩子喜欢书中的谁、不喜欢谁？（反映孩子的情感、态度、认知）你讲完后，孩子自己还去翻阅那本书吗？其他时间里，还主动提到过书中的内容吗？（反映孩子对本书的兴趣、关心的问题或情节）等。来园时，教师和家长一起议一议记录，让家长了解孩子的表现意味着什么，然后和家长商量有针对性的阅读指导方法。通过这样多次的积累，家长更了解自己的孩子，学会了初步的阅读指导方法，提高了家庭教育的质量。同时，家长的记录还为教师组织教育活动、因人施教，特别是有针对性地指导幼儿阅读，提供了极其宝贵的参考资料。在平时，一个教师面对几十个幼儿，是不可能对每一个幼儿的阅读情况作如此详细的记录，获得如此深入的了解的。

实例三：某园大班家长离园时聚在一起议论，有的说："别的幼儿园中班孩子都教两位数的加减法了，孩子都有做题的练习本，怎么这里啥也没有呢？"有的说："是呀，人家还教写字、拼音，这儿就是玩，孩子什么也没学。"……这些话引起了老师们的深思。为了让家长转变观念，理解幼儿的学习特点，理解幼儿游戏的价值，幼儿园决定利用家长开放日，由各班老师引导家长观看幼儿的游戏、制作、区角活动等。大一班开放日的活动是利用易拉罐、废报纸、废纸盒、空水瓶、塑料泡沫等，由幼儿自由结伴、分组，自己决定玩什么、怎么玩。活动开始后，有的组用纸盒作"电脑"，开起了小银行，"顾客"有存钱、取钱的，"工作人员"认真地在"存折"上记录；有的组用废报纸制作"衣服""帽子"，玩服装秀；有的组用塑料泡沫"砖"造房子，孩子们头戴"安全帽"，写方案、画图、设计；有的组用废物做成各种"商品"开起了商店，还自己画"广告"，写商品价格。幼儿自定圆形塑料片 1 个是 1 元，长方形的是 5 元，正方形的是 10 元。幼儿像模像样地开始购物："我有 10 元，要买 2 罐可乐。"小顾客边说边用指头算"钱"。"你买 2 罐可乐，1 个 3 元，2 个 6 元。"……家长看着孩子们有趣的创意与忙碌的身影，惊叹不已。活动结束时，老师组织家长讨论两个问题：你认为孩子在活动中学到什么没有？你从孩子的活动中得到什么启发？家长踊跃发言："这些没用的东西居然变得这么有用！想不到孩子会有这么多办法！太有创造性了！我平时不准孩子做这做那，觉得他不会做，又怕不安全，现在看来太低估孩子了。""平时让孩子做算术题，他总不专心，今天你看他算账多认真，还算得又快又正确。孩子真是边玩边学效果好呢。""他们的房子设计图，连字带画的，真有意思。在家我天天要他写字，他没兴趣，看来孩子只有干他喜欢的事情才会坚持去做。""我原来不让孩子玩，他偷着玩我还骂孩子不爱学习，没想到玩还有这么大的学问，玩还能学习。"……最后，家长们一致认为，这些活动回家后也可以做，家里也要让孩子愉快地玩、高兴地学。为了进一步巩固成果，老师和家长约定，以后定期来园参加游戏活动，向家长提供多种和孩子一起玩的好方法，并组织经验交流。还确定了下一次交流的问题是：在家里你和孩子玩什么了？你觉得孩子有什么变化？后来家园一直坚持合作，围绕"和孩子一起玩什么？""怎样和孩子一起玩？""在玩中要关注什么？""怎么玩有益于孩子的发展？"等问题，多次开展了交流、讨论。家长的观念逐步地发生转变，家庭教育的面貌也随之改观。

图 5-22　小工程师正在忙着画图纸

图 5-23　小银行员正忙着记账

实例四：为了帮助农村家长树立正确的早教观念，学会科学育儿，某乡镇中心幼儿园对家长进行分层次、分年龄段、分情况、分季节地指导。如祖辈家长文化水平低，教育观念陈旧，教师就观察他们的教育行为，发现问题后，采用聊天式自然指导方法。他们开设爷爷奶奶聊天室，帮助老人了解科学育儿的知识，还教会祖辈家长利用身边资源作玩具，学习与孙子游戏的方法；而对父辈家长则更多地通过家教咨询、早教讲座、提供资料和书籍、给出建议、留任务、培养志愿者、开设父辈家长聊天室等办法，进行沟通与指导，相互学习育儿经验，共同教育幼儿。另外，幼儿园还为祖辈和父辈两代人提供了不同的活动时间与教育方法。周一至周五为亲子班，主要由祖辈家长带孩子参加活动；周六为父母班，方便工作日无法参与的年轻父母接受亲子教育服务。在亲子活动中，先让家长清楚此次活动的目的，再指导他们观察孩子在活动中的表现，了解孩子的发展情况，理解孩子的表现。然后，教师组织家长相互交流，结合孩子的实际情况与家长商量回家后如何做延伸活动，如何利用家庭日常生活进行教育等，并约定好下一次的交流、讨论题目。幼儿园在春秋农忙季节，就送教下乡。同时，带领城镇的家长和孩子下乡去参与采摘瓜菜等活动，让城乡幼儿与家长展开交流；冬季农闲时，以家长集体培训为主，共同制作玩具、开展亲子互动等。

(二)幼儿园怎样与社区合作

1. 发挥专业优势，为发展以社区为基础的幼儿教育提供支持

幼儿园是社区教育、文化资源中心之一。作为社会公益性资源，幼儿园应当是开放的，如节假日向社区开放，园内的设施可提供社区利用。同时，幼儿园应发挥自身作为专门教育机构的优势，按照《纲要》的要求，“为社区的早期教育提供服务。”发挥示范、辐射作用。如在社区举办幼儿教育讲座，向社区宣传科学育儿知识，提高社区成员的教育水平；指导家长，辅导社区内的幼儿教育活动，为散居儿童提供教育服务；协助社区开展各种教育、文化活动；给社区中各种非正规幼儿教育的发展提供专业的帮助和指导，等等。

2. 为社区精神文明的发展服务，共创幼儿发展的良好社会环境

幼儿园作为社区的组成部分，首先应当提高自身的文明程度，如美化幼儿园环境，提高幼儿园教师、工作人员的素质，培养幼儿良好的文明习惯等，为优化社区的文明质量做贡献。一个好的幼儿园应成为社区精神文明的标兵，对社区的精神文明建设起示范推动作用。如河北兴隆县某村，以前村民常因孩子而发生争执，打架的现象也时有发生。后来村里办好了幼儿教育，村民们在教师的组织下，利用业余时间和幼儿一起排练歌舞，邻里之间团结了，再也不为孩子的事争吵了，村风有了明显的改变，村民的文化素质也得到了提高。其次，如前所述，社区文化通过多种途径对幼儿园产生影响。因此，幼儿园应当积极地吸取优秀的社区文化，利用社区精神文明的成果，并将之转变为幼儿园自身的无形资产，让社区成为幼儿园精神文明建设的促进者。

幼儿园通过社区活动和园内教育活动的结合，还可以同时促进幼儿素质和社区精神文明的发展。如有的幼儿园开展环境保护教育，引导幼儿投入废物利用、节约用水电、爱护公共卫生等活动，结果不仅给社区环保活动以积极的推动，幼儿也在活动中受到教育。

3. 在幼儿园与社区结合上存在的问题

幼儿园与社区的结合是一个新课题，如何结合还缺乏经验，加之教师的社区工作能力也尚难适应这一挑战，因此，现阶段幼儿园与社区的结合还处在探索期。存在的主要问题是：较多流于形式，实质性的教育效果不大；结

合的方式生硬，与幼儿园的节奏不相适应，打乱了幼儿园的生活常规，加重了教师和幼儿的负担；幼儿园与社区的结合孤立地进行，与幼儿园教育活动割裂开来，因此难以有效地利用社区活动来深化幼儿园教育，等等。另外，对与社区的结合，幼儿园方面也存在不少错误认识，如认为自己幼儿园周围的社区环境不好，所以不能合作；认为与社区结合太麻烦，搞一次活动好费事，搞多了影响幼儿园正常日程；认为幼儿什么也不会做，不可能参与社区的活动；等等。总之，幼儿园如何与社区结合，是一个应当研究的重要问题。从国内外幼教的经验来看，有一条是特别值得学习的，那就是不追求表面的形式，而是注意把社区活动与幼儿园教育活动有机地结合起来，将之变为幼儿园教育活动自然的组成部分，从而使二者的结合成为深入到幼儿园教育微观层面的结合，既不破坏幼儿园自身的生活常规、教育规律，又有很好的教育效果和社会效益(参见下面的实例)。

4. 幼儿园与社区合作的实例

实例一：社区儿童文化周

某幼儿园在园内开展了“小手牵大手，同走安全路”的教育活动。家长与幼儿一起调查马路上不遵守交通规则的情况，如乱穿马路不走斑马线、闯红灯等。为了呼吁“讲规则、保安全”，幼儿用图画来表达，并和老师、家长一起，在幼儿园靠马路一边的外墙上，布置了一个主题画廊，吸引了不少社区居民驻足观看。于是，幼儿园尝试把活动向社区延伸，与家庭、社区共同策划了一个长期的共育主题——“社区儿童文化周”。这一活动有两种类型，一是幼儿园利用社区环境和资源，拓展幼儿生活与学习的空间，配合社区的精神文明建设，连续开展周期性的各种主题活动。如在“爷爷奶奶我爱你”主题活动中，在社区支持下，幼儿“小记者”访问社区敬老院的老人；与家长一起上门看望社区的独居老人，定期上门送温暖；还把活动过程中拍的照片、画的画放到主题画廊里，配合社区的爱老敬老宣传活动。二是结合节日或特定时期，幼儿园以专业特长为社区教育服务。如“幼小衔接巡回周”活动中，幼儿园为社区里即将上小学的幼儿家庭提供系列指导服务，上门提供关于孩子入学问题的咨询，帮助家长了解怎样做好幼小衔接，特别是针对“入学准备就是教拼音、写字”“不能让孩子再玩了，否则就会输在起跑线上”等错误认识，在社区办“怎么做好入学准备”的系列讲座、专栏等，深受社区居民的欢迎。自此以后，“社区儿童文化周”活动整合了幼儿园、家庭、社区的教育资源，让幼儿园活动的教育效应融入了社区精神文明的建设中，在为社区服务中发散出正能量；幼儿的成长也由此得到社区充分的关注，家长的需求也同时得到满足，实现了幼儿园、家庭、社区的合作共赢。

实例二：为村里的留守孩子做一点儿事

四川某贫困山村有一些留守幼儿没有上幼儿园，只有年迈的老人陪伴，很孤独。镇中心幼儿园的教师和镇干部一起，对散居的留守幼儿做了调查，了解他们的情况后，幼儿园一方面配合镇居委会、社区保健站建立早期教育中心，派教师组织留守幼儿和家长活动、搞讲座、进行入户指导等，同时还实行幼儿园开放制度，定期组织爷爷奶奶带他们留守的孙子孙女到幼儿园。幼儿相互交朋友，一起玩，很开心；老人们也有了聚合的地方和机会，相互拉家常。老师趁机参与其中，了解了不少孩子的情况。针对老人们的问题、苦恼，老师帮助他们认识孩子的特点，告诉他们怎么和孩子一起玩，该怎么教育孩子等，老人们听得津津有味。老师还发挥专业优势，给所有留守幼儿的父母写信，向他们宣传早期教育的重要性、父母的作用与责任，呼吁家长多回家看看，经常与孩子联系，关心孩子，支持孩子上幼儿园等。老师们的努力收到了较好的效果，镇上的留守幼儿逐步都开始上幼儿园，有的家庭还安了电话或给爷爷奶奶买了手机，于是父母能够经常与孩子通话，孩子们非常高兴。甚至有的在外务工的家长回乡时，也到幼儿园来参加活动。在幼儿园和社会的关怀下，留守幼儿的家庭生活与生存状态发生了很大的变化，大大促进了留守幼儿身心健康发展。

实例三：空饮料罐箱的设置

日本某园幼儿每天来园时，见路边有空饮料罐就拾起来，这是幼儿园环保活动倡议所要求的。在教室后墙上贴有一张简单的图表，供幼儿自己在上面记录，即在哪里拾的空罐，就在图表上的对应位置画一个圈。任务十分简单，每天来园时幼儿自己即可完成，不占什么时间。每周末，幼儿很认真地数圈，数出每个地方的空罐数并写在最后一个圈的边上。每月末，教师提醒幼儿把几周的数字“统计”一下，写在每个场所的标志下面，然后把图表存放起来，再画一张新的空白表贴在墙上供下月用(参见图 5-24)。这一切都是幼儿在活动角完成的，既是数学活动，也是科学活动、社会活动。三个月后的学期末，教师指导幼儿把几张表的“统计”看一看，看哪个地方拾到的空罐最多。幼儿们一下子发现，幼儿园前面的十字路口画的圈最多！之后，一场自发的热烈讨论开始了，幼儿七嘴八舌地发表自己的“见解”，“分析”为什么。教师提示幼儿，能想个什么办法解决这个问题吗？讨论结果，赞成在马路口增设一个空罐收集箱的人最多。于是幼儿口述，请老师给街区负责人写了一封信。在教师幕后的积极策划、联系下，幼儿的要求变成了现实。街区负责人到幼儿园来感谢幼儿，夸奖他们“有根有据”的建议。每当幼儿看到街口的那个空罐箱时，总是很得意地说：“这个箱子是我们叫放在这儿的。”教师后来用同样的方法引导幼儿记录天气，并在适当的时候让幼儿比较降雨天数，组织幼儿投入社区“节约用水宣传周”的活动中去。从而，幼儿园教育因为与社区的结合而大大拓展了深度与广度；幼儿也有了机会在力所能及的条件下，参与社区的环境建设，并在科学认知、社会责任感等方面获得了有质量的发展；幼儿园也建立了与社区之间的建设性合作关系。

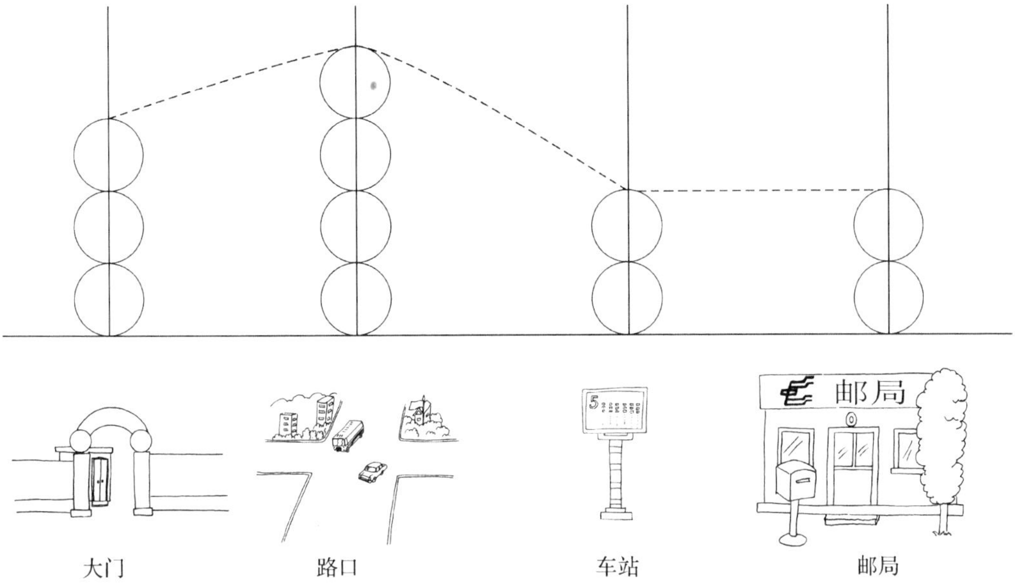

图 5-24　幼儿拾空罐记录图

从上述例子不难看出：

首先，幼儿园与社区结合并不是要求幼儿园一定要在本职工作之外去搞什么大型活动，参与社区的活动也并不一定是增加教师与幼儿负担的额外工作，幼儿园完全能将与社区结合的活动纳入自己的教育内容中去，二者应当、也可以有机地结合起来，相得益彰。

其次，与社区结合的活动一旦深入幼儿园教育过程之中，将大大扩展教育的深度和广度。这正体现了前面所说的：“幼儿园教育扩展到社区的大背景下进行，不仅是其空间的扩大，更是其教育内容的丰富和深化”的内在含义。

再次，与社区结合的活动不仅仅对幼儿德育、社会性发展等方面有重大意义，在幼儿智力、科学素质、分析和解决问题的综合能力的培养上也有独特的作用。上述活动在增强幼儿对周围环境的责任感的同时，十分显著地贯穿了“科学方法教育”这一条主线，以幼儿能够理解的方式，把数学教育与科学方法的学习融合在一起，让幼儿初步体验尝试了收集、处理、统计数据、得出结论等一套科学研究的全过程，极大地发展了幼儿从日常生活中发现问题、解决问题的能力。幼儿在反复利用此方法解决新问题的过程中，不知不觉地受到科学方法的教育，这正体现了以幼儿终身受益为目标的素质教育的力量。在活动过程中通过多次数圈、记数、相加、比较，幼儿发展了数概念，提高了运算能力。数学在这里更多地被视为解决实际问题的工具、科学研究方法中的手段。因此，与社区结合的课题不仅没有干扰幼儿园本身的教育规律，相反，与那种把幼儿局限在反复的认识数字、运算抽象题目的“上课”比起来，可以说其内容更有意义。

最后，是否能开展与社区结合的活动，社区环境条件不是主要的，关键是教师能否敏锐地抓住问题，发现有教育价值的事情或现象，并有效地加以利用。同时，与社区结合也不宜狭隘地理解为就是花几天工夫搞一次什么活动，抱着一个完成任务了事的心态，而应当认识到这是对幼儿园教育有着重大意义的工作，在时间和空间上都具有充分的延展性，可以贯穿在幼儿园教育过程中。

综上所述，幼儿园教育应当顺应社会发展的需要，在与家庭、社区的合作中不断扩展教育的天地，这样幼儿园教育的道路才会越走越宽。尽管幼儿园还缺乏这方面的经验，还面临许多困难，但是探索出一条幼儿园、家庭、社区三方共同合作，促进幼儿教育发展的道路，是摆在我国幼儿教育工作者面前的一个艰巨而必须完成的任务。

想想、议议、做做

一、请你判断下列各题的正误。

1. 幼儿园环境就是指幼儿园的空间。

2. 秋天到了，为了让幼儿认识秋天，老师精心准备了一幅秋天的图画挂在墙上，指导幼儿观察画中的景物，这是最有效的教育方法。

3. 现在社会上关系复杂，良莠并存，应少让幼儿到园外去活动。

4. 如果幼儿园经济条件差，创设环境时必须考虑低成本原则。

5. 教师是环境的轴心，环境中的各种因素是通过教师来调控的。

6. 开发家庭、社区的教育资源就是鼓励、引导家庭和社区提供物资供教育幼儿使用。

7. 幼儿园与家庭合作的主要任务是指导家长。

8. 幼儿园与社区合作是幼儿园教育发展的方向。

二、讨论。

如何评价幼儿园环境质量的好坏？可以列出哪些具体标准？

三、见习时，请运用环境创设的原理为幼儿布置一个活动区，注明年龄班、活动角的名称及各种活动材料的配置情况，并说明你这样布置的理由。

四、参观幼儿园的环境创设，并运用所学知识，写一评论。

五、了解一所幼儿园的家园合作、与社区合作的经验和成功的实例。

资料链接

小资料 1

瑞吉欧学校的空间环境

空间的作用：一所亲切的学校

婴儿中心和幼儿学校最直观地反映了瑞吉欧·艾米利亚的教师和家长所做的工作，它们提供了许多信息，最直接的传递的信息是，这是一个成人考虑空间质量和教育力量的场所。

空间环境的布置显示出对进入学校的所有人的欢迎之情，并培育着积极的气氛、交流和合作。结构的布局、物品的摆放和活动的安排都有利于解决问题和学习过程中的探索。

瑞吉欧的中心和学校很美丽，但它的美并不是依靠昂贵的家具摆设，而是由整个学校中洋溢着的儿童和教师共同学习的愉快的氛围所产生的。每一处细节都值得一提：墙壁的颜色、家具的造型、书架和桌子上简单物品的摆设；从窗户和门中投射进来的阳光透过儿童绘有美术图案的塑料薄膜；随处可见的富有生气的绿色植物；在书架后面摆放的贝壳和其他物品等，都表达着儿童和教师的创意。

环境并不单单是美丽的——它也是非常个性化的。例如，在一个活动厅里，有许多白色纸板做成的小盒子构成了墙壁上的网格。每个盒子上都有用橡皮戳盖的字母所构成的儿童或教师的名字。这些小盒子用来存放留给别人的惊奇和信息。交流在各领域都受到推崇，它并不被看作是小事情。儿童通过写纸条来进行交流，这不仅能使儿童加深人与人之间的关系，也能帮助儿童在学习小学课程之前发展对阅读和写作的兴趣。

瑞吉欧学校的空间的个性化特征还有另外的表现方式：那里到处都是儿童自己的作品，到处都有儿童的油画、图画、纸工、铁丝的造型，透明塑料的美术拼贴把灯光变成彩色，汽车模型缓缓地在头顶行驶等。有时甚至会在不起眼的地方，如楼梯、盥洗室中出现儿童的作品。教师的反映、儿童的照片和师幼之间的对话都能够帮助参观者理解儿童的思维和探索过程。如此丰富的工作经过教师和助手们的细心挑选，真实地呈现在学校中每一个人的面前。

（摘自《学习瑞吉欧方法的第一步》，[美]亨得里克著，李季湄等译，北京师范大学出版社，2002）

小资料 2

创造与幼儿积极互动的环境

文/厦门市教科院　蔡蔚文

针对以往幼儿园环境创设存在的以教师创设为主，缺少幼儿参与；以固定画面为主，缺少灵活性；以艺术表现为主，缺少教育性；以墙面布置为主，忽略环境教育功能的充分挖掘等弊病，我们从改革幼儿园环境创设为突破口，以创设适宜幼儿学习、活动的环境为目标，从四方面创造有利于幼儿与环境积极互动的机会与条件，让幼儿自主驾驭环境，让环境“促进每个幼儿富有个性的发展”。

一是创设温馨有序的活动区域，促进幼儿的自主学习。温馨有序的活动区域能使幼儿根据自己的发展需要选择活动方式和内容，使教师更好地“腾出身来”观察幼儿，指导幼儿，促进每个幼儿在原有水平上的发展。

二是创设融入主题情景的教育空间，为幼儿创设探究的条件。充分利用活动室的每一处空间，营造与主题结合的教育情景，通过环境拓展主题，通过主题丰富环境，从而发挥环境的最大效能，使幼儿乐于在主题情景中主动探究和学习。在环境创设中，幼儿是环境的主人，他们对环境的布置最有发言权。教师充分发挥环境这一隐形课程的教育功能，鼓励幼儿积极参与，支持幼儿每一个有益的行为和尝试，从而，使环境创设成了幼儿学习、游戏、探究的有效资源，成为促进幼儿发展的有效途径。

三是逐步呈现主题墙饰，促进幼儿经验升华。在主题探究活动开展的过程中，幼儿收集了许多的材料，获得了许多的经验，随着主题的进展，我们在活动室内外的墙面上逐步呈现幼儿探究过的内容与过程，使活动室的墙面空间成为幼儿展示作品和活动过程的园地，成为幼儿沟通、交流、反思、循环学习、整理经验的桥梁。

四是提供操作性强的硬件设施，丰富了幼儿游戏的条件和活动机会。我们重视幼儿园一切可利用的教育空间的创设和利用，将教育性、操作性、游戏性、艺术性融于幼儿园硬件环境创设之中，努力营造能使幼儿积极主动与环境互动的游戏室或专门活动场地，使环境服务于教育，教育寓于环境，让幼儿在环境的陶冶中潜移默化地获得发展。

（摘自《给幼儿教师的一把钥匙》，王化敏主编，教育科学出版社，2008）

小资料 3

创设游戏化“七大空间”

文/浙江师范大学杭州幼儿师范学院附属幼儿园园长 朱 瑶

我园的情绪情感教育目标为：培养幼儿积极的情绪状态。培养幼儿健康的情感品质。发展幼儿初步的情感能力。为达到目标，我们认真分析了幼儿直观、具体、形象的思维特点，好奇好动、直接纯真的个性特点，以及幼儿间的个别差异等问题，创设了促进情绪情感发展的“七大空间”，让幼儿在其中进行游戏化操作，从而实现自身的发展。

“心情角”：表达、宣泄的游戏空间

为了让幼儿在幼儿园能大胆表达、调整自己的情绪，我们在班里创设了“心情角”。“心情角”设在一个较独立的空间，老师和每个幼儿都有一个位置，上面挂着不同的表情脸谱，正面是高兴脸谱，反面是生气脸谱，正反可以随意翻动，脸谱生动，使用方便。幼儿遇到不高兴的事时，到“心情角”自己的位置上翻出代表当时情绪的脸谱。幼儿得到了倾诉，情绪也就得到了缓冲和调整。

“和平区”：解决同伴冲突的游戏空间

“和平区”选在一个相对安静的空间，一张桌子铺上温馨的台布，摆上一盆花，配上几把椅子，四周摆放一些较柔软的靠垫等物品，还贴上一只“和平鸽”，供幼儿自行解决同伴争执，缓解情绪。这个空间适合中大班幼儿操作。幼儿发生了冲突，就到这里一起讨论、分析，解决问题。

“耐心墙”：学会等待的游戏空间

这里有许多培养幼儿耐心的游戏活动，如“布条编制”“纸杯垒高”“多米诺骨牌”“刺绣”等，通过各种游戏活动逐步培养幼儿的耐性，使他们能够静下心来学会等待，能够适当地克制自我的情绪。

“悄悄话屋”：私密交流的游戏空间

“悄悄话屋”是利用幼儿园的角落空间，自行设计制作的小屋，来满足幼儿追求独立的愿望。这里用一些色彩柔和的纱垂挂着，地上有垫子，还投放了软化的动物靠垫，使“悄悄话屋”温馨、隐秘、柔软、漂亮，为幼儿提供真正属于他们的、可以自由表达和游戏的地方。

“握手桥”：拓展交往的游戏空间

“握手桥”设计成桥形，贴在地上，桥的最中间是握手的图片，在桥的左右两头是相对的脚印。两个小朋友相对站在桥的两端，轮流各说一句对方的优点或缺点，增加沟通，然后往前走一步，重复进行游戏，一直到握手并相互接纳。“握手桥”适合大班的幼儿操作。

“柔软区”：安全温馨的游戏空间

柔和、舒软的材料给人以亲和、温暖、安全的感觉。幼儿喜欢亲近它们，特别是年龄小的幼儿，刚入园时害怕、焦虑，总是喜欢抱着枕头、小毛巾或躲在床角寻求安慰，得到安全感。我们在幼儿园的环境中投放一些柔性的材料，如柔软透明的薄纱、海绵地垫、各种靠垫、松软的棉布玩具、可操作软包、有弹性的塑胶地板等，使幼儿得到满足。

“LOVE”(爱)墙：亲密互动的游戏空间

在幼儿园的进出大厅墙壁上，创设了一个代表幼儿园办园理念的“LOVE”(爱)墙，上面张贴了全园每一个幼儿的照片。幼儿每天上园就会看到自己的笑容，有些幼儿还向别人介绍自己在哪里，每个幼儿都感到自己是这里的一员，增强了归属感。

小资料 4

活动区角的设置方法

台湾林朝凤教授认为，大多数幼儿园教室中的学习角，如艺术角、积木角、木工角、图书角、家庭角、音乐角、科学角、感觉器材角、数理角、语言角等，可按如下步骤规划：

第一步：

1. 先对所要设计的活动室做一检查。
2. 画出一张教室的简略图，包括家具、窗户及其他静态的设备。
3. 用虚线画出平常儿童走动的线路图。
4. 观察教室三天，并且记录在特别拥挤的区域所出现的问题。

第二步：

1. 将教室分为四种性质的区域，如图 1 所示。
2. 再按各项活动的性质，分别置于 4 区内，如图 2 所示。

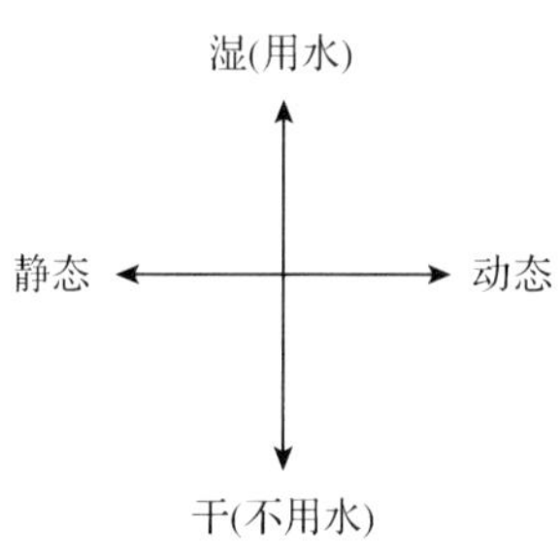

图 1

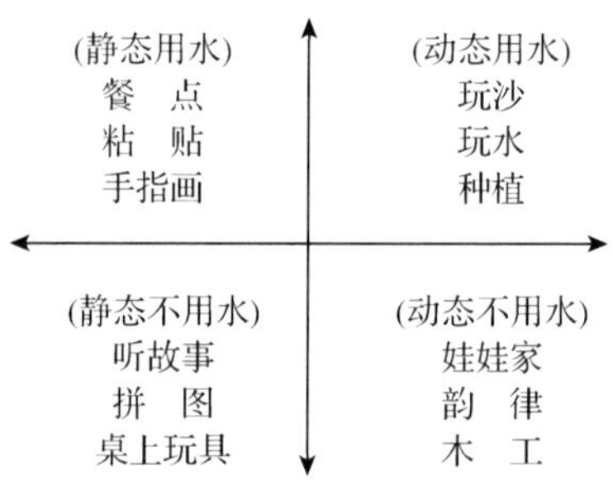

图 2

第三步：

1. 依照规划的原则与每个活动角的目的与条件，设置合适的设备材料。

2. 考虑空间的安排是否能让教师观察到每个幼儿的活动，数量是否适当，并确定可容纳的人数。此外，交通的流畅亦是室内活动空间特别需要注意的问题。器材设备的安置也决定了师生要走的路线，不要让设备干扰幼儿的活动。最后可依实际需要再度调整各区的范围。

拓展阅读

如果你想进一步了解本章内容的话，可以阅读下列书籍和资料：

1.《幼儿园环境创设——指导与实例》，汤志民著，华东师范大学出版社，2013

2.《幼儿学习区情境规划》，黄世钰著，华东师范大学出版社，2013

3.《给幼儿教师的一把钥匙》，王化敏主编，教育科学出版社，2008

4.《回到基本元素去(下)》，李季湄主编，北京师范大学出版社，2005

本章主要参考资料

1.《幼儿园环境创设——指导与实例》，汤志民著，华东师范大学出版社，2013

2.《〈幼儿园教育指导纲要(试行)〉解读》，江苏教育出版社，2002

3. 日文版《幼儿园教育要领解说》，日本文部科学省，福禄贝尔馆出版，2008

4.《儿童的一百种语言》，[美]卡洛琳·爱德华兹等编著，罗雅芬等译，南京师范大学出版社，2006

5.《蒙台梭利幼儿教育著作精选》，单中惠等编译，华东师范大学出版社，2009

第三部分

幼儿园教育的实施

幼儿教育的观念、理论要转化为幼儿教育实践，幼儿园课程是必不可少的桥梁。因此，课程理论是幼儿教育学的重要组成部分。在幼儿园教育的实施中，幼儿园课程的特点与指导、以游戏为基本活动、幼儿园与小学的衔接等，都是极其重要的问题。本部分将对有关课程实施的基本理论和指导原则进行阐述。

第六章
幼儿园课程

儿童不是应该填满的瓶子，
而是正要燃烧的火焰。

——[法]蒙田

学习导航

1. 幼儿园课程的内涵是什么?
2. 幼儿园课程的特点是什么?
3. 幼儿园课程的目标是什么?
4. 满足幼儿的兴趣、需要与实现课程目标矛盾吗?
5. 幼儿园课程的内容是怎样决定的?
6. 在课程实施中教师的作用是什么?
7. 怎样组织幼儿园课程?
8. 评价幼儿园课程要注意什么?

学完本章以后，如果你掌握了关于幼儿园课程的基本理论，理解了幼儿园课程各要素之间的相互联系，并能把幼儿园课程理论与课程的实际结合起来的话，你就能回答上面的问题了。

本章内容

- 课程与幼儿园课程
  - 关于课程的概念
    - 什么是课程
    - 课程的基本模式及其课程要素
  - 关于幼儿园课程的概念
    - 什么是幼儿园课程
    - 幼儿园课程的特点
    - 我国幼儿园课程的发展简述
- 幼儿园课程的目标
  - 幼儿园教育目标与课程目标的关系
  - 幼儿园课程目标的结构与表述
    - 幼儿园课程目标的纵向与横向结构
    - 幼儿园课程目标的表述
  - 幼儿园课程目标的种类
  - 幼儿园课程目标的作用
    - 为制订课程计划提供依据
    - 为选择课程内容与教学方法提供依据
    - 为课程的组织与实施提供依据
    - 为课程与教学评价提供依据
- 幼儿园课程的内容
  - 如何理解幼儿园课程内容
    - 理解幼儿园课程内容应持的“知识观”
    - 幼儿园课程内容的含义
  - 幼儿园课程内容的划分
  - 选择与确定幼儿园课程内容的原则
    - 符合幼儿园课程目标，满足幼儿全面发展的需要
    - 既符合幼儿的现有水平，又有一定的挑战性
    - 既贴近幼儿的现实需要，又有利于其长远发展
- 幼儿园课程的实施
  - 幼儿园课程计划
    - 课程计划的制订
    - 教案的设计
    - 制订课程计划应注意的问题
  - 幼儿园课程的组织
    - 集体活动
    - 小组活动
    - 个别活动
  - 幼儿园课程实施的手段、方法与途径
    - 关于手段、方法与途径的概念
    - 幼儿园课程实施的手段、方法与途径的特点
    - 重视幼儿的日常生活活动
    - 专门组织的教育教学活动
    - 选择适当的课程实施方法、手段与途径
- 幼儿园课程评价
  - 幼儿园课程评价概述
    - 评价的目的——为什么评
    - 评价的作用
  - 课程评价的内容
    - 课程评价的内容范围
    - 具体教育教学活动的评价内容
  - 课程评价的方法
    - 评价方法的选择
    - 幼儿园课程评价的主要方法
  - 课程评价的注意点
    - 明确评价目的
    - 全面了解幼儿的发展状况
    - 以发展的眼光看待幼儿
    - 重视个体差异
    - 重视在活动中自然地进行评价
    - 评价主体多元化
    - 多渠道收集信息
    - 关注过程
    - 评价结果的解释要慎重
    - 不断研究与改进评价

第一节　课程与幼儿园课程

一、关于课程的概念

(一)什么是课程

1. 课程没有统一的标准化定义

关于课程的定义，可谓众说纷纭，莫衷一是。因为不同的教育思想、教育理论或不同的教育视角与侧重点，对课程的认识与理解都不同。如重视静态的学科知识传授的教育流派，视课程为“学校所有学科的总和或指某一门学科”；而重视学习者的经验或体验的教育流派，则认为课程是“儿童在教师指导下所获得的一切经验。”再如，侧重教育目标的话，就把课程作为教育要达到的一组行为目标或预期的学习结果；侧重教育内容的话，则把课程定义为组织起来的教育内容；而侧重教育过程的话，课程就被定义为学习的进程或学习的过程与经历。

不同的课程理论在从不同的角度阐释课程定义时，虽然各有特点，但也难免不带上各自的局限性。如把“课程作为学科”，这虽然与人们头脑中的常识很吻合(这也是为什么一提到课程，自然都会联想到中小学的语文、数学、英语等学科的原因)，但这一定义难以适用于不同教育机构的课程。还由于以学科内容为中心，使课程易忽视学习者在课程中的地位，忽视学习者个人的经验与学习特点等；而把“课程作为学习者的经验或体验”，虽然纠正了课程中只见知识不见儿童的现象，但却多少会存在着忽略系统知识在儿童发展中的意义的倾向。

2. 课程是一个发展着的概念

课程定义除了上述的多样化特点之外，发展性也是其重要特点之一。随着社会的发展与进步，随着教育思想的发展和教育实践的不断深化，课程概念也随之动态地变化，不断地深化与丰富。如随着以人为本、终身教育理念的普及，从根本上影响了全世界的教育价值取向，极大地扩展和升华了人们对教育、特别是对学校教育的认识——教育不再局限于传授知识技能，学校不再是分发碎片式知识的地方。为每一个学生奠定终身学习与发展的基础，培养健全的心灵与人格，成为学校教育的目标与追求。在此背景下，课程的内涵也随之发生了巨大的变化——从学科中心到强调学习者在课程中的地位；从仅强调知识传授到重视学习者的情感、态度、经验、差异等；从只重视教师讲授到主张多样化的互动式、体验式教学；从只强调课堂教学到重视校内外环境的整合；从只强调预设课程、显性课程到关注生成课程(随教育情境变化而动态形成的课程)、隐性课程(如校园文化、人际关系、教师的素质与行为等)的潜在影响……总之，对课程的认识从狭义的理解逐步转变到更加广义的理解，从片面的、局限的、表层的、机械的理解，转变到更加全面的、整体的、深远的、人本的理解。基于此，对课程的定义也就出现了越来越多的共识。如大多数课程研究者基本认同“课程系指在教师指导之下出现的学习者学习活动的总体。”[①]这里的教师指导不仅包括课堂里的直接的、学业的、显性的指导，还包括课堂外的所有间接的、道德人格的、隐性的指导；学习者的学习活动不仅包括课表上指定的学科学习活动，还包括学生个人或群体自发的学习活动或学校组织的其他活动。

(二)课程的基本模式及其课程要素

依据不同的理论取向，形成了多种不同的课程模式。总的来说，可大致分为“目标模式”与“过程模式”两大类。两类课程模式各有所长，其所强调的课程要素也各不相同。

1. 目标模式

目标模式是一种应用科学管理的原则而建立的、在课程实践中产生了广泛影响的课程范式。课程的“目标模式”指以目标为课程开发的基础和核心，围绕课程目标的确定及其实现、评价而进行的课程开发模式。目标模式是课程开发的经典模式、传统模式。其主要代表是美国的拉尔夫·泰勒(Ralph Tyler)，所以这种模式也被称作“泰勒模式”。

“目标模式”主张的四大课程要素是：目标、内容、组织与评价。用泰勒的话来说，即是4个问题：

“学校应试图达到什么教育目标?”

“提供什么经验最有可能达到这些目标?”

“怎样有效地组织这些教育经验?”

“如何确定这些目标正在得到实现?”

“目标模式”的四要素形成了一个系统的模式，简洁明了，其长处主要是：

①课程目标明确、具体，操作性强，易于理解与把握，教师能清楚地意识到自己要做什么；

---

① 钟启泉：《现代课程论》，上海，上海教育出版社，1989。

②易把教育目标转化为课程目标，其转化技术也不难掌握；

③教师能按照清晰的目标实施、评价课程，有利于教师、学生明确努力的方向；

④有利于教师将教学内容准确地描述，与家长、学校、学生本人进行交流。

但该模式的弊端也是明显的，受到了来自各方面的批评。主要如：

①学生的发展不可能完全用可观察到的行为来描述，其不可见的态度、情感、价值观等极有价值的东西容易被忽视、被掩盖；

②该模式对训练行为技能是适合的，而对思维性质的学习，对富于探究性的学习是不适宜的；

③该模式过分注重目标达成，为实现既定目标，往往对学习者的要求标准化，把学生强行地驱向统一目标，只重目标不重过程，见目标不见人。

④只重视最后的学习结果而忽视学生在学习过程中的个性化表现与发展。比如，科学课程中要求所有学生完成某一实验，若未能达此目标，即被评为不合格。而学生在实验过程中的思考、探究、发现，学生在面对任务时的个体差异，都是被忽视的，被认为是没有价值的。

2. 过程模式

针对目标模式的种种弊端，在对目标模式批判修正的基础上，课程的“过程模式”逐步成熟起来。20 世纪 70 年代，英国课程专家斯腾豪斯倡导一种“不应以事先规定好了的结果为中心，而要以过程为中心”的课程。

“过程模式”是重视活动过程本身的价值，尊重学习者的个性化学习，鼓励学生探索知识、进行自主学习的课程模式。该模式把发展学生的主体性、创造性作为教育的广泛目标，教师的角色定位不是学生行为的主宰者、控制者，而是学生的学习伙伴和行为引导者。“过程模式”主张的四大课程要素与“目标模式”不同，主要是：教师、学生、环境、教材资源。即是说，该模式强调课程中教师和学生的交互作用，强调通过创造适宜的教育环境和充分利用一切教育资源。“过程模式”冲破了“目标模式”的局限，其课程理念与课程开发模式体现了时代潮流的取向，对中小学课程，特别是对幼儿园课程有极大的现实意义。

但由于该模式对教师的教育理念与课程掌控能力要求甚高，超过了大多数教师所受过的训练，不易操作，所以被批评过于理想化了。另外，对不少学习者来说，他们需要教师明确而清晰的指导，这一模式也未必适合所有的学生和所有类型的学习活动。

二、关于幼儿园课程的概念

(一)什么是幼儿园课程

如上所述，课程有各种不同的定义和模式。幼儿园课程适合什么定义或模式呢？显然，必须考虑不同教育阶段的教育任务与目标的区别，考虑幼儿的年龄特征与身心发展规律、学习特点与学习方式等。尽管幼儿园课程与中小学课程在本质上是一样的，但因学习者的不同而应有不同的侧重和相应的表述，不能把适合中小学的课程定义原封不动地照搬到幼儿园。不难看到，如果把“课程即学科”的定义生硬地套用到幼儿园的话，不仅与幼儿的年龄特征与学习特点相悖，还容易把《纲要》要求的语言、科学、社会、健康、艺术五领域误作为以学科知识为中心的五个科目，机械地等同于小学的各门学科，把幼儿园课程错误地理解为就是上五门“课”。较之中小学课程来说，幼儿园课程是广义的而决不限制在学科框架中，幼儿园课程尊重幼儿学习的游戏化、生活化特点，强调通过环境、通过互动进行教育，高度重视幼儿的直接经验、体验、实际操作等。只有这样的课程才符合幼儿的实际，才符合幼儿园课程的含义。

幼儿园课程定义可以有多种表述。尽管不同的定义有不同的侧重，但都应当体现出上述基本点。如“幼儿园课程是帮助幼儿通过与环境互动，获得有益的学习经验，以促进其身心全面和谐发展的各种活动的总和”这一定义，基本上符合上述幼儿园课程的特征。它从广义课程观的角度指明，幼儿在园的一切活动都属于幼儿园课程的范畴，一日生活皆课程。即不论是教师专门组织的活动，还是幼儿自选或自发的各种游戏活动，日常生活活动等，都是幼儿园课程的组成部分。这样的幼儿园课程把幼儿园教育中的各种要素，如教师、幼儿、环境、教育资源等，按照幼儿教育的规律与原则，按照幼儿发展的规律与特点，进行了科学合理地组织，体现了幼儿教育的特点，确保幼儿能够像幼儿、而不是像小学生那样学习与生活。

(二)幼儿园课程的特点

幼儿园课程与中小学课程相比，既有共性又有特殊性。从共性上看，幼儿园课程与中小学课程一样，都是实现教育目的的手段，都是引导儿童向着教育目标的方向全面发展的桥梁。但由于幼儿园课程具有中小学课程所不具备的特点，其从形式到内容与实施方式等，都与中小学课程有很大区别。因此，不能片面地强调二者的共性而忽视幼儿园课程的特殊性，否则会在实践中造成严重的后果。幼儿园课程的主要特征表现在：

1. 遵循幼儿生活的逻辑，而非学科知识的逻辑

遵循幼儿生活的逻辑，这是幼儿园课程设计与编制的一大特征。幼儿园课程不是按学科的知识系统逻辑来编制的，而是以幼儿生活为基础，以幼儿的兴趣、需要为出发点，从幼儿生活中发掘有教育价值的事件、现象、问题等，将之转化为课程内容和有意义的课程活动，引导幼儿在生活中发展，在发展中生活。

2. 融于幼儿园一日生活之中，而非以专门的授课为主

融于生活，这是幼儿园课程的形态特征。幼儿园课程不像中小学课程基本上呈现为“课”的形态，而是渗透在一日生活的各个环节之中。

幼儿阶段的发展课题是养成良好的生活、卫生习惯，学习自己照顾自己，在身体、认知、情感、社会性以及沟通与创造等方面获得一定的发展。这些课题决不是几门课能够直接教会的，学习的途径主要不是通过作业课，不可能听而会之，而必须直接在生活中去做、去体验才能学会。生活是幼儿学习的途径，也是学习的内容，幼儿通过生活来学习生活。

3. 以游戏为基本活动，而非以课堂教学为基本活动

以游戏为基本活动，是幼儿园课程的实施特征。因为幼儿需要游戏，游戏反映了幼儿的需要，是幼儿最重要的一种学习方式。所以幼儿园不能像中小学那样主要通过“上课”来实施课程，而必须以游戏为课程的基本形式。如在课程中创设游戏的环境，采用游戏的方式，保证游戏的时间、空间等。如果幼儿园用上课来代替幼儿游戏，以上课为主要形式的话，那就是“小学化”了，幼儿园课程也就不成其为幼儿园课程了。

幼儿园课程常常以游戏的形式呈现出来，幼儿的游戏又常常生成课程。在游戏的过程中，幼儿经常在生成新的活动，获得新的经验。因此，幼儿的游戏与课程是难以分开的。

当然，课程以游戏为基本活动形式，并不等于说所有的课程活动都是游戏形式。其他非游戏形式的活动，如生活活动、科学探究等，也是非常必要、不可缺少的。但是，即使非游戏的课程活动也必须体现幼儿的自由、自主、创造、愉悦等游戏特征，把游戏的理念与精神渗透进去，让活动变得生动、有趣，幼儿乐于参与。

4. 幼儿以获得直接经验为主，而非通过书本学习间接知识为主

幼儿园课程让幼儿以获得直接经验为主，这是因为幼儿主要是通过感官来认识环境中的事物的，其思维方式也是具体形象思维。因此，只有通过各种感官真实地直接地接触事物、亲身体验、动手操作，幼儿才能不断地积累经验，获得真知。仅仅通过书本来学习是不适合幼儿的，过分强调书本知识对幼儿现实的与后继的学习都是不利的。

5. 课程是综合的，而非分科的

综合性，既是幼儿园课程的内容特征，也是其内容组织的特征。因为幼儿认识世界的方式是整体的、未分化的，幼儿的生活是统合的、整体的，融于幼儿生活的幼儿园课程不可能按学科分为数学的生活、科学的生活、语言的生活，课程内容必然有机结合、彼此渗透、相互促进。幼儿在整合的课程中实现身体、认知、情感、社会性、创造与想象等融为一体的全面发展。

(三)我国幼儿园课程的发展简述

在新中国成立之前的幼儿教育中就存在"课程"一词。早在20世纪30年代就已经颁布了《幼儿园课程标准》。新中国成立初期，由于幼教向苏联学习，全盘照搬了苏联的模式，只提教育和作业课教学、活动的组织和指导等，而不用"课程"一词，我国从幼儿教育的官方文件到一般幼教书刊，都不再用"课程"一词了。与此同时，原我国幼教专家的思想观点和课程理论受到了不当的批判，陈鹤琴先生的"单元课程""大课程"理论等不再被使用，这种情况一直持续到80年代初。80年代中期，随着政治气氛的宽松，幼儿园基层开始重新使用"课程"一词，并在实践中从提高作业课质量入手，探索分科课程模式，并尝试实施综合课程。在1996年颁布的《幼儿园工作规程》中，由于对是否使用"课程"一词存在争议，故采取了回避，而用"教育活动"代之(二者可视为同义的)。到90年代时，我国幼儿园的课程改革发展迅速，各种课程模式竞相出台。除分科课程之外，出现了多种综合课程，这些课程在目标上各有侧重，如"认知发展课程""游戏课程""情感课程""感知课程""艺术课程"等。2001年颁布的《纲要》、2016年施行的新修订的《规程》中，虽然都继续使用"教育活动"来替代"课程"一词，但是在幼儿园教育的实践层面与理论界不仅广泛使用"课程"一词，关于幼儿园课程的研究也一直是幼教的热点，幼儿园课程的创新也方兴未艾。

第二节　幼儿园课程的目标

一、幼儿园教育目标与课程目标的关系

幼儿园课程目标是幼儿园教育目标在课程领域的具体化。幼儿园教育目标直接决定着幼儿园的课程目标，决定着幼儿园课程的性质和方向。幼儿园课程目标具体地体现着幼儿园课程开发与教育活动的价值取向。与教育目标

一样，任何课程目标总有一定的价值取向，“价值中立”的课程目标是不存在的。

由于教育目标的普遍性、模糊性、概括性等特点，要实现教育目标必须经过复杂的、多方面的努力，其中，把教育目标转化为具体的课程目标是极其关键的一步。这一转化过程是一个艰苦的创造性工作，决不是简单的推演能够奏效的，它需要对儿童、对社会、对各学习与发展领域进行深入的研究，缺少任何一方面，课程目标的制定都不可能成功。

二、幼儿园课程目标的结构与表述

(一)幼儿园课程目标的纵向与横向结构

1. 幼儿园课程目标的纵向结构

幼儿园课程目标的纵向结构是指课程目标的层级结构。与教育目标可分为从宏观、中观到微观的不同层次一样，课程目标也可分为类似的不同层次，二者呈现着对应的层级关系。如幼儿园教育目标与幼儿园课程总目标，教育各层次目标与课程的各层次目标之间，都存在着一致性、对应性。可以说，幼儿园教育目标——实施德、智、体、美、劳等方面全面发展的教育，促进幼儿身心和谐发展，为幼儿后继学习和终身发展奠定良好基础——也就是我国幼儿园课程的总目标(参见第二章第一节“幼儿园教育的目标”)

宏观的课程目标概括、抽象，经过逐层分解后可成为易操作的具体活动目标。不同层次的课程目标组成了如下的纵向层级结构。

幼儿园课程目标的层级结构

概括 ↓ 具体　　　　宏观 ↓ 微观

幼儿园课程总目标
幼儿园课程长期目标(三年的目标)
幼儿园课程中期目标(各年龄班学年目标)
幼儿园课程短期目标(学期目标)
幼儿园课程月目标、周目标(或单元目标)
幼儿园课程的一日目标
一个具体的游戏或其他活动的目标

这一课程目标的层级结构与教育目标的层级结构是相似的(参见第二章第一节“幼儿园教育目标的结构”)。从上至下，目标层层分解，逐步从宏观到微观，从概括到具体，从一般性宗旨到可操作的具体活动菜单；而从下至上，每一层次的目标均受上一层目标制约，并指向上一层目标的实现。纵向

目标结构的优点在于，逻辑清晰、层层相扣、上下贯通，一目了然。通过课程目标的层级结构，幼儿园课程总目标逐步分解成为促进每个幼儿发展的、可操作的、微观的具体课程活动目标。课程总目标一般是导向性的教育宗旨或方针，看不到课程的内容或者幼儿发展的任务，在实施时不易与课程内容契合。另外，即使宏观层次的目标是正确的、一致的，由于对上位的宗旨性原则性的含义理解不同，在逐层分解时，特别是越到微观的层级，就越可能出现差异或歧义。比如，谁都不会否认促进幼儿德、智、体、美、劳等方面全面发展的课程总目标，但是越到具体层面，对全面发展的理解就越是五花八门，甚至出现歪曲或篡改，导致幼儿园课程在实践层次走入误区。

2. **幼儿园课程目标的横向结构**

幼儿园课程目标的横向结构是指目标的平行结构。这种结构往往以若干平行的幼儿学习内容领域或身心发展领域为结构框架(各领域的目标仍然是一个层级结构)。如我国《3—6 岁儿童学习与发展指南》所呈现的目标结构就属于此类，其 3～6 岁儿童的学习与发展目标可视为幼儿园课程目标。

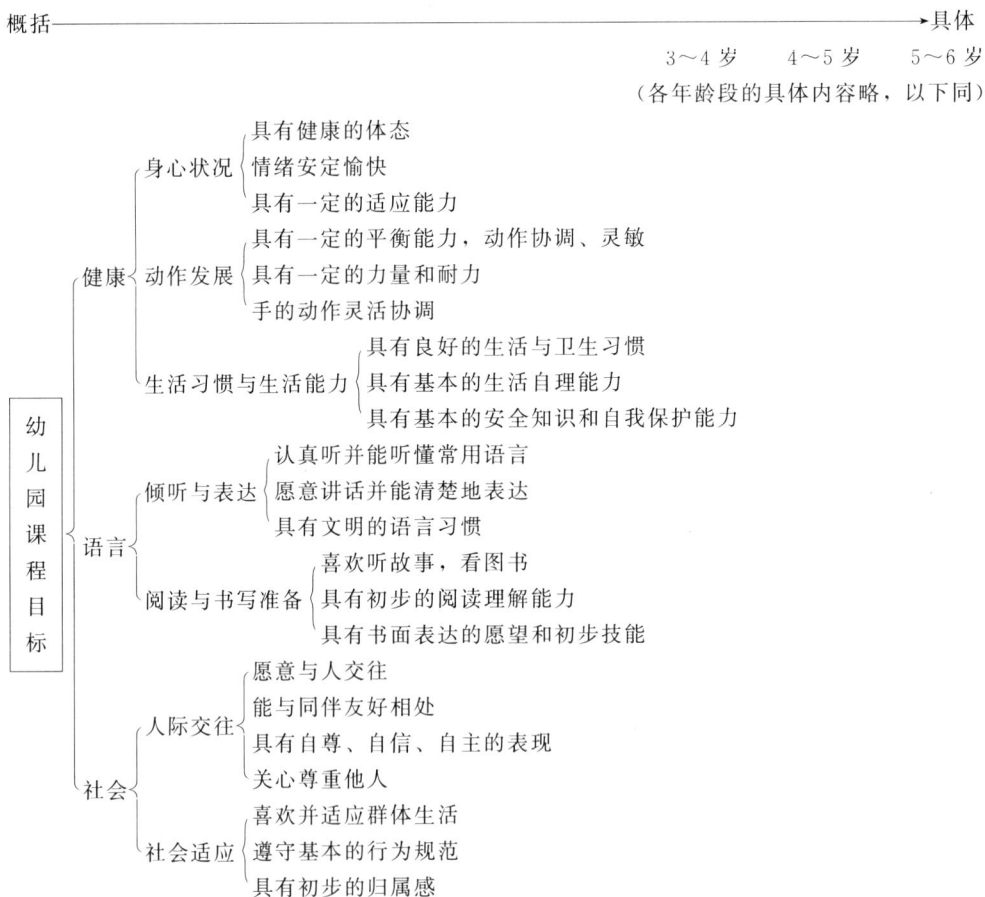

概括——————→具体

3～4 岁　4～5 岁　5～6 岁

(各年龄段的具体内容略，以下同)

- 幼儿园课程目标
  - 健康
    - 身心状况
      - 具有健康的体态
      - 情绪安定愉快
      - 具有一定的适应能力
    - 动作发展
      - 具有一定的平衡能力，动作协调、灵敏
      - 具有一定的力量和耐力
      - 手的动作灵活协调
    - 生活习惯与生活能力
      - 具有良好的生活与卫生习惯
      - 具有基本的生活自理能力
      - 具有基本的安全知识和自我保护能力
  - 语言
    - 倾听与表达
      - 认真听并能听懂常用语言
      - 愿意讲话并能清楚地表达
      - 具有文明的语言习惯
    - 阅读与书写准备
      - 喜欢听故事，看图书
      - 具有初步的阅读理解能力
      - 具有书面表达的愿望和初步技能
  - 社会
    - 人际交往
      - 愿意与人交往
      - 能与同伴友好相处
      - 具有自尊、自信、自主的表现
      - 关心尊重他人
    - 社会适应
      - 喜欢并适应群体生活
      - 遵守基本的行为规范
      - 具有初步的归属感

- 幼儿园课程目标
  - 科学
    - 科学探究
      - 亲近自然，喜欢探究
      - 具有初步的探究能力
      - 在探究中认识周围事物和现象
    - 数学认知
      - 初步感知生活中数学的有用和有趣
      - 感知和理解数、量及数量关系
      - 感知形状与空间关系
  - 艺术
    - 感受与欣赏
      - 喜欢自然界与生活中美的事物
      - 喜欢欣赏多种多样的艺术形式和作品
    - 表现与创造
      - 喜欢进行艺术活动并大胆表现
      - 具有初步的艺术表现与创造能力

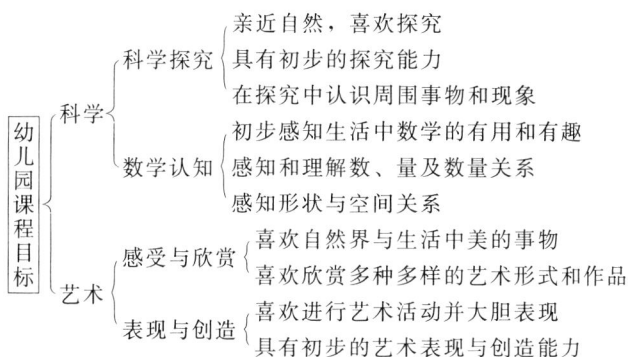

从上面的幼儿园课程目标不难看到，平行的各领域目标从概括逐级细化，一直到各年龄阶段具体目标。这种横向的目标结构的优点在于，课程实施中，教师易于把目标与活动内容结合起来。但由于横向结构的目标一般不是非常直接地明显地表述教育价值取向，因此，如果教师没有牢牢把握课程的根本，缺乏正确的教育价值观引导，就容易只见内容不见幼儿，只看到内容而看不到方向，甚至陷入为活动而活动的误区，忘记课程的根本追求。

(二)幼儿园课程目标的表述

幼儿园课程目标的表述一般有两种形式：

一是从“教”的角度出发，表述教育的合理期望，即通过课程要让幼儿获得的学习与发展成果。例如科学领域的课程目标[①]：

①激发儿童对事物的好奇心，透过观察、操作、分析和发现，培养研究开放的态度。

②透过与自然的接触，发展儿童的观察能力。

③培养儿童对动、植物的爱心。

④帮助儿童认识人类与自然界的关系，并关注生活环境。

⑤帮助儿童发展解决疑难的能力。

二是从幼儿“学”的角度出发，表述幼儿在学习以后的应知应会，或行为习惯、能力技能的变化等。如上述科学领域目标可以表述为：

①对事物有好奇心，学会观察、操作、分析和发现的方法，养成开放的研究态度。

②积极主动地与自然界接触，观察敏锐、细致。

③关心与爱护动、植物。

④认识人类与自然界的关系，并关注生活环境。

① 引自香港《学前教育课程指引》，香港教育署课程发展处印，1996。

⑤增强解决疑难的能力。

三、幼儿园课程目标的种类

一般来说，无论是在目标的纵向结构还是横向结构中，处于上位的课程目标基本上是预设性的、规定性的。而处于最下位的幼儿园具体课程活动目标，则可能有多种类型，不同类型的课程目标各具特点。如有的具体课程目标是在课程之前预设的、规定的，即定下课程结束后幼儿应习得的具体行为或应知应会的统一要求，如"行为目标"就属于这一类；而有的课程目标则是非规定性的，因为在主体性充分发挥、个性充分发展的时候，每个幼儿在某种具体情境中所学到的东西是无法准确预知的，难以统一规定。因此，这类目标就不统一规定幼儿在学习后的具体要求，而更重视多元的个性化表现，如"表现性目标"就属于这一类。"表现性目标"一般是提出要处理的问题或要从事的活动任务作为目标，如"参观动物园并讨论那儿的有趣的事情"，"用铁丝与木头做出一个立体模型"等，宛如一个学习主题或情境，幼儿围绕它展开各种个性化反应和行为。还有的具体课程目标不是在课程前预先提出的，而是在教育情境中随着教育过程的展开而自然生成的，如生成性目标。这类目标把课程视为一种动态变化的过程，在幼儿与教育情境的互动中，根据幼儿的实际而随机地提出适宜的课程目标。

各类课程目标对具体的活动来说都是需要的，关键是看活动是什么类型、活动特定的教育价值取向是什么，即活动要追求什么、发展幼儿什么等。在不同类型的课程目标指引下的课程实践会呈现出不同的模式或情境。如幼儿园的绘画活动，如果是训练型的，意在让幼儿学会绘画的某些技能，或要求幼儿学会画一朵花或一棵树等某一具体东西，那么活动的目标可用"行为目标"，以对幼儿提出统一的清晰的具体技能要求；如果绘画活动意在发展幼儿的想象力、创造力，而不要求幼儿具体学会画什么东西或画得好不好，那么可以用"画一个你喜欢的人""我的幼儿园"之类的"表现性目标"，唤起幼儿投入活动，发挥自己的个性化想法；如果活动特别强调发展幼儿内在的学习动力，可在绘画活动前不预先提出目标，而是激发幼儿的兴趣，让幼儿抱着"我想画个大熊猫""我要画幅画送给妈妈"等自发的动机，积极地投入绘画。在活动过程中，教师通过鼓励、支持性的互动——如与幼儿对话："妈妈收到你给她的画一定非常高兴。妈妈喜欢什么呀?"——在了解幼儿的基础上，自然地提出针对性的"生成性目标"——"好，画一束妈妈喜欢的花吧。"这一目标对于幼儿来说，宛如一个建议，非常自然，丝毫没有被强制感。

在我国幼儿园教育实践中，由于教师中心的现象比较严重，对活动中的幼儿关注不够，所以教师往往习惯什么活动都使用“行为目标”，而很少使用“表现性目标”或“生成性目标”，这是课程实施中需要改进的。另外，由于对课程目标的认识不清，有的教师出现了一些困惑。如有教师问：“一会儿说目标必须在前，一会儿又说目标可以在过程中生成，到底是怎么回事？”不难看到，这一问题里前后提到的“目标”并不是同一概念。所谓“必须在前”的目标明显是教育目标之义，而“可在过程中生成”的目标则是指课程目标。教育目标是在教育开始之前确定的，没有目标指引的教育活动是不存在的，它当然必须在前；而如前所述，课程目标因其种类不同，则既可以在课程实施前预设（如行为目标、表现性目标），也可以在课程实施过程中生成（如生成性目标）。

四、幼儿园课程目标的作用

幼儿园课程目标尽管有不同的结构，不同结构的目标体系在功能上也不完全一样，但从根本上来说，以下四方面的作用是所有课程目标都共同具有的。

（一）为制订课程计划提供依据

课程实施时，有不同层次的课程教学计划。如年龄班（全年）课程计划、学期课程计划、月（周）课程计划以及一日生活和具体教育教学活动计划等。制订这些计划无非是按照课程目标的纵向结构进行逐层分解，或是按目标的横向结构对每一个年龄段、每一个领域进行相应细化，课程目标显然都是重要依据。教师在制订各种课程教学计划时，必须依据课程目标的要求并结合幼儿的实际发展水平来确定。

（二）为选择课程内容与教学方法提供依据

在选择课程内容时，要判断什么样的知识对于幼儿的发展是有益的、必要的（参见本章第三节“幼儿园课程内容”），在选择教学方法时，要判断什么样的方法适合正面引导幼儿，而不会造成负面的消极影响，课程目标都是极其重要的依据之一。

（三）为课程的组织与实施提供依据

课程实施实际上是教师创造性地实现课程目标的过程。把课程组织为怎样的模式、把具体教育活动组织为怎样的类型，课程的展开向着什么方向、具体的教育活动过程中重视什么、让幼儿获得什么等，课程目标都具有明确的导向作用、调控作用。如按照幼儿园课程的总目标，幼儿园就应当把课程组织为以游戏为基本活动的综合形式，而不是分科上课的小学化形式；在课程实施过程中，教师就应当使自己的教育行为符合课程目标要求，即尊重幼儿、给予幼儿较多的表现和表达的机会、引导幼儿积极主动地参与活动，而不是以“权威”的姿态主宰活动，让幼儿只是被动地接受命令与指挥等。

明确的目标意识能够让教师在课程实施过程中，牢牢地把握正确的课程方向，不轻易地被外部的不合理要求所左右。如在面对社会或家庭对幼儿教育的直接的功利化需求时，不被非理性教育思维绑架，不把直接满足这些功利需求当作自己的课程目标，而坚持应当坚持的，让课程的内容、组织形式、教育行为以及教育的方法、手段等都与目标保持一致，以幼儿发展为本，承担起引领家长与社会需求的功能和责任。相反，如果教师缺乏目标意识，就可能随波逐流，甚至推波助澜。当然，对目标的坚守与践行与教师的专业素质是密不可分的。“真实的教育目的存在于千百万教育过程当事人的教育行为之中”[①]，存在于幼儿园教育的每一个环节中。具体的教育教学活动如果偏离了课程目标的方向（教师不一定意识到），即使采用了适宜的方式，其教育效果也会南辕北辙。因此，要从根本上保证幼儿园课程目标的实现，一定要在提高教师的专业素质上下功夫。

(四)为课程与教学评价提供依据

课程与教学评价是用一种标准对课程与教学过程进行价值判断。而幼儿园课程目标正是这种价值判断的标准。幼儿园课程与教学是否达成目标、达成了什么样的目标，是评价幼儿园课程效果的一个极其重要的方面。根据某一课程目标，可以列出相应的若干评价指标。当然，幼儿园课程与教学的评价除了根据课程目标之外，课程内容的科学性、课程实施过程与教学方法是否适合幼儿实际、是否适合幼儿身心发展的规律与学习特点等，也都是评价的重要依据（参见本章第五节“幼儿园课程评价”）。

第三节　幼儿园课程的内容

一、如何理解幼儿园课程内容

(一)理解幼儿园课程内容应持的“知识观”

一提到课程内容，一般很容易联想到的就是“知识”，尤其是像中小学的

---

① 陈桂生：《教育原理》，北京，人民教育出版社，1996。

教科书形态的、按照学科逻辑编制的知识。这种对知识的看法属于一种狭义的知识观，适用于理解某些类型的知识，特别是结论型的既成知识。然而，幼儿园课程内容却与中小学不同，如果用狭义的知识观来理解的话，会对幼儿园课程内容产生误解。当然，这并非意味着幼儿园课程内容不要知识，而是怎么来看待知识的问题。比如说，是把知识看成静态的、是一大堆脱离幼儿的、仅仅要他们死记的东西呢，还是视知识是动态变化的、与幼儿的生活经验紧密相连的、是他们主动参与建构的一个过程？这样的对“什么是知识”的不同看法，就涉及知识观问题。理解幼儿园课程内容必须持一种与幼儿的学习特点相适应的广义的、建构的知识观（参阅第四章第三节中“幼儿的‘学’”）。

1. 什么是广义的、建构的知识观

这一知识观是建构主义和现代认知心理学的一个基本观点。这一知识观认为，“知识是由主体与环境或思维与客体相互交换而导致的知觉建构。”（皮亚杰）“知识是个体通过与其环境相互作用后获得的信息及其组织。”[①]在与环境互动的过程中，学习者意识到自己对环境的主动作用与作用结果之间的内在联系，把活动过程中内含的各种客观知识加以处理，从而构建自己的知识、经验，使之成为自己认知结构的一部分。在现代教育心理学中，还将三种不同性质的知识融为一体，即将陈述性知识（“是什么”的知识——如“北京是中国的首都。”）、程序性知识（“怎么做”的知识——如“制作一个小风车的程序”）和策略性知识（创造性地解决问题的知识）视为知识的整体，使“知识不仅包括它的储存与提取，而且包括它的应用。”杜威曾通过词源学的考察发现，“知识”和“行动的能力”是同源的词。他由此得出结论：“做事的能力可能是知识的最基本的意义”，并一直倡导“做中学”。这样，知识不再局限在仅仅是结论或结果的形式上，“用知识”成为知识的应有之义。另外，还有学者将信念、态度、价值观也包括在知识的范畴中，称其为“实践性知识”。因为这类知识只存在于使用的过程中，表现在具体实践中，是通过实践过程而获得的。

综上所述，广义的、建构的“知识观”的基本观点是：

（1）知识是学习者与环境互动的产物，而非外部的直接输入品；

（2）知识的获得是学习者形成自己认知结构的过程，这一建构过程本身也是知识的一部分，知识和知识获得的过程是难以分离的；

（3）知识不仅是结论性的原理、事实，还包括应用能力、做事的能力、

---

① 邵瑞珍：《教育心理学》，58页，上海，上海教育出版社，1997。

策略、智慧、价值等实践性知识。

2. **广义的、建构的知识观对理解幼儿园课程内容的意义**

这一强调过程性、实践性、建构性的广义知识观对正确地理解幼儿园课程内容具有特殊的重要意义。

首先，这一知识观有利于改变那种把幼儿园课程内容狭隘化，将之仅仅局限在传统的知识点或技能上的做法。由于幼儿与外部环境相互作用的过程既可视为获取知识的途径和方法，也可视为知识本身，这样就让幼儿的生活、游戏及其他实践活动都成为幼儿园课程内容的重要组成部分而理所当然地受到重视，让活动性以及活动的过程性成为幼儿园课程内容的重要特点，让幼儿主动参与的活动成为教师“教知识”、幼儿“学知识”的中介，让帮助幼儿建构知识的过程成为重要的课程内容。不难看到，在“知识爆炸”的时代，这一知识观非常有利于把幼儿从繁重的记忆型学习中解放出来，尤其在不断加码的学业知识负担让幼儿不堪重负的今天。

不能不看到，狭隘的“知识观”让不少教师习惯于把课程内容理解为一张“知识清单”，理解为一张仅仅罗列着幼儿必须学习的知识点或技能的细目表，因而造成不少教师在没有这样的“清单”的情况下，就全然不知道要“教”什么，不知道自己要干什么。在《纲要》实施初期，就出现了教师从《纲要》的“内容与要求”中，因看不到“内容”而感到困惑的现象。究其原因，正是因为他们头脑中的“内容”与《纲要》强调过程性、建构性的“内容”不一致所至。当然，强调转变“知识观”决不是说课程内容不要知识技能，也决不意味着无视知识技能的重要性，而是为了改变以知识为中心去组织课程的现象，让“教”一定要通过作用于幼儿的活动来对其发生影响，让“学”一定要成为幼儿通过活动的主动构建。

其次，这一知识观赋予了幼儿在课程内容建设中的主体地位，幼儿主要不是接受来自成人的现成知识，而是通过自己的筛选、组织，在班级中、在生活中，通过与同伴、教师交往，共同构建活动，相互整合经验，不断建构自己的个人知识、社会经验和同伴文化，这一切都成为幼儿园课程内容的基本构成。

最后，这一知识观使幼儿园课程内容以多形态、多类型的知识呈现，非常适合幼儿的年龄特征、认知特征、所持经验的特征以及“做中学”“玩中学”的学习特点等，极有利于让幼儿按照他们自己的方式有效地学习，并逐步学会学习；对于教学来说，知识的多样性使课程内容的教学不可能再停留在单一的知识传授上，由于不同的知识需要不同的“教”与“学”方式，因此教学形式会变得更加丰富多样。

(二)幼儿园课程内容的含义

基于上述的“知识观”，尽管难以给幼儿园课程内容下一个准确定义，但可从存在形态、内容构成、开发主体以及实施形式等，看到其基本点：

1. 幼儿园课程内容不是以教科书形式存在的——即是说，幼儿园课程内容是超越书本知识的，是由多形态的、不同性质的“知识”组成的。除了既成的结论性知识、技能之外，具有应用性、过程性、实践性、策略性的知识占有重要地位。

2. 幼儿园课程内容不是孤立于幼儿存在的——即是说，幼儿园课程内容不是把幼儿的兴趣、经验、体验、需要等排除在外，而仅仅是要灌输给幼儿的一堆“客观知识”，或仅仅是结论、结果形式的知识体系。

3. 幼儿园课程内容不是完全由成人来开发与创造的——即是说，幼儿园课程内容是成人与幼儿共同建构的，幼儿也是课程内容开发的主体，他们作为建构幼儿园课程内容的参与者、创造者的地位是不可忽视的。

4. 幼儿园课程内容不是完全预设的、静态而固定的——即是说，幼儿园课程内容既有预设性又有生成性，应当在活动过程中随机变化，动态生成。不能够把课程内容视为一套套教师设计好的固定教案或编制好的一本本幼儿用书，而无视鲜活的幼儿生活和社会生活所提供的新鲜素材，无视幼儿实际情况或活动情况的变化所发出的种种信号，固守既定内容，丢失幼儿园课程内容应有的灵活性、生成性。

二、幼儿园课程内容的划分

幼儿园教育内容的划分可以有多种维度、多种方式，不同的维度、方式都有其针对性或特定的适用范围，关键是看用内容来为什么服务。如有的学者所说，“每一种分类系统都是一种抽象概念，仅仅是为了使用者的方便起见。”(布卢姆)我国《纲要》《指南》是按幼儿学习领域来划分幼儿园教育内容的，即划分为健康、语言、社会、科学、艺术五领域。因为这一分类与我国幼儿园教育实际比较一致，老师们熟悉这些领域，容易把握每个领域的范畴，这样对地区差异极大的我国广大幼儿园的课程实施是有利的。当然，课程内容还有其他许多不同的划分。如有的按幼儿身心发展的各方面来分类，将课程内容划分为健康、语言、认知、社会性与情感等；有的按幼儿发展的规律与需要来分，如蒙台梭利的课程内容就划分为日常生活、感觉教育、数学教育、语言教育、文化教育五个方面；有的针对幼儿的发展与现实社会生活的需要，如日本的课程内容就划分为健康、人际关系、语言、环境、表现五领域，等等。不过，不论课程内容怎么划分、分成多少领域，各领域的内容都是相互联系、相互渗透的，决不能截然分割，各自为政。

另外，课程内容的划分不等于课程组织与实施的形式。即是说，课程内容的组织与实施课程的形式不是一回事，两者之间并没有必然的联系。按泰勒的课程开发理论，是在选择了课程内容之后，接着才是内容的组织与课程实施。也就是说，在实施中以什么形态呈现内容，以什么方式进行教与学，是另外的问题。因此，幼儿园课程内容划分为若干领域，不等于说课程实施就是按这些领域组织分科教学。如陈鹤琴先生的"五指课程"，虽然其内容划分为健康、社会、科学、艺术、文学五项，但他说："这五种活动是一个有机的整体，如人的手指与手掌，手指只是手掌的一部分，其骨肉相连，血脉相通，而决不是彼此分裂。"再如，日本幼儿园课程内容虽然分健康、语言、环境、人际关系、表现五领域，但按照日本幼儿园教育指导纲要的精神，在课程实施形态上却是"在幼儿的生活中综合地实施教育""通过创设环境进行教育"，通过幼儿园的全部生活、通过以游戏为中心的丰富活动，让幼儿主动地与环境互动，积累各种各样的经验，使各领域综合地、统整地呈现在幼儿的生活、游戏与各种活动中，综合地促进幼儿情感、态度、能力、知识、技能等各方面的全面发展，而不是把五领域的内容割裂开来，小学式地上什么"人际关系"课、"环境"课、"表现"课等。

三、选择与确定幼儿园课程内容的原则

为了保证课程内容符合课程目标的方向与要求，让幼儿能够有意义地、有效地学习与发展，幼儿园课程内容的选择与确定必须遵循下述原则：

(一)符合幼儿园课程目标，满足幼儿全面发展的需要

课程目标事关课程内容的方向，是选定课程内容必须依据的标准。

从总体上来说，幼儿园课程内容必须遵循课程目标的方向与要求，满足幼儿身心各方面——身体、认知、语言、社会性、情感、创造力等诸方面的全面而和谐发展的需要。为此，课程内容必须保证全面、协调而避免片面、失衡。要做到这样几点：一是需要五领域内容平衡协调，不能够偏重其中某些领域而轻视其他，甚至出现某些领域的偏废。当然，在选定具体活动的内容时，根据幼儿的实际，可侧重于某一两个领域，但活动中必须综合地考虑与其他领域的渗透与结合，充分发挥各领域的教育作用；二是要注意每个领域中其核心要素的平衡协调。如《指南》中健康领域的核心要素是"身心状况""动作发展""生活习惯与生活能力"三方面，语言领域的核心要素是"倾听与

表达”“阅读与书写准备”。因此，选择课程内容时各个要素必须全面兼顾，不能只抓其中某一要素而忽视另外的内容。如健康教育中，不能只抓动作训练、技能培养，而忽视幼儿的身体素质或良好生活、卫生习惯的培养；三是注意每个领域中其基本内容范畴的平衡协调。因为每一领域的内容都一致地包含着基本态度、基本知识技能和基本行为习惯三方面。比如，在社会领域中，幼儿自尊、自信、自主的表现，尊重他人、友好同伴的态度，对集体生活的积极归属感等，都属基本态度范畴的内容；而加入同伴游戏的有关技能，关于游戏、集体生活、公共场所的规则，以及关于家、家乡、国家的一些初步了解等，是属于基本知识技能范畴的内容；行为规范方面的要求则属于基本行为习惯范畴的内容。因此，在选择课程内容时，必须注意均衡，不能偏重或轻视、遗漏某些范畴的内容，避免出现只重知识点，而轻视幼儿情感、态度和良好习惯的培养等问题。

在选择课程内容时，对目标缺失或内容失衡等现象，必须引起高度重视。教师必须强化目标意识，深入钻研课程内容的内涵、构成等，正确地把握课程内容的方向，否则很容易被一些外来因素干扰。如有的教师选择内容时，仅仅是考虑自己某方面见长或片面强调幼儿某种兴趣，结果导致课程内容出现偏差，背离或者偏离课程目标的方向与要求，影响了幼儿的全面发展。

(二)既符合幼儿的现有水平，又有一定的挑战性

这一原则要求内容必须符合幼儿的年龄特点、学习特点、经验水平、认知能力等，其难度、深度必须适宜。即使选择的内容是幼儿应该学、必须学的内容，也务必难易适度，因为过难或过易的内容都不利于幼儿的学习与发展。但符合幼儿已有的经验水平，并不是说简单地重复其现有的经验，而应基于幼儿的经验而指向其最近发展区，具有一定的挑战性。即立足于已有经验，又能在此基础上去引发幼儿更有价值的学习，帮助他们去积累新经验，在原有基础上得到进一步的提高。

在这一点上容易出现的问题是，因为教师不了解幼儿，选择了过易或过难的内容，结果造成幼儿或因内容超出其接受水平，学习非常吃力，或因内容毫无挑战性，而感到无趣、无聊、没劲，结果都严重地挫伤幼儿的学习兴趣，影响幼儿的发展。因此，把握内容适宜性的关键是必须通过观察，深入地了解幼儿的现有水平与最近发展区。然而，难易程度、最近发展区等，不同的幼儿是不同的。因此，重视个体差异是保证内容适宜度的重要条件。只有努力掌握每一个幼儿的实际状况，才可能以适宜的内容去促进幼儿在不同水平上的发展。

(三)既贴近幼儿的现实需要，又有利于其长远发展

这一原则要求选择的内容必须是幼儿现实所必需的，又是其未来学习与发展必备的基础。

内容的现实必要性主要可从两个角度来判断。一是幼儿现在的生活游戏中必不可少的知识技能、态度、行为习惯等。比如，作为自我保护的安全知识、与同伴友好相处及其交往方法、收拾玩具等生活自理技能、喜欢集体生活及其必要规则等；二是必须在幼儿阶段学，以后再学就失去最佳时机的内容。《指南》所列出的学习内容可以说就是这样的内容。如语言领域，特别强调了发展口语交流能力，养成对符号(包括文字)的兴趣，喜欢阅读的习惯等。这些内容是幼儿阶段最应当学、必须学的，而大量地认字、背成语、记拼音等，并不是幼儿阶段语言学习的最迫切最适宜的内容。

作为未来学习与发展必备的基础，不是把未来需要的东西通通都搬到幼儿阶段来超前学习，判断是否是未来必备的基础，主要可考虑以下两点：一是选择的内容是否属于幼儿阶段的“发展课题”，即不在这阶段完成这些内容的学习，就将影响下一阶段的学习发展。比如，幼儿阶段如果生长发育不好，没有养成好的生活习惯、学习习惯，没有积极的学习兴趣，缺乏主动的态度等，会明显影响小学阶段的学习与发展。因此，这些内容就是未来发展必备的基础。二是选择的内容是否是幼儿下一步发展所必需的，至少从一定的发展趋势看来，是可能性极大的需要。比如，交通规则的概念、红灯停绿灯行等内容，看起来似乎脱离农村幼儿现有的经验和需要，但随着跟父母进城生活的幼儿越来越多，特别是随着国家城镇化趋势的发展，这些具有前瞻性的知识就应当成为农村幼儿学习的内容。

与这一原则对立的、最容易出的问题就是课程内容超载。主要因为来自家长、社会，特别是升小学的压力，把不适合在幼儿期而应在小学阶段学习的内容硬拉到幼儿期来，超前地压在幼儿身上。虽然这些东西中有的幼儿的确可以学会，但到下阶段学反而更好，而现在学事倍功半、各方面的成本太高，特别是幼儿付出的情感、兴趣、自信心等代价不易被成人察觉，对幼儿影响却极大，这样的内容就不应当纳入到幼儿园课程内容中。比如，绘画的某些技能在幼儿阶段并不那么重要，不需要专门花大量时间去强化训练。就绘画最基本的技能来看，如线条流畅、形状规范、涂色均匀、按需择色等，主要体现的是手的功能，是幼儿在大量表现的机会中逐步成熟的，不是成人直接去教会的。因此，只需在生活中、游戏中为幼儿提供可以充分操作的机会就可以了。至于比例、构图、透视等比较专业的绘画技能，则在认知更加

成熟的少年时代学习更容易。幼儿阶段的训练需要幼儿付出更多的时间、更大的意志努力，这样往往迫使幼儿被动学习，容易扼杀其对绘画的兴趣，抑制其艺术想象和创造，结果得不偿失。

因此，为给幼儿减负减压，应努力做到：

第一，尊重幼儿、了解幼儿，坚决抵制来自外部的不合理要求，捍卫幼教的科学性，反对小学化倾向。

第二，各领域的内容要有机联系，相互渗透，注重综合，避免“多条线穿一个针眼”，加重幼儿的负担。

第三，准确把握内容要求，精选课程内容。比如科学领域，应明确不是让幼儿学习系统的科学知识，大量进行计算训练，而是重在激发幼儿的好奇心与探究兴趣，运用数学解决生活与游戏中的简单问题，如《指南》所说，“引导幼儿通过直接感知、亲身体验和实际操作进行科学学习，不应为追求知识和技能的掌握，对幼儿进行灌输和强化训练”。

第四，选择的知识要尽可能是在幼儿的生活中能加以应用的。只有能够应用的知识对幼儿来说才有意义，才会激起他们积极的学习兴趣，从而不感到是负担、是压力。

第五，课程内容一定要突破狭隘的知识观、学习观，把幼儿的学习与他们的生活自然地融合在一起，重感知、重体验、重操作，以大自然大社会为课堂，让幼教真正像幼教，这对改变内容超载的现象可以说是根本性的。从下面“加拿大幼儿学做的事”中不难看到，丰富的课程内容完全可以让幼儿在轻松愉快的状态中去学习与掌握。

加拿大幼儿学做的事：

①在大人的看护下，热天赤脚在小河沟里蹚蹚水；

②在草地上打滚；

③给淅沥淅沥的春雨录音；

④下雨后聆听玉米等作物“巴吱巴吱”的拔节声；

⑤试种活一棵树或一棵菜、一株花，几根葱也可以；

⑥跟妈妈做一次菜、烤一次面包；

⑦给死去的小动物挖一个墓穴；

⑧愉快地帮助一次小伙伴(如穿衣、系纽扣等)；

⑨与小伙伴分享玩具或图书；

⑩亲人生病时主动表示关心；

⑪在亮晶晶的雨珠中撒腿奔跑；

⑫学讲10个笑话或幽默小故事。

第四节　幼儿园课程的实施

幼儿园课程的实施环节是把幼儿园课程理念付诸实践、把教育目标变成现实、把教育期望转化为幼儿真实发展的最重要的实践环节。不抓好这一环节，再好的理念、目标、期望都会落空。

不同的幼儿园，因为在观念、文化、环境、师资水平、幼儿实际情况等方面的不同，其课程实施会出现各自的特点。但总的来说，幼儿园课程实施大致包含课程计划的制订、课程的组织、课程的教育教学方法、途径的选择与使用等主要内容。

一、幼儿园课程计划

幼儿园课程计划是实现幼儿园课程目标的方案。幼儿园课程计划的制订过程是依据课程目标和幼儿的实际，设计、组织、安排各类教育教学活动的过程。

(一)课程计划的制订

幼儿园的课程计划是由各层次的计划组合而成的一个整体。依据纵向与横向的课程目标(请参见本章第二节“幼儿园课程的目标”)，可制订不同层次的课程计划。一般来说，幼儿园需要制订学年计划、学期计划、月(周)计划、具体教育教学活动计划等。

学年计划是幼儿园比较上位的、整体性的、笼统的规划，一般根据教育目标和上级有关要求以及幼儿园的实际，由园领导组织有关教师集体拟定。学年计划的大致内容有：确定全园各年龄段的全年课程目标；规划安排全园的重大教育活动，包括家园、社区合作等方面的教育活动；统筹安排全园的教育资源、环境的有效利用等。

学期计划是把全年计划按学期进行划分，由班级的教师依据幼儿园的学年计划和班级幼儿的实况，拟定班级的学期目标和本学期的教育重点、大致的课程活动安排等。作为比较长期的学期计划，要注意满足幼儿全面发展需要的各领域教育活动的平衡。

月(周)计划是班级课程计划的重点，内容主要是一月(周)的课程目标，保育教育的重点，相应的资源、环境创设安排，各种教育教学活动、家园合作活动的预定等。周计划则把具体的教育活动落实到一周的每一天，对幼儿在园一日生活作出安排。

如小班9月的课程计划，主要目标是帮助幼儿安定情绪，高高兴兴地上幼儿园。围绕这一目标，每周的计划则将目标进一步细化。月(周)计划应当把教育重点放在幼儿的情绪情感上，同时计划出与此有关的所有教育活动及其相应的准备工作，如环境创设方面的活动室墙饰制作、活动区布置、玩具图书的提供等；列出要安排的活动的大致形式、内容、进度(如安排"幼儿园里真快乐"主题活动。根据实际情况，主题活动可突破月计划界限，延伸到下月的计划中)，包括与家长合作的亲子教育活动计划等。在月(周)计划中，除注意各领域的平衡外，还要注意保持教师指定活动与幼儿自选活动之间、教师设计的活动与幼儿自发活动之间、集体活动与小组个别活动之间的适当比例，另外室内活动与户外活动的时间也需要合理安排，保证幼儿有足够的户外活动时间。

具体教育教学活动计划是把月(周)计划中具有指向性的内容框架转化为可操作的具体教育教学活动。如列出开展主题活动的小主题名称与具体活动内容；列出稳定幼儿情绪的具体游戏、活动区活动名称与开展方法，包括提供的图书、玩具、儿歌、操作材料等的细目，墙饰的具体内容、活动室的布置方案，以及应对幼儿情绪问题的具体对策、方法，亲子活动的具体内容等。具体教育教学活动计划是与幼儿发生直接关系的计划，是幼儿园课程计划的重点。教师必须在充分了解每一个幼儿的基础上，结合班上幼儿的实际情况来确定这些幼儿直接参与的教育教学活动。

具体教育教学计划往往与一日活动的设计与安排结合起来。

如表6-1是上海某幼儿园的一日生活安排，这一安排在顺序上是基本稳定的，这有利于幼儿安定地有规律地生活，知道一个环节做完后，下一个环节是什么。但是，每一天的"集体活动""区域活动""游戏""自由活动"等的具体内容则是变化的，并需要提前计划与准备。具体教育教学计划可为每一天的活动提供有序的安排。

表6-1　上海某幼儿园一日生活安排表

8:15～9:00	来园及室内外自由活动	10:55～11:30	午餐
9:00～9:10	广播操	11:30～12:15	午睡前活动
9:10～9:20	点心	12:15～14:45	午睡
9:20～9:40	集体活动	14:45～15:10	点心
9:40～10:00	自由活动加盥洗	15:15～15:30	广播操
10:00～10:45	区域游戏	15:30～16:00	室内外游戏
10:45～10:55	自由活动	16:00	离园

(二)教案的设计

为实现某一具体的教育教学活动，教师需要制订该活动开展的详细计划，这种活动指导计划俗称“教案”(也属于“具体教育教学活动计划”的范畴)。写“教案”是教师很重要的一项工作。

“教案”的主要内容一般应包括：

1. 在预定的教学时间内，活动拟达到的目标。即期望通过这一活动让幼儿获得什么知识、技能，发展什么能力、态度等。

2. 幼儿实况分析。即描述本班幼儿关于这一活动的兴趣、经验、认知水平状况，幼儿在活动中可能出现的问题、困难，这一活动中需要特别注意的幼儿，以及对应的方法或策略等。

这一环节是保证教案适应幼儿、进而保证活动效果的非常重要的环节。“备课”主要就是备幼儿，以幼儿发展为本的教案必须从本班幼儿的实际状况出发来设计或者选择活动，重视幼儿的个体差异。现在最常见的问题是，教案中看不到“具体的幼儿”，只有教师的想法或某本教参的设计；即使有幼儿，也只有“笼统的幼儿”，即以某年龄阶段或某类幼儿的一般特征来代替本班幼儿的实况分析，非常概念化、形式化地描述。如“大班幼儿一般喜欢……”“独生子女往往自我中心……”，这样的幼儿实况分析是不能说明教师心中有幼儿的，是不能说明教师真正了解自己班的幼儿的，只不过完成了写教案的一个程序，而对课程实施没有什么实际意义。

3. 活动准备。即所需要的环境创设、材料、教具等。

4. 活动的程序。即活动展开的步骤，怎样开始、怎样进行、怎样结束，包括过程中要做什么、怎么做，备课指导上的重点、难点、注意点，对幼儿可能出现的反应或问题作出一定的预估，并有一定的应对预案。这一环节显然是建立在了解幼儿的基础上的，如果以“教”为中心，没有针对幼儿的预案，那么一旦活动中出现预料之外的情况，教师又缺乏随机掌控的能力的话，要么是活动乱套，要么就是强制幼儿服从教学计划，活动的效果就无从谈起了。

5. 对活动的评价与反思。在过去传统的教案中，一般是没有这一环节的。但幼教课程改革的经验证明，每次教学活动后，通过对活动过程的反思，对教师加深对幼儿的了解，提高活动设计水平，积累教育经验，改进教育教学的方法与策略，发展自己的教育智慧，是非常有效的。因此，把这部分内容在活动后补充进教案中是必要的。因为教案毕竟只是对活动的预设方案，或者说，只是教师对活动开展状况的一种预估，而由于对幼儿的了解不可能百分百的全面、深透，活动实际过程又充满复杂性、不确定性，因此，尽管教师做了充分准备，仍可能在过程中出现预想之外的情况。这就需要教师在活动后反思自己的应对方法是否适宜，是否取得了积极的效果，原来的预设是否存在问题，问题在哪里，为什么会出现这样的问题，今后怎么改进，等等，并将此作为教案的一个重要组成部分。

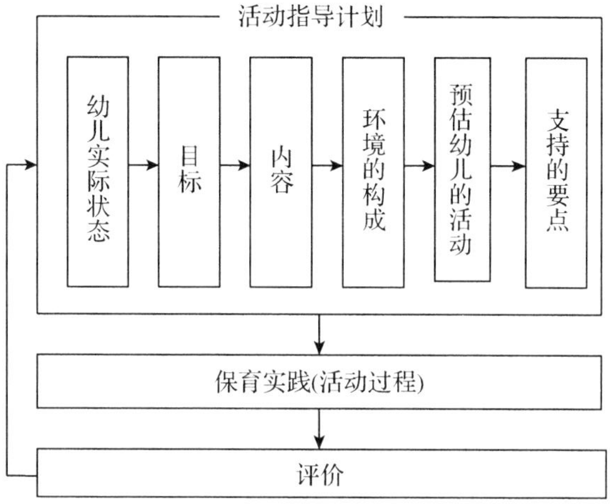

图 6-1　活动指导计划的制订与实施

（引自《未来的幼儿教育》，58 页，[日]岸井勇雄著，李澎译，华东师范大学出版社，2010）

(三)制订课程计划应注意的问题

1. 制订课程计划应有一定的灵活性

在课程计划中，由于月(周)计划、具体教育教学活动计划、教案等属于下位的、供班级直接使用的计划。鉴于计划实施过程中的不确定性，尤其是来自幼儿的不确定性，在制订这些计划时，就需要在具体活动的预设上留有调整的空间，或有备用的预案，而不能够太固定，只有唯一的安排。但受习惯的影响，幼儿园一般重视计划性，而较欠缺灵活性。如下面的周计划(参见表 6-2)，总的来说，在课程目标、活动内容的平衡、游戏的安排，以及活动的组织形式等方面还兼顾得不错，但是在一周活动的规划上，特别是在活动内容的安排上，无论是集体活动还是分组活动、户外活动，都完全确定，且每一天搞什么活动、连开放哪几个活动区都预先规定好，这样就显得过于刚性、生硬，缺少柔性、灵活性，看不出如果实际情况有需要的话，及时调整计划的余地在哪里，怎么能积极地、灵活地应对来自幼儿的或外部情况的变化。

表 6-2　某园的周计划

内容日期时间及程序		星期一	星期二	星期三	星期四	星期五
7:30～8:10	晨间活动	早操及户外活动				
8:50～9:20	集体活动	讨论："社区"摄影展	谈话："你能做到吗?"	音乐：数高楼	数学活动"多吃少"	远足前的谈话
9:30～11:20	分组活动	实践：去邮局寄信（教师指导的活动）	语言区：文学作品"我的屋子我的家"，写生活动画"社区"(自选)	美工区：制作大幅社区画(自选)	认知区：数学活动建筑区：美丽的社区角色区：美容院(自选)	远足到"笔架山"(集体)
户外活动		大型器械	一楼	二楼	沙地	四楼
11:20～11:35	集体活动	语言游戏：量词接龙	音乐游戏：数高楼	远足小结		
午睡						
14:30～15:20	户外活动					
15:50～16:40	分组活动	写数练习	彩色游戏	自由建构	区域活动	
16:40～17:00	集体活动	谈话：户外写生感受	欣赏幼儿绘画	听故事	听故事	布置假日收集的作业

2. 实施课程计划也必须有一定的灵活性

任何层次的课程计划都应被视为一个大致的行动路线图，而不是像产品设计图纸那样丝毫不可改变。因此在实施时，各层次的计划，越是下位越需要具有灵活性，以应对充满不确定性的课程展开过程。特别是具体教育教学计划、教案，是涉及幼儿直接参与的计划，更不应当是生硬的、固定不变的紧箍咒，必须具有依实际情况而随机调整、修改、变化的余地。比如，具体活动计划或者教案所预设的活动目标、活动程序等，如果因为活动过程中出现了预料之外的突发事件，或出现了新情况、新问题，教师在随机判断之后对活动程序进行调整，甚至生成新的活动，是完全正常的、合理的，缘此而没有实现原定的目标，不能将之视为没有遵循计划或没有完成计划。相反，不顾及幼儿的反应，强扭幼儿按计划行事，即使达成所谓目标，也是不值得提倡的。如下例中教师的教学就缺乏实施活动计划的灵活性。

例　一次某大班集体教学中，教师出示了一张画着一只老虎在吃几只兔子的图画，请小朋友想办法救兔子。当一个小朋友说"赶快给猎人打电话，让猎人来打老虎”时，另一个男孩马上站起来反对：“不行！老虎是一级保护动物，不能打！兔子还不是一级保护动物呢！”“对！应该让老虎吃一只兔子，不然，老虎会饿死的！”另一个男孩大声附和。这一下班里炸了锅，幼儿的情绪一下子高涨起来，围绕“该不该让老虎吃兔子”的辩论热烈地展开了。这时，老师大声说：“好了！好了！都别争了！咱们刚才的任务是什么来着？想办法救兔子。我看谁想的办法好！××，你来说！”教室里的声音小了下来，但争论却没有停息。

（摘引自夏如波硕士论文《关于生成课程的研究》，未发表）

二、幼儿园课程的组织

一个课程的目标和内容确定以后，接下来就是选择课程组织形式。幼儿园课程组织形式主要有三种：集体活动、小组活动、个别活动。课程组织形式变化的根本目的在于提高课程的有效性，以使每个幼儿获得最大的发展可能性。《纲要》指出，“教育活动的组织形式应根据需要合理安排，因时、因地、因内容、因材料灵活地运用。”

（一）集体活动

集体活动一般是在教师直接指导下进行的活动。它的特点是活动过程以教师的引导和组织为主，全班幼儿在同一时间内、以同一种速度、同一种方法、学习同样的内容。这种形式有利有弊。利主要是：组织起来方便、快捷，教学清楚明确、系统有序，较之其他形式省时经济、效率高；弊主要是：难以照顾到每个幼儿的差异性需要，难以让每个幼儿平等地参与。常见作业课上几十个幼儿，不论差异如何，都做同样的事情。当老师提问时，尽管几十双小手同时举起来，但能有机会发言的，却往往半数都不到。

这种形式虽然有利，但鉴于幼儿的个别差异大，在幼儿园过多使用这种全班统一的集体活动难以顾及每个幼儿的兴趣、能力、个性等的差异，是不合适的；这种形式虽然有弊，但不能认为集体活动就不可取了。至于在什么时间、什么场合采用集体活动的形式合适，应根据课程目标、内容的性质以及幼儿学习该内容的方式、经验等来定。不是所有的教育活动都适合用集体形式，也不是所有的教育活动都不可用集体形式，关键在于能否“让幼儿有效地进行学习”（参见第四章第三节中“教师的‘教’和幼儿的‘学’”；本节中“专门组织的教育教学活动”）。

（二）小组活动

幼儿园的小组活动既指教师有计划安排的分组活动，也指幼儿自发形成的小群体活动。

教师有计划安排的小组活动在幼儿园课程实施中是非常重要的一种形式。它有助于突破大一统、齐步走的老模式，除必要的集体活动之外，让幼儿更好地满足自己的兴趣和需要，更加主动积极地参与活动，按自己的节奏学习；它有助于幼儿与同伴、教师之间更多地相互了解、相互交流、相互作用；有助于幼儿更充分地发表自己的意见、倾听别人的看法；有助于培养幼儿的合作精神、民主态度、发展自律等。也正是在这个意义上，小组、个别活动和集体活动的比例常常被视为衡量幼儿园课程发展性的一项重要指标。

然而必须注意的是，不是一搞小组活动，教师的“教”和幼儿的“学”就立刻会自然地发生积极的变化。有的教师在小组活动时，仍然像集体活动一样，统一要求、统一步骤、统一方法；不少幼儿在小组活动时，特别是在讨论、合作解决问题时，不知所措或消极无聊的情况并不少见。因此，如何组织小组活动，如何引导幼儿进行小组学习，这对习惯了集体上课的教师来说，不能不说是一个严峻的挑战。

有效地组织小组活动需要教师在分组上、指导上具备相应的能力。

1. **分组能力**

分组是小组活动的第一步，分组合理与否对活动的质量影响很大。如果将分组简单化，不管什么活动都以围坐一桌的幼儿为一个小组，是不合适的。合理的分组应有三个特点：有层次、有特色、有变化。

有层次——指教师分组时纵向地考虑幼儿的水平差异。如根据幼儿的经验、动作、思维、语言等方面发展水平上的差异，结合活动内容的难易，按水平由低到高地分，让每个幼儿能进行适合自己水平的学习。不过，形式是为内容服务的，有的活动也可以高低水平的幼儿配搭。如语言活动，没有不同语言水平幼儿的合理配搭就很难进行。

有特色——指各组各有特点。因为幼儿有不同的兴趣、性格倾向、学习方式上的特点等，因此，每个小组的幼儿既可以使用不同的材料、不同的方式方法来学习同样的内容，也可以通过学习不同的内容来达到同一个教育目标。

有变化——指分组是动态的，不是一劳永逸的。幼儿的能力、经验等在发展，兴趣、情绪等也在变化，随时间、活动内容不同而不同。如前一阶段能力偏低的幼儿，在后一阶段可能能力变强；数学活动差的幼儿，艺术活动中却是高水平的。因此，分组需根据幼儿实际与活动内容而变化。

不难看到，分组能力要求教师十分了解幼儿的身心发展水平和特点，同时又清楚地知道完成每项活动所需要的条件，二者缺一不可。

除了教师主持的分组之外，有很多活动的分组是幼儿自己选择玩伴或合作伙伴的。即使这样，教师也不是放任不管，听之任之。比如，如果出现了一些幼儿因为这样那样的原因而被冷落，没有小组要接受的情况时，教师必须与幼儿各方进行沟通、协商；再如，对幼儿的显然不合理的抱团，教师可以通过建议、提醒的方式进行必要的引导。

2. 指导小组活动的能力

指导小组活动的能力主要表现在能够有效地促进小组活动的开展，帮助每个幼儿得到真正的发展。它要求教师：

(1)有正确的指导思想

如前所述，采用不同的课程组织形式，归根结底是为了每一个幼儿的发展。如指导思想发生偏差，分组活动就会失去促进幼儿主动学习这一精髓而流于形式，而从集体控制变成分组控制、从大一统变成“小一统”。如有的幼儿园安排了不同难度、不同层次的小组活动，供幼儿“按能力”选择，以照顾个别差异，满足不同水平幼儿的不同需要，促进每一个幼儿在其原有水平上得到发展。但如此好的初衷却因为教师对于“为什么要这样分组?”“对幼儿的意义何在?”缺乏认识，结果让小组活动的实施完全背离教育目标，教师强制那些能力偏弱的幼儿到他们不喜欢的、但被认为是“适合”他们水平的低难度小组去，这些幼儿不能自己选择活动，不被鼓励尝试挑战，还在活动时感到自卑，其自尊心、自信心受到极大伤害。可见，使用任何一种活动组织形式都不可能摆脱教育观念的支配，正确的教育指导思想是保证小组活动质量的根本。

(2)了解幼儿，遵循其身心发展规律

有效的小组活动需要教师了解幼儿，了解其身心发展规律，进行科学的引导，否则小组活动会徒具形式，甚至难以维持。比如，如果不了解小班幼儿的社会性发展规律，将小组人数分得过多，就不合适。因小班幼儿尚处在个别活动或不稳定的2～3人的小群体活动阶段。有小班教师为让幼儿很快地“交朋友”，就主观地把幼儿分成若干游戏小组，要求几个幼儿一起分享玩具、一起玩游戏。结果，幼儿做不到，因为他们的“朋友”关系很短暂，其分享也很有限，因此游戏小组很快就烟消云散了。

(3)灵活地改变教师的角色及其指导方法

小组活动不像作业课那样以“教”为主，而是以幼儿的自主活动为主。因此小组活动指导必须灵活多样，教师的角色也要根据情况随时变化。在同时关照几个小组的活动或游戏时，教师需要时而观察，时而参与，时而讲解，时而评判，即是说，有时做观察者，有时做活动的组织者，有时做幼儿的伙伴，有时做知识传授者，等等。每种角色必须十分到位，比如是幼儿的活动“伙伴”了，就不能还以教师自居，对幼儿发号施令，控制游戏。这种指导难度较大，需要教师具有观察、沟通以及灵活的随机教育能力等。

(三)个别活动

个别活动是指幼儿个体按自己的速度和方式，独自进行自发、自由活动的形式。个别活动时的指导往往是一个教师面对一两个幼儿，在观察基础上，进行有针对性的、差异性的指导。

教师个别活动的指导较多在自选活动、日常生活活动时间进行(参见第四章第三节中教师利用入园环节的个别对话发展幼儿语言的案例)，但在集体活动中的个别学习时间，如数学活动时幼儿个别操作学具，美工活动时绘画、做手工，教师观察幼儿的活动状况，给予必要的指导也是非常重要的。教师可针对个别幼儿的特殊情况进行专门指导，这种指导既可以是直接对话，也可以是间接的。如教师作为玩伴，通过与个别幼儿在游戏中互动，来达到指导目的。

从下面一例中可以看到，在个别活动中教师怎样发挥指导作用。

例 早餐结束后，小红满心欢喜地进入美工区，挑选了一张粉红色的手工纸和折叠鸽子的分解图纸(参见图6-2)，开始了今天的区角活动。小红很专注，边看样图边折，前面几步很顺利，可到折鸽子头时卡壳了，反复折叠都没成功。教师发现后，给她示范了一下折法，但直到活动结束小红也没完成。老师一方面表扬小红的专注、坚持、不放弃的态度，一方面反思问题出在哪里。通过反思，老师意识到小红的空间感知能力与操作能力较差，语言讲解的方法对她不适合，教师示范又太快，所以小红难以理解。于是，教师改进了指导方式，特意选择了两面不同颜色的手工纸，重新制作了分解图(参见图6-3)，还在纸上用虚线做上记号、画上箭头，简化操作步骤，降低了难度。第一次操作时，小红还没理解弯箭头的含义，将虚线上部完全向下折，失败了。教师提示她：“弯箭头是往里面折的。”她一下子就成功了。教师富有激励性与针对性的个别指导，让幼儿实现了在其原有水平上的发展。不仅获得了折纸技能上的提高，更重要的是发展了自主选择、自主决定、主动学习、挑战困难的态度、能力和自尊自信的积极自我意识。

(引自《〈3—6岁儿童学习与发展指南〉解读》，人民教育出版社，2013，有删改)

图 6-2

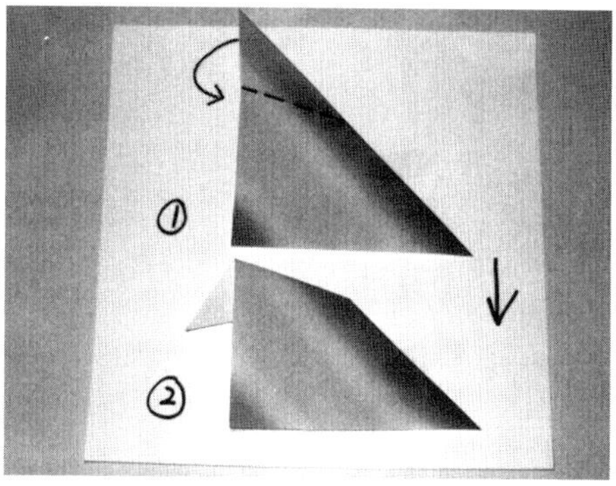

图 6-3

需要注意的是，集体、小组、个别的组织形式不是截然分割的，并不是一个活动只能采用一种组织形式，即使是在一个活动中，三者也可以灵活地交替采用。比如在作业课中，虽然基本是集体活动形式，但是也常有幼儿的分组讨论、小组实验、操作学具的个别活动等配合，让集体活动形式取得更好的效果；区角活动虽然是以幼儿的个别、小组活动形式为主，但是活动结束时，也常以集体活动形式进行交流或小结，非常有利于提高幼儿小组学习、个别学习的质量。因此，幼儿园应按照新《规程》的要求，“灵活地运用集体、小组和个别活动等形式，为每个幼儿提供充分参与的机会，满足幼儿多方面发展的需要，促进每个幼儿在不同水平上得到发展。”

三、幼儿园课程实施的手段、方法与途径

(一)关于手段、方法与途径的概念

一般说来，手段是物化的方法，方法是非物化的手段，二者在活动中总是结合使用。途径即为路径，也有方法的含义。以游戏为例，游戏是促进幼儿发展的路径，即途径；在游戏中提供的一切操作材料、图书、玩具等实物形态的东西就是手段，而怎么提供这些手段，即如何根据幼儿的兴趣、需要提供，如何把握材料的难度，在什么时候投入等，则是属于方法。

(二)幼儿园课程实施的手段、方法与途径的特点

幼儿园课程实施的方法、手段与途径与中小学有很大的不同。幼儿的特点、幼儿园课程的特点、幼儿园教与学的特点，决定了幼儿园课程实施的方法、手段与途径的特殊性。

幼儿园课程实施的途径主要不是上课，而是通过环境创设、游戏活动、日常生活活动以及专门组织的教育教学活动等多种途径，即“一日生活皆课程”；课程实施的主要手段不是教科书、参考书，而是为幼儿的生活、游戏

以及其他教育教学活动所提供的一切物质资源(包括供操作的成品半成品材料、自然物、玩具、工具等);实施的方法主要不是教师语言讲授,而是促进幼儿发展的所有直接和间接的互动方法,包括环境中引导幼儿与人与物互动的策略(参见第五章第三节“教师在幼儿园环境创设中的作用”),指导游戏的各种方法(参见第七章第二节“幼儿游戏的指导”),各种活动中的教育教学方法等(参见第四章第三节中“促进教师与幼儿相互作用的策略”),都属于幼儿园课程实施的方法。因此,不能只将幼儿园专门组织的教育教学活动,甚至只把集体活动才看成是课程实施的途径,或只把作业课上比较常用的方法(如讲授、教学游戏、训练等)、手段(如挂图、多媒体、教具、学具等)才看成是课程实施的方法与手段。

其实,在幼儿园课程实施的实践层面,鉴于方法、手段、途径三者的紧密关系,没必要把它们一一分开来考虑,特别是方法与手段。如研究游戏材料的投放时,总是把投放什么材料与怎么投放、何时投放等,结合在一起研究的;教师在实践中也是将手段与方法融合在一起使用的。如前述的“个别活动”中的“折纸”一例,幼儿在活动区(方法、途径)利用教师提供的手工纸、样图(手段)来折鸽子。教师观察(方法)、发现问题后讲解、示范(方法),其后重新投放画上箭头(方法)的样图与纸张(手段),在幼儿操作中针对性地提示操作的关键点(方法),最后帮助幼儿取得了成功。不难看到,在这一过程中,方法、手段(见带点的词)是完全有机地融合在一起的。正因为此,有学者以手段、方法、途径三者统合的观点,认为幼儿园的游戏、环境创设、日常生活等既是途径,也可视为课程实施的手段、方法。

(三)重视幼儿的日常生活活动

在幼儿的一日生活中,日常生活活动,如入(离)园、进餐、盥洗、如厕、午睡以及活动转换环节等,其所占时间的比例是远超专门组织的教育教学活动的,通过这部分活动来实施课程是幼儿园的一大特点,也是课程实施的一条重要途径。但是,对日常生活价值的认识与指导,至今还是幼儿园课程实施中较薄弱的一环。

杜威曾经有一个经典论断认为,教育即生长,教育即生活。对此他的解释是,儿童本能的生长总是在生活过程中展开的,生活是生长的条件,生长是生活的内容,生活即是发展,发展、生长即是生活。他明确反对那种教育只是为未来生活做准备的观点。这个论断尤其适用于幼儿。由于幼儿的特点,其日常生活活动中蕴含着其生命成长与发展的机制,是幼儿“发展课题”的主要内容,对幼儿非常重要。幼儿在日常生活中学习,课程也就在其中展开。例如，通过早上入园后的晨谈，点名、相互打招呼、趣事分享等，能为幼儿开启一日生活的良好情绪(健康领域)，发展其对幼儿园生活的适应、对集体的积极归属感；促进幼儿与老师、同伴有礼貌地交往、交流(社会领域)；为幼儿提供大胆地清楚地表达自己的所见所闻所感的机会(语言领域)；培养幼儿关心身边的信息与变化的态度(科学领域)等；同时，教师通过这一环节不但可观察到幼儿的身体、情绪状态，了解幼儿的兴趣点、在家的活动经历以及在有关领域的经验、能力等重要信息，为个别化指导积累素材；而且还能从幼儿的趣事分享中、谈话中，从幼儿的交往与表现中，发现有价值的课程生长点，为专门组织集体教育教学活动、主题活动等准备条件。

不过，日常生活活动的教育价值决非是自然而然地实现的。教师能否敏锐地发现、合理地利用这些价值，能利用到何种程度，与教师的专业能力密切相关。一日生活中平凡的环节或者小事，既可能成为幼儿获得多方面学习与发展的机会，也可能成为无意义的日常琐事，这关键取决于教师。可以说，教师专业素质水平的高低与一日生活教育价值发挥的大小是成正比的。

日常生活活动的指导方法主要是观察、随机教育、针对性地设计教育方案等。如幼儿进餐时的观察，能够发现幼儿身体方面(如食欲、消化)、情绪方面(如愉快还是低沉、兴奋还是平静)、习惯方面(如是否挑食偏食、剩饭菜、进餐慢、吃饭东看西看、边吃边玩等)、能力方面(如餐具使用的熟练程度，是否吃饭不撒、饭后收拾)以及即时状况方面(如是否有食欲、情绪、进餐速度等的反常表现)等多方面的信息，在此基础上，教师可进行现场提醒、协助(如提醒不撒饭、不边吃边玩)；可针对问题(如挑食、拿筷姿势不正确、进餐习惯差等)考虑家园结合的解决方案；可调查分析幼儿反常表现的原因，及时地进行必要干预，帮助幼儿尽快恢复常态，等等。再如，教师可利用某一生活环节(如洗手的步骤——先卷起袖管，开水龙头，再洗手、擦手)，来帮助幼儿学习“顺序”的概念；也可利用一日生活中真实的事件作为幼儿发展概念的基础，帮助幼儿借助自己的经验建构概念。如就餐前帮助幼儿计算需要多少支筷子多少个碗(数概念)，用积木搭建高塔时，跟幼儿讨论怎样才搭得高，让塔不倒下来(平衡概念)等。总之，教师对幼儿的生活的观察越是细致、深入，就越能敏锐地、机智地捕捉到教育契机，幼儿就越能从中受益，发展就越有质量。

为了让日常生活活动更好地促进幼儿的发展，在实施时应注意：

第一，安排应有相对的稳定性与灵活性，既有利于形成秩序，又能满足幼儿的合理需要与个体差异，并让幼儿逐步形成有规律生活的良好作息习惯。

第二，在生活活动中让幼儿有适当的自主选择决定、自理自立的机会，如喝水、如厕不必总是统一行动，餐前准备、餐后收拾，玩具、图书、材料的整理、活动室的打扫等，尽量让幼儿参与进来。

第三，在生活中注意培养幼儿良好的生活习惯，如不挑食、常喝白开水、按时大便等。

第四，尽量减少不必要的过渡环节，减少消极等待，既避免时间的隐性浪费，也减少幼儿之间因无所事事而造成的纠纷或行为问题。

第五，建立良好的常规，避免不必要的管理行为，引导幼儿学习自我管理与自我控制。

（四）专门组织的教育教学活动

如前所述，教师有计划、有目的地设计和安排的教育教学活动是课程实施的一个重要途径。此类活动需要在事前做好计划，明确目标，精选内容，安排步骤，属于高结构性的教育活动。幼儿园的集体作业课、组织的分组讨论等就属于这一类活动。这类活动主要是在幼儿已有经验的基础上，通过活动帮助幼儿整理经验、提升经验、获取新经验，学习新的知识与技能等；另外，教师专门组织的主题教育活动也属于这一类活动，主题活动在综合教育内容、调动幼儿学习兴趣和积极性方面有较大优势。

1. 常用的教育教学活动形式

为了让专门组织的教育教学活动能够成为“以多种形式有目的、有计划地引导幼儿生动、活泼、主动活动的教育过程”（《纲要》），可采取以下常用教学活动形式：

（1）操作类活动

这类活动包括幼儿自己动手动脑开展的小实验、小制作、饲养、种植等活动。小实验、小制作等活动可安排在课堂中、活动区中，可结合主题活动进行。饲养、栽培等活动需要持续较长时间，应加强过程的组织与指导，并可与班级、幼儿园的其他活动配合进行。

（2）教学游戏

这是一种利用幼儿喜爱游戏的心理特点而设计的寓教于乐的教学形式。为了激发幼儿的学习积极性，教师把学习内容融入某种游戏中，或把学习活动“游戏化”，使幼儿在愉快地玩的过程中学习。

（3）谈话、讨论

谈话与讨论是教师和幼儿双方，或者幼儿与幼儿同伴，共同围绕一个问题或主题，自由地发表自己的想法、意见，表达自己的感受、体验，进行相互交流的过程，是常用的幼儿学习和交流形式。讨论可以是小组的，也可以是全班的；可以是随机的，也可以是专门安排的。教师要在了解幼儿已有的知识经验的基础上，拟定合适的谈话或讨论的题目，让幼儿有兴趣、有话说。要引导幼儿大胆表达自己的想法、感受，同时注意倾听他人的意见，尊重不同的观点。教师要充分尊重幼儿的说法，即使不够准确也不要紧。

(4)情景模拟

这是一种为了让幼儿获得某种真切的体验或练习某项生活技能，而有意识地设计的一种仿真性教育活动。这类活动的主要目的是帮助幼儿对那些难以身临其境去学习或者不便进行现场学习的内容获得一些体验和技能。如紧急情况下的自救方法、如何遵守交通规则等。

(5)练习

这是帮助幼儿学会一些必要的生活技能或方法的教学活动。如学会正确的刷牙方法、整理书包的方法、使用某些工具的技能等。但是这种教学一定不能变成机械的训练，要结合游戏或其他有趣的方式进行。

(6)讲故事

这是以故事情节或主人翁的形象去感染、教育幼儿的活动方式。讲故事可有多种形式，如可在课堂教学中穿插故事；可把讲故事与角色表演相结合；可举行“故事大王”演讲会等。

(7)欣赏

欣赏是一种审美体验活动。欣赏的对象有艺术作品，如艺术活动中欣赏名曲、名画，外出欣赏自然景色，以及欣赏幼儿自己的各种形式的作品等。

(8)参观

这是教师组织幼儿到园外，如自然界、生产现场、社会生活场所等去学习的活动。参观能使幼儿通过对实际事物和现象的观察、探究而获得较丰富的直接知识和经验。组织参观要注意有明确的目标，参观前做好充分的准备，参观时特别注意幼儿的安全，并指导幼儿围绕参观的主要内容收集信息，参观后可组织多种形式的交流，如围绕参观内容的谈话、绘画作品、手工作品交流等。

(9)调查

包括现场调查和资料收集，常与“参观”活动结合进行。根据主题活动的需要，可组织幼儿在园内外现场观察、记录、拍照或通过图书、电视、电话、访问等途径收集与主题内容相关的资料。如在“我们的家乡”的主题活动中，幼儿可用多种方式调查家乡各方面的情况，如家乡的特产、有什么名胜古迹等。在调查活动中，要指导幼儿学习调查的方法，用自己擅长的方式进行记录，对调查结果进行总结、归纳、交流等。

(10)讲授

这是以教师言语传授为主的一种教学活动。为了让讲述生动、有效，应在充分了解幼儿理解水平的基础上，尽量利用各种直观教具和能够调动儿童兴趣和学习积极性的方法，与其他教学活动形式结合起来使用。

2. 专门组织的教育教学活动的注意点

在专门组织的教育教学活动中，需特别注意以下几点：

(1)重视幼儿在活动中的地位与作用(参见第四章第三节中“教师与幼儿在教学过程中的地位与作用”)

在高结构的教育教学活动中，教师的强势很容易让幼儿处于被动地位，忽视幼儿的经验。有课程专家指出，课程设置的好坏取决于教学中多大程度上利用了儿童已有的认识和经验。因此，活动中应注意把教师的主导作用与幼儿的主体性统一起来，让教与学过程成为教师与幼儿共同建构的过程，成为幼儿的经验重组与更新的过程。如有的幼儿园在开发主题活动时重视主题的多种来源。在幼儿自发生成主题时，教师体现“顺”，即顺应幼儿的活动，提供有关主题的资料及活动所需的材料、时间、场地等，让幼儿能按自己的意愿进行探索；当教师通过观察思考，发现了合适的主题时，则用巧妙的方法“引”，使之成为与幼儿共同生成的主题；而当幼儿能力有限，无法对事物进行深入研究时，教师则“助”一臂之力，即在适当的时机直接地提出主题。

(2)多种方法相结合，提高教学效果(参见第四章第三节中“促进教师与幼儿相互作用的策略”)

教育教学方法在活动过程中应该是灵活而综合地加以运用，任何一个教育活动都不可能只用一种方法，而是根据目标、内容以及幼儿有效学习的特点选用多种方法，才能获得好的教育效果。如教师的讲解，因为幼儿注意力难于持久，不可能长时间聚精会神地听讲解，对语言的理解能力也有限，因此，讲解除了使用幼儿理解的语言、控制时间之外，还应与其他方法与手段结合起来运用，如实物展示、教具演示、动作示范、配以挂图、图书、照片或多媒体讲述、提问，条件允许的还可以结合有关的参观、访问等活动。另外，还要善于运用语言表达技巧，注意语速的快慢、音量的强弱、音调的高低及抑扬顿挫等。教师活跃愉快的神态能使语言更具感染力、表现力，这样的讲解不仅能吸引幼儿，还有助于幼儿从教师那里学习语言表达的技能。

从下面一例可以看到教师运用游戏，调动了幼儿兴趣，提高了教学效果。

例 某园一位年轻老师教幼儿舞蹈，开始急于教舞蹈技能，可幼儿一点不配合。强行训练的结果，让很多幼儿讨厌跳舞。后来，老师反思了自己重技能轻幼儿兴趣的问题，改变了方式，把枯燥的技能训练变成有趣的游戏，取得了好的效果。在一次教平踏步的教学活动中，老师放起了“开火车”的音乐，并当火车头。幼儿跟在老师后面，听着音乐“开火车”。为把火车开稳，幼儿很认真地模仿。老师叫“火车上山啦”，幼儿就跟着老师的脚步由2拍一动变成4拍一动，当老师叫“火车下山啦!”幼儿的脚步又跟着由4拍一动变成2拍一动。一节课下来，幼儿玩得很开心，也学会了跟音乐平踏步。

(3)活动过程中重视互动与生成

在专门组织的活动中，教师容易只按自己的教案行事，要求幼儿完全配合，稍有不合拍的语言或行为(包括回答问题不中意)，就会采取轻则忽视、提醒、控制，重则批评、处罚等对应方法。以幼儿发展为宗旨的教育教学活动一定要克服这种“教”为中心的现象，重视幼儿的反应，重视与幼儿的互动，保持活动过程中计划性与灵活性、生成性的平衡(参见第四章第三节)。需要注意的是，生成课程决不是偶然的、随意的、老师被幼儿牵着鼻子走的课程，“如果真是那样，课程就不叫课程了。”(琼斯)

(4)重视发展幼儿自己的思考、想象与创造

作业课不是对幼儿进行知识灌输的平台。陈鹤琴先生曾经批评那种内容固定、教材呆板的上课，反对“先生只是一节一节课地上，学生只是一节课一节课地学。”幼儿园课程应当具有智慧气质，成为引导幼儿学习思考、探索，发展想象与创造的活动。有的教师总认为自己编制的内容很有价值，幼儿的想法简单、幼稚，其实未必如此。美国幼教专家芭芭拉·鲍曼说“成人为儿童架构的知识经验，既可能会促进和鼓励儿童的学习和理解，也可能抑制儿童的学习兴趣，使他们对内容产生肤浅理解。我认为这条原则适用于任何国家、任何文化。”在瑞吉欧的课堂上，教师总是有意识地与幼儿谈论“想法”，培养幼儿的思维方式和表达想法的技能。有研究表明，“多问问孩子们知道什么、期待什么、认为什么、记得什么、猜到什么、决定了什么，诸如此类的问题都是关于儿童心里的想法的，这些问题有助于儿童自己也用这样的方式来进行思考和谈话。”(奥斯丁顿)让学习不再是围绕答案，而是围绕幼儿好奇的、感兴趣的、关心的问题，通过教师和幼儿一起探索，每个问题都可以是一个新的起点，以通向新的问题。这样，幼儿的学习就能脱离机械的、孤立的死记硬背，成为好玩的、富有创意的思维游戏。

(5)注重多领域内容整合，改变割裂教育内容、分科上课的现象

《纲要》要求，加强各领域之间的有机联系，“相互渗透”，“注重综合性”，“寓教育于生活、游戏之中”，“联系幼儿的实际生活”，“渗透在多种活动和一日生活的各个环节之中”。为了帮助幼儿把他们从各方面、各领域和先后获得的各种经验加以统整和贯通，教学活动一定要克服教育内容不注重整合或仅仅注意形式上的“组合”，拼盘式地机械叠加内容，而缺乏实质联系的问题。

(6)注意根据知识的不同性质设计教学，提高教学效果

知识的性质不同，幼儿的学习方式会随之变化，教师的教学方式也应当随之不同。如社会领域中约定俗成的知识(文化习俗、规则等)可通过语言传授的方式来讲授(当然，要让教学有意义，还需若干必要的条件)，而其情感、社会性的养成则必须通过良好人际环境的创设，重视成人的言行举止，重视幼儿的活动体验，重视平常生活点点滴滴的积累来潜移默化地实现，相应的教学必须以日常生活为主要途径，而非搞一两次轰轰烈烈的大活动。科学领域的知识大多是不能直接教会幼儿的，它需要通过幼儿自身与外部世界直接互动，通过活动来建构。因此，科学领域教学多采用间接教学，主要不是语言传授，而是创设活动环境，提供必要的活动条件，鼓励、指导幼儿积极自主地探索。幼儿的语言学习是通过幼儿使用语言的过程来自我建构的，因此其主要的教学方法就不是靠语言课的专门练习、统一训练，而是“创设一个能使幼儿想说、敢说、喜欢说、有机会说并能得到积极应答的环境”，“通过互相渗透的各领域的教育，在丰富多彩的活动中去扩展幼儿的经验，提供促进语言发展的条件”(《纲要》)。教师也在此过程中，通过关注不同幼儿的语言发展水平，发现他们语言上的特点或问题，有针对性地引导每个幼儿在其原有的水平上去发展他们需要的、适宜的语言。总之，对于不同性质的知识的教学，教师需要有意识地灵活地转换方式方法，以使教学更适合幼儿的学习特点，更科学、更有效。

(五)选择适当的课程实施方法、手段与途径

在实际的课程实施过程中，用什么样的方法，通过什么手段、途径，并没有固定不变的模式。教师应该根据所要达到的目标、教育内容以及幼儿学习的特点、实际状况，合理地选择与应用不同的手段、方法和途径。例如，有关科学探索的活动，一般地说，可采用专门的教学活动，以小组活动的形式，以有利于幼儿讨论、合作实验、发表各自的看法或意见等；教师则提供必要的实验材料等为支持手段，采用观察、针对性提问或提示等方法为主，

这样可以达到比较好的效果。教学活动后，还可以在活动区进一步延伸，把操作材料放到活动区里，让幼儿自发自由地继续探索和学习。

总之，应根据实际需要灵活地选用适宜的方法、手段及途径，绝不可将其形式化。不应认为形式多、方法新、手段奇就一定是好的活动。

第五节　幼儿园课程评价

一、幼儿园课程评价概述

幼儿园课程评价是幼儿园教育评价的重要组成部分。

(一)评价的目的——为什么评

幼儿园课程评价的目的主要是：

第一，课程评价是幼儿园教育教学的重要组成部分，其根本目的是激励和促进每一个幼儿的发展。通过评价了解幼儿实际的学习与发展状况和需要，使教师能够有针对性地根据幼儿的需要、特点及个体差异，决定或调整教育教学活动的目标、内容及活动形式、指导方式等，以提供更加适宜的帮助和指导。

第二，通过了解课程实施过程各环节的信息、效果等，以了解、判断课程的适宜性、有效性，进一步调整和改进课程，推动教学活动优化，提高课程质量。

第三，教师通过对自己教育教学工作的评价来反思和改进工作，这是促进教师自我专业成长的重要途径。

(二)评价的作用

从评价对课程实施过程的影响来看评价的作用，幼儿园课程评价主要具有鉴定、诊断、改进、导向等作用。

1. **鉴定作用**

检查或鉴定教育目标是否达成，或者判断达到目标的程度。

2. **诊断作用**

及时发现现行课程与预定目标之间的差距和问题。

3. **改进作用**

评价最重要的作用就是促进教育教学的改进。通过课程评价这一反馈机制，会发现课程的不足和问题，并及时通过信息反馈引起注意，促进保教工作的改进，不断提高课程质量和保教质量。尤其是教育过程中的及时性、过程性评价，可以使课程更适合幼儿的需要，更符合教育目标的要求。

4. 导向作用

幼儿园课程评价所依据的标准是教育目标、课程目标，它遵循《规程》《纲要》《指南》的精神，具有鲜明的方向性，对教育的实践有直接的导向作用。例如对教学活动的评价，《规程》《纲要》《指南》都坚决反对小学化，反对只以幼儿获得知识多少来评价教学效果。这样，评价就应引导教师在教学过程中重视培养幼儿的态度与情感，重视幼儿主动参与，重视发展幼儿的创造性，努力地改变热衷于"满堂灌"，让幼儿死记硬背、机械模仿、反复训练的现象。鉴于评价的导向作用十分重要，所以，评价必须坚持以正确的教育观、儿童观、发展观作引导，否则课程评价未必能把教育带向正确的方向。

值得说明的是，要注意整体地发挥评价的4种主要作用，特别应侧重于其诊断、改进的作用，避免片面地强调评价的鉴定作用。

例 某教师通过观察发现，本班幼儿的小肌肉动作发展比较迟缓，大多数幼儿手指动作不灵活，不会用剪刀，握笔无力等。于是，教师在每日活动中增加了手工制作、夹珠子、编织等有针对性的活动，在日常生活中也注意给予幼儿更多的用小肌肉的机会，如让幼儿练习扣纽扣、系带子等。这样，通过一段时间的努力，幼儿小肌肉的力量与灵活性有了较大提高。

某大班教师在与幼儿的交往中发现，班上幼儿一遇到什么问题就来找老师，问"这怎么办?""那该不该做?"等。分析了这一现象，教师找到两个方面的原因：一是教师给幼儿的束缚太多，使得幼儿凡事习惯请示；二是独生子女的依赖性较强，缺乏自信，怕遭挫折。于是教师设计和组织了"我们都是小老师"的系列主题活动，让每个幼儿表现自己的长处、学习做决定，帮助幼儿建立信心，习惯主动地去做自己能做的事情，结果取得了很好的效果。

以上例子说明，把评价的鉴定、诊断、改进、导向等作用整体地发挥，通过评价发现问题、解决问题，才能不断地改进课程，引导幼儿达到预期的教育目标。

而如果把评价仅仅作为鉴定手段，忽略它的诊断、改进作用，就易使评价变味。如有的幼儿园喜欢在期末对幼儿进行测查，并以这一终极结果来评价幼儿与教师。于是，有的教师为取得好的评价结果，就把一学期幼儿所学的内容印成复习材料发给家长，让家长帮助幼儿复习掌握，幼儿的日常活动内容也充满了类似的复习。这样的评价对课程的改进、幼儿的发展以及教师的提高丝毫没有任何好处，完全误导了教育的方向。

二、课程评价的内容——评什么

（一）课程评价的内容范围

课程评价的内容是多方面的。一般来说，主要包括以下四部分：

1. 对照教育目标，检查和评估教育教学计划在目标、内容、实施方法等方面是否适宜；

2. 在课程实施中观察、记录幼儿在教育教学过程中的行为反应，并以此定期对照教育教学计划中的预定目标，检查和评估该目标本身以及所实施的教育内容、方法、手段等是否适宜；

3. 在课程实施过程中，定期对照目标及各项要求，检查评估教师的教育态度、行为，教师与幼儿的关系和互动方式等，是否与课程目标具有一致性，是否适应幼儿的需要实际；

4. 对照课程目标，测查评估幼儿身心诸方面发展的整体性、均衡性以及发展的程度与水平等，包括身体、语言、认知、情感与社会性等方面。

（二）具体教育教学活动的评价内容

参照《纲要》《指南》的精神，具体教育教学活动的评价宜重点考察：

1. 教育计划（教案）和活动目标是否适宜，的确建立在了解本班幼儿现状的基础上，既有计划性又有灵活性。

2. 活动的内容能否以幼儿的生活为基础，能否挖掘蕴藏在幼儿生活中的有教育价值的问题、事件或现象，引导幼儿深入探究；能否将各方面的教育内容加以整合，激发幼儿的学习兴趣，综合地开展活动；教学活动形式的选择与内容是否相适应。

3. 活动过程是否能为幼儿提供有益的学习经验，并符合其发展需要；教学方式、策略、环境创设等是否有利于调动幼儿学习的主动性，有利于开展自主探索，不仅能利用已有经验，还有获得新经验的机会（如材料是否充足、师生互动是否活跃、气氛是否宽松、所有幼儿是否都有活动机会、自主探究的时间空间是否较充分、教具以及多媒体等教学工具的利用是否合理得当，等等）。

4. 是否关注活动过程中幼儿的反应与表现，并能根据幼儿的需要或活动的变化灵活应对，妥善处理预设与生成的关系。

5. 活动能否兼顾群体需要和个体差异，使每个幼儿都有成功感，都能得到不同程度的发展；能否引导儿童总结、反思，梳理并提升已有经验，在原有的水平上获得新的进步。

6. 教学活动与幼儿的生活或其他活动之间是否存在一定的连续性或螺旋递进，是否关注教学的后续效应，重视将教学延展到课堂之外的幼儿生活中，对幼儿的实际生活发生积极的影响。

7. 教师对教案、活动的设计或指导等的自我评价与反思是否切合实际、具体、有一定深度，并有利于对改进以后的教学切实地发挥作用。

三、课程评价的方法——怎样评

(一)评价方法的选择

幼儿园课程评价适宜以质性评价为主，量化评价为辅。主要的方法是观察。同时，对话、成长资料袋、活动成果分析、家长访谈等多种方法共同配合使用。

为什么幼儿园课程评价的主要方法宜以质性为主，重视观察呢？因为，幼儿的语言表述能力有限，他们既难以准确地表述自己的想法、感觉或者情绪，也难以准确地理解成人提出的任务或问题；加之，幼儿远比成人情绪化，所以，他们是很难配合标准化测试的。正如日本幼儿教育家仓桥先生所说："由于幼儿内心的特殊性，适用于成人的方法是不可能马上用于幼儿身上的。有人认为，将适合于成人的方法适当修改，即在量化方面作些改动，就可用于幼儿内心的研究，我认为这种看法是不正确的。特别是适用于研究成人内心的心理学方法能了解到多少幼儿真实的内心想法呢？对此我抱有深深的疑问。当然，应用心理学方法或许多少能知道一些幼儿内心的所思所想。或者说，也许可量化地测试幼儿内心世界的某些方面，但得到的结果的价值，是远远比不上对成人内心的研究结果的。幼儿完全不可能与成人相比，他们尚处于非分化状态。特别是因为幼儿内心最中心的、支配其内心活动的是本能或情意因素，所以幼儿的智力如同其情绪的奴隶一般。奴隶能发挥多大的作用，取决于其主人当时的心情。幼儿情绪不稳定，故从某个测试所得到的结果就很难看到该幼儿的真实能力。如果是成人，一般不会受当时心情的影响，其测试结果大体上能反映出其平时的智力水平，而幼儿就不是这样了。"因此成人只有通过长期的仔细的观察，并辅以其他方式去分析、琢磨，才能排除许多假象或干扰，了解其外部表现所反映出的内心状态，才能走进他们的心灵，比较真实地评价他们。

(二)幼儿园课程评价的主要方法

1. 观察

教师观察并记录幼儿在活动中的各种表现，如幼儿的行为、情绪情感表现、操作的情况、活动的状态等，以此对幼儿进行综合评价。

2. **对话**

教师通过开展与幼儿各种形式的谈话，获得有关幼儿发展的信息，并了解幼儿情感想法的变化。

3. **成长资料袋评价**

用成长资料袋或观察记录册等方式收集幼儿成长过程中的各种资料，一定时期进行分析、比较、总结，以发现幼儿的变化等。

4. **幼儿作品分析**

通过对幼儿各种活动成果(绘画、手工、积木搭建、泥工等)的分析，了解幼儿的活动过程、发展状况以及情绪情感方面的信息。

5. **家园合作**

家长是评价幼儿的最重要的信息源。可用多种方式，如面谈、问卷、电话、网络微信联系等，与家长联系，获得有关幼儿发展的信息。

需要注意的是，不同的评价方法具有不同的功能和作用，为避免方法的局限性，在评价实施中要注意综合运用。

四、课程评价的注意点

(一)明确评价目的

牢记评价的目的是为了促进每一个幼儿更好的学习与发展，根据幼儿的实际发展状况与需要，提供适宜的教育方案，而决不是为了把幼儿划分为三六九等，在幼儿中搞“排行榜”，给幼儿乱贴标签，甚至以筛选作为惩罚幼儿的依据。

(二)全面了解幼儿的发展状况

为了防止评价的片面性，一定要全面地了解幼儿的发展状况，避免只重知识和技能，而忽略幼儿情感、态度、社会性以及方法、实际能力等的倾向。

如在“糖和盐，不见了”的科学活动中，教师主要不是评价幼儿是否知道“溶解”这一现象或概念，而更重要的是评价幼儿在观察“溶解”现象的过程中，所表现出来的对科学现象的兴趣与好奇心、观察与思考的方法以及认真、细致、专注、积极的态度等。

(三)以发展的眼光看待幼儿

评价既要了解幼儿的现有水平，更要关注幼儿在原有基础上的进步，关注其发展的速度、特点、倾向以及发展中需要注意的问题等，不能以僵化的眼光看待幼儿。

(四)重视个体差异

为尊重每一个幼儿发展的独特性，评价必须避免用划一的标准评价不同的幼儿。在幼儿面前慎用横向比较、相互攀比等，最好以幼儿自己的原有水平与发展现状作比较，关注每一个幼儿在其原有水平上的发展，重视幼儿在课程目标达成和活动过程中的个性化表现。

(五)重视在活动中自然地进行评价

为减轻教师与幼儿的压力，获得更加真实的评价结果，应重视在日常活动、游戏、教育教学活动过程中自然地进行评价，特别要充分重视教师平时观察所获得的具有典型意义的幼儿表现、对幼儿连续的定期观察和记录等，这些是评价的重要依据。不要只迷信标准化的评价工具，更不能在幼儿中滥用不科学的评价量表、测试工具等。

(六)评价主体多元化

评价要注意发挥教师、家长以及幼儿的主动性，特别是要给予幼儿足够的参与机会，接纳幼儿的看法，注意发展幼儿的自我评价能力，增强他们的自信心。

(七)多渠道收集信息

评价要尽量客观，避免偏见，这是对评价应持的一种科学态度。为此，应重视多渠道地收集不同方面的资料，汇集来自教师、幼儿、家庭等各方面的信息，如实地加以分析与描述。包括对幼儿长期连续的观察和记录、来自家长和其他教师提供的信息与资料、幼儿的学习作品与可见的活动成果、幼儿的言语或非言语表达资料、幼儿在不同活动组织方式中的表现(因为比起集体或小组活动来，在一对一的个别化互动情景中、教师所获得的信息可能会有质的不同)等，力求对活动效果或幼儿的发展的评价比较真实、客观、公正，以保证比较准确、全面地评价幼儿。

(八)关注过程

一是重视对幼儿活动过程的评价，重视幼儿在活动过程中的态度、情感、行为表现以及付出努力的程度。如关注幼儿在活动中是否积极投入，努力探索、思考、想办法解决问题，主动地与同伴讨论、克服困难等。即使活动的最后结果没有达到预期目标，也应从幼儿体验宝贵经验的角度加以珍视，而不是仅仅重视最后的结果。

二是重视课程评价过程本身的教育价值。评价不仅是为了解幼儿的学习结果，它本身就是幼儿丰富多彩的学习过程。在评价过程中，幼儿在教师指导下，彼此间讲述活动过程、分享探究发现和活动体验、交流作品和活动心得，都是幼儿学习的生动体现。

（九）评价结果的解释要慎重

教师应客观、全面、谨慎地解释评价结果，以获得对幼儿全方位的、深入的了解，避免以偏概全或以幼儿一时的表现下结论；通过对评价结果的解释，教师不仅能够比较客观地评判每个幼儿不同的发展水平和学习状况，更重要的是能够发现每个幼儿的个性特点、学习特点、发展优势或进步等。以此为基础，教师可以进一步在后续活动中提供更有针对性的指导，从而帮助幼儿不断积累成功体验，健康、自信地成长。同时，评价的结果应通过适宜的途径与方式及时地告知家长，让家长更好地了解幼儿的发展进度、问题等，增强对幼儿成长的认识，以利家园合作，共同促进幼儿的健康成长。

（十）不断研究评价与改进评价

幼儿园可通过园本教研、教师反思、家园合作等，不断对评价进行评价，以提高评价质量。研究可围绕评价的各环节展开，如评价的指导思想是否正确，课程的质量观是否与时俱进；评价的方法是否科学，是否符合幼儿为本的理念；对评价结果的分析是否真实、合理，经得起推敲；评价的后续工作是否跟上，改进课程的措施是否及时到位，等等。

想想、议议、做做

一、请判断下列各题的正误。

1. 幼儿园教育目标是通过健康、社会、语言、常识、音乐、美术等领域的学习活动来实现的。

2. 凡是对幼儿的发展有好处的各种内容都要纳入幼儿园课程中。

3. 幼儿的日常生活既是幼儿园课程实施的途径，也是课程实施的方法。

4. 幼儿园课程和中小学课程有本质的不同。

5. 教师组织的集体教学活动是幼儿园课程实施的主要途径。

6. 具体的教育教学活动目标都是预先确定的。

7. 一个教学活动如果没有完成预定目标，一定是失败的教学。

8. 幼儿园课程评价就是由教师来评价幼儿的发展。

二、讨论。

1. 联系当前幼儿园的课程改革的情况，谈谈你对现行幼儿园课程的看法。

2. 结合幼儿园见习，议一议幼儿园使用的教育教学组织形式、方法、手段和途径是否合适，并提出你的建议。

三、建立资料夹。

1. 收集幼儿园的教育教学计划(教案)并进行分析。

2. 收集幼儿园课程的评价方法。

资料链接

小资料 1

教师以不同的方式来应对幼儿的行为，促进幼儿学习

教师与几个4岁幼儿做分类活动——把彩色的小熊归类放到圆盘中。幼儿相互配合，一边交谈一边分类，五六分钟后，教师到另外的活动区去了，幼儿的行动就变化了。一个幼儿提议说："嗨，看看我们谁能把小熊扔到盘子里"，并开始扔起来。开始时大家还瞄准了盘子扔，后来越扔越起劲，很快，他们扔的小熊弹起来飞越了桌子，落到地板上。幼儿们大声笑着，猛敲桌子。

面对这样的情况，教师应当按照不同的目标，做出不同的反应。

如果目标只是确保安全，教师可以容许幼儿的行动：站在旁边，只是提醒他们别弄坏东西、轻一点扔、不要互相伤到。

如果目标是维护幼儿的兴趣和安全，教师可提供示范：走向幼儿，除了上述提醒之外，和幼儿一起坐下来，给他们提出建议，告诉他们如何能瞄得更准、扔得更轻柔，好让小熊落到盘子里不弹起来。教师可以说：如果你轻一点扔小熊会怎么样？能扔进盘子里吗？是不是该把盘子放得近一点？是不是可以把盘子放到地板上更好？我们怎样才能更安全一些？等等。

如果目标是扩展幼儿的活动，教师可提供支架和支持：走到幼儿面前问他们："这个盘子能装多少只小熊？我们要不要数数看？"当幼儿平静下来，认真地瞄准时，教师可以引入比扔东西更高的目标。"我想知道你们能轻轻地往盘子里扔多少只小熊。"教师走近观察，可幼儿是否按照此方向去玩这一游戏。

如果目标是打断幼儿的活动，因为他们无法平静下来，教师可以直接干预："我们不要再扔小熊了！这样不安全，小熊会砸到别人的。""我们坐下来继续分小熊吧。"然后给幼儿建议几种按大小、颜色的其他归类方式。"你们看，小熊有大中小，有各种不同的颜色，该怎么来分类呢？"教师一直和幼儿一起，让他们按这个方向做，并为他们提供帮助，直到他们完全平静下来。

如果目标是丰富幼儿的经验，希望延伸出更长时间的活动，教师可以选

择共同建构：向幼儿提出挑战性的任务，分类活动的下一步目标是创造出模式。给幼儿示范一个简单的模式，如按大小或者颜色，两个两个地依次摆放小熊。然后对幼儿说：我要挑战一下你们了！你们能说出我接下来要放什么样的小熊吗？你能看出它们的颜色是怎么重复的吗？你们能摆出一个像我这样的队伍来吗？这样，调动幼儿的认知和积极性，引导他们进入更高水平的思考和运用知识的层次。

（摘引自《〈幼儿园教育指导纲要（试行）〉解读》）

小资料 2

49 个关键经验

主动学习的关键经验：

1. 运用所有的感官主动地探究。
2. 通过直接经验发现事物之间的关系。
3. 操作、转换和组合各种材料。
4. 选择材料、活动和目的。
5. 掌握使用工具和设备的技能。
6. 进行大肌肉活动。
7. 自己的事自己做。

语言运用的关键经验：

8. 与别人交流自己有意义的经验。
9. 描述物体、事件和事物之间的关系。
10. 用语言表达情感。
11. 由教师把幼儿自己的口头语言记录下来并读给他听。
12. 从语言中获得乐趣：念儿歌、编故事、倾听诗歌朗诵和故事讲述。

经验和表征的关键经验：

13. 通过听、摸、尝和闻来认识物体。
14. 模仿动作。
15. 把图片、照片以及模型与真实的场景和事物联系起来。
16. 玩角色游戏和装扮活动。
17. 用泥、积木等材料造型。
18. 用不同的笔绘画。

发展逻辑推理的关键经验：

分类

19. 探究和描述事物的特征。

20. 注意并描述事物的异同，进行分类和匹配。

21. 用不同的方式使用和描述物体。

22. 描述事物所不具有的特征或不归属的类别。

23. 同时注意到事物的一个以上的特征(如你能找到既是红的又是木头做成的东西吗?)。

24. 区别“部分”和“整体”。

排序

25. 比较：哪一个更大(更小)、更重(更轻)、更粗糙(更平滑)、更响(更轻)、更硬(更软)、更长(更短)、更高(更矮)、更宽(更窄)、更锋利、更暗，等等。

26. 根据某种特征来排列物体，并描述它们之间的关系(最长的、最短的，等等)。

数概念

27. 比较数和量：多/少，等量；更多/更少，数目一样多。

28. 用一一对应匹配的方式来比较两个数群的数量(如：饼干和小朋友的数量是否一样多)。

29. 点数物体和唱数。

理解时间和空间的关键经验：

空间关系

30. 装拆物体。

31. 重新安排一组或一个物体在空间的位置(折叠、弯曲、铺开、堆积、结扎)，并观察由此产生的空间位置的变化。

32. 从不同的空间角度观察事物和场景。

33. 体验和描述物体的相对空间位置(如在中间、在旁边、上去、下来、在顶上、在上面、在……以上，等等)。

34. 体验和描述物体和人的运动方向(去、来自、进去、出来、朝向、远离)。

35. 体验和描述事物之间和地点之间的相对距离(靠近、邻近、远、紧靠、相隔、在一起)。

36. 体验和表征自己的身体：有什么样的结构，身体各部分的功能是什么。

37. 学习确定教室、幼儿园以及周围环境中各种物体的位置。

38. 理解绘画和图片中所表征的空间关系。

39. 识别和描述各种形状。

时间

40. 制订计划和完成计划。

41. 描述和表征过去的事件。

42. 用语言推测将要发生的事件，并为此做好适当的准备。

43. 按信号开始或停止一个动作。

44. 识别、描述和表征事件的顺序。

45. 体验和描述不同的运动速度。

46. 在讲述过去和将来的事件时学习使用惯例的时间单位(早晨、昨天、小时等)。

47. 比较时间的间隔(短、长、新、旧、年轻、年老、一会儿、长时间)。

48. 注意观察把钟表和日历当作时间消逝的标记。

49. 观察季节的变化。

(引自《活动中的幼儿》，[美]戴维·P. 韦卡特著，郝和平、周欣译，人民教育出版社，1994)

小资料 3

蓝天下的“课程”

文/柯秋桂

早上，较晚起床，虽知搭档会照顾一切，仍怀着一颗迟到的心忐忑不安地冲进校园，远远地看到施纬正躺在大石头上，仰着头看天空。看到老师，施纬大声地喊：“老师，你过来看!”强压住心中的急切(因为有教室工作等着我去做)勉强自己爬上石头。咦！原来任廷、纲之、安迪也躺在这里，甚至连小不点儿雅涵，不知用什么方法，竟然也能爬上来躺在那里唱歌。

深吸了一口气，放下心中的急切，我也学他们躺下来。哇！好清好蓝的天空，几丝白云像婚纱的裙摆般凝止在天空，远处观音山正罩着一层蓝蓝的薄雾，白鹭鸶在淡水河上低低地飞着……好静、好美、好悠闲，转过头来看看孩子，一位正托着头跷着二郎腿看天空，一位在看书，另外两位则低声说话。察觉到我正在看他们，雅涵回过头来，露出一个满足的笑容告诉我：“老师，好美哦!”我感受到孩子们正静享这蓝天下的时刻。

怀着实验的心情，我决定改变早上的课程，看看孩子们能发展出什么……约莫 20 分钟后，石头上的几位大孩子自然地聚在一起，跑到沙水区去玩沙了。几位年纪相仿的三岁孩子也手牵着手，一对对地在草地上散步。我尝试地放了两大片三夹板在草地上，他们自然地坐下来聊天。这时，较大的任廷突然跑到教室里抱了棉被、枕头出来，其他几个孩子很快地也进去抱了一大堆棉被，他们把棉被铺在板子上，躺在棉被里，开始高兴地玩捉迷藏。不知道是谁的提议，孩子开始找树枝、树叶……很快地，有的孩子当医生，有的孩子当病人(令人惊讶的是他们竟然在没有纷争下和谐地达成协议)，开始玩起医生病人的游戏。

整个活动前后进行约50分钟，中间虽然有被岔开中断的现象，然而还是绕着医生这个主题玩。比起前阵子，老师刻意为他们布置的娃娃家“医院”主题，孩子此刻发展出来的内容实在丰富得多，在没有大人的设计下，没有道具的供应，甚至没有情境的安排，他们竟然能玩得这么多，这么好，实在令人惊讶！而更奇妙的是，他们没有争吵，他们不需要抢着要针筒、药粉……因为随处都有树枝可以当针筒、有树叶可以当药粉。孩子自由活动一直进行到11点多，户外阳光已十分炙热，孩子们才陆续地进入室内，老师开始随机进行一些静态的活动，当天教室内的气氛显得和谐而宁静。

目睹整个上午孩子们发展出来的活动，并反观自己心中的调适过程，我有着很深的感触。从一开始的急切不安，到学着孩子放下自己享受当下的宁静与美，其间心情有着截然不同的转变。想想自己的生活似乎已经被日常生活的步调与计划制约了，远不如孩子那么贴切地享受生活。由于心情的放松，让自己有更多的空间去观察了解孩子，孩子们的互动过程也给予我很大的冲击。在教学流程安排中，我常常把时间分成几个片段，让孩子在每一个片断中依照我的计划去作息，这其中我或许会考虑孩子的体力、专注力及动静的安排，然而，每个孩子的个别需求又是如此地不同，勉强孩子依照大人的计划共同地去作息，对于这一群以自我为中心，正在发展自己(兴趣、专注力、判断选择以及人际相处等能力)的幼儿而言，是否会让他们失去了些什么？面对这一群有着无穷活力、无尽潜力、善良可爱而又深具个性的幼儿，此时此刻，我内心最深的声音是顺应孩子、陪伴他们自由满足地探索、发展与体会珍惜当下的师生关系，这些实在是远比不停地要求他们、僵化地为他们规划设计，营造成一种看管式的师生关系来得自然、踏实而愉快呢！

(引自中国台湾《成长》杂志，1990年第3期)

小资料4

早期教育方案质量的多维视角——由下至上的视角

文/[美]丽莲·凯茨

一个(课程)方案效果的实际和真正的预测结果就是每个参与儿童日常所

体验的生活的质量。

无论从长期还是短期来说，如果儿童对一个方案的主观体验都是其效果的真正决定因素的话，对方案质量的有意义的评价就会要求回答下列核心问题：天天生活在这个环境里面的儿童感觉怎么样？推测一下每个儿童会怎样回答下面的问题：

(1)我是不是总是感到受欢迎，而不是感到受约束？

(2)我是不是总是感到我和同伴们在一起，是这里的一员，而不是另一个群体的人？

(3)在这里，我是不是总是感到被成人接纳、理解和保护，而不是被指责或被忽视？

(4)我是不是总是被同伴所接纳，而不是被孤立、忽视或者拒绝？

(5)我是不是总是被郑重地和被尊重地提起，而不是只被笼统地叫着“宝贝”？

(6)我是不是觉得大多数活动都能打动人、吸引人，并且富有挑战性，而不是只觉得逗乐、令人兴奋？

(7)我是不是觉得所提供给我的大部分经验是有趣的，而不是浮躁的或者无聊的？

(8)我是不是觉得大多数活动都是有意义的，而不是欠考虑的或者琐碎的？

(9)我是不是觉得大多数活动都是令人满意的，而不是令人沮丧的或者令人迷惑的？

(10)我是不是在这里感到很高兴，而不是不愿来或者渴望离开？

隐含在这些问题里的质量标准是基于我们对什么是影响儿童长期的成长、学习和发展的重要因素的理解。一旦这个标准得以确立，就必须确定这个标准内部所应该达到的不同水平。如第一个标准“我是不是总是感到受欢迎，而不是感到受约束？”就应该设立不同水平，有四五种程度的衡量标准，以便考察为了达到一个可接受的质量水平，儿童的这种感觉应该有多强烈、多频繁、多持久。这些问题强调的是让儿童的真正需要得以满足的重要性，即让儿童能进行智力参与并受到尊重，而不仅仅是使他们忙碌、愉快甚至兴奋。

显然，这一由下至上的质量视角，直接询问儿童这些问题是既不道德也不现实的(幼儿体验的口头描述很难说是可靠的)。因此，要评价这一质量，就要广泛地接触幼儿、对幼儿的主观状态进行频繁地观察并长期地收集信息。对于学前的幼儿而言，三至四周的观察或者评价，就可能提供一份足够的样本。这里，重要的是幼儿几周时间而非某一天的、有代表性的和全部的体验模式。

当然，导致幼儿获得否定性主观体验的潜在原因不能一味地或者仅仅归咎于保教人员或方案本身。

（摘自《国际视野下的学前教育》，朱家雄主编，华东师范大学出版社，2007）

拓展阅读

如果你想进一步了解本章内容的话，可以阅读下列书籍或资料：

1.《课程与教学论》，张华著，上海教育出版社，2002

2.《早期学习标准和教师专业发展》，[美]盖伊·格朗兰德等著，刘昊译，北京师范大学出版社，2014

3.《多元智能理论与学前儿童能力评价》，[美]克瑞克维斯基编，李季湄等译，北京师范大学出版社，2015

4.《多元智能理论与儿童的学习运动》，[美]克瑞克维斯基编，何敏等译，北京师范大学出版社，2015

5.《〈幼儿园教育指导纲要(试行)〉解读》，江苏教育出版社，2001

6.《〈3—6岁儿童学习与发展指南〉解读》，李季湄、冯晓霞主编，人民教育出版社，2013

7.《幼儿园教育评价》，胡惠闵、郭良菁著，华东师范大学出版社，2009

本章主要参考资料

1.《现代课程论》，钟启泉著，上海教育出版社，1989

2.《课程——范式、取向和设计》，李子建、黄显华著，香港中文大学出版社，1994

3.《精彩观念的诞生》，[美]达克沃斯著，张华等译，高等教育出版社，2005

4.《后现代课程观》，[美]多尔著，王红宇译，教育科学出版社，2000

6.《让评价成为一种专业行为》，郑惠萍主编，上海教育出版社，2013

7.《〈3—6岁儿童学习与发展指南〉实施问答》，李季湄主编，北京师范大出版社，2014

8.[日文]《指导计划的思考方式编制方法》，玉置哲淳著，北大书店

第七章
幼儿游戏

与孩子一起游戏，
是伟大的艺术。
能和孩子游戏的人，
才能教育孩子。

——［瑞典］艾伦·凯

学习导航

1. 游戏的内涵是什么？
2. 什么样的活动才能称得上是幼儿的游戏？
3. 幼儿的游戏有意义吗？
4. 怎样使游戏成为幼儿园的基本活动？
5. 教师在幼儿游戏中应当是一个怎样的角色？
6. 怎么指导幼儿的游戏？

学完本章后，如果你理解了游戏的内涵与本质，掌握了游戏的特点与功能，以及怎样使游戏成为幼儿的基本活动和指导游戏的有关理论，并能结合实际进行思考的话，你就能回答上面的问题了。

本章内容

- 游戏是幼儿园的基本活动
  - 幼儿游戏的内涵
    - 游戏是幼儿的天性，是幼儿生活的主要内容
    - 游戏是幼儿身心发展的特点与需要
    - 游戏是幼儿的自发学习
  - 幼儿游戏的特点
    - 愉悦
    - 自主
    - 自由
    - 创造
  - 游戏的主要功能
    - 游戏是形成幼儿快乐“原体验”的重要途径
    - 游戏是幼儿认知发展的推进器
    - 游戏是幼儿社会化的重要工具
    - 游戏促进幼儿的身体健康地发育与成长
  - 关于游戏的分类
  - 怎样使游戏成为幼儿园的基本活动
    - 牢固树立正确的游戏观，建立尊重游戏的幼儿园文化
    - 充分满足幼儿的游戏需要
    - 把游戏精神渗透到幼儿园教育的所有环节中
- 幼儿游戏的指导
  - 游戏需要教师的指导
  - 如何正确指导幼儿的游戏
    - 正确地定位教师在幼儿游戏中的角色
    - 以间接指导为主
    - 适时适当地直接介入游戏进行指导
    - 按幼儿游戏发展的规律指导游戏
    - 按不同类型游戏的特点指导游戏
    - 关于游戏的总结

第一节 游戏是幼儿园的基本活动

一、幼儿游戏的内涵

(一)游戏是幼儿的天性，是幼儿生活的主要内容

“游戏是儿童的生命。”(陈鹤琴)幼儿天性爱游戏，没有一个幼儿是不喜欢游戏的。如果仔细观察周围的幼儿便不难发现，在一日生活中，除了吃饭、睡觉等必要的生活活动之外，他们绝大多数时间都在游戏。甚至因游戏闯了祸，受到了成人的惩罚，幼儿也仍会继续寻找游戏的机会，乐此不疲。即便是生活活动、劳动活动或一些非游戏性学习活动，幼儿也会当作游戏来“玩”，当然，因此招来的多半是成人的责备。应当说，幼儿的生活的确不只是游戏，但没有游戏的生活决不是幼儿的生活。游戏是幼儿生活的主要内容，甚至可以说是幼儿的生活方式。

(二)游戏是幼儿身心发展的特点与需要

“游戏是儿童的心理特征。”(陈鹤琴)幼儿喜爱游戏并且不断进行游戏，是由其身心发展的特点与需要所决定的。从总体来说，幼儿身心发展的水平较低，但发展的速度却很快。身心的快速发展是以多种需要——运动的需要、交往的需要、操作和探索的需要等——得到满足为前提的。由于幼儿的年龄小，实际能力还较差，他们多种的需要很难在真实生活中得到充分满足。因此，他们需要一种活动形式能解决其身心发展需要与实际能力之间的矛盾，游戏就正是这样一种活动形式。幼儿喜爱并参与游戏，在游戏中满足需要，适应生长。

(三)游戏是幼儿的自发学习

“游戏是儿童的工作。”(陈鹤琴)对幼儿来说，游戏不仅仅是一种消遣，“玩中学”是其主要的有效的学习方式。认为游戏与学习是对立的，甚至认为游戏不是“正经事”的观念是完全错误的。

例 某幼儿在积木区用红色与黄色积木搭动物园的围墙，红、黄、红、黄……(这是幼儿在探索模式排序)。搭到一半时，发现积木不够了(对围墙长度与积木个数进行估计的结果)。教师建议把积木之间的距离拉开一点来解决这个问题，但幼儿不同意，认为围墙有空隙的话，小动物会跑出去。怎么办呢？幼儿终于想出了一个好办法——在红黄色积木的间隔中插入蓝色积

木，这样围墙变成红、黄、蓝，红、黄、蓝……(新的模式排序出现了)，问题解决了！幼儿就这样在游戏中学习着数数、估计、模式排序等，发展着自己的数概念。(上海南西幼儿园)

从上例可以看到，幼儿在游戏中的自发学习具有以下几个特点：

1. **学习的目标是隐含的**

幼儿在游戏中学习时，往往没有清晰明确的达成目标，也往往不能明确意识到通过某个游戏自己要了解什么、掌握什么或学会做什么等。但是，幼儿不意识目标并不是说这种学习就没有目标，而是目标隐含在了游戏过程之中。只要幼儿积极、主动地投入游戏，这些目标就在游戏过程中得到实现。

2. **学习方式是潜移默化的**

如蒙台梭利所说："幼儿学习时却不知道自己在学习，这就是幼儿的学习特点。"某幼儿园在进大门的路边设置了一些弯弯曲曲的、凸出地面的小路，幼儿在每天来园、离园、户外活动时，都会情不自禁地在小路上扭来扭去地走，感到非常快乐、好玩。结果在不知不觉中，幼儿的平衡能力、身体协调能力都得到了长足的发展。幼儿在游戏中的学习正是这样不知不觉地发生着、进行着，连他们自己也不知道。这种让幼儿毫不感觉压力的、没有紧张或焦虑情绪的学习方式，让游戏中的学习能够获得最好的效果。

3. **学习的动力是内在的**

幼儿在游戏中的学习不是在外在要求下被动地学习，而总是伴随着愉悦的情绪体验，总是出于自己的兴趣、喜好、探索等内部动机，自我发起、自我挑战，以满足自身的好奇、好动、操作摆弄物体、与人交往等需要，所以他们表现出很高的积极性、主动性，乐意克服学习中遇到的困难。

二、幼儿游戏的特点

幼儿游戏具有什么样的特点呢？或者说，什么样的活动才是幼儿的游戏呢？

(一)愉悦

游戏一定伴随着幼儿愉悦的情绪体验。幼儿感到不快乐、不开心的活动决不是幼儿的游戏，尽管快乐、开心的活动不都是游戏。

这一是因为游戏适应了幼儿的天性，能满足幼儿身心发展的基本需要。游戏中幼儿能够直接地感知自己的需要，并让这种需要得到满足。正是这种适应与满足给幼儿带来积极的情绪体验；二是因为游戏中没有刻意要达到的目标，也并不追求某一外部规定的结果。这样，紧张情绪所造成的心理压力就消失了，幼儿不会感到焦虑、害怕、担忧，而能尽情地享受游戏；三是因为游戏中充满自我挑战的乐趣，幼儿在游戏中创造着自己的最近发展区，这不仅容易取得成功，而即使不成功，也不会有外在压力。成功的体验越多，幼儿积极进取的愉快情绪就越强烈。而失败了，由于自我的目标易于调整，幼儿也不会那么在意，或者说更容易接受失败。因此，游戏中的幼儿总是处于愉悦的情绪体验之中。

需要注意的是，幼儿情绪的愉悦程度往往是与成人的态度、与游戏的自由程度分不开的。只有成人宽松地对待幼儿的游戏，他们才会觉得幼儿园是一个具有极大快乐的地方，才会觉得游戏是快乐的活动。

另外，幼儿愉悦的情绪体验往往有多种表现方式，有的表现为笑、叫、手舞足蹈、兴高采烈；有的可能做出自己喜欢的某个动作或请老师同伴来分享；有的可能心里很满足，却保持一种安静状态，一直专心致志地继续自己的游戏，等等。愉悦体验的表现不是千人一面的，但愉悦的情绪体验的共同点是幼儿在游戏中所获得的快乐感、满足感、成功感等积极的内心体验。

(二)自主

游戏是幼儿的自主活动。在游戏中幼儿能够自己选择游戏的内容、形式、进程、材料、玩伴等，而不是由成人主宰、控制。幼儿是否进行自主活动，是判断是否是幼儿游戏的重要标准。当幼儿游戏被明显地控制时，游戏的成分就会大大降低乃至消失，游戏也就不再是幼儿的游戏了。当然，这并不是说成人对幼儿的游戏不能施加影响、不能指导，而是说对幼儿自己的想法成人应予以尊重，不能把意愿强加到幼儿游戏上，因为不符合自己的想法就直接去干涉、控制、批评甚至强行制止。成人对游戏的调控主要应当通过间接的隐性的方式进行，如创设环境、提供材料、作为游戏伙伴、装扮为游戏中的某个角色来引发游戏、促进游戏的发展等。在现实中，教师强势导演、幼儿被动参与的演戏似的“游戏”并不少见。有的教师为了保证游戏的所谓“高水平”，在游戏前总是作出很多主观安排(如谁扮演某个角色、说什么话、做什么样的表情、使用什么材料等)，一旦发现幼儿“演得不像”或做得不到位时，就急忙制止、纠正、示范等。这样缺少幼儿自主性的游戏，与其叫“幼儿游戏”，毋宁叫“游戏幼儿”。

(三)自由

幼儿游戏的愉悦、自主特征使幼儿在游戏中处于欢乐的无压力状态，这是一种身心沉浸于游戏之中，无强制性外在目的约束与捆绑的自由状态。幼儿为好玩而游戏，而毫不在乎游戏之后要有一个什么结果，即玩游戏的目的是在于游戏活动本身所带来的欢乐，而无除此之外的其他目的，没有刻意要达到的目标或必须完成的任务，这让幼儿在游戏中能够体验到一种自由感。如日本幼儿教育家仓桥先生所说：“幼儿在游戏时，一点没有那种眼睛盯着大人的战战兢兢的表情，一点没有不知该往这里走还是往那里走的手足无措的惧怕感，而是全身洋溢着充分的自由感。”如果成人执意要把外在目的不恰当地强加于幼儿游戏的话，那幼儿的游戏自由感就会消失，游戏也就随之变味了。

当然，幼儿游戏具有促进幼儿德、智、体、美、劳某方面或某几方面发展的功能，但这种功能幼儿在游戏过程中是不意识、也不可能有意去追求的。如幼儿喜欢玩积木，仅仅是为好玩而已，并不是因为他知道玩积木能发展想象、锻炼小肌肉。即使成人告诉他，他也不会自觉地要求自己在游戏中去实现这个目的。正因为此，幼儿在乎的是游戏的过程，而不是游戏的结果。如玩沙时，他们会把刚挖好的“山洞”一下子压踏，然后又再挖；搭积木时，他们把积木一个一个往上垒，然后又一下子推倒，并在积木倒掉的过程中自得其乐，小班幼儿更是如此。

那么，要保持幼儿游戏“自由”的特征，怎么去实现游戏的目的呢？重要的是，教师、家长“心中怀着大目标”，头脑中坚信并明确游戏的目的和价值，并将之内化为自己教育价值观的一部分。在正确的观念与目标的指导下，通过间接的巧妙的方式，诱导幼儿在“自由”游戏中不知不觉地迈向游戏目的所指引的方向，实现其应有的发展(参阅前述“游戏是幼儿的自发学习”)。另外，游戏目的的实现是需要长期的慢慢积累的，不能期望一两次游戏就能完全达到某一目标。

(四)创造

幼儿游戏中的愉悦、自主、自由状态使游戏成为幼儿发挥想象、创造的一种最佳活动。幼儿在假想的游戏情景中尽情地展开自己的想象力，创造情境、创造关系、创造器物、创造表象，把现实与梦想浑然一体，物我两忘，让在现实生活中难以实现的愿望一一变成现实。“每一个正在做游戏的儿童的行为，看上去都像是一个正在展开想象的诗人。你看，他们不是在重新安排自己周围的世界，使它以一种自己更喜欢的新的面貌呈现出来吗？谁也不能否认他们对这个新世界的态度是真诚的……”(弗洛伊德)如玩“医院”游戏的幼儿，凭借想象把小小的游戏角瞬间变成了“医院”，同伴关系变成了“医生”与“病人”，一根管子变成了“听诊器”，一个矿泉水瓶加管子变成了点滴器，躺在“床”上的“病人”与看病的“医生”共同活用着已有的经验，假想出动作、语言、表情，创造出“医院”的活动情景，愉悦地享受着当医生的乐趣，实现着当医生的愿望。另外，由于游戏是幼儿喜欢的活动，他自己想玩、想参与，所以为达到目的，幼儿在游戏中特别能想出好主意，创造性地解决问题。如一个想参与娃娃家游戏的幼儿，因参与人数已满员而遭拒绝时，竟灵机一动，边“敲门”边喊：“修煤气炉的来了，快开门哦!”这样他不但顺利地进入了娃娃家，还煞有介事地敲敲打打，忙着修“煤气炉”，巧妙地参与到游戏中。

综上所述，真正的幼儿游戏具有愉悦、自主、自由、创造等特点。

需要说明的是，幼儿园的许多非游戏的教育活动为提高对幼儿的吸引力，往往会采用一些游戏的做法，融入一些游戏的要素，但这些活动从本质上是不归入游戏的。如教师为有效地完成教育任务，根据教学目标设计、组织的“教学游戏”就是这种性质的活动。教学游戏尽管体现了游戏的某些特征，如愉悦体验、一定的自主选择性、参与性等，但教学游戏有明显的外在目的，是作为服务于特定教育目的和任务的一种手段，而且教学游戏往往由教师控制，注重活动的结果。因此，尽管教学游戏也能让幼儿产生游戏般的乐趣，但从本质上讲，教学游戏是一种寓教于乐、寓教学于游戏之中的教育活动，而非本真意义上的游戏。

三、游戏的主要功能

游戏的特点决定了游戏对幼儿的发展具有重要的价值，能有效地促进幼儿情感、认知、社会性以及身体等各方面的发展。

(一)游戏是形成幼儿快乐“原体验”的重要途径

有教育家指出，“快乐感”的教育意义是不可估量的。尤其在人生早期，形成快乐的“原体验”，不仅对幼儿身心健康的成长具有重大意义，也对他们今后形成健全的人格具有重大意义。所谓“原体验”，用德国教育家博尔诺夫的话来说，就是一种“基本心境”。哲学家海德格尔说，愉快和悲哀这两种不同的基本心境，它不是心灵的无关紧要的游戏，而是影响着人怎么看世界，怎么看生活，支配着人把握事物和形势的方式。与成人相比，情绪对尚未成熟的幼儿影响更大。因此，让幼儿形成快乐的“原体验”更具有重要性、必要性。“获得、发展和保护这种愉快心境以及在各种不可避免的障碍后重建它，这是对教育者提出的最高要求。”(博尔诺夫，1999)

以愉悦为特征的游戏正是促进幼儿产生积极情绪、防止或克服消极情绪，让心灵处于平衡、满足、平静、安宁，获得快乐“原体验”的不可或缺的活动。游戏中获得的快乐体验一旦成为幼儿的“基本心境”，会成为巨大的正能量，使幼儿振奋起来，让他们的整个精神面貌，以致整个生活都会变得幸福而阳光；幼儿通过游戏不仅能较好地宣泄、缓解、疏导、转换自己内心深层的消极情绪，如紧张、焦虑、忧郁、退缩等，还能学习调控自己的情绪，提高控制自己情绪的能力，保持健康的心理状态。正因为此，游戏被看作“一种能够使儿童的心灵在幼年期处于平衡的最佳活动。”(艾萨克斯，1933)游戏疗法成为治愈心理疾病的重要方法；游戏带给幼儿的积极情绪状态不仅对其学习效果产生促进作用，还对其各种能力的发展产生深刻而普遍的影响，尤其对他们心理深层的那些不可见的特质，如情感、态度、个性品质的形成与发展，以致今后健全人格的形成等，产生不可估量的作用。相反，如果幼儿园忽视游戏、剥夺幼儿的游戏的话，不但容易使幼儿失去对学习的兴趣与爱好，而且会让他们失去对幼儿园的情感归属，甚至失去对自己现实生活与未来生活的热爱和向往，这是很危险的。

(二)游戏是幼儿认知发展的推进器

1. 游戏激发和强化幼儿的认知动机

游戏是幼儿的兴趣、好奇心主导的活动，游戏中的自由感、充实感、满足感、成功感等所带来的愉快体验不断强化着幼儿的活动积极性，成为幼儿学习、探究周围世界的强大推动力。

2. 游戏能够极大地激活、巩固、丰富、提升幼儿的知识

幼儿在游戏中通过摆弄、利用、操作材料，通过利用已有的知识、经验与环境积极互动，通过与同伴合作共同探究和解决问题、分享知识、交流信息、经验、想法等，能够大大丰富对有关物体性质、事物之间关系的认识，能大大加深对他人、对人与人之间关系的认识，能有效地巩固、活用旧知识，丰富、建构新知识，提升自己知识的质量。

3. 游戏促进幼儿认知能力的发展

游戏是幼儿发展感知、注意、记忆、思维、想象等认知能力的最佳活动。幼教先驱艾萨克斯认为，想象游戏和操作性游戏是儿童发现、推理和思维的起点。幼儿在游戏过程中积极地去感知、观察、发现，兴致勃勃地去尝试、探究，主动地动手操作，创造性地一物多用，自主地构想游戏的内容、情节、角色，千方百计地推进游戏，从而全面地发展着自己的认知能力。

4. 游戏有利于促进幼儿语言能力的发展

游戏中幼儿彼此之间沟通交往的机会大大增多。如游戏中需要交流想法、商讨办法、分工合作，这样就有了表达自己思想和倾听他人谈话的需要；游戏中各自扮演不同的角色，就有了带着角色特点进行对话的需要，等等。在实际地运用语言的过程中，幼儿的语言能力就随着游戏的开展而得到极大的提高。

（三）游戏是儿童社会化的重要工具

游戏对幼儿社会性发展的促进作用是不可低估的。有学者认为，“游戏决非是‘剩余时间’，也不是多余的活动……在非常关键的早期发展阶段进行的游戏对于今后所有的社会性活动的发生和成功是极为必要的。”它帮助幼儿更好地认识自己、认识他人、认识社会。游戏能够帮助幼儿建立积极的自我意识。在游戏中，幼儿不断地在想象与现实之间来回转换，从而真切地认识到自己的需要、情感与能力的需要，并通过参与游戏而增强自信心和自我效能感；游戏能够帮助幼儿了解、理解他人的想法、需要与感受，了解自身的行动对他人产生的影响等。如在游戏中发生纠纷、争执，相互争抢玩具、材料的经历，能够让幼儿了解对方是怎么想的，懂得别人的想法未必与自己一样，从而逐步学会理解与尊重他人、与人沟通合作，学会去解决冲突，发展和他人友好相处的能力，克服自我中心；游戏能够帮助幼儿理解社会规则和习俗的本质，更好地了解规则、纪律的的作用，了解人际交往的基本行为规范，并通过自己制定规则、实施规则、亲身体验规则，有助于幼儿更好地理解、认同社会生活的规则，形成良好的行为规范，发展适应社会生活的能力。

（四）游戏促进幼儿的身体健康地发育与成长

游戏对促进幼儿身体的健康成长至关重要。游戏与专门的体育活动相比，更加具有趣味性，作为幼儿快乐情绪的来源，游戏在吸引幼儿积极主动地投入时，大大地促进其心理健康的发展；另外，游戏中的各种活动直接锻炼幼儿身体的各部分。游戏活动往往具有一定的运动量，既有全身活动、也有局部运动，既有锻炼大肌肉的、也有锻炼小肌肉的，既有发展运动技能技巧的、也有发展身体灵活性协调性的，所以幼儿在愉快地参与游戏的同时，其身体的骨骼肌肉、内脏器官、神经系统等都能获得全面的发展，整个身体都得到健康的生长发育。

需要注意的是，从总体上说，游戏具有上述几方面的功能，但并不是说任何一个游戏都一定要同时兼具各种功能。一种游戏可能只侧重于其中某个或部分功能。往往因为游戏的种类不同，其主要功能也会有差异；再有，游戏功能的实现程度受多种因素影响，与教师的教育观念、教育行为、物质条件、幼儿参与情况等有很大相关。有专家指出“游戏多种多样的功能依赖于成人和儿童之间的相互作用。”即使是同一个游戏，不同水平的教师进行指导，由于教师对游戏过程的控制程度不同，幼儿在游戏过程中所被允许的自由程度和所获得的体验的强弱不同，也会导致游戏功能出现很大的差异；另外，游戏所具有的教育功能必须建立在保障幼儿游戏特点的基础之上，否则游戏的功能是难以实现的。

图 7-1 修个水槽把水引到沙里来

图 7-2 我们的“家”快搭好了！

图 7-3 我们的大桥要通车啦！

图 7-4 今天我来演“变脸”戏

四、关于游戏的分类

幼儿游戏的类型可按不同的维度进行多种多样的划分。如从发起或设计游戏的主体的维度，可分为教师设计或组织的游戏与幼儿的自发游戏；从游戏材料的维度，可分为玩沙游戏、玩水游戏、积木游戏等；从活动性质的维度，可分为角色游戏、表演游戏、结构游戏、智力游戏等；从领域的维度，可分为音乐游戏、体育游戏、语言游戏、社会性游戏等；从有无游戏规则的角度，可分为规则游戏(如棋类游戏、竞技游戏等)和无规则游戏；从参加者人数的维度，可分为个体游戏、小群体游戏、集体游戏；从游戏方式的维度，可分为想象性游戏、操作性游戏、探索性游戏；从游戏发展阶段的维度，按皮亚杰的观点，可分为机能性游戏(简单的摆弄、操作物体的游戏)、象征性游戏(以物代物的想象性游戏，如用竹竿当马骑的游戏、用纸条当面条玩餐厅游戏)和规则游戏，等等。

不难看到，即使是同一种游戏，由于分类的维度不同，也会被归于不同的类型。如娃娃家游戏，既属于角色游戏，又往往是幼儿的自发游戏，还可说是社会性游戏、无规则游戏、小群体游戏，等等。游戏的分类不是为分而分，而应当是服从于游戏的发展需要、指导需要(参见本章第二节“幼儿游戏的指导”相关内容)。

五、怎样使游戏成为幼儿园的基本活动

《纲要》的总则中明确指出，幼儿园教育应“以游戏为基本活动”。那么，怎样将之落实到教育实践中呢？主要可从下面三方面着手：

(一)牢固树立正确的游戏观，建立尊重游戏的幼儿园文化

幼儿园所有的教职员工都应树立正确的游戏观，要正确地认识幼儿游戏的内涵、特点及其对幼儿发展的意义与价值，“将游戏作为对幼儿进行全面发展教育的重要形式。”(《规程》)这里特别要强调的是，“正确地认识”决不仅止于“知道”“会说”，而必须化为教育信念的一部分，将之作为教育信条而完全地认同它、相信它，在实践中去坚定地践行它、实现它。因为“尽管成人承认游戏的价值，但是他们往往自然而然地倾向于认为成人为儿童选择的活动具有更高的价值。”(莱利，1989)特别是由于“重读书、轻游戏”的文化生态与现实生活中“重功利”的教育价值取向，使幼儿的游戏得不到重视。不乏这样的教师，能头头是道地说一番游戏的重要性，而心中却根本不认同游戏的价值，不相信游戏的作用，在实践中仍然大搞小学化的那一套，随意地以学业和技能训练挤占幼儿的游戏时间与空间。而不少教师虽然认同游戏的价值，但由于这种认同停留在表层，正确的游戏观仅仅只是作为一种“知识”来记忆，尚未融入血脉之中，所以在教育实践中，不正确的游戏观会在不经意之间暴露出来。如在游戏结束的环节，常听见有教师这样招呼幼儿：“快来坐好了，我们要学习了！”“先坐好的小朋友是最爱学习的小朋友！”这些话不仅表明教师心中并没认同游戏的价值，同时还误导着幼儿对游戏的认识：“游戏不是学习，坐下来听老师讲才是学习。”由此可见，树立正确的游戏观决不是一件容易的事，只有将之变为心中的坚定信念，才能真正把游戏作为幼儿园的基本活动。

建立尊重幼儿游戏及其游戏权利的幼儿园文化，是让游戏成为幼儿园的基本活动的重要保证。尊重幼儿游戏就是教师要发自内心地尊重幼儿游戏的意愿和兴趣，尊重幼儿游戏的价值与意义，尊重幼儿的游戏氛围与“假想”。这种尊重并不抽象，它会从教师不经意的行为中自然地显露出来。如有的教师去“娃娃家”做客时，认真地“敲门”，等待“主人”说“请进!”之后才进去；相反，有的教师“游客”在进出幼儿用积木搭建的“公园”时，却不从“公园”的大门进出，而是随意地在“墙”上跨来跨去。这两种行为所体现出的对幼儿游戏的态度，孰为尊重、孰为不尊重，是不言而喻的；如果在幼儿园真正形成了尊重游戏、欣赏游戏、服务游戏、科学地指导游戏的幼儿园文化，那么，在幼儿园里就不会出现嘲笑、轻视幼儿游戏的行为、表情、语言；就不会出现随意剥夺幼儿游戏机会的所谓“惩罚”；就不会有成人随意去破坏幼儿的游戏氛围，贸然粗暴地介入或干扰幼儿的游戏过程，等等。

建立尊重幼儿游戏及其游戏权利的幼儿园文化，是抵制小学化倾向的最根本、最彻底的保证。只有在这样的幼儿园文化中，幼儿才能够真正像幼儿一样地学习、成长，而不是在小学化、成人化的环境下学习、成长。

（二）充分满足幼儿的游戏需要

幼儿对游戏的需要是多种多样的，他们想玩各种各样的游戏，特别是自由自发的游戏。加之幼儿之间存在着较大的个体差异，所以幼儿园应当创造丰富的游戏环境和多样化的游戏条件，提供一定的自由的时间和空间，提供各种各样的游戏、玩具、材料等，以满足幼儿多样化的游戏需要。如创设不同的游戏区角，让幼儿能够自由选择游戏，自由取拿游戏材料，按自己的意愿玩自己喜欢的游戏，让不同游戏需要的幼儿都能够得到满足。只准全班幼儿统一地玩一种游戏，或怕麻烦不准幼儿玩某种游戏，或教师高控游戏器材、玩具，幼儿不能自由选择、取拿等做法，都是不正确的。当然，幼儿的游戏需要是发展变化的，教师应不断观察幼儿游戏的兴趣和对游戏种类的需要，适时地调整环境，及时地呼应他们。

特别要强调的是，由于自由、自发游戏在体现与发展幼儿的自主性、主动性、独立性和创造性等方面较其他类型的游戏更为突出，因此，幼儿的自由、自发游戏被认为是最能体现游戏本质的，最符合游戏特点的，最能表现幼儿天性的，也是幼儿最喜欢的游戏。自由、自发游戏虽然没有发展的特定指向，但它们却凝聚着发展的全部趋势，有助于幼儿的心理健康和个性的和谐发展。因此，重视幼儿的自由、自发游戏应当成为落实“以游戏为基本活动”的一个着力点。如《规程》第二十九条指出的那样：“鼓励和支持幼儿根据自身兴趣、需要和经验水平，自主选择游戏内容、游戏材料和伙伴，使幼儿在游戏过程中获得积极的情绪情感，促进幼儿能力和个性的全面发展。”

重视幼儿的自由、自发游戏，首先需要教师充分认识这类游戏的重要价值。有的教师只重视教师组织的游戏，而轻视幼儿的自由、自发游戏，甚至认为幼儿的这些游戏是胡闹，不利于教师完成教学计划，学不到什么知识等，这些游戏观是完全错误的。著名的心理学家皮亚杰说，儿童的创造性往往出现在其自由、自发的游戏中，而不是在教师组织的高结构的活动中。其次是在教育实践中鼓励、支持幼儿进行自由、自发游戏，创造各种条件，充分保证这类游戏的时间、空间。应根据幼儿需要，及时提供精神上的鼓励、必要的关注与指导以及物质材料方面的帮助等。

值得一提的是，实施《纲要》以来，不少幼儿园为了更好地落实游戏为基本活动的原则，大胆地进行改革，突破了班级界限，实行全园整体安排，调整一日生活的时间与场地安排，坚持开展每周一两次的、甚至每日 1 次的全园性跨班级自由游戏活动。在游戏开展时，大中小班幼儿可以自由选择教室或户外场地，自由选择玩伴，自由地玩自己想玩的游戏。这样的制度性安排为自由游戏的开展提供了切实的保证。同时，幼儿园还不断健全与完善幼儿园的游戏质量管理，开展幼儿游戏研究，规划改良幼儿园游戏环境，重构幼儿园与游戏相关的制度规范，不仅以刚性制度保证游戏时间，还建立保障游戏的补给制度，以充分保证幼儿游戏的材料等，从而有力地促进了幼儿园游戏活动的发展与提升。不过，不能不看到，在不少幼儿园中，幼儿的自由自发游戏还远没得到保证，突出表现在时间上、空间上受到限制，真正属于幼儿自己的游戏时间少得可怜，场地和材料都非常缺乏；游戏的形式多被异化，来自成人的各种各样的规定还约束、控制着幼儿的游戏，等等。

（三）把游戏精神渗透到幼儿园教育的所有环节中

在幼儿园课程中，除游戏之外，还有许多非游戏的教育活动，如劳动、生活环节（就餐、午睡、盥洗等）、参观、作业课等。那么，该怎么实施这类教育活动，才符合“让游戏成为基本活动”的要求呢？首先必须明确的是，这些教育活动都是幼儿园有目的有计划地进行的、促进幼儿全面发展所不可缺少的活动，“让游戏成为基本活动”决不是把这些活动都变成游戏；其次是在所有这类教育活动中渗透游戏精神。如充分利用游戏来组织各类教育教学活动，在作业课中融入游戏元素，开展游戏化的教学，通过适宜的教学游戏来引导幼儿愉快、自主、创造性地学习。这样既保证幼儿学到教学目标所要求的知识、技能，促进幼儿向目标方向发展，又让幼儿得到游戏般的快乐体验，避免学习压力给幼儿造成心理损害；又如，在一日生活的各环节都让幼儿感受到愉悦的情绪，给幼儿一定的自主决定、自由选择的机会；再如，把在幼儿游戏中观察到、捕捉到的有价值的问题、现象、事件等，作为“课程新的生长点”或教育素材，在此基础上生成集体作业课、小组学习的鲜活内容，等等。

童年应当在欢乐的游戏中度过，幼儿应当在游戏中健康成长——这应当成为包括教师、家长在内的所有成人的共识，成为幼儿园教师牢记在心的教育信条与专业追求。

第二节　幼儿游戏的指导

一、幼儿游戏需要教师的指导

如前所述，自主、自由、创造等是幼儿游戏的重要特征，那是否意味着教师面对幼儿游戏只能充当消极的、无所作为的旁观者呢？游戏是幼儿的拿手好戏，没有教师的介入，幼儿照样可以在游戏中学习与发展，那是否意味着幼儿游戏根本不需要教师的指导呢？不，恰恰相反，幼儿游戏非常需要教师的指导，教师可以在游戏中扮演非常主动的积极的角色。因为离开了教师积极的、正确的指导，易使游戏陷入放任自流的状态，不仅游戏本身的水平难以提升，也易使幼儿陷入随心所欲、快乐辄止的误区，从而难以充分实现或提升游戏的功能，影响幼儿的发展。按照维果茨基的“最近发展区”理论，在更有知识与能力的他人的帮助下，幼儿能够得到更好的发展。在游戏中，教师语言的和各种非语言的指导，对促进幼儿在最近发展区内掌握知识、技能、思维和学习方式等，具有不可或缺的重要作用。

当然，不当的游戏指导不仅不能起到促进游戏发展、提升游戏功能的作用，还可能妨碍、甚至破坏幼儿的游戏。因此，作为幼儿园教师，不仅需要理解与掌握有关“游戏是幼儿园的基本活动”的理论，更重要的是要把正确的游戏理念与知识运用到实践中去，提高自己指导幼儿游戏的能力。这一能力是幼儿园教师的重要的基本功，也是幼儿园教师不同于中小学教师的专业特殊性的体现。

二、如何正确指导幼儿的游戏

(一)正确地定位教师在幼儿游戏中的角色

要正确指导幼儿的游戏，首先需要正确定位教师的角色。

面对幼儿的游戏，教师一方面必须尊重幼儿游戏的意愿与兴趣，尊重幼儿的自主性和自由选择、想象、创造的权利，保证不干涉、不干扰、不破坏幼儿的游戏，另一方面又必须要提高幼儿游戏的质量，引导幼儿在游戏中更好地学习与发展。为了在二者之间保持平衡，教师必须正确定位自己的角色——不应当是主宰者、控制者、指挥命令者，而应当是幼儿游戏的支持者、合作者、引导者。

各角色的主要作用是：

1. **教师作为支持者**

(1)以积极态度对待幼儿提出的游戏想法、意图等；

(2)创设有吸引力的游戏环境；

(3)提供丰富的游戏材料；

(4)以多种方式吸引幼儿加入游戏、维持游戏等。

2. **教师作为合作者**

(1)以游戏伙伴的身份参加幼儿游戏；

(2)与幼儿共同商议、沟通游戏的有关事宜(如游戏的主题、内容、开展方式等)；

(3)与幼儿一起分享游戏。

3. **教师作为引导者**

(1)观察游戏、捕捉信息、判断介入时机与方式；

(2)以适宜方式引导游戏的扩展、深入与持续；

(3)通过多种方式(如有目的地提供材料、游戏中进行点拨、个别对话、游戏结束总结等)帮助幼儿形成概念、发展思维、升华经验、提高认知、交往、表现等多种能力；

(4)参与调解游戏中发生的问题；

(5)为幼儿自己解决问题搭建平台、建立沟通渠道、提供技能与方法；

(6)提升、丰富幼儿的游戏技能与方法(如建议角色的商议与分配、材料的使用、角色扮演等的技能与方法等)。

需要注意的是，三个角色的作用既各有侧重，又难以截然分开，既有区别，又相互联系；教师应在何时担任何种角色发挥何种作用，一定要根据游戏的进展情况、根据幼儿的实际需要灵活地变化。教师需要通过认真仔细地观察游戏、读懂幼儿的游戏行为、敏锐地捕捉幼儿的需要，及时地转换自己作为支持者、合作者、引导者的角色。

(二)以间接指导为主

在幼儿园教育中，较之于“直接教”，更多使用“间接教”的方式，这是幼儿园教育的一个特点(请参见第四章第三节)。鉴于幼儿游戏的规律与特点，幼儿游戏指导更是如此。游戏的间接指导主要从以下几方面着手：

1. 丰富幼儿的生活经验

幼儿的游戏是幼儿生活的反映，其生活经验是幼儿游戏的重要基础与源泉。农村的幼儿对农村生活比较熟悉，游戏中可能较多地出现种植、饲养方面的内容，而不大可能玩城市幼儿常玩的红绿灯、交通警察等游戏，因为他们缺少这方面的知识经验。过去农村幼儿不玩“打电话”“打手机”游戏，而现在随着不少农民工进城工作，幼儿有了与父母通话的生活经验，于是这类游戏就出现了。由此可见，幼儿的生活经验丰富是游戏丰富的重要基础。为了发展幼儿游戏，教师要善于利用幼儿园的各种活动、利用园内外的各种教育资源，利用家园的密切合作，不断丰富幼儿的知识经验，充实幼儿的日常生活，扩展幼儿的视野，从而为不断扩大游戏的深度与广度打下基础。

2. 观察游戏、理解游戏、解读幼儿的游戏行为

教师应有观察幼儿游戏的意识，重视对幼儿游戏的观察，这是教师进行游戏指导的前提。教师首先通过细致的观察，看清楚幼儿究竟在玩什么、怎么玩，并对幼儿呈现出的可见的游戏行为进行思考——幼儿的游戏行为是什么意思？为什么会作出这些行为？这些行为表示着其内部怎样的学习和发展过程？幼儿这一游戏的意义在哪里？游戏的需要、困难、问题有没有，在哪里？等等。在充分了解、分析游戏状况和游戏中幼儿的操作水平、社会性水平、想象创造水平等的基础上，教师才能够“不断地增加、建构他们关于‘整体儿童’的蓝图。观察提供了一个深入儿童内心的窗口，能使教师试着去理解‘儿童的脑子里究竟在发生什么’。”①教师据此才能够判断“我要做什么”“我能做什么”，才谈得上进行有的放矢的指导，而避免拍脑袋式的盲目指导。

3. 适时调整游戏环境的物与人的要素

通过调整游戏环境来指导游戏最能够体现游戏的“间接指导”特点。调整游戏环境主要是从两方面入手——提高游戏材料投放的针对性、适宜性；促进游戏中人际互动的频率与质量。

(1)提高游戏材料投放的针对性、适宜性，主要应做到：

第一，根据幼儿的实际、游戏发展的实际来投放材料。

在投入材料时，首先需要教师观察了解幼儿的实际需要，明确不同年龄

---

① [英]尼尔·本内特等著：《通过游戏来教》，44页，刘焱等译，北京，北京师范大学出版社，2010。

阶段幼儿游戏的特点及其区别。如幼儿以物代物的水平在小班阶段还较低，据此，给小班娃娃家提供游戏材料时，应较多地提供成品玩具，如布娃娃、塑料玩具餐具和食品等；而中大班幼儿在游戏中已经大量地以物代物，所以就应投放丰富的低结构材料、半成品材料。另外，教师通过观察幼儿的游戏，发现不同幼儿的需要，应尽可能提供有针对性的材料。其次，材料投放后，要仔细观察幼儿怎样在玩这些材料，以判断、反思材料的适宜性。如观察到幼儿在使用材料中有困难或问题(如安全问题、材料争抢问题)，那就要反思材料是否存在安全隐患，材料的难易度、数量、配置等是否得当。再如，观察幼儿用材料怎么在玩，玩些什么游戏，哪些玩法是预料之中的，哪些是幼儿玩出的新花样，一共出现了多少种玩法，各种玩法的价值或问题在哪里，不同幼儿在材料使用上有什么差异，是否所有不同水平的幼儿都有适合的材料，幼儿的游戏出现了哪些变化，是否出现了新的材料需求，等等。这些信息将为教师进一步了解幼儿、调整材料、指导游戏等提供重要依据，对保证材料的适宜性有非常重要的价值。

第二，保证游戏材料的丰富与平衡。

游戏材料的丰富与平衡直接影响着幼儿游戏的开展。材料越是丰富，幼儿越可能根据自己的情况自由地选择，也就越能保证材料的适宜性；丰富多样的材料在配置上越是平衡与协调，就越能适合幼儿不同的游戏需要。如保证不同类型材料的平衡、幼儿熟悉的与陌生的材料之间的适当比例等。

关于不同类型材料的平衡——幼儿游戏的材料一般可分为玩法比较固定的、结构性较强的材料(如各种成品玩具)和没有固定功能的非结构性、低结构性材料。两类材料各具不同的功能。无固定功能的材料(如积木、插片、纸盒、竹棍等)具有开放性，幼儿可变换着花样玩，百玩不腻，特别有利于发展创造性与探索精神；结构性较强的材料虽然玩法固定，但各种有趣的玩具能满足幼儿广泛的兴趣，并让幼儿获得多种多样的知识或操作经验。鉴于两类材料各有特点与功能，因此，在提供材料时二者都应有足够的数量，以保证材料的适宜性。

关于幼儿熟悉的与陌生的材料之间的适当比例——在为幼儿游戏提供材料时，有一种误区是认为投放的新材料越多，幼儿的游戏兴趣越高。但研究表明，当提供的材料全都是陌生的、新鲜的时候，和全都是熟悉的、玩惯了的时候一样，幼儿表现出的游戏兴趣较低；而当陌生的与熟悉的材料按一定比例配置时，幼儿的游戏积极性更高。另外，陌生的材料与熟悉的材料功能不同，面对陌生的材料，幼儿想的是“这是什么?”“这怎么玩的?”容易诱发探索性行为；而面对熟悉的材料，由于熟能生巧，幼儿往往想“还能用来玩什么?”“能不能这样来玩呢?”从而诱发创造性行为。因此，提供材料时应保持两类材料的适当比例。

(2)促进游戏中人际互动的频率与质量，主要应做到:

第一，教师根据游戏的情况，以匹配游戏的伙伴角色介入，能有效地助推游戏的发展。

例 案例一：在大班活动区的“医院”里，几个“医生”都在看图书。有幼儿“病人”去看病，可“医生”说：“今天医院不开门。”“医生要很多本领，我们在学习。”“病人”没办法正准备离开，在一旁的老师看见了。她一边对“病人”说：“有病一定得看医生哦。”一边装着肚子疼，说：“我也要去看医生，我们一起去吧。”到了“医院”，“医生、医生，我肚子疼，要看急诊。”其他幼儿“病人”也叫着要看病。“医生”一看这种情况，只好放下图书来“看病”了。这时，老师“病人”对“医生”说：“医院不能不开门哦，医生学习也要轮流才对，不然病人就危险了。”其他“病人”也纷纷说：“医院不能不开门。”“医院星期天也要看急诊的!”“我妈妈是医生，春节都值班的。”“医生”们不好意思地向“病人”道歉，又开始忙着“看病”了。

案例二：奇奇和伙伴们一起，用积木搭建好了动物园，就大声叫嚷：“动物园开门喽！动物园开门喽!”小朋友被叫声吸引，都往动物园跑。可动物园没有门，于是“游客”纷纷跨“墙”而入。老师见状立刻牵上几个“小游客”的手，边走边高兴地说：“我们幼儿园今天去动物园参观喽!”到了动物园，“游客们”大声问：“动物园的门在哪儿呀?”“怎么找不到门啊？我们要参观动物园!”奇奇和伙伴们顿时发现了问题，边请大家等一等，边抽掉几块围墙“砖”，然后让大家从“大门”进入动物园。自此之后，奇奇他们搭建的动物园、公园等都有了大门。

第二，促进幼儿之间的互动。

例 9月初，刚入园的小班幼儿情绪很不稳定，哭闹现象比较多，老师也顾不过来。于是，幼儿园开展了大手牵小手游戏活动，通过大班与小班幼儿互动，帮助小班幼儿尽快安定下来。大班的果果和丹妮带的是个哭闹比较厉害的小妹妹，他们一直牵着小妹妹的手，带她到“商店”里东看看西看看，还随时用纸巾给小妹妹擦眼泪、擦鼻涕，问小妹妹想买什么，慢慢地小妹妹不哭了。小君带的小妹妹一直情绪不高，有点小哭闹，她叫来自己的好朋友思怡帮忙。两个姐姐耐心地跟小妹妹看图书、玩游戏，当小妹妹和两个姐姐一起开心地拍大皮球时，妹妹发出了开心的笑声。小君兴奋地跑过去报告老师，“小妹妹终于开心地笑了，不哭了!”小君与思怡也享受着当大姐姐的乐趣与责任。

(三)适时适当地直接介入游戏进行指导

幼儿游戏的指导虽然主要是间接指导，但在有的情况下，直接介入的指导也是很必要的。一般来说，教师的直接介入主要出现在以下几种情况下：

1. 游戏中出现了明显的安全问题或可能引起不良后果的某种问题时；

2. 出现了幼儿难以独立处理的纠纷与冲突，如争抢玩具、场地、强欺弱等；

3. 幼儿缺乏游戏动机或游戏兴趣受到严重挫伤，游戏难以持续；

4. 游戏中出现了比较明显的问题，可能影响幼儿进一步的发展。如长时间只局限在某一游戏中；长时间处于消极状态，不加入游戏；游戏中出现偏离正常游戏或妨碍游戏推进的情况，幼儿由于经验或认知的局限，游戏中出现了明显的问题，等等。

直接介入可能出现三种效果。一种是有效介入，即教师把握得当，顺应了幼儿需求，推动了游戏发展(如案例一)；一种是无效介入，还有一种是负效介入。无效介入即介入不起作用，幼儿不理睬，还是我行我素；负效介入则是干扰甚至中断、破坏了幼儿的游戏(如案例二)。

例 案例一：小A是在交往方面不很主动，与同伴的交往也缺乏技巧。建构游戏时，他觉得自己一个人搭不起一张床，就想放弃。这时一直观察他的老师建议说："你去问问其他小朋友，有没有愿意和你一起搭的。"小A不肯去，老师进一步给他办法，"你可以去向小朋友介绍一下你要修的床有多么好，也许他们就过来和你一起修了。"小A采纳了建议，去给小朋友介绍："……修好了，你们可以躺在床上休息哦，可好了！"但小伙伴们没人心动，小A很失望。老师又接着鼓励他："上次你修的那个床很好，别人看到了就跑过来了。没准这次你先动手，他们觉得好就过来了。"小A的眼中露出一丝希望，点点头，开始动手搭了一张床。搭好后，他小心翼翼地躺在上面，十分满足的样子。几个小朋友被吸引过来，渴望地问："我们可不可以躺一下?"小A非常自豪地同意了。之后，小A的搭建得到了同伴的关注、认同、模仿，好些幼儿被吸引过来，小伙伴们相互启发、共同合作，结果在床的基础上发展出了大车、雪橇、大船等，建构游戏越来越红火地开展起来。

案例二：几个幼儿一连几天在玩娃娃家游戏。老师注意到了这种状况，觉得幼儿一直做重复的游戏没有意思，应该去玩别的，于是就对正玩得起劲的幼儿说："你们已经玩了好几天娃娃家了，多没意思啊，去别的区角玩玩吧。"几个幼儿一下子傻傻地看着老师，像犯了错误挨批评一样，不知所措。

等老师走开后，幼儿不情愿地离开了娃娃家，一脸茫然地站着，呆呆地望着别的游戏角。

怎么做到有效介入，把握好介入时机与程度呢？最关键最重要的是教师必须尊重与理解幼儿的游戏，读懂游戏；尊重与了解幼儿的意愿、想法与真实的需要，读懂幼儿。一般来说，对正沉浸在游戏中的幼儿要尽可能多地观察，尽可能少地干预。因为只有在比较准确地理解幼儿行为和游戏的基础上，才可能较准确地做出是否介入的判断，确定介入想达到的目的以及介入的时机、程度、方式等。同时，介入既要帮助幼儿解决问题，又必须顺应幼儿的意愿和游戏本身的情节，自然地推动游戏持续地发展下去，案例一中的教师根据幼儿的需要提供帮助，引导幼儿自己去解决问题，发展游戏，而不是强势干预，强拉幼儿顺从教师的思维、服从教师的意图。而案例二中的教师虽然发现了幼儿游戏的问题并进行干预，出发点是好的，但是却缺乏对正在游戏的幼儿的尊重与理解，缺乏对游戏具体情况的了解与判断，加之干预的方式(话语)不恰当，结果幼儿不能理解，虽然被迫接受了，游戏却中断了。如果教师能够深入地了解幼儿在娃娃家玩的内容，能在幼儿本身游戏的基础上合理地诱导，是可以把负效介入变成有效介入，既达到指导的目的，又让游戏持续下去的。当然，教师难免有介入失误或者判断困难的时候，遇此情况，可作尝试性的介入。不过介入后一定要密切关注幼儿的反应，尊重幼儿的游戏意愿，决不能自以为是。若发现幼儿不高兴、不理睬或不理解、不配合时，必须及时地作出灵活的改变。

教师的介入是否有效，主要是看幼儿游戏中的困难或问题是否真正被解决，游戏是否得到进一步的推进，而不是被妨碍、被阻止；幼儿的游戏兴致是否更高了，而不是不想再玩下去了；幼儿通过教师的指导，是否获得了新的经验、新的发展，而不是停留在原来的水平上，等等。

(四)按幼儿游戏发展的规律指导游戏

无论是间接的还是直接的游戏指导，都必须遵循游戏本身的发展规律。游戏会随着幼儿年龄与身心的发展而变化，即在不同年龄阶段游戏的发展水平不同，需要不同的指导方法。比如象征性游戏，在小班处于萌芽期、中班处于高峰期、大班处于高水平期，因此，象征性游戏的指导重点就必然因年龄而异。如在小班主要是丰富幼儿的生活经验，在中班则是尽量多地提供低结构性材料，到大班时，由于幼儿游戏水平已经发展到较高水平，则可减少玩象征性游戏的时间，而让游戏不仅好玩还需要更多的探索，不仅重兴趣还重视引导幼儿发现问题、思考问题、解决问题(如探索如何制定游戏规则、解决游戏冲突、解决游戏的材料替代或玩法等），通过提高幼儿的思维水平，引导游戏深入发展。

（五）按不同类型游戏的特点指导游戏

幼儿游戏分为多种类型，不同类型的游戏有着不同的特点，所以游戏的指导应考虑游戏的类型。比如，角色游戏和结构游戏都是幼儿对其生活的反映，但角色游戏主要反映的是幼儿经历的社会生活，而结构游戏则是幼儿对物体造型的一种反映。因此，在两类游戏的指导策略上，从丰富生活、提供材料、场地布置以及指导方法上都会有所差异；又如，角色游戏和表演游戏都要扮演角色，但角色游戏的角色来源于幼儿的生活，而表演游戏的角色则往往来源于文学作品。这样，二者的指导过程、指导方法自然也会不同；再如，幼儿的自由自发游戏和教学游戏有着本质的区别，教学游戏为特定的目标服务，有明显的成人制定的规则，教师对活动的控制、干预很强，而幼儿的自由自发游戏则迥然不同。因此，两类游戏的指导必须考虑到不同类型游戏的特点，施以不同的指导。下面以这两类游戏为例，进一步说明不同类型的游戏指导的区别。

1. **自由自发游戏的指导**

由于自由自发游戏多是幼儿自我发起或自主决定玩法的游戏，因此教师无需对游戏材料和玩法做任何设计或规定，但这决不等于说不要教师的指导。由于自由自发游戏过程具有极大的不确定性，加之幼儿的学习多是无意的，获得的知识也比较零散、杂乱，如果没有指导，幼儿就可能在低水平上徘徊。然而，教师对这类游戏的指导普遍感到困难，下面的例子可以说是带有普遍性的。

例 在一次户外自由活动中，教师提供了沙包供幼儿自由游戏。但幼儿自己玩了不到5分钟，教师就改变了主意，中止了自由游戏。因为他看到幼儿根本不会玩，只是乱扔一气，就随机采用分组比赛的形式。结果，因为幼儿不遵守游戏规则，游戏过程中出现了混乱，自由游戏时间就提前结束了。

不难看到，如果教师指导能力不足以应对的话，自由游戏的价值就会大打折扣。提高教师指导自由自发游戏的水平已经迫在眉睫。自由自发游戏指导的要点如下：

（1）观察、分析游戏

观察与分析的要点是：

行为观察：幼儿在玩什么？怎么玩？（游戏状况）

行为分析：幼儿在什么水平上玩？反映出怎样的发展层次与能力？（已有经验、技能）

发展判断：幼儿获得了哪些经验？存在的问题是什么？其进一步的发展应是什么？（新经验、新发展）

支持策略：教师需要做什么？游戏中有什么生长点可进一步加以利用？（指导内容）

(2)保证充足的游戏时间和空间

幼儿游戏的水平不是教师教出来的，是幼儿自己玩出来的，前提是提供大量的游戏机会，保证充足的游戏时间和空间。如在一日生活中保证有专门的时间让幼儿开展自发游戏，不以任何理由随意地取消或挤占这一时间；充分使用班级活动室、专用游戏室以及户外场地等开展自发游戏。

(3)提供多种多样的游戏材料

这一点可参考“游戏的间接指导”中有关材料提供的内容。自发游戏中幼儿可利用的材料不拘一格，特别是无固定功能的材料能发挥很大的作用。材料越丰富，游戏也越丰富。如某园幼儿利用长长短短的木条，大大小小的木板、布块、纸盒，废报纸、颜色纸等，把自发游戏玩得十分精彩。幼儿用木条玩烧烤游戏，用颜色纸、废报纸做服装表演，把木板放地上办起了医院，“医生”给躺在床上的“病人”像模像样地看病……在提供丰富材料的同时，教师还应鼓励和启发幼儿多角度地玩一种材料或一种玩具，当然，对材料、玩具的玩法的扩展只能通过引导幼儿去实现，决不能简单地机械地把教师的想法强加于幼儿。

(4)在充分尊重幼儿自主性的前提下引导游戏发展

引导幼儿的自发游戏当然不能把教师的意志强加给幼儿，特别不宜在幼儿正兴致勃勃地投入某一游戏时，而急于要幼儿向另一个游戏发展。但如果教师完全放任自流的话，幼儿则可能陷入东游西荡、无所事事的状态或低水平的游戏中。幼儿园教育的实践表明，教师正确的指导能够把幼儿的自由自发游戏发展成为幼儿自主的、合作的、创造的学习过程，能够强有力地促进幼儿的学习与发展。如果教师在充分观察的基础上，尊重幼儿自发的兴趣、游戏意愿和发展节奏，给幼儿自由选择的权利和自己思考的机会，以必要的等待保持游戏的自然、自由、自主的良好气氛，同时教师以巧妙的提问、多种可选择的建议、引导幼儿同伴之间的互动与合作，就能大大激发幼儿的兴趣、启迪幼儿的智慧扩展游戏的广度与深度。

2. 教学游戏的指导

教学游戏是为达到一定的教学目标而设计、组织的游戏。教师借用游戏的形式，把教学目标隐含其中，把教学过程转化为幼儿的游戏过程，从而有效地实现目标。教学游戏设计时必须重视幼儿的兴趣，游戏的规则、玩法、难度等应与幼儿年龄特点与经验、认知水平等相适应。

例　教学游戏“小羊藏在哪儿啦”(某园中班)

教学目标：让幼儿用上下、前后、里外、中间、旁边等方位词正确描述自己的位置。

游戏规则：“小羊”(幼儿)听到信号开始躲藏，然后“老狼”(老师)四处找寻，当信号再次响起时，没被“老狼”抓到的小羊就算获胜。获胜的小羊给大家揭秘自己所藏的位置。

信号一响，幼儿兴致勃勃地主动找地方躲藏。老师扮老狼，四处寻找“小羊”，还故意装出找不到小羊的无奈模样。被抓到的“小羊”还想去再藏一遍，但按规则只有在那里等着。当信号再次响起时，获胜的“小羊”一下子都跑出来，个个得意杨杨。然后，“小羊”一个接一个兴奋地向大家揭秘自己的藏身位置：“我藏在厕所里的”；“我藏在桌子后面的，桌子前面有椅子挡着”；“我和小军藏在阁楼顶上，我们看到老狼在楼梯下面走”……即使说不太清楚的或说错的幼儿，也非常乐意地在教师的帮助下，学会用方位词正确地描述自己的位置。游戏在幼儿的要求下重复了3次。结束时，老师夸奖“小羊”真聪明，并用事先准备好的简单图示，带领幼儿把教学目标所要求的方位词正确地重述了一遍。

由于教学游戏是教师预设的游戏，教师的干预性、控制性强于幼儿的自发性游戏，因此，要让教学游戏转化为幼儿有效的学习，其指导必须注意：

(1)吸引幼儿愉快、主动地参与

教学游戏常常是以集体游戏的形式开展的。面对全班幼儿，加之有预设的目标与时间限制，教师很容易急切地安排幼儿按计划进行，甚至习惯性地强势主宰活动。教学游戏既然采用了游戏的形式，就必须尊重游戏的愉悦、自主等特点。一般来说，教师设计游戏时都考虑了幼儿的兴趣与需要，但即使如此，仍难免有幼儿不理解或不喜欢而一时难以投入。因此，在教学游戏开展之前，了解班上幼儿的兴趣与游戏水平，并针对某些幼儿可能的反应，准备必要的应对预案，就是指导的开端。教学游戏开始后，教师的指导则是调动每一个幼儿的兴趣，吸引幼儿愉悦地、自主地投入游戏。

(2)顺势引导，重视生成

教学游戏是教师预设的活动，但实际的活动过程却未必一定按教师的计划展开，活动的结果也未必符合教师的预想。那么，当幼儿的表现与教师的设计不一致时，是强行把幼儿拉回教师的计划呢，还是灵活地顺势引导呢？俗话说，强扭的瓜不甜，刻板地照章办事不会取得好的效果。教学游戏的指导要求教师必须心中有幼儿，而不能只有既定计划，应当如一位教师所说的那样："从'我想让幼儿如何游戏'到'我想知道幼儿是如何游戏的'"，密切地关注游戏的动态，观察幼儿的游戏行为，思考游戏的生成与变化。比如，关注幼儿哪些表现是意料之中的，哪些是意料之外的；幼儿的兴趣、注意力是否发生了转移？游戏活动出现了什么预想之外的变化；教师需要怎样应对与顺应，新的游戏能够引出什么有意义的结果；等等。灵活地顺势引导，适时地生成新的教育活动。

顺势引导、重视生成，会不会影响原教学目标的实现呢？的确，活动如果不是按原计划进行，那么活动的结果当然会发生改变。在陈旧的教学观念下，这会被认为是教学的失败。然而，新的教学观念却认为，灵活地应对与生成，是教学游戏指导中应有之义。教师就应当"心中怀着大目标，随时调整小目标"，这恰恰是指导水平高的表现。根据教学游戏过程中的变化对目标与游戏做相应的调整，不仅对推进教学游戏是完全必要的，也对幼儿的学习与发展非常有益。这一是因为，游戏的生成与变化能够满足幼儿的兴趣与愿望，保持幼儿游戏的积极性、主动性，这应当视为教学最重要的成果之一。铃木先生(世界著名儿童小提琴教学法的创始人)曾经说，"教学不是让幼儿做他们不喜欢的事，'创造欢乐的游戏'才是幼儿能力教育的真实内容。"更何况生成的活动也能让幼儿得到各方面的发展，这些成果的积累最终将有利于教育大目标的实现；二是教学目标的实现应当放在一个更长的周期中、更宽松的范围里来考虑。对于幼儿来说，某个目标的真正达成往往需要的是一个时间段，而不是一个时间点。幼儿达到某一目标的过程是一个连续的、渐进的过程，需要通过逐步的发展与积累；对于目标来说，一个目标往往需要通过多种活动来实现，也往往需要通过多次活动才能实现。幼儿在每种活动、每次活动中获得的经验和知识都不是毫不相关的，而是有一定的联系、相互促进的。所以，不必刻意地要求在一次活动中非实现某一既定目标不可，也不宜要求每一个幼儿在一次活动里都以同样的速度去实现同一个目标。

(3)画龙点睛的总结与提炼

因为教学游戏有预设目标，因此在结束时，可针对目标所要求的、幼儿应掌握的东西进行明确地强调或加以提炼，以引起幼儿的有意注意，而不是让其停留在无意识状态。如果教学游戏中生成了新的游戏，总结当然不是按照原计划进行，而应当按活动发展的实际进行。

(六)关于游戏的总结

上面提到教学游戏一般需要围绕目标进行小结，不过并不是每个游戏或者每天的游戏都需要总结一番。有的游戏可能要经过一段时间的发展才看得出眉目，幼儿的自由自发游戏也往往需要经过一段时间的观察，教师才可能比较全面地理解或发现问题。因此，游戏的总结一定要根据实际来决定，否则很容易流于形式。另外，总结也不一定是全班性的集体活动形式，教师可视情况而以小组或个别的形式进行。

在总结时间里，作为教师的作用主要是提供时间与机会，帮助幼儿回忆、交流自己做了什么、过程中发生了什么、自己学到什么等；在此基础上，通过互动进一步帮助幼儿反思自己的游戏过程，意识到自己的学习过程，并发展语言、交流技能、反思能力等。

好的有效的游戏总结往往有三个特征：一是它一定是以教师的认真观察与思考为基础的；二是让总结成为幼儿的思考与学习过程，而不是教师单方面的评头论足；三是总结能有针对性地提出并解决游戏中的带普遍性的问题，从而有效地提升游戏的质量，提升幼儿的经验与能力，引导幼儿成为好的游戏者与学习者。

例　玩纸箱游戏总结

幼儿玩纸箱的自由游戏已经进行了一段时间了。老师观察了幼儿的各种玩法，观察了每个幼儿的玩法，并做了记录。老师发现了一些问题，如幼儿较多地自己独自玩或与一两个同伴玩，而不关注其他幼儿怎么玩；幼儿玩得很开心，但往往是一两种玩法重复着玩，没什么变化。于是在某天纸箱游戏结束后，有了这样的总结活动：

首先，老师以提问引导幼儿回忆并说说自己的玩法。“你是怎么玩纸箱的?”幼儿回答时，老师不时用自己的观察记录提醒幼儿，帮助幼儿回忆出自己的玩法。幼儿每说出一种不同的玩法，老师就用笔画个简图在白板上。全班小朋友讲出的不同玩法一共有9种，老师和幼儿一起给这些玩法一一取名字：“滚坦克”“拖雪橇”“开小车”“爬乌龟”“钻山洞”……

之后，老师请幼儿各自看看，“在这些玩法中，你玩了几种?”结果，最多的玩了三种，大多数只玩了两种、甚至一种。幼儿自己发现问题了。于是，老师请幼儿思考为什么没有发现其他的玩法呢？幼儿纷纷说：“我不知道那样玩，没人告诉我。”“我没看见他们玩。”……“那现在我们就来好好地看一看，学习不同的玩法。”老师请不同玩法的幼儿在大家面前演示，相互交流、学习。幼儿都看得很专心，还不时有幼儿当场模仿，有幼儿边看边提出把不同玩法结合起来的新想法："我们可以几个雪橇合起来，玩开火车!""我们开小车的来比赛！玩赛车!"演示结束后，老师在肯定的基础上，又出示了一些其他玩法的照片，"你们看看，这些玩法怎么样?"照片上用纸箱玩的游戏有"小城堡""电视台""积木门"……看得幼儿兴奋不已，纷纷说想试试这些玩法。后来的纸箱游戏中，幼儿的兴趣越来越高，水平也明显地越来越高。幼儿不仅有了更多的玩法，还出现了更多的创意与合作。

想想、议议、做做

一、请你判断下列各题的正误。

1. 幼儿园应该保证幼儿游戏的权利，真正使游戏成为幼儿园的基本活动。

2. 满足幼儿对多种游戏的需要是尊重幼儿的一种表现。

3. 游戏是幼儿主要的学习方式，幼儿园没有进行教学的必要。

4. 自发性游戏特别有利于培养幼儿的自主性、积极性和创造性，因此它不需要教师的指导。

5. 指导教学游戏才能体现教师的专业水平。

6. 对幼儿游戏进行评价应该坚持正面教育的原则。

二、分析与讨论。

1. 试分析幼儿园见习时所看到的幼儿游戏及教师的指导，看看是否符合游戏的特点和游戏的指导原则。

2. 想一想、谈一谈下列游戏各具有哪些功能。

(1)老鹰抓小鸡。

(2)幼儿在"医院"里用筷子给"病人"打针，嘴里还不断地说："不痛，宝宝不哭。"

(3)幼儿用积木搭一个公园。

(4)幼儿手里拿着一辆玩具汽车，在地上推来推去，口中喃喃自语。

三、收集资料。

收集各类游戏的指导方法。

资料链接

小资料 1

游戏的社会建构主义观点

维果茨基的社会建构主义模型认为，儿童可以积极地建构知识，同时，它又非常强调社会互动、交流以及发展思维和学习的相互依赖性。教学和学习发生在儿童的真实发展水平与潜在发展水平的转换之中。这两种发展水平之间的转换就是著名的“最近发展区”。儿童通过与“更有知识的他人”互动而促进自身的发展。

这种理论如何运用于儿童的游戏？维果茨基认为，游戏创造着儿童的最近发展区。因为影响是儿童主动发起的，可以允许儿童采用他们在非游戏情境下不同的行为活动。“儿童总是会表现得超出了他们的平均年龄水平，而且超过了他们的日常行为表现。”其中一个例子就是儿童可以把与读写有关的活动和行为整合到他们的游戏当中，在他们掌握这些读写技能之前，很早地就可以在假想的情境下扮演阅读者和写作者。

根据对维果茨基理论的解释，纽曼和霍尔兹曼(1993)认为，因为游戏创造着儿童的最近发展区，学习发生在相关的、有意义的情境中，因此教师可以通过不同的游戏环境、资源和游戏机会来创造儿童的最近发展区。但是，这并不是指一种说教的、机械的方法。游戏并不是简单地用来达到正规课程的要求。它意味着教师要在儿童的游戏中发挥更为主动的作用。

伍德和艾特菲尔德提出，教师意图和儿童意图之间的平衡、教师定向的活动和儿童发起的活动之间的平衡，要通过游戏创造学习和教学的机会，要建立在相关情境下有意义互动的基础之上。教师的角色是多方面的，包括在适宜的时候激发语言和交流技能，帮助儿童创造、再认和解决问题，对认知挑战给予支持，示范行为、技能和学习过程，以及引导性地教授技能和知识等，这样也许就会有更强大的教育功能。伍德认为，引导儿童意识到自己的学习过程，可以帮助他们增长在不同情景下运用和转化自身知识和技能的能力。这些元认知策略包括记忆、回顾、行动中反思、评价、组织信息、交流以及进一步的计划等。所有这些技能都可以在游戏后的集体活动时间里进行教授。因此，儿童也需要重新认识游戏和学习之间的关系，从而变成成功的游戏者与学习者。

（摘自《通过游戏来教》，[英]尼尔·本内特等著，刘焱等译，北京师范大学出版社，2010）

小资料 2

与孩子共同游戏

文/上海市芷江中路幼儿园　戴珊珊

如何选择正确的时机参与游戏，给予幼儿指导？不同水平的教师有不同的表现。由低到高的水平表现为：教师示范或直接帮助幼儿；教师理解幼儿的游戏，并用参与游戏的方式引导幼儿进行探索或理解问题；教师判断幼儿的需求，掌握加入的时机与方式。

《上海市学前教育课程指南》指出，在幼儿的游戏活动中，教师以不干扰和打断幼儿的游戏为前提，可作为玩伴参与到某一幼儿、某一主题的游戏中去，或在一旁与幼儿开展平行游戏以示范和暗示，也可作为游戏旁观者给予建议、欣赏和鼓励，以保证幼儿的安全和游戏的顺利开展。在操作指引中也说到，教师在低结构活动中对幼儿的提问与回应是促进幼儿发展最直接的途径之一。在幼儿的角色游戏中，我以参与与回应的方式进行了介入支持。

刚升入中班不久的幼儿，在角色游戏中逐渐出现了从独自游戏到合作游戏形式的转变，在游戏过程中也可能带来矛盾与冲突。以下案例就是幼儿在娃娃家发生了一场“抢宝宝”的争执：

女孩 A 对男孩 B 说：“你是爸爸，爸爸不抱宝宝，妈妈抱宝宝。”说着便去拿男孩手中的娃娃。“我是妈妈，我是妈妈！”男孩双手紧紧地抱着娃娃不放。

女孩不再争抢娃娃，用商量的语气和男孩说：“我是妈妈，妈妈喂宝宝吃药。”边说边煞有介事地拿起桌上的小勺，摆出喂娃娃药的样子。不再理睬男孩。她一手把娃娃抱过来，一手用小勺喂，口中念念有词：“不苦，这是甜甜的药水，吃药就不打针了。”这时男孩便想抢回娃娃，“我也是妈妈，我来喂！”可是女孩紧抱着，对男孩说：“我是女孩子，我是妈妈。你是男孩子，只能做爸爸，应该我来抱！”双方争执不下。这种情况下，我就介入了。“咚咚咚，开门呀。奶奶来啦，奶奶来看小宝宝啦。”我对男孩说道：“哦，爸爸都下班啦，爸爸今天亲宝宝了吗?”男孩笑了，低下头去亲了一下宝宝。女孩看着男孩也笑了。我对女孩说：“妈妈，今天做什么好吃的呀？让奶奶也尝一尝好不好啊?”女孩立刻高兴地说：“我会做菜饭和鱼，爸爸你抱着宝宝，我来做饭。”说完将娃娃递给男孩，开始专注地切菜、炒菜。“爸爸”抱着娃娃在旁边督阵，真是和谐的家庭气氛。

在这一过程中，作为教师，我理解幼儿的游戏，在观察发现情况的基础上，在合适的时间、以游戏伙伴的角色介入，引导了幼儿游戏的继续发展。

特别是在具体方法上，我利用了平时所积累的有关幼儿生活的信息，效果比较好。比如，我知道这个男孩的性格，他一旦和小朋友的矛盾激化，就会比较激动，会出现抓人、咬人等行为。所以我选择了适当的介入时间。再有，在之前的“我的爸爸”小调查中，我了解到男孩的爸爸每天下班回来第一件事就是亲亲他。所以结合男孩的生活体验，我用提示让他模仿爸爸的行为，幼儿就觉得很自然。我也了解女孩平时很喜欢跟妈妈下厨房，模仿妈妈做饭菜。这样我让女孩做饭很合乎其兴趣，一下子就行动起来，从而化解了孩子们抢娃娃的争执。今后，随着幼儿的成长，如何启发他们自己解决问题，进一步发展其语言能力、社会性技能，是我下一步努力的目标。

（摘自《让评价成为一种专业行为》，郑惠萍主编，上海教育出版社，2013，有删改）

小资料3

培养爱玩的习惯

幼儿生活的一切就是像追求生命那样，要得到愉快、欢乐和喜悦。好的教育育方法要找到一种有益的事情，把它当作游戏，通过重复，激发孩子“学会点什么”的能力。

不必过分牵涉到“教育”这个词上来。一谈到什么教育，我们就容易联想到这是让孩子们做他们不喜欢的事情，其实不然。不是让他们做不喜欢的事，而“创造欢乐的游戏”才是培养幼儿能力教育的真实内容。不是“去玩培养不了能力”，而是“通过游戏来培养能力”。

让孩子们从玩乐开始，通过玩乐，朝着正确方向引导。——幼儿教育不是靠别的什么，必须从这做起。

粕谷一美这孩子3岁，我们一直训练她每天拉3小时的琴。也许有人会认为：“那太过分了，多大的负荷量啊”？可是，这谈不上什么过分不过分。为什么这样说呢？因为对于一美来说那是游戏，是玩，那样玩使她高兴得不得了。每天就一件事玩上3小时，那怎么能说是过分呢？

小一美的母亲把小提琴当作玩具拿给她，让她一遍遍地听练习曲唱片，即所谓“音乐气氛”。小一美把小提琴当作玩具，整天地玩，独自一个人拉。她妈妈按照我们指导的那样，偶尔伸手指点一下，也和孩子一起玩。这就是教育的名人艺术。

只要能培养就好，不一定非得摆出“教育”的架势，这样会使孩子也变呆板了。首先要让身心快乐，而后使他们掌握能力，这才是自然的、正确的教育方法。

我们招收的幼儿，并不是从一开始就让他拉小提琴的。为了使做家长的也能拉上一曲，我们首先指导家长。而后在家里让孩子们听准备练习的曲目的唱片。

我们在家长学会拉一个曲子之前，是不让孩子拉小提琴的。这个规定有非常重要的意义。因为，通常不管做家长的多么想让孩子拉琴，可是孩子却根本没有“想练小提琴”的愿望。

“自己也想拉琴”的心情是在无意中产生的。为此在家里就让他听唱片，在教室里就把他放在其他正在拉琴的孩子身边。而家长在家里、在教室里也拉小小的提琴。这样孩子迟早会从母亲手里把“那个琴”拿过来，自己也开始想玩了。

（引自《幼儿教育与成才》，[日]铃木镇一著，北京体育学院出版社，1988）

拓展阅读

如果你还想进一步了解本章内容的话，可以阅读下列书籍和资料：

1. 儿童游戏译丛——《我的游戏权利》《游戏的关键期》《游戏的卓越性》《通过游戏来教》《仅仅是游戏吗》，[英]尼尔·本内特等著，刘焱等译，北京师范大学出版社，2010

2.《幼儿游戏理论》，华爱华著，上海教育出版社，2000

3.《幼儿游戏(上下册)·香港理工大学学前教育系列》，北京师范大学出版社，1994

4.《以游戏为中心的保育》，[日]河边贵子著，朱英福等译，华东师范大学出版社，2009

本章主要参考资料

1.《儿童游戏通论》，刘焱著，北京师范大学出版社，2004

2.《幼儿游戏理论》，华爱华著，上海教育出版社，2000

3.《幼儿园真谛》，[日]仓桥物三著，李季湄译，华东师范大学出版社，2014

第八章
幼儿园与小学的衔接

大自然希望
儿童在成人以前就要像儿童的样子。
如果我们打乱了这个次序，
就会造成一些早熟的果实，
它们长得既不丰满也不甜美，
而且很快就会腐烂。

——[法]卢梭

学习导航

1. 幼儿园与小学两类教育机构有什么不同？
2. 幼儿入学不适应是什么原因？
3. 是否聪明的幼儿上小学就肯定没有问题？
4. 怎样正确认识幼小衔接工作？
5. 幼儿园怎么配合家长做好衔接工作？
6. 幼小衔接中的小学化倾向有什么危害？

学完本章后，如果你能理解幼小衔接的实质和重要意义，明确幼小衔接工作的指导思想以及衔接的内容与要求，了解幼儿入学的主要困难和对策的话，你就能回答上面的问题。

本章内容

- 幼儿园与小学衔接的含义
  - 什么是幼儿园与小学的衔接
  - 造成幼儿园与小学不衔接的主要原因
    - 幼儿园教育与小学教育各有不同的特点
    - 儿童身心发展的阶段性与连续性
  - 幼儿园与小学衔接的重要性
- 幼儿园实施幼小衔接工作的指导思想
  - 长期性而非突击性
  - 整体性而非单项性
  - 培养入学适应性而非搞小学化
- 幼儿园方面的幼小衔接工作
  - 幼小衔接工作的主要内容与方法
    - 培养幼儿对小学生活的热爱与向往
    - 培养幼儿对小学生活的适应性
    - 帮助幼儿做好入学前的学习准备
  - 幼小衔接工作应注意的问题
    - 进行幼儿园教育与小学教育的双向改革
    - 提高教师专业素质，科学地开展幼小衔接
    - 有针对性地进行幼小衔接
    - 加强家、园、社区的合作

第一节　幼儿园与小学衔接的含义

一、什么是幼儿园与小学的衔接

所谓“衔接”，意指“连接”“连续”“连贯”，其反义词是“隔断”“断开”“脱节”等。幼儿园与小学的衔接即指幼儿园与小学两个不同的教育阶段之间的连接过程，这一接轨是否平稳、连续、连贯，而非相互脱节、断裂，直接影响着儿童入学后对学校生活的适应，进而对他们的身心健康、学习兴趣以及情感、能力、人际关系等多方面的发展造成严重影响。

二、造成幼儿园与小学不衔接的主要原因

(一)幼儿园教育与小学教育各有不同的特点

由于幼儿园与小学是分属不同教育阶段的两种教育机构，面对的对象不同、任务不同，所以二者不可能一样。其主要区别表现在：

1. 教育的基本活动

作为两个不同的教育阶段，幼儿园教育与小学的基本活动是完全不同的。小学以上课为基本活动，而幼儿园则以游戏为基本活动。在幼儿园教育中，玩中学是幼儿主要的学习方式，幼儿主要通过直接感知、实际操作、亲身体验来了解周围的世界，积累有益的经验。幼儿园里各种类型的游戏，特别是活动区角游戏，让幼儿有较多的自由选择机会。由于幼儿园教育属非义务教育，幼儿也没有分数、作业、考试等带来的学业压力；而在义务教育的小学阶段，上课是主要的教学形式，儿童必须服从统一的上课安排，学习以书本为主要载体的学科文化知识成为一项必须完成的任务。学校通过分数、作业、考试等，对儿童的学习质量、进度等进行严格的学业管理。

2. 作息制度及生活管理

幼儿园的生活节奏自然而宽松，如一日生活中游戏活动时间较多，生活管理不带强制性，没有出勤率要求等。教师遵循保教合一的原则，把教育与生活上的照顾融合起来，让幼儿在吃喝拉撒睡等各方面的需求都能得到比较周到和细致的满足；小学阶段的生活节奏快速、紧张，每天上课时间较长，纪律规则、作息制度都带有强制性，教师对儿童生活上的照料明显减弱，对儿童生活自理能力的要求明显提高。

3. 师生关系

在幼儿园里，每班2～3名教师、保育员的配置是固定的，幼儿与教师

非常熟悉、接触机会多、时间长，师幼关系密切，幼儿所有的需求基本上都能得到教师直接而具体的帮助；而在小学里，除班主任之外，科任老师一般非班级专配，师生接触主要是在课堂上，儿童与教师的接触机会、时间相比在幼儿园大大减少，涉及面也明显变窄，儿童易产生不安感，对刚入学的儿童来说尤其如此。

4. 环境

幼儿园环境适合幼儿的特点：活动室的布置生动活泼，有许多活动区域，玩具和活动材料丰富，能满足幼儿游戏、操作、选择等多方面的需要；活动室的配置考虑了幼儿如厕、洗手、喝水、午睡、游戏等方面的需要，让幼儿能够方便地学习与生活。小学的环境对刚入学的儿童来说，教室一般显得比较单调、严肃，成套的课桌椅排列固定没有游戏区域，教室里缺少玩具、活动材料等；教室功能单一，基本上只是上课的地方，儿童无论课间喝水、如厕还是午间的就餐、午睡，都不像幼儿园那么方便。

5. 社会及成人对儿童的要求和期望

给幼儿一个快乐的童年已成为全社会基本的共识。成人对幼儿的要求相对比较宽松，使幼儿的学习压力比较小，没有非完成不可的社会任务；而社会及成人对小学生的要求就相对严格、具体，家长对小学生具有很高的期望。儿童的学习压力大，要负担一定的社会责任。

综上所述，幼儿园教育阶段与小学的区别很大，的确不可小视。可以想见，如果幼儿园与小学两边都各自强调自己的特点，完全无视儿童的需要的话，那必然使入学初期的儿童面临十分艰巨的适应任务。

(二)儿童身心发展的阶段性与连续性

儿童的成长是一个由量变到质变的渐进的发展过程，有一定的阶段性，各阶段呈现出不同的发展特点。以思维的发展为例：学前阶段幼儿的思维以具体形象思维的发展为主，而上小学以后则以抽象逻辑思维的发展为主。但是，儿童发展的各个阶段不是截然分开的，而是具有连续性的。发展是一个渐进的过程，没有哪个儿童前一阶段一结束，前一阶段所有的特点就顿时全部消失，后一阶段的特点就一下子全部出现。在前、后两个发展阶段之间，实际上存在一个兼具两阶段特点的交叉时期(参见图 8-1)。在这一时期，儿童既保留了上一阶段的某些特征，又开始拥有下一阶段最初的某些特征，这一时期在教育学上被称为过渡期。刚入小学的儿童正是处于过渡期的儿童。

如上所述，幼儿园与小学两类机构的巨大差异表明，两者都只重视了儿童发展的阶段性，而忽视了其发展阶段之间的连续性。即是说，现今的幼儿

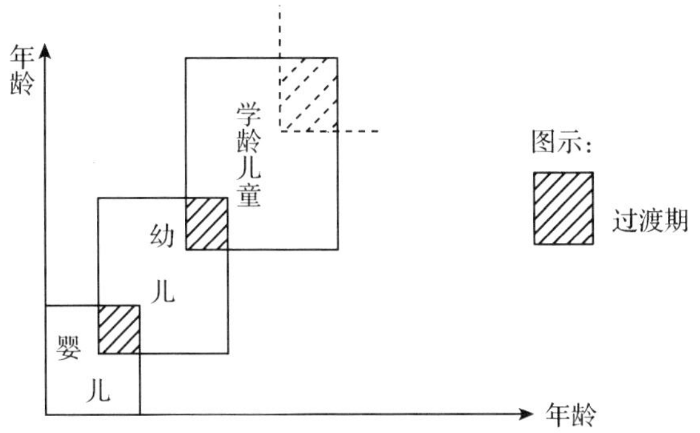

图 8-1　儿童发展的阶段性和连续性示意图

园与小学分别适合幼儿、学童，而无论是幼儿园还是小学，都没有充分考虑从幼儿刚刚变成学童的、尚处于发展过渡期的儿童的需要，都缺乏对过渡期儿童行之有效的教育举措与方法，都没能够为过渡期儿童提供足够的有效帮助，从而造成了许多儿童入学后适应不良的问题。对儿童身心发展连续性的忽视是幼儿园与小学不衔接的根本原因。

三、幼儿园与小学衔接的重要性

幼儿园与小学的衔接对儿童的发展具有重要意义。

幼儿结束幼儿园的生活进入小学，成为一名小学生，这一转变远不只是上学地点的变化，而是儿童个体人生发展历程上的一个重大转折。做好幼小衔接不仅仅给入学儿童开创了一个良好开端，为他们当下的、后继的以致终身的学习与发展奠定了良好的基础，也为顺利实施九年义务教育，避免儿童出现厌学、辍学等问题，提高整个基础教育的质量提供了强有力的保证。

相反，如果幼小不衔接，不仅影响基础教育的发展，更严重的是会影响儿童的身心健康，影响儿童当下的和长远的发展。儿童入学后，由于学习压力加重、生活习惯变化、人际关系陌生、学校与家长的监管强化等各方面的原因，会造成他们在生理、心理、社会适应等方面出现问题。生理方面如身体疲劳、睡眠不足、食欲不振、肠胃消化不良、体重下降、经常头晕腹泻等；心理方面如情绪低落、自信心不足、学习兴趣降低甚至厌学、紧张焦虑等；社会适应方面如胆小、孤僻，人际交往不良、人际关系紧张等。这些问题如不能很好解决，不仅会严重影响初入学儿童身心的健康发展，而且还会对其今后的学习和生活产生消极影响，甚至让他们失去对学校、对社会的积极态度和对未来生活的信心。

第二节　幼儿园实施幼小衔接工作的指导思想

一、长期性而非突击性

幼儿园教育是终身教育的一个重要组成部分，旨在为儿童的终身发展打好基础。因此，不应当把幼小衔接工作仅仅视为两个教育阶段的过渡问题，而应把它置身于终身教育的大背景下去考虑。应当看到，让幼儿顺利地实现入学适应只是幼儿园教育的近期目标而已，它是实现幼儿园教育长远目标的一个组成部分。对幼儿园来讲，在时间上要把幼小衔接工作贯穿于幼儿园教育的各个阶段，而不仅仅只是在大班或大班后期，人力上也决不能仅仅只由大班老师来承担；在幼小衔接的内容上，要坚持全面发展终身学习所需要的各方面的素质，而决不能够仅仅只对幼儿进行学业知识方面的准备；对小学来讲，不能把衔接工作仅仅看成是幼儿园一个阶段的事，而应当遵循素质教育的精神，立足于儿童的终身发展，进一步改革课程、改革不适合儿童发展的教育形式、方法等，共同做好幼小衔接工作。

二、整体性而非单项性

幼小衔接是全面素质教育的重要组成部分，应当从幼儿德、智、体、美、劳各方面全面整体推进，而不应仅偏重某一方面。在幼小衔接中，偏重“智”的倾向比较严重。有的教师一谈到衔接，马上就想到教幼儿认汉字，学拼音，做算术题等，而对于德、智、体、美、劳各方面的全面准备重视不够。研究表明：健康的身体、积极的学习态度、浓厚的学习兴趣及求知欲、充足的自信心与自我控制能力、稳定的情绪以及人际交往能力、生活自理能力等，对幼儿顺利适应小学生活都是至关重要的。从现在新生入学后所发生的各种问题来看，缺乏适应新环境所需要的身体素质、心理素质以及良好的习惯等，其带来的危害可以说远比学业知识准备不足更加严重。例如，某校一新生在中午放学时突然晕倒，经医生检查发现这个学生是因为天气炎热，衣着过多又极度缺水而引起的中暑。当问及为什么不脱衣、不喝水时，这个学生说：“妈妈没让我在学校脱衣服，喝水多了要上厕所，我一个人不敢去……”又如，有的小学生没有养成专心听人讲话的习惯，注意力经常不集中，因此老师布置的作业常常记不全，于是造成作业总完不成而挨批评，以致后来发展到讨厌老师、厌学逃学；有的儿童胆小，遇到问题不敢找老师反映，有什么事情也不敢向老师寻求帮助，以致连上课尿憋急了都不敢举手，结果逐步对学校生活产生紧张、不安，甚至恐惧的情绪。由此可见，儿童入学后适应不良的原因不少是由于身体、学习态度与习惯、意志力、人际关系、交往能力、独立自理能力等方面的准备不足而造成的。要搞好幼小衔接，必须培养幼儿入学所必需的各种基本素质，从健康、社会性、语言、认知等各方面整体地全面地推进。

在衔接中仅偏重某一方面是错误的，而在某一方面中又偏重某些因素则更片面了。有的教师把智育片面地理解为仅是让幼儿记忆知识，学会技能，而对智育的其他因素，如作为智育核心的思维能力、创造能力则重视不够，对幼儿的学习主动性、兴趣、习惯等与智力发展密切相关的学习品质的培养则更是忽视。这种片面的衔接教育对于幼儿入学后尽快适应小学的学习与生活是非常有害的。例如调查表明，有的幼儿园只重视计算技能的简单训练，忽视幼儿思维能力的培养，结果幼儿入学后，数学学习并不好。而数学学习好的儿童都表现出喜欢数学、思维发展较好、自信心强等特点。可见，幼小衔接工作需要开展全方位的素质教育，而决不能只搞“单项突破”或片面发展。

三、培养入学适应性而非搞小学化

在幼小衔接工作中的另一误区就是“小学化”倾向严重。有些教师认为，要与小学搞好衔接就是提前用小学的教育方式、教育内容来训练幼儿。如提前让幼儿学习小学的知识，提前学拼音、写汉字等。这样一来，幼儿园的教育内容不再是幼儿熟悉的、与之关系密切的周围生活中具体的人或事，而是大量抽象的文字或符号，大量背离幼儿的年龄特点、幼儿不能理解的知识；幼儿园的教学方式不再是快乐的游戏、感知体验、实际操作，而是长时间的超负荷的知识灌输，强迫性的机械训练、死记硬背；幼儿园的活动组织与管理不再为幼儿提供自由选择的机会，不再是集体、小组、个别形式的灵活运用，而是形式主义地追求与小学的一致，如大一统地集中上课，还要求幼儿一律背着手听讲，不许随便上厕所、喝水，课后也有家庭作业、做不好就挨批评……这样严重违背幼儿身心发展规律与学习特点的“小学化”衔接，不但不能提高幼儿的入学适应能力，反而会极大地挫伤幼儿对学习的兴趣与热情，使他们体会不到学校生活的乐趣，而是未进学校就先怕学校，给今后的学习与发展埋下严重隐患。

幼小衔接工作一定要坚持幼儿园教育的特点，重视培养幼儿的入学适应性，培养幼儿适应新环境的各种基本素质，而决不能够把小学的一套简单地搬到幼儿园，把幼儿园变成小学。

第三节 幼儿园方面的幼小衔接工作

一、幼小衔接工作的主要内容与方法

如前所述，幼小衔接是根据过渡期儿童身心发展的特点，从德、智、体、美、劳诸方面，为幼儿入学、也为其终身的学习与发展打下良好基础。那么，在幼儿园教育阶段，这一工作应当从哪些方面着手呢？

（一）培养幼儿对小学生活的热爱与向往

幼儿对小学生活的态度、看法、情绪状态等，与入学适应关系密切。因此，幼儿园阶段应注意培养幼儿愿意上学，对小学的生活满怀憧憬和向往，为做一个小学生感到自豪的积极态度，并让幼儿有机会获得对小学生活的积极情感体验。夸美纽斯曾经说，为了让幼儿体会到上学是件非常愉快的事，“首先，在接近儿童入学的时候，成人应当以快乐的心情尽力鼓舞儿童，好像节日和收获葡萄季节快到时那样。”其次，“告诉儿童入学获得学问是何等美好的事情”，这样来激发儿童对知识的渴求；再次，“应当努力激发儿童对未来教师的信心和爱戴”，让儿童相信未来的教师是有学问的智慧仁慈的。总之，为让幼儿对即将到来的新生活充满信心，幼儿园应当通过多种教育活动，特别是加强与家长、小学的合作，来培养幼儿的积极情感，让幼儿逐步了解小学、喜欢小学，渴望做个小学生，最后愉快、自信地跨进小学。比如，为让幼儿对小学有一个初步的良好印象，幼儿园可以与附近小学和家长合作，带幼儿参观小学；请小学生来园当大哥哥、大姐姐与幼儿一起游戏；在幼儿园的角色游戏、活动里导入上学的主题或有关内容；请作小学教师的家长给幼儿讲小学的有趣的生活，等等。另外，要重视长期地一贯地在日常生活中，潜移默化地为幼儿注入入学的正能量。比如，让幼儿常常从老师或家长那里听到关于学校的积极的正面的话语，而不是威胁性的、恐吓性的话语，这样有利于幼儿心中的小学成为一个美好的、令人向往的地方，而不是一个让他们产生紧张、恐惧，感到可怕的地方。

正面的话语如：

“这个问题你现在不懂，没关系。等上了小学，学到许多东西后，你就会明白了。”

“这是妈妈小学运动会的照片，我们班接力跑第一呢。你看，这是老师在给我们加油。”

“爸爸现在造大轮船，我在小学时就参加了航海模型组，还是小组长呢。”

应避免的反面话语如：

“你现在玩得高兴，上了小学可就没这么舒服了。”

“你总是画得乱糟糟的，上了小学要这样做作业，老师不罚你写十遍才怪呢。”

“上了小学要把玩具全部收起来，回家就好好地做功课。”

(二)培养幼儿对小学生活的适应性

幼儿入学后，是否适应小学的新环境，适应新的人际关系，对其身心健康影响很大。有一种认识是，幼儿只要提前认一些字，学一点拼音、算术等就没有问题了，这是十分片面的。培养幼儿的社会适应性，不仅关系着幼儿入学后的生活质量，也关系着他们在小学的学习质量，是幼小衔接的重要内容。

1. **培养主动性**

培养主动性就是在幼儿园教育中，培养幼儿的自信心、对周围的人和事物的积极态度，激发幼儿对活动的参与欲望和兴趣，给他们提供自己选择、自己计划、自己决定的机会和条件，鼓励他们去探索、去尝试，并使他们尽量获得成功的体验。幼小衔接方面的研究表明，富于主动性的幼儿思维活跃，做事有信心，能主动与人交往，入学后能够比较快地适应小学新环境。

2. **培养独立性**

幼儿的独立性主要表现在有一定的独立行动与思考的能力、自我管控的能力，自己能做的事情不依赖他人等。很多幼儿因为从小在成人的监督下生活，做什么都依赖成人的安排，自己不爱动脑筋，缺乏独立行动能力，离开了成人的安排和监管，甚至难以保证在该学习的时间里学习。长期成人的包办还使不少幼儿遇事总习惯依赖他人，遇到困难更是如此。

独立性的缺乏严重地影响了儿童较快地适应小学的生活。独立性的培养必须通过家庭和幼儿园的合作才能实现。家园共同要求幼儿自己能做的事自己做，协助并鼓励幼儿自我计划、自我管控，独立地行动。独立性的培养与主动性的培养是一致的，可以在同一过程中进行。

3. **发展人际交往能力**

幼儿人际交往能力的重要性表现在入学后对新的人际环境的适应上。交往能力差的幼儿往往因为胆小、孤僻，不能主动地与同伴交往，或与同伴难以友好相处，结果在新的环境里因为缺少新朋友而感到孤独、心情沮丧、学习的兴趣大大减低，学校的吸引力也随之消失。

培养幼儿交往能力的方法是创设一个宽松、自由的交往环境，改善师生关系，鼓励幼儿之间的交往，让幼儿真正体会到与老师、同伴在一起的愉快，从而愿意主动投入到交往活动中去。另外，有针对性地教给幼儿一些人际关系方面的知识、技能也是非常必要的。

4. 培养幼儿的规则意识和任务意识

在小学生活中儿童会碰到许多新的规则与纪律，如进办公室要报告，上课前书要摆在书桌右上角，上课不能喝水、随便说话、下位等。儿童难以记住和遵守这些规定，这成为不少新生受到老师批评的主要原因。同时，入学后学习成为必须完成的任务，可刚入学的儿童却一时难以发展与之相应的任务意识与完成任务的能力。有的儿童听不懂老师的任务要求，有的儿童不知道作业是必须要完成的，当老师询问作业完成情况时，还很轻松地回答："我不喜欢做"，或者"昨天爸爸带我去姥姥家了，我就没写。"由此可见，幼儿园应当注意培养幼儿的规则意识和任务意识，特别在大班阶段。

随着幼儿年龄的增长，可通过开展规则游戏或其他竞技活动，让幼儿逐步懂得生活、学习、游戏等的规则，并让他们有机会体验到不遵守规则所造成的不良后果，有意识地发展其自我控制能力。同时，幼儿园可在生活制度、游戏规则、集体活动纪律等方面提出适合幼儿的要求，让幼儿逐步加强规则意识，养成遵守规则的习惯，以有利于缩短入学后适应小学规则的时间。

在幼儿园和家庭里，通过教师与家长的配合，给幼儿创造更多发展任务意识的机会。如对幼儿完成值日生工作，完成画画、手工、计算等学习任务，完成某项家务劳动时，给予及时的肯定，让他们体验到完成任务的快乐感、成功感。在遇到困难时，鼓励他们坚持，不轻易放弃，培养幼儿能自始至终完成一项任务的责任感和毅力。同时，也应教给他们完成任务所必需的知识与技能。

(三)帮助幼儿做好入学前的学习准备

学习准备是着眼幼儿终身学习的需要，培养其学习所需的基本素质，并在此过程中，为幼儿上小学打下良好的基础。学习准备主要可从学习品质与学习能力两方面着手。

1. 培养良好的学习品质

所谓"学习品质"，主要指学习态度、行为习惯、方法等与学习密切相关的基本素质，是在幼儿期开始出现与发展，并对幼儿现在与将来的学习都具有重要影响的基本素质。《指南》明确要求“重视幼儿的学习品质。”并具体指出：“要充分尊重和保护幼儿的好奇心和学习兴趣，帮助幼儿逐步养成积极主动、认真专注、不怕困难、敢于探究和尝试，乐于想象和创造等良好学习品质。”学习品质不同于学业知识内容，它似乎看不见、抓不着、难以评量，然而其重要性却丝毫不亚于学业知识、技能，甚至可以说比知识、技能的学习有着更加深刻的长远的意义。良好的学习品质就像是充盈在生活中的氧气，尽管看不见摸不着，却须臾不可缺少。只有呼吸到新鲜的氧气，个体的身心才会健康，只有培养良好的学习品质，才能保证幼儿现在和今后的学习与发展的质量，使幼儿终身受益。“忽视幼儿学习品质培养，单纯追求知识技能学习的做法是短视而有害的。”(《指南》)

不能不看到，忽视或轻视学习品质的培养，认为“只有学业知识才是有价值的知识”“学业学习是唯一有价值的学习”“学习只要培养一个聪明的脑袋就行”等观点，在幼儿教育中仍有很大的市场，成人往往更关注怎样让幼儿更聪明，认了多少字，会算多少道题等，而对学习品质的培养尚未引起足够的重视。

在幼儿园教育中培养幼儿的学习品质，要注意以下几方面：

一是一定要在幼儿实际的生活、游戏中，在幼儿的所有学习活动中进行培养，而决不能脱离幼儿具体的、鲜活的学习活动，进行孤立的所谓专项训练，那是违背学习品质形成的规律的。因为学习品质不是孤立存在的，并不存在一种脱离具体学习领域或学习内容的抽象的学习品质，它是在具体的学习活动中表现出来的，是在幼儿的生活中、游戏活动中显露出来的。如《指南》里所倡导的那样，“开展丰富多样、适合幼儿年龄特点的各种身体活动，……鼓励幼儿坚持下来，不怕累。”(健康：动作发展)“当幼儿遇到感兴趣的事物或问题时，和他一起查阅图书资料，让他感受图书的作用，体会阅读的乐趣。”(语言：阅读与书写准备)“在保证安全的情况下，支持幼儿按自己的想法做事；或提供必要的条件，帮助他实现自己的想法。”(社会：人际交往)“支持和鼓励幼儿大胆联想、猜测问题的答案，并设法验证。”(科学：科学探究)……也就是说，在帮助幼儿进行体育锻炼时，就同时在培养幼儿的“坚持性”“不怕困难”；在与幼儿一起阅读时，就同时在发展幼儿的“阅读兴趣”“注意力”“收集资料的方法与能力”；在支持幼儿按他自己的想法做事，大胆假设和验证自己的想法时，就同时在发展着幼儿的“主体性”“主动性”“想象力”“探究兴趣”“思维能力”等学习品质。而那些孤立的“注意力训练”“创造力训练”等专项训练，很容易让幼儿产生反感情绪，也违背了学习品质的发展规律。

二是学习品质的培养是要靠长期的、一致一贯的养成教育来实现的，决不可能立竿见影或自然而然地“树大自然直”。因此既不可能靠短期训练急于求成，也不能听之任之放任自流。比如良好学习习惯的培养，如喜欢图书的习惯，爱自己动脑筋想问题的习惯，做事认真、专注的习惯，注意力集中地听老师讲话的习惯，保持文具、书本整洁的习惯等，都不是靠成人简单的规定或训斥就能够做到的，都需要教师和家长在家庭和幼儿园里，在长期的日常生活中，成人以身作则，潜移默化地熏陶，并从每件事情上着手，一致一贯地严格要求，让幼儿通过“快乐地重复”(教育家斯宾塞说，习惯就是快乐地重复)，逐步形成好的学习习惯。

三是幼儿学习品质的形成受多种因素影响。如幼儿自身的兴趣、外部环境状况、教师的教学方法以及学习对象的情况等，都与幼儿学习品质的表现与发展高度相关。比如，幼儿做自己喜欢的事情时，可以非常专注、坚持、碰到问题乐意动脑筋去琢磨解决办法、有困难也能想办法克服等，而对不感兴趣的事情则会出现完全相反的表现；在吵闹的、干扰较大的环境中，幼儿是难以集中注意力、有头有尾地做完一件事的；如果长期在一个高控制的、缺少自主活动机会的环境中生活，幼儿总是不能做自己想做的事的话，那幼儿就是会逐渐地习惯于被动——没有想做的事、不再想做什么事，这对幼儿学习品质的培养是非常不利的；如果教师方法生硬，学习内容幼儿不熟悉、难度过高或毫无兴趣的话，要让幼儿积极主动地投入、一直专心地学习也是不可能的。另外，由于幼儿的个体差异大，培养学习品质的办法必须因人而异，对症下药。

2. **发展幼儿的学习能力**

发展学习能力不仅是幼儿当前学习之必需，更是其终身学习之必需。放眼未来的幼小衔接必须重视发展幼儿的学习能力——思维能力、探究能力、解决问题的能力等。

思维能力是智力的核心，思考、探究、解决问题的能力是幼儿发现世界、获取新知、运用知识、建构知识所必需的能力。在幼儿园教育中，明显存在着偏重知识灌输、技能训练，忽视能力培养的倾向。有测试结果表明，在寻找排序规律、图形守恒、看图编应用题等智力型题目上，幼儿的得分大大低于一般加减计算题目的得分；在考查解决问题能力的情境性测试中，能快速计算 10 以内加减法算术题的幼儿却不知道在“小商店”里用 10 元钱如何选择三样明码标价的商品。这说明，需要思维参与的问题对幼儿来说比较困难，幼儿也缺乏运用知识解决实际问题的能力。而对入学新生的追踪调查表明，学习能力较强的儿童，比起那些只在技能上较强的儿童来，他们在小学里具有更好的学习状态、更大的学习潜力、更强的学习后劲。因此，把幼儿从死记硬背、强化训练中解放出来，发展其思考、探究、解决问题等学习能力，乃是做好幼小衔接学习准备之必须。

在入学准备上重视学习能力决不意味着不需要知识、技能，把培养能力与教授知识、技能对立起来是完全错误的。知识、技能与学习能力并不矛盾，关键是让幼儿怎么学习知识、技能，在什么观念下、用什么方法来指导幼儿学习知识、技能。

比如认字，在不少人眼中这是幼小衔接最重要的内容，认为幼儿认字越多越聪明，上小学就越能够适应。而实际情况并非如此。首先，从识字的基本学习机制来看，它就是刺激与反应之间的简单联结。也就是说，识字的过程不过是建立条件反射联系的过程而已，不需要什么思维活动的参与，与幼儿聪明与否没有多大关系。真正有价值的是思考力并用文字进行表达的能力。其次，如前所述(参见本章前文“培养幼儿小学生活的适应性”)，在小学适应好、学习好的儿童未必是认字多的儿童，往往是在社会性适应、学习品质与学习能力上优秀的儿童表现更佳。因此，在幼小衔接中片面强调单纯的认字，让幼儿靠机械记忆来增加识字量，既不利于幼儿语言能力的发展，也不能促进幼儿思维的发展，还容易造成幼儿因学习枯燥而情绪低落，甚至产生厌学倾向。语言是交流与思维的工具。发展幼儿的语用能力，即用语言进行表达、交流、讨论、协商等能力，是发展幼儿语言能力的最好途径，是发展幼儿有条理地思考，组织自己的思想并有序、连贯、清楚地表达的最好途径；也是发展幼儿对交往对象的语言、想法、情感或对交往情境的理解力、判断力、反应力等的最好途径。

因此，幼儿园应像《纲要》所要求的那样，“创设一个能使幼儿想说、敢说、喜欢说、有机会说并能得到积极应答的环境”，通过开展丰富的游戏、开展生活中幼儿与同伴之间、幼儿与老师之间的积极交流互动，让幼儿在倾听与表达的过程中不断发展自己的思维能力以及整体的认知能力，这比让幼儿学会认几个字重要得多。同时，应遵循《纲要》《指南》的精神，重视培养学习动力，培养幼儿“对图书和生活情境中的文字符号感兴趣”，而非进行小学化的识字训练，让幼儿孤立地死记硬背那些他们未必理解的字、词、成语等。

在这方面不少幼儿园已经积累了许多很好的做法。如通过师幼共创，或幼儿用图画或符号自创的墙饰、图片与文字配合的每周食谱、小农场中的蔬菜或农作物名牌、走廊里随处可见的生动形象的文字或符号指示牌、记录表等，创造一个丰富的文字与符号环境，让幼儿天天接触、关注文字符号，产生强烈的学习兴趣，快乐而自然地学会不少汉字；利用幼儿对自己和同伴名字的兴趣，让幼儿在自己的图画、照片、手工作品、图书上签名而练习书写(参见图 8-2)；引导幼儿关注同伴的签名、值日生表上每天变化的名字卡片，逐步认识全班小朋友的名字(参见图 8-3)；给幼儿提供良好的阅读环境和条件，通过师幼共读、自主阅读、录音带配读、操作材料配读等，培养幼儿爱书、读书的好习惯，并快乐地记住他们感兴趣的文字、词语、符号等；鼓励并帮助幼儿在绘画、手工、填图、写信、制贺卡、自制图书等活动中，通过写写画画，用自己的图画、符号等绘制自己的故事，表达心中的感情，并实际地体会文字的用途(参见图 8-4)。这样的识字教育符合幼儿园教育的特点，符合幼儿的学习特点，完全区别于小学化的识字训练。它融入幼儿的生活中，全面地发展着幼儿的语言、社会、认知、艺术等方面的学习能力，是幼小衔接的适宜做法。

图 8-2　教师与幼儿共同制作的海报

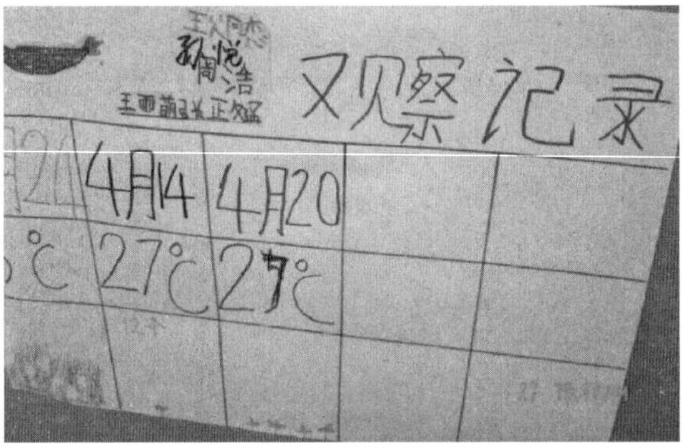

图 8-3　幼儿的观察记录

图 8-4　给妈妈的信

图 8-5　我爱看图书

再如计算，幼儿需要学习数数、写数字、加减法等，但不能靠快速的大量枯燥无味的重复的练习来实现。从下面的案例可以看到，能力导向的教学既能帮助幼儿学习计算、识字技能，又能够将其学习能力提升到新高度。

例　　　在生活中帮助幼儿建构数学经验与能力

我们遵循《纲要》的精神："从生活、游戏中感受事物的数量关系，体验数学的重要和有趣""引导幼儿对周围环境中的数、量、形、时间和空间等现象产生兴趣，建构初步的数概念，并学习用简单的数学方法解决生活和游戏中某些简单问题。"改变了数学教育中的若干偏向，如重知识技能、轻情感态度，重课堂学习，轻联系实际等，强调密切结合幼儿生活，利用真实的问题情境，使幼儿在生活中感受数学、建构数学知识与经验、解决实际问题，发展对数学的积极的学习态度。

比如，在"做值日"这一很平常的生活环节中，幼儿发现了做值日时产生的组数与时间的矛盾，老师利用这一契机，生成了"做值日"活动，让幼儿"能发现生活中许多问题都可以用数学的方法来解决，体验解决问题的乐趣。"(《指南》)

刚升入大班的幼儿商量怎么做值日。有幼儿发现"我们班 6 个组，如果从周一到周五每天一组做值日，那么第六组哪天做呢?"有幼儿说："每组一天，轮流做吧。"也有幼儿说："把第六组分开，这样就正好 5 个组了。"大家都赞成这个建议。为了帮助幼儿分组，老师在黑板上画出一个表格，同时边用问题引导幼儿进一步有条理地思考：原来每组有几个小朋友？每组再加 1 个是几个？每组分 1 个，第六组分出去了几个小朋友？还剩几个？怎么办？幼儿一一回答，还决定把最后多出的 1 人分给第 2 组，这样每组的人数就一样多了。在幼儿回答的同时，老师还请幼儿到黑板上按回答的顺序写出相应的数字。这样通过师幼合作，分组结果直观清楚地呈现出来了。

小组	一	二	三	四	五	六
原来人数	6	5	6	6	6	6
	+	+	+	+	+	−
增加人数	1	1+1	1	1	1	−5 −1
现在人数	7	7	7	7	7	0

在这一过程中，在老师的指导下，幼儿不仅练习了数数、写数、加减法等，更重要的是他们发展了有条理地思考、实际地用数学解决问题的能力，学习了用表格进行记录的方法，并感受到生活中数学的有用和有趣。

（由北京市某幼儿园提供）

3. 培养良好的生活习惯与生活自理能力

为了更好地适应小学的生活与学习，需要在入学前培养幼儿按作息时间有规律地生活的好习惯。调查表明，生活习惯好、自理能力强的儿童在入学后表现得更有自信心、更富有积极的自我意识和个人效能感，更富有稳定的情绪，更具有活动能力和适应能力。而在不适应小学生活的儿童中，有相当一部分是因为自身的生活习惯不良、生活自理能力差所致。比如，作息习惯不好，晚上过长时间看电视、贪玩，睡得较晚，早上不能按时起床。这样的习惯就造成了一系列问题：如因早上时间紧张，于是儿童就养成了早上不好好吃早饭、甚至不吃早饭的坏习惯，结果到上午第二节课或第三节课时，便开始因肚子饿而不能专心听讲，甚至出现头晕、肚子痛，不能坚持上课的现象；因为早上时间紧张，儿童经常在家长的催促与责骂声中开始新的一天，加之因迟到常受到老师的批评，致使儿童情绪低落，严重地影响了入学后的学习生活。因为生活自理能力差，儿童不会自己整理书包，往往成人包办，结果到上课时，常看到有儿童在书包里乱翻，找不到上课需要的东西，有的甚至把书包里的东西全倒在课桌上来慢慢找，非常影响上课；再如，因为儿童不会料理自己的生活，使初入学时的如厕成为一个大问题。特别是在冬天，儿童因为自己穿不好裤子而怕上厕所，于是有的儿童整天不喝水，有的儿童上课因憋尿而无法正常上课，致使精神紧张，甚至变得孤僻、自卑，给儿童的身体、情绪、学习，甚至性格方面都带来了极大的负面影响。

值得注意的是，有一种观点轻视生活习惯与生活能力对入学适应的影响，片面地把学业知识准备等同于入学准备，这给幼儿后继的学习与发展带来严重的后患。在《指南》中，把"具有良好的生活习惯""具有基本的生活自理能力"明确地列为学习目标。在幼小衔接工作中，一定要坚决地落实《指南》的精神，高度重视幼儿的生活习惯与生活能力，保证幼儿能够身心健康地可持续地学习与发展。

二、幼小衔接工作应注意的问题

如前所述，幼小衔接问题不仅关系到幼儿入学的适应问题，还对幼儿的终身发展产生深远影响，因此各有关机构必须做好此项工作。在工作中特别应注意的是：

(一)进行幼儿园与小学教育的双向改革

幼儿园与小学共同配合搞好幼小衔接工作十分必要，意义重大。

在幼小衔接中，曾经出现过幼儿园向小学看齐和小学向幼儿园看齐两种倾向。而实践证明，解决幼小衔接问题决不是单靠哪一方能完全解决的，必须进行幼儿园与小学教育的双向改革，共同以儿童身心发展的阶段性与连续性的规律为依据，把培养和提高儿童各方面的适应能力作为幼小衔接工作的着眼点，在此基础上，加强园、校间的沟通与合作，共同创造过渡期的适宜外部教育环境与条件。比如，探索幼儿园与小学低年级在课程目标、教学内容、教学方式方法等方面的连贯性、连续性，通过双方的课程改革，把衔接的“坡度”降下来；建立幼儿园园长、教师与小学校长、教师定期的交流机制，促进双方的相互理解与相互协调；建立幼儿园与小学在儿童层面的接触与交流机制，让幼儿能够走进小学与小学生一起开展体验活动，小学儿童也能够到幼儿园和幼儿共同活动，等等。

(二)提高教师专业素质，科学地开展幼小衔接

幼小衔接的研究结果表明，提高广大教师的专业素质是幼小衔接工作取得成功的最重要的保证。而教师专业素质提高的关键在于转变旧有观念，深刻认识衔接工作的意义，加深对儿童过渡期特点及需要的理解，加强有关研究，科学地有针对性地开展衔接工作。

(三)有针对性地进行幼小衔接

我国幅员辽阔，地区差异很大。因此各地区一定要结合本地实际，立足于当地幼儿的具体情况，结合地区特点及幼儿身心发展的个别特点，特别是幼儿过渡期中最主要的问题，有针对性地、有的放矢地进行教育。如从调查中看到，城市幼儿在独立性、生活自理能力方面较弱，而农村幼儿却是在语言发展、人际交往能力方面较弱。因此，不同地区幼小衔接工作的重点是有差异的，其内容侧重点应有所不同。

科学的衔接工作还应当是面向全体的同时照顾儿童的个体差异。由于幼儿身心发展存在差异，因而并非每个幼儿在过渡期所面临的问题是一样的。因此，在幼小衔接工作中必须因人施教，对每个幼儿进行有针对性的帮助，最大限度地改善每个幼儿在入学准备上的不足状态。

(四)加强家、园、社区的合作

幼小衔接工作仅仅依靠幼儿园单方面的力量是不够的。除了与小学的合作之外，幼儿园与家长、社区形成合力是非常重要的。

家长对幼小衔接具有巨大影响力。因为家长对孩子入学的焦虑会传染给孩子，引起孩子心中的不安与情绪波动；家长对幼小衔接的认识偏差会直接反映在对孩子的教育上，从而误导孩子的方向。如家长偏重学业知识准备，安排孩子进各种培训班，提前学习识字、拼音、算术等小学知识课程，而忽视孩子社会适应性的培养，结果造成孩子入学后严重的不适应；家长的诉求还会转化成幼儿园教育的压力，对幼儿园的衔接工作构成了很大冲击，甚至助推幼儿园的小学化倾向，等等。所以幼儿园做好家长工作，转变家长观念，使家长掌握正确的教育方法，在幼小衔接上与幼儿园建立共识与合作是非常重要的。合作的方式与途径很多。如通过发挥幼儿园和教师的主体、辐射作用，通过多渠道、多形式——如印发宣传口袋本散发给家长、举办学前教育宣传月活动、推出微信交流平台、开展咨询服务、开通“家校直通车”“家长沙龙”“小学教师、领导与家长座谈会”等——向家长宣传正确的衔接观，促使家庭和幼儿园共同合作，搞好过渡期教育。

此外，在整个衔接工作中，全社会对教育的共识，对儿童的关心也是不可缺少的。幼儿园、小学都应加强与社区的沟通与协作，大力宣传做好衔接工作的重大意义，争取社区的配合。

想想、议议、做做

一、请你判断下列各题的正误。

1. 幼儿园教育就是为幼儿入学做准备。

2. 幼小衔接的过渡期是大班第二学期和小学一年级的第一学期。因此，幼儿园的幼小衔接工作应由大班老师在大班第二学期着手进行。

3. 读写困难和数学困难是幼儿进入小学后面临的主要困难。因此，为幼儿进行入学准备主要是在这两个方面进行。

4. 做好幼小衔接工作的意义在于使幼儿能够适应小学的学习生活。

5. 幼小衔接工作关系着幼儿终身的成长和发展。

二、讨论。

1. 孩子就要上小学了，作为家长，您做好充分准备了吗？这份自检小测试可以让您对自己教养孩子的态度、方法是否正确做出一个初步的判断。

(1)您认为自己的孩子不如身边别的孩子吗？

(2)孩子是否认为您为他所做的一切都是应该的？

(3)您所做的决定会因孩子耍脾气而改变吗？

(4)您是否认为孩子只要学习好，其他方面好不好并不重要？

(5)您是否经常对孩子说“你怎么这么笨，教也教不会”？

(6)孩子做错了事情，您是不是动辄就打他，或者庇护他？

(7)孩子与伙伴发生矛盾时，您是否经常站在孩子这一边？

(8) 孩子遇到困难时，您会经常鼓励、安慰，并给他提出一些建议吗？

(9)您会每天抽些时间与孩子聊聊他感兴趣的事情吗？

(10)您经常陪孩子一起阅读，并与他交流书中的内容吗？

(11)家里来了客人，您会让孩子主动上前打招呼吗?

(12)您是否会教孩子自己吃饭，并保持用餐卫生?

(13)您是否要求孩子专注地做一件事，按时完成一个任务?

(14)您是否要求孩子按时起床和睡觉?

(15)孩子入学后，您会为他创设一个安静、整洁的学习环境吗?为什么

2. 下面是关于家长送幼儿去补课的理由的一个调查。如果你是教师，针对家长的理由，你会给家长提出什么建议。

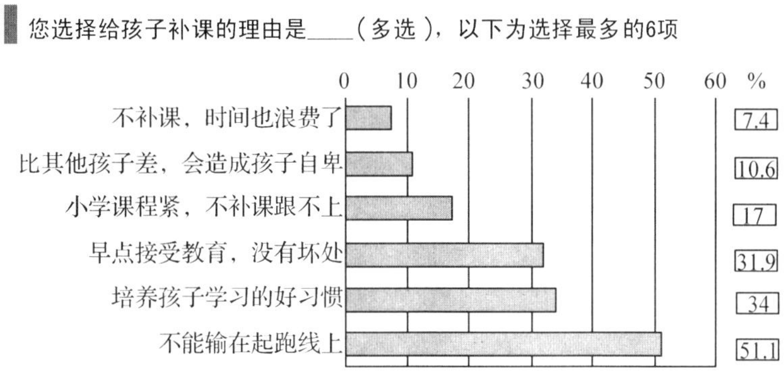

（引自2012年5月31日《解放日报》“幼儿的起跑线究竟在哪里”）

三、根据所学理论，设计一个培养大班幼儿社会性适应能力的活动方案。

四、利用一定的调查工具，对一个幼儿园大班进行入学学习适应和社会性适应状况调查，并根据情况对幼儿园提出教育建议。

五、有机会去观察一次小学一年级上学期儿童的入学情况，看看儿童对小学的适应有什么问题。

资料链接

小资料1

培养幼儿入学意识的活动

一、培育幼儿的主体性生活

幼儿园不是像小学中学那样传授、学习系统的知识和技能的地方，而是在扩展适合于幼儿期特点的生活的同时，促进幼儿的身心发展、打好人生发展基础的地方。所谓适合于幼儿期特点的生活，是指在保育者的保护下，幼儿能情绪稳定地、自由自在地游玩，即使做得不好也没关系，能自己思考、自己行动、体验自己作为人生的主人而生活所需要的那些基础的东西。我们把它称为“幼儿的主体性生活”。我们会注意到很多幼儿园有这样的情况：幼

儿总是提出“老师，这次做什么好啊?”“老师，可以做……吗?”之类的问题，幼儿要得到许可后才能做。老师成了让做游戏的人，而幼儿则是被动做游戏的人。有的幼儿园中，老师忙了好几天，制作好游戏道具，把它搬运到保育室，再盖上布，好像搞揭幕式那样让幼儿高兴；有的老师像电视上的演员那样，说些笑话，与幼儿闹着玩。这些都不可能培育幼儿的主体性。制作游戏道具也好，使用、整理玩具也好，都应该幼儿参与来做。

二、培育幼儿自己思考、自己行动、自己负责

婴儿时期不可能自己思考，不可能自己行动，也不可能自己负责，但孩子却从一开始起就想这样做。应给予他们充分思考的机会，培育经常进行思考的幼儿。欧美诸国的大人面对幼儿的提问，常常会反问一句，“那么，你是怎么想的呀?”由此引出一种很好的交往情境。而在日本，有的是等不及地就告诉孩子；有的会嫌太吵了，取放任自流的态度；有的在幼儿提出问题前，就一股脑儿地灌输正确的答案。

自己行动：幼儿会配合自己的发展情况，逐渐想做各种各样的事。重要的一点是，既要考虑不会给幼儿带来危险，又要充分地让他们做各种活动。

自己负责，换言之，就是“不归罪于他人”。有时，孩子的脑袋碰到桌子的边角时会哭叫起来，此时，大人往往会说：“这桌子真坏，打它。”还用手狠狠地打一下桌子，以此来安慰孩子。本来在孩子尝到苦头时，正是应该给他忠告，让他“注意”的机会，结果却让他一味责怪他人或事物。孩子长大后去学校时，可能不想学习就说“老师的教法不好，所以我讨厌算术。”与其在孩子上学后不停地对他唠唠叨叨，还不如在幼儿期就让他养成自己思考、自己行动、自己负责的好习惯。

上学后所需的几乎所有的能力都能够在幼儿期培养，这一意思不是说在幼儿期要学小学的东西。根据东京都立教育研究所的调查报告，可知发生青春期问题的青少年中，引人注目的一点是，多数是“在幼儿期自我表现少的孩子”，是“家长的育儿态度有问题的孩子”。很多幼儿园和保育所的墙上都挂着“学生守则”。例如，有的写着：“老师讲话时手放膝盖上、要保持安静、看着老师的眼睛。”受到这种保育后，完全阻碍了幼儿的发展。作为幼儿期发展课题的爱、信赖感、自立感、自律感及效能感均被压抑了。由于强制幼儿进行各种各样的活动，被支配，幼儿成了持有不信任感、他律感、无能感的孩子了。更为可怕的是，由于是以自我约束的形式进行强制的，所以，使幼儿对约束、规则等产生了负面印象，由此会使幼儿长大后对过去压抑他的社会规则和人怀上敌意。如果不是上述那样做，而是从正面引导，使幼儿知道规则的必要性，那就完全会变成另一种情况了。例如，大家知道，一只球互

相争夺的话，谁都玩不好，如果用“石头、剪刀、布”来决定先后顺序的话，就可以轮流，谁都有机会玩了。由此可知，确定一些约束和规则并不是妨碍自我发挥的，规则对于保证相互竞争的活动愉快地进行来说，是十分必要的。所以，很重要的一点，是要让幼儿经历体现规则重要性的、有正面体验的活动。有了这种正面的原体验，即使以后学校校规多么严厉，也不会敌视它了。

学校生活的基盘是与人的交往和对知识的好奇心。对学校上课感到有劲、愉快的幼儿，喜欢学习并且学得很好的幼儿，都是在幼儿期培养了对知识的好奇心的幼儿。与此相反，如果认为幼儿在做一些无聊的事，从而阻止他们，一味教给他们教材上的东西，强迫他们去做的话，就会使好奇心萎缩下去。在目前这种学校教育中，被强制着做表面上的准备的孩子实际上是存在隐患的。在自由的氛围中，目不转睛地倾听家长和老师说话的幼儿的眼光是亮晶晶的，而被管制、被统一约束的孩子，呆呆地、被动地听老师索然无味的说教的幼儿的眼光却是死沉沉的。我们想一想，哪一种孩子能够成为优秀的、幸福的小学生呢？哪一种孩子能精彩地度过他们的一生呢？

（摘自《未来的幼儿教育》，［日］岸井勇雄著，李澎译，华东师范大学出版社，2010，有删节）

小资料 2

培养幼儿入学意识的系列活动

名称：参观小学（系列活动之一）

目标：

1. 了解小学的基本学习与活动设施、不同的活动区域；

2. 了解小学生在校学习生活，激发幼儿入学的愿望。

过程：

1. 激起幼儿参观小学的兴趣与愿望

（1）向幼儿介绍将要参观的小学的名称以及参观的具体内容；看小学生学习、锻炼和活动的地方，随堂听小学生上课，看小学生的课间活动等。

（2）讨论参观的要求和注意事项，注意观察小学生在学校的活动与幼儿园的活动有什么不同。

2. 带领幼儿参观小学

（1）参观教室、操场、教师办公室等，了解小学的基本设施，并向幼儿介绍各设施的用处。

（2）观察小学生的活动：早操、上课、中（小）队活动、课间活动等。

（3）模拟小学生上课，让幼儿自己如厕。

3. 参观结束，让幼儿向小学老师、小学生告别

名称：参观后谈话(系列活动之二)

目标：

1. 比较小学与幼儿园的差别，加深幼儿对小学的了解；

2. 学习小学生的常规，培养幼儿的入学意识。

过程：

1. 回忆参观小学的经过

(1)提问“小学生在学校里进行哪些活动”，引导幼儿说出一些主要的活动，如上课、做操、课间活动等。

(2)提问“小学生怎样上课”，要幼儿尽可能地说出他们感受到的规则。

2. 比较幼儿园的活动和小学有哪些不同

(1)引导幼儿把幼儿园与看到的小学进行比较，尽可能地说出不同的地方，如教室的布置、课桌椅的摆放、早操锻炼、休息方式、作息时间、上课要求等。让幼儿充分发表他们的看法。

(2)小结幼儿的讨论，归纳出幼儿园与小学之间主要不同的地方，让幼儿意识到做一名小学生将要有新的要求。

(摘自《南京鼓楼幼儿园幼小衔接系列活动设计》)

小资料3

学习用品的计划书

文/思南路幼儿园　范伟英

大班下学期，幼儿普遍感到自己即将成为一名小学生。这种长大的感觉，引发了幼儿模拟做小学生的需要，他们来园背起了书包，书包内有各种各样的学习用品。开始幼儿们是随意的，常常出现这种情况：今天背书包来了，而明天就忘记背书包了；或者是今天书包内放了一些学习用品，明天背来的却是只空书包或加一只空笔盒，当需要使用学习用品时，常常缺这个少那个。于是我们想如果从小书包的管理入手，可以不但培养幼儿的自我管理能力，也是一个极好的学习和了解学习用品的好机会。

第一阶段：

第一步，首先，帮助幼儿了解学习用品的种类、名称及使用功能，学会正确使用。其次，鼓励幼儿坚持每天像小学生那样，独立背书包上幼儿园。最后，学会管理好自己学习用品的方法，让幼儿记录自己现有的学习用品。

教师准备：

1. 提供记录纸、记号笔。

2. 图示提示幼儿到自己放学习用品的橱柜、书包内去归类学习用品，并用图示记录下来。

教师观察：

幼儿在活动中很仔细地把自己的抽屉、柜内和书包内的东西一样样全部认真检查，并把认为是学习用品的物件一一记录下来。

教师分析：

幼儿基本上能把学习用品分辨出来，对学习用品的功用还需进一步了解。

第二步，组织幼儿交流学习用品及其功用。

教师准备：

1. 鼓励幼儿自由选择伙伴组成探索小组，划分小组活动区，选出组长。

2. 提供记录纸、记号笔。

3. 要求每个组员在组长协调下，说说自己了解的学习用品名称及功用；组长图示归纳、记录学习用品种类(不重复)。

教师观察：

幼儿在讨论中能表达与自己经验相关的学习用品的功用。

第三步，个人制订计划书。

教师准备：提供计划制订纸、记号笔、小组活动区。

教师观察：

幼儿在制订计划时，罗列了书包、铅笔盒、铅笔、记号笔、橡皮、尺、本子、蜡笔、油画棒、写生本等学习物品。

教师分析：

幼儿之间的交流，个人经验得到互补，所以小组共识的学习用品基本上都体现在计划书中。

第四步，按计划书罗列的学习用品，每天管理好自己的学习用品。

教师要求：

1. 请幼儿把计划书带回家，照计划书准备学习用品。

2. 告诉幼儿第二天小组成员要相互检查。

效果：除5位幼儿回家忘记把计划书拿出来让家长知道，其他幼儿都能按计划清单完成任务。以后，老师就把检查任务交给了值日生。

教师观察：

在幼儿互相提醒中，强化了幼儿按计划完成任务的意识，幼儿每天能按计划书准备自己的学习用品。

实施了一段时间后，发现有的幼儿常常拿出来的铅笔没法写，原因是在前一天笔头已经用粗了，到了使用时，大声嚷嚷写不起。

教师分析：

1. 幼儿回家后，没有每天检查物品使用情况的习惯。

2. 有的家长怕麻烦，不让幼儿每天把书包带回家，更谈不上了解学习用品使用情况了。

3. 原有计划书上，幼儿没有写出卷笔刀。

根据上述实施情况，我们延伸了第二阶段活动设计。

第二阶段：

第一步，修改计划。

教师作用：组织讨论：在使用学习用品时，你发现了什么问题？怎么办？

教师观察：

幼儿在讨论中发现的问题是：铅笔芯写粗了，铅笔芯断了，使学习无法进行下去，并达到一致的共识：用卷笔刀解决问题。许多幼儿将卷笔刀“补上去”。

教师支持：鼓励幼儿根据自己的需要补充、修改计划。

计划修改后，幼儿们的笔盒里出现了卷笔刀，可有一部分家长由于不放心幼儿自己卷铅笔，没让幼儿把卷笔刀带来，说是在家里卷。问题还是不能彻底解决。

教师分析：

1. 家长对幼儿的自理能力缺乏信心。

2. 家长对此活动的意义了解不足。

3. 这一活动离不开家长的配合，需要做家长工作。

第二步，个别交流寻求家长配合，让家长相信幼儿的能力。

教师观察：

原来想用小包摆摆样子的家长，特意为幼儿买了新书包；偶尔幼儿忘记背书包家长特意回家拿了送来；回家整理时，家长会主动提醒幼儿整理好学习用品。

管理学习用品计划书的实施，幼儿行为有计划、能持续的特点有了明显的提高，同时也增强了自理能力，学会了卷铅笔、理书包，幼儿从开始的学做小学生的好奇逐步向有信心做好小学生发展。

小资料 4

英国幼小衔接的具体做法

1. 减少儿童环境经验的不联系

• 为学前和一年级儿童提供大小、尺寸合适的设备和桌椅等。

• 为儿童提供不干扰他人活动的空间，也可以使儿童有独立活动的场所。

• 使一年级儿童的教室尽量靠近厕所。

• 入学前帮助儿童熟悉他要去的小学，观看小学生的生活，尽可能多次进入校内。

• 逐渐引导新生熟悉教室外的环境。

2. 减少学前和小学在课程方面的不连续性

• 了解学前儿童对迎接较复杂的学习任务的准备程度，并向学前儿童介绍一些将要在学校遇到的活动。

• 家长给儿童准备纸、铅笔、彩色笔、颜料、剪刀等，帮助他们熟悉图书和故事。

• 在入学初，安排儿童上半天课和在学校吃一顿点心，以防止儿童过分疲劳，提供退出活动和旁观的机会。

• 给初入学儿童创设一些学前期熟悉的设施，如游戏角、沙子和水。

• 逐渐增加新鲜、有吸引力的活动材料，以保证刺激性。

• 逐渐引导儿童开展一些新活动，如体育活动，允许他们在安全的地点观看他人活动。

• 鼓励家长指导儿童正确地活动，特别是帮助儿童识字和计算，向孩子提供一些合适的阅读材料。

3. 克服班集体变化带来的消极影响

• 把初入学儿童同其他年级分开，使他们先认识同班同学。

• 允许初入学儿童在不同于其他班的时间到校和离校，以避免拥挤。

• 逐步地带领初入学儿童参加班外大型集体活动，如集会等。

• 允许初入学儿童接近熟悉的同伴，在游戏活动时指定固定的年长儿童帮助他们。

• 在游戏场等地方，为新入学儿童创设可退避的场所。

• 在集会等场合，把新入学儿童安排在能看见其他儿童的地方。

• 在陌生的情境中，如集会时或游戏时间，班主任不要离开现场，要坐在儿童容易看见或接近的地方。

• 在学前机构开展一些正规的小组活动，使儿童获得认真倾听，做出应答和学会正确行动的体验。

• 请家长和高年级同学在特殊情况下，如体育课后穿衣服时，对新生给予帮助，以免他们落后。

4. 帮助新生建立和谐的人际关系

• 入学前安排学前儿童和家长参观小学。

• 儿童入学时，教师要热情接待和欢迎每一位入学儿童。

• 教师要事先为儿童入学做好充分准备，熟悉每一位儿童的姓名、经历和存在的问题，为儿童安排好座位。

• 通过目光接触、叫名字、个别谈话等方式，和儿童建立稳固的关系。

• 教师说话语气要平缓亲切，尽量避免大声命令。

• 多表扬儿童，不要让儿童受到冷落。

• 在其他人特别是不熟悉的人面前要给儿童以支持，不要使儿童在生人面前难堪。

• 遇到不熟悉的场面、声音、事件，要多向儿童解释，要向儿童介绍不熟悉的成人。

• 在儿童遇到意外、困难或缺勤时要十分关心。

• 要给儿童相互交往的机会，鼓励年龄大的儿童帮助和关心年龄小的儿童。

• 教师要加强和家长合作，多向家长了解儿童的情况。

总之，环境、课程、班集体及人际关系是影响儿童经验连续性的关键因素，加强家庭、学前机构与小学的沟通，减少儿童经验的不连续性，可以减少甚至避免儿童入学过程中出现的种种不适应。顺利地完成幼小过渡，以下三点是十分重要的：

①机构之间的衔接应该是平缓的、逐渐的。

②儿童接触的人、物和场所，在某种程度上应该是儿童所熟悉的。

③始终让儿童有一种安全感。

（引自《入学前社会适应教育》，肖湘宁、李季湄编著，中国少年儿童出版社，1995）

拓展阅读

如果你想进一步了解本章内容的话，可以阅读下列书籍：

1.《幼儿园与小学衔接的研究：研究报告》，朱慕菊主编，中国少年儿童出版社，1995

2.《3—6岁儿童学习与发展指南》，教育部，2012

3.《幼小衔接家长手册》，上海市教委教研室，2013

4.《未来的幼儿教育》，[日]岸井勇雄著，李澎译，华东师范大学出版社，2010

本章主要参考资料

1.《学会生存》，联合国教科文组织编，教育科学出版社，1996

2.《幼儿园与小学衔接的研究：研究报告》，朱慕菊主编，中国少年儿童出版社，1995

3.《入学前社会适应性教育》，肖湘宁、李季湄编，中国少年儿童出版社，1995

4.《技术时代重新思考教育——数字革命与美国的学校教育》，[美]阿兰·柯林斯等著，陈家刚等译，华东师范大学出版社，2013

5.《学习的快乐》，[日]佐藤学著，钟启泉译，教育科学出版社，2004

6.《基础学校——一个学习化的社区大家庭》，[美]厄内斯特·波伊尔著，王晓平等译，人民教育出版社，1997

各章正误判断题参考答案

第一章　一、1. ×　2. √　3. ×　4. ×　5. √　6. ×

第二章　一、1. ×　2. ×　3. ×　4. √　5. ×　6. ×

第三章　一、1. √　2. ×　3. ×　4. √　5. √

第四章　一、1. ×　2. ×　3. √　4. ×　5. ×　6. ×　7. ×　8. √

第五章　一、1. ×　2. ×　3. ×　4. ×　5. √　6. ×　7. ×　8. √

第六章　一、1. ×　2. ×　3. √　4. √　5. ×　6. ×　7. ×　8. ×

第七章　一、1. √　2. √　3. ×　4. ×　5. ×　6. √

第八章　一、1. ×　2. ×　3. ×　4. ×　5. √